JN281653

情報メディア法

林 紘一郎

東京大学出版会

Media Law in the Internet Age
Koichiro HAYASHI
University of Tokyo Press, 2005
ISBN4-13-031179-4

まえがき

0-1 基本的視角

（1）　私は丁度 20 年前に，通信・放送・コンピュータの各産業が融合し，「情報通信産業」という新たな産業領域が誕生するであろうことを予言した（林 [1984a]）．しかし，それがインターネットという手段によって実現に近づくとは，予想だにしなかった．本書はこうした経験と反省の上に立って，メディア融合時代にふさわしい，全方位的情報メディア法の解説を目指すものである．

（2）　ここで「情報メディア」とは，情報を伝達する手段であるメディア，を意味する．本書は「情報メディア」に関する法を，できるだけ包括的かつ体系的に記述している．わが国の法学界は，一般法には多くの研究者がいる反面，特別（あるいは応用）法の分野には，研究者の数が極端に少ない[1]．

情報メディアの関連分野には，「マス・メディア法」として多くの先人の業績がある．また電気通信の自由化を契機として，「電気通信法」についての著作や個別論文は数多くある．しかし通信と放送とが融合し，インターネットという新しいメディアが驚くほどの進展を示す中で，これらを総合して「情報メディア法」という視点から体系化するという作業は，例外的にしか為されて来なかった．

このような中で，藤原 [1989] が切り開いた「エネルギー法」という発想と取り組みは，私に大きなヒントを与えてくれた．「エネルギー」について，法体系の総合的分析が必要であり可能でもあるならば，「情報メディア」についても同様のことが期待され，また可能でもあるはずだ．こうした信念が，本

---

1)　例えば金融が社会に占める役割の重要性から見れば，「金融法」という講義や教科書があってもおかしくないのに，そうした文献は極めて限られている．

書執筆の潜在的動機である．

（3） 本書は「情報メディア法」として，多様な産業を包摂し多様な論点を含む領域を，できるだけ少数の原理で説明しようとしている．意識的に用いた原理は次のようなものである．

① レイヤ別分離を前提にする：メディア（あるいはメディア・インフラ）とメッセージ（以下ではコンデュイト Cd とコンテンツ Ct[2]と呼ぶ）を分離し，前者を中心に論ずる．なお必要に応じて，前者を通行権と設備・サービスに分け，場合によっては設備とサービスに再度分ける．

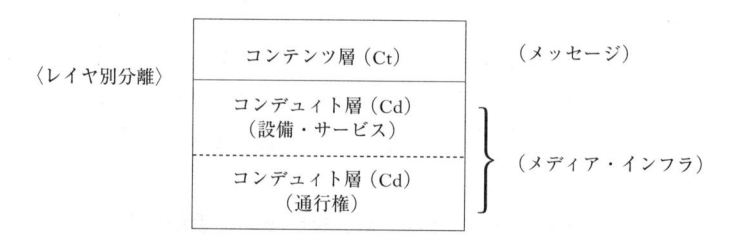

〈レイヤ別分離〉

コンテンツ層（Ct）	（メッセージ）
コンデュイト層（Cd）（設備・サービス）	（メディア・インフラ）
コンデュイト層（Cd）（通行権）	

② 二重の基準論の区分を手掛かりにする：憲法論でいう精神的自由権と経済的自由権という二分法を借用して，社会的規制（コンテンツ Ct 規制）と経済的規制（参入・退出規制など Cd 規制）という，規制原理と対応させる．これにより，プライバシーとパブリシティ，著作者人格権と財産権などの差異と相互依存関係を明確にする．

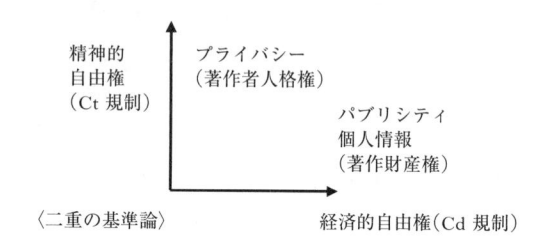

〈二重の基準論〉

精神的自由権（Ct 規制）
　プライバシー（著作者人格権）
　パブリシティ　個人情報（著作財産権）
経済的自由権（Cd 規制）

---

[2] メディアとメッセージという用語は，McLuhan [1964] 以来のイメージが残っているので，本書ではできるだけコンデュイトとコンテンツという用語を使う．なお私は従来，経済学的分析においては，「インフラとなる設備」と「コモン・キャリア的機能」という区分を採用してきた（林 [1998a]）が，法学的分析には「通行権」の問題が欠かせないので，上述のように整理し直すこととした．

③ PBC 分類を基本にする：社会的規制と経済的規制の組み合わせによる規律の態様を P（= Press）型，B（= Broadcasting）型，C（= Common Carrier）型の3タイプに分け，その異同と根拠を明確にした上で，「思想の市場」の実現という観点から I（= Internet）型の在り方を考える．

〈メディア産業と規制の類型〉

Cd 規制＼Ct 規制	あり	なし
あり	B 型	C 型
なし	I 型 ?	P 型

④ 次の8分類により法体系を考察する：基本法，資源配分規律法（通行権法），設備・サービス規律法，事業主体法，コンテンツ規律法，産業支援法，規制機関法，電子環境整備法．
⑤ 著作権の両義性に配慮する：著作権には言論の自由を守る面と，それを制約する面があり，しかもそれが上述の，PBC 分類と強い相関があることを明確にする．

〈著作権との係りから見た PBC 分類〉

分類		著作権法上有する権利
B 型		職務著作について著作者であるほか，他人の著作物を放送した場合には，放送事業者に固有の権利（著作隣接権等）が発生
P 型	出版	出版権を設定し登録すれば，著作権者と同様の権利を持つが[3]，実際上レア・ケースである．一般的には著者との契約によるが，少なくとも流通過程での権利侵害に関しては，著作（権）者から委任を受けて権利行使することが多いと思われる
	新聞	職務著作について著作者であること以外は，上記後段に同じ
C 型		著作権法上の権利はなく，すべて利用許諾契約の内容如何による

（4） 本書は，情報メディア法の概念を明確にし，その解釈論を展開することを主眼としている．しかしメディア融合によって，対象領域が流動的であることから，実際の法運用に配慮し，さらには立法論を展望することにならざるを

3） 著作権法79条以下．出版権という用語は幅広く使われているので，設定出版権と呼んだ方が誤解が少ないかもしれない（加戸 [2003]）．ただし，実際に設定出版権が利用されているのは，全出版物の1割以下であるとされる（美作 [1988]）．

得ない面がある．また，デジタル化の進展とともに，無形財が有形財に体化[4]されることなく流通する場合の法的取扱いについて，いかなる配慮が必要であるかについても，最小限の考察を加えた．

0-2　各章の概要

「第1章　インターネットの登場と情報メディア法」では，情報メディア法の大前提となるメディアそのものの理解を深めるため，インターネットの登場・普及以降のメディアのあり方について，幅広い視点から分析を試みる．広義のコミュニケーションは，人類の誕生と同時に登場した(林[1988a])が，媒介する手段(情報メディア)が限られていた時代には，そこで交換されるコンテンツ(メッセージ)の，到達範囲は限られていた．電気通信革命によってその機能が格段に向上して，距離と時間の制約が大幅に緩和され，デジタル革命によって，情報の伝送・交換・処理・蓄積のすべての過程がデジタルで統合され，再度の飛躍がなされることになった．こうした技術進歩の過程で，コンデュイトとコンテンツの規制のあり方について，P型，B型，C型という3つのタイプがあることを抽出した上で，「二重の基準論」に言及しながら，デジタル通信技術の代表例であるインターネットの規律のあり方(I型)を考える．

「第2章　情報メディア法の定義と分類」では，「情報メディア法」という切り口が，従来存在しなかったものであるため，まずその概念を「情報(メッセージ)を運ぶ手段としてのメディアに関する法」と定義する．そして私なりの8分類法(前述 0-1 (3) ④)を提起した上で，法源をなるべく幅広く紹介する．また，わが国の法体系は，意外にも50年ほど前に制定されたものが，今日まで生き続けていること(1953年体制)を指摘し，その中でも特異な存在であった電波監理委員会の歴史を紹介する．しかしインターネットの登場と，ドッグ・イヤーに象徴される時代の加速化は，1953年体制の見直しを求めている．ここでは，電気通信技術の変革とともに法体系も変更を迫られていることに触れ，

---

[4]　法学では「化体」という用語が一般化しているが，誰にでも分かる法学を目指すために「体化」に統一する．

「通信と放送の融合問題」を例に新しい対応を模索する．また今後の課題として，ネットワークの信頼性とセキュリティについて述べる．

「**第3章　コンテンツ規制：「言論の自由」と情報メディア法**」では，メディアの役割を理解するために必要な限度で「言論の自由」の一般論を扱う[5]．「言論の自由」は情報社会に不可欠な基本的人権であるが，それとても絶対ではなく，公共の福祉との調和が必要となる．本章前段ではその調整の基準を論じ，その際，二重の基準論とP型，B型，C型という第1章の区分は，意外なことに，著作権の取扱いにも同じように適用可能であることを指摘する．しかしインターネットの時代になるとP型，B型，C型の区分自体が曖昧になり，「二重の基準」の中間領域も発生するので，どのようなケースにどのような基準を適用したらよいのか，の再吟味が必要になる．プライバシーとパブリシティ，さらには個人情報（あるいは個人データ）の保護のあり方をめぐる問題が，代表例である．本章中段では，こうした現代的な論点への視座を提供し，最後にメディアとメッセージが固く結びついたB型規律の妥当性を検証する．

「**第4章　情報仲介者の法的責任：C′型規律のあり方**」では，いまや純粋のC型からC′型に変質しつつある，コモン・キャリアやISPの責任のあり方について考える．インターネットにより，B型とC型の境目が不明確になり，職業としてこれに従事する人と，そのユーザとの境界もまた不明確になってくると，コンテンツ（情報）の内容に関する責任とコンデュイトの関与の有無について，新たな問題が発生することになった．いわゆるハイテク犯罪については，「通信の秘密」を最大限に守りつつも，通信傍受に頼らざるを得ないことがある．私人間の争いも匿名でなされることが多いため，被害者が加害者を特定することができず，救済の実が上がらないといった事態に陥りがちである．そこで侵害された権利を回復するためには，メディアとして仲介者の立場に立つ者にも，何らかの責任を課すべきか否かが問題になっている．本章では，こ

---

[5]　「コンテンツに関する法は，情報メディア法そのものではない」とするのが本書の立場であるが，情報メディアが情報というコンテンツを運ぶ手段である以上，「言論の自由」が確保されるか否かは，メディア自体にとっても重大な意味がある．

れらの対策として制定された「通信傍受法」と「プロバイダ責任(制限)法」を中心に，運用の実態を踏まえた議論を展開する．

「第5章　コンデュイト規制：情報メディア産業法」では，コンデュイトに関する規制を見よう．これは経済的規制に関する部分なので，「情報メディア産業法」を論じていると言い換えることもできる．第1章・第2章で情報メディア法を概観し，第3章でコンテンツそのものの規律を，前章で情報仲介者のコンテンツ責任を論じたことを受けたものである．今日情報メディア産業に属する事業のかなりの部分は，かつては国有又は公営であり，それが次第に民営化され，同時に市場が開放されてきた歴史を持つので，記述は歴史的変化を追った形になる．電気通信に関する法は，コンピュータとの結合の進展に伴って，3段階を経て自由化が進んでおり，2004年4月から施行された事業法の改正が，その集大成と見られる．これに対して，当初から民間ベースで運営されてきた放送産業が，1953年体制を堅持しているため，意外にも産業法としては記述すべき点が少ないこと，しかし地上波テレビのデジタル化に伴って大きな変化が予見される事が紹介される(変化の具体例は，第6章で記述する)．

「第6章　マス・メディアとコンデュイトの紐帯関係」は，第4章でコンデュイトのコンテンツ責任を論じたのとは全く反対のベクトルで，コンテンツのコンデュイトとの紐帯関係と，その妥当性を検証する．コンテンツを運ぶには，何らかのコンデュイトは不可欠であるが，両者が強く結びつくことは妥当だろうか．例えば「ニュース取材は必ず記者クラブを通すのが良いのか」「放送は全国隈なく同じ周波数帯の無線波で届けるのが良いのか」と問うてみると，その根拠は意外に薄弱である．本章では，いわば神話化した論点を個別に検討した上で，マス・メディアには一般国民を上回る特権があるのか否かを検証し，今後のジャーナリズムの役割論で結ぶ．マス・メディアの間で通説化している考えは，特権を認めることがジャーナリズムを強くするという見方であるが，私は全く逆に保護は自立心を損うので，特権がない方がマス・メディアは強くなれると主張する．

「第7章　解釈論から立法論へ」は，やや特異な位置にある．前6章では「情

報メディア法」の適用領域を画定し，主としてその解釈論を展開してきた．しかし既に随所で触れたように，技術革新につれて市場や制度が大きく揺れ動いている状況では，解釈論だけで全てを律するには無理がある．そこで結びとしての本章では，これまでの検討経緯を総括する形で，融合問題に関する私の方法論を再確認し，いわゆる「水平分離論」に関する誤解を解く．続いて私が2000年に提案した「電子公衆送信法(案)」とその後の展開について，概要を説明する．さらに通行権の設定方法について，問題点の摘出と立法論としての改善案(無線においては周波数管理の漸進的撤廃を，有線については通行権のハードからの分離と証券化等)を提示する．さらに最後に，アナログ法制とデジタル法制の関係，すなわち現行法と立法論の関係について，私なりの概念整理を行ない本書のまとめとする．

0–3　方法論についての付言

　ここで本書の方法論について，3点だけお断りをしておきたい．まず，本書は純粋の法学書というより，「法と経済学」の方法論に依拠している面が強いことである．「法と経済学」にも，① 法の経済学的分析，② 法学と経済学の学際研究，③ 法学と経済学の相互参照アプローチ，という3つの方法論があるが(林 [2003c]，林(編著) [2004])，ここでは主として第3の方法論によっている．

　2点目は，わが国の法律や判例のほか，主としてアメリカのものを多く使っていることである．日本法とアメリカ法には当然多くの相違点があるが，アメリカ法を参照することは，次の理由から妥当性のあるものと考える．① 日米の相互依存を前提にすれば，アメリカの先例はわが国にとっても意味がある，② とくにインターネットのような新技術分野では，アメリカが世界をリードし，アメリカ法がグローバル・スタンダードになりつつある，③ 3年余の滞米経験がある私にとって馴染みのある法であり，欧州の法にまで言及するには能力的限界がある．

　最後に3点目として，解釈論を中心としつつも，立法論にも踏み込んだことである．本文中で「1953年体制」と呼んだように，現在の法体系は50年近く前のものであり，以下のような点で実質的に非現行になりつつある．① 電波

の管理は，周波数を用途別・利用者別に割り当てることによって行なうのが最適との考えに立っているが，その考えは覆されつつある．②放送は，電波によって直接受信者に届けるものと概念してきたが，それは送達の一方法に過ぎなくなっている．③コンピュータ・通信・放送の境界は限りなく曖昧になり，新しいメディア産業をイメージすべき時期にきている．

　したがって本書は，「情報メディア法」の概念を明確にし，その解釈論を展開することを主眼にしていることに変わりはないが，第7章においては，立法論に参考となるような現状分析と，若干の提言を行なったことをお含みおきいただきたい．

0-4　謝辞

　本書は私の慶應義塾大学における博士号(法学)取得論文である「情報メディア法の研究」を基に，1つの章の削除と相当量の補正を行なったものである．同論文は，私が1997年に学者専業に転向してから，約7年間にわたり構想を温め部分的に発表し批判を仰いできた多くの論点を，とりあえず1つに体系化したものである．主査を務めていただいた藤原淳一郎教授ほかの，ご指導とご助言に感謝したい．

　またこの7年間，日々の何気ない会話やフォーマルな研究会でのコメント等で，私に多くの刺激と激励を与えてくださった，多くの先輩・同僚・後輩の諸氏に感謝したい．こうした人たちとの会話の中には，私のような鈍重な学究では考え付かないような「目から鱗」の指摘が多数含まれていた．

　ところが一方，歩みの鈍い私の指摘でさえ，固定観念に囚われ，自分の利害以外は目に入らない多くの学者やビジネスマンには，革新的な危険思想と映ったようである．批判を仰ぐために私が小出しにした(と上述した)幾つかの論稿に対して，無知から出た感情的反発・心ない誹謗中傷などが(悲しいことに)直接ではなく間接的に私に伝えられた．

　しかし紆余曲折の末やっと出版にこぎつけた今となっては，こうした人々にも謝辞を述べるのが礼儀に適ったことだと考える．「あなた方の冷たい仕打ちこそ，私に敵愾心を奮い立たせ，この書物を完成させました．ここにお礼申し上げます」と．こんなことが言えるのも，そうした人々の集団である学会から

は，私が早々と opt-out（本書 111 ページ）しているからに他ならないのであるが．このように評価の定まらない私の論文を，出版物として世に問う機会を与えて下さった東京大学出版会と，編集担当の長谷川一氏に心からお礼を申し上げる．

しかし，恐らく多くの学者にとってそうであるように，私にとって出版とは完成を意味するどころか，未完成の確認を意味するに過ぎない．本書で展開した多くの論点は，解決されたものもあるが，より多数のより困難な未解決課題を生み出してしまった．これらのうち，1つでも2つでもよいから解決策を検討することが，『情報メディア法』という新しい法領域を提唱した，私の責任であろうと思う．

視力は年々悪化し，筆力は歳々低下するけれども，力のある限り前進を期したいと思う．このような私を助け，博士論文 400 字詰め 1000 枚超の原稿と，本書の原稿 400 字詰め 800 枚超の入力と校正に，暑い夏を使って協力して下さった，秘書の竹本珠穂さんに末筆ながら，お礼申し上げる．

2004 年初秋　林 紘一郎

目　次

まえがき i

第 1 章　インターネットの登場と情報メディア法 1

　　1-1　情報メディアの史的展開　2
　　1-2　メディアとしてのインターネット　4
　　1-3　電子取引市場（e コマース）と「思想の市場」の実現　7
　　1-4　メディアとメッセージの分離　11
　　1-5　情報メディアの 3 類型　15
　　1-6　アメリカの判例に見る PBC 分類の適用　19
　　1-7　インターネットと PBC 分類　24
　　1-8　二重の基準論と相互依存　30
　　1-9　情報メディア法の新しい視点　33

第 2 章　情報メディア法の定義と分類 37

　　2-1　「情報メディア法」の不在　38
　　2-2　情報メディア法の目的，内包と外延　42
　　2-3　情報メディア法の分類　45
　　2-4　情報メディア法の法源　48
　　2-5　情報メディア法の史的展開　54
　　2-6　通信・放送分野における「1953 年体制」　62
　　2-7　電波監理委員会の評価　66
　　2-8　通信・放送の融合と法的対応　69
　　2-9　今後の課題：信頼性とセキュリティ　73

第3章 コンテンツ規制:「言論の自由」と情報メディア法 79

- 3–1 言論の自由と社会的制約　80
- 3–2 社会的制約の基準　84
- 3–3 著作権保護の二面性　87
- 3–4 著作権とPBC分類　92
- 3–5 名誉毀損:公益と私益の調整モデル　98
- 3–6 プライバシー概念の多義性　103
- 3–7 プライバシー・パブリシティ・個人情報　107
- 3–8 わいせつ情報,その他の保護されない情報　111
- 3–9 番組編集準則と言論の自由:B型規律の検証　115
- 3–10 当面の対処策　120

第4章 情報仲介者の法的責任:C′型規律のあり方 125

- 4–1 情報仲介者のコンテンツ責任:3つの類型　126
- 4–2 「言論の自由」と「通信の自由」　130
- 4–3 情報基本権の検討　133
- 4–4 検閲の禁止と通信の秘密保持　135
- 4–5 アメリカにおける通信の秘密保持　138
- 4–6 通信傍受法　143
- 4–7 情報仲介者の責任に関する一般原則　146
- 4–8 知的財産権侵害の場合　149
- 4–9 知的財産権以外の侵害の場合　157
- 4–10 プロバイダ責任(制限)法とC′型規律のあり方　163
- 4–11 アメリカとの対比と暫定的まとめ　169

第5章 コンデュイト規制:情報メディア産業法 173

- 5–1 国有事業と通信の一元化　174
- 5–2 通信の変革と情報メディア法の変質　177
- 5–3 設備規制とサービス規制　180
- 5–4 資源配分上の規制(1)無線通行権　185
- 5–5 資源配分上の規制(2)有線通行権　191

5-6　参入・退出規制と外資規制　198
　5-7　料金規制　202
　5-8　相互接続規制　206
　5-9　コンピュータ関連法制　210
　5-10　独禁法との重複と適用除外　213

第6章　マス・メディアとコンデュイトの紐帯関係　219
　6-1　マス・メディアの集中排除原則　220
　6-2　新聞・出版と再販売価格維持制度　227
　6-3　取材の自由と記者クラブ　230
　6-4　放送の垂直統合にまつわる神話　235
　6-5　ユニバーサル・サービス：義務か特権か　241
　6-6　マス・メディアと個人情報保護法　247
　6-7　いわゆるマス・メディアの特権　252
　6-8　取材源の秘匿と公正な裁判　255
　6-9　ジャーナリズムとは何か：プリンシパル・エージェント論　259

第7章　解釈論から立法論へ　265
　7-1　「包括メディア産業法」の検討　266
　7-2　いわゆる「水平分離論」について　269
　7-3　構想実現の契機　274
　7-4　「包括産業法」の必要性　278
　7-5　電子公衆送信法(案)の概要　281
　7-6　2つのパラダイム・シフト　283
　7-7　通行権の設定方法と評価基準　288
　7-8　アナログ法制とデジタル法制　294
　　　添付資料　「電子公衆送信業務の自由を保障し必要最低限の規律を定める法律(案)」(略称「電子公衆送信法」(案))　297

参考文献　307
索引　323

凡例

1. 年号は，原則として西暦で表記．
2. 法律は，原則として施行年(月日)で表記．
3. 文献の引用は，林[2000x]のように表記し，巻末の参考文献の該当欄に対応させている．また，同じ姓の著者が複数いる場合には，引用文献数の一番多い著者には添え字を付けず，他の著者には，林(敏)のような添え字を付して識別する．なお，洋書あるいは洋文献も，法律関係だからといって，特別な表記法(例えば，いわゆるブルー・ブックのもの)は採っていない．
4. 日本の判例は，法学における一般的表記法に従う．即ち，以下の略号を用いる．
   　　最大判＝最高裁判所(大法廷)判決，最三小判＝最高裁判所(第三小法廷)判決
   　　○○高判＝○○高等裁判所判決
   　　△△地判＝△△地方裁判所判決　 ───決＝決定
   　　民集＝最高裁判所民事判例集　高民集＝高等裁判所民事判例集
   　　下民集＝下級裁判所民事裁判例集　刑集＝最高裁判所刑事判例集
   　　審決集＝公正取引委員会審決集
5. 米国の判例は，米国における一般的な表記法(ブルー・ブックのCase引用法)に従う．
6. 上記3〜5の引用に当たっては，著作物として保護されていると考えられる部分を引用する場合のみ，具体的表現の該当ページを表記する．
7. 本書は，2004年7月31日に内容を確定し，8月31日までかけて推敲と誤謬の訂正を行なった(したがって，従来の概念で「脱稿」した)．7月末までに利用可能な情報は，できる限り吸収したつもりであり，ウェブ・サイトについても8月末までの1ヵ月間で存在を確認している．しかし変化の激しい分野であるため，最新のデータまで把えきれているかどうか心もとない．それらの点については，内容に対するコメントとともに，ご教示をいただきたい．

第 1 章

インターネットの登場と情報メディア法

"Although the first principle of communications law in the United States is the guarantee of freedom in the First Amendment, in fact this country has a trifurcated communications system. In three domains of communication — print, common carriage, and broadcasting — the law has evolved separately, and in each domain with but modest relation to the others." (Pool [1983] p. 2)

「メディアはメッセージである」(McLuhan [1964] における有名な言葉[1])

"What is special about the Internet is the way it mixes freedom with control at different layers. The physical layer of the Internet is fundamentally controlled. . . . Similarly, at the content layer, much in the existing Internet is controlled. . . . Much is properly and importantly protected by property law.

At the code layer, however, . . . the Internet was free. So too was much of the content served across the network free. The Internet thus mixed both free and controlled layers, not just layers that were free." (Lessig [2001][2] p. 25)

1–1 情報メディアの史的展開[3]

　情報(メッセージ)を運ぶ手段としてのメディア，すなわち「情報メディア」[4]の発展史は，初期においては技術進歩によって時間と空間を克服する歴史であり，技術の進展がある段階に達して以降は，資源の有限性を克服しようとする試みの歴史だと見ることができる．

　まず前者については，人類が言語を獲得した時点から始まり，文字の発明まで(第1期)，活版印刷術の発明[5]まで(第2期)を経て，電信の発明まで(第3期)に至って，一応の技術的レベルに達した．これに対応して人々の交流圏は，地域文明(第1期)，都市国家とその版図(第2期)，国民国家の相互交流(第3期)へと拡大した．

　その後は同じ電気通信技術を用いつつも，パーソナル・メディアが優位の時代(第4期)，テレビの発明に代表されるマス・メディア優位の時代(第5期)を経て，インターネットの商用化[6]以降(第6期)は，有線系においては光ファイバーの波長多重方式，無線系ではコード分割多重方式などの進展によって，伝送路や周波数の有限性が克服されつつあり，パーソナル・メディアとマス・メディアが融合する時代を迎えている(表1.1参照)．

　ここで注目すべきは，
① 期を経る毎に，新たな革命的技術が登場する周期が，1桁単位で短かくなっている．

---

1) 同書第1章のタイトルになっている．
2) なお併せて，Lessig [1999] および林・池田(編著) [2002] 序章及び第1章参照．
3) 本節の詳細は林 [1984a] [1998a] 参照．
4) ここでは用語の定義に深入りしないで，2–2 に譲る．
5) これは欧州中心の概念で，わが国や韓国ではこれより100年ほど早く印刷が始まっていたとされる(青柳 [1999])が，ここでは深入りしない．
6) それまで政府の支援があった NSF-NET の運営が，民間に移管された年をもって商用化と考える．

表1.1 コミュニケーションの歴史

区分	第1期	第2期	第3期	第4期	第5期	第6期
始期	言語の使用(100万年前又はそれ以前)	文字の発明	活版印刷の発明	電信の発明	テレビの発明	インターネットの商用化
終期	文字の発明(紀元前3千年頃)	印刷の発明(紀元868年)	電信の発明(1845年)	テレビの発明(1936年)	インターネットの商用化(1994年)	?
情報伝達の主な手段と到達範囲	大声・のろし,地域文明	飛脚(郵便),都市国家とその版図	印刷(出版),国民国家の相互交流	パーソナル・電子メディア,世界規模	マス・メディア(アナログ),世界規模かつ瞬時	コンピュータ通信(デジタル),世界規模かつ瞬時で記録・再生可
制約の克服	言葉による相互理解	文字による情報の伝達	文字による情報の大量伝達と蓄積	時間と空間を克服した情報の伝達	世界規模の即時・大量情報の伝達	メディアとメッセージの自在な組み合わせが可能
期の長さ(年)	1×10^6	0.4×10^4	1×10^3	0.9×10^2	0.6×10^1	?

出典:林[1984a]に一部加筆

② 現在ではすべての技術が,デジタルで統合される方向に進んでいる.
③ メディアとメッセージの組み合わせが,パーソナル・メディア対マス・メディアという対立軸ではなく,組み合わせ自由な選択肢に過ぎなくなっている.
④ 資源希少時代は終わり,技術的には「資源の制約は考えなくて良い」時代になりつつあり,残された課題はむしろ制度的制約である.

といった諸点であろう.以下,これらについて若干のコメントを加えていこう.

① まず時代の加速化については,インターネットが犬の寿命と同じようなテンポ(人間の7倍)で進んでいるとする「ドッグ・イヤー」という言葉は良く知られている.これに伴って,私たちが日々処理しなければならない情報量も幾何級数的に増大し,情報リテラシーが現代を生き抜く基礎的素養になりつつある.
② このような変化をもたらした技術的背景を一口で言えば,「デジタル革命」ということになろう.アナログの時代には,情報(メッセージ)を記録・伝達・処理するためには,それぞれ個別の媒体(メディア)が必要であった(例えば文字情報の記録には紙といったように).コンピュータという高機能な処理装置が登場しても,基本的な情報がアナログである限りは,これをデジタル変換して処理しなければならないため,変換により効率が減退するばかり

か，コストも一部増加した．記録・伝達・処理のすべてがデジタル化された現代では「ムーアの法則」[7]に象徴されるコスト削減と機能向上を，すべての過程で享受することができる．

③　ここまで来ると，情報メディアの性格そのものが変質してしまう．従来の代表的メディアはテレビと電話であろうが，この両者は　マス・一方向対パーソナル・双方向　というように全く対照的であった．ニュー・メディアやマルチ・メディアが喧伝された頃には，この中間領域とも呼ぶべき「融合分野」が誕生したが，融合の程度はまだまだ限られていた．ところがインターネット以後では，このような差を考えること自体が無意味になりつつある．メディアとメッセージは，どのように分離することも，組み合わせることもできる存在になったのである（林 [1998a]）．

④　このような時代には，従来の常識が非常識になることがある．一番身近かな例は「周波数の有限性」という神話である．これはアナログ無線しか存在しなかった時代に，混信を避けるもっとも経済的な方法であったことは事実である．しかしデジタル時代には，送信機がかつての大型コンピュータのような機能を持つので，多数の雑音の中から自分あてのメッセージを識別することは格段に容易である．暗号の世界で「公開鍵」という逆転の発想が生まれたように，無線の世界では信号と雑音の立場を逆転させたシステムの方が却って効率性が高い，という時代が近づきつつある（池田・林 [2002]．この点については 5-4 で詳説する）．

1-2　メディアとしてのインターネット[8]

このような劇的変化は，インターネットの商用化に代表されるデジタル革命

---

7) インテルの創業者の一人ゴードン・ムーアが「コンピュータ素子の性能は 18 ヵ月で倍になる」と予言したもの（実際には 24 ヵ月で 2 倍の速度が 20 年以上も続いている）．これに「ネットワークの価値は，接続されたサーバ数の 2 乗に比例する」というメトカーフの法則を加味すれば，1990 年代以降は「インターネットの能力が 3 年で 10 倍になる」という傾向が持続していることになる（Gilder [2000]）．

8) 以下第 4 節までの説明は，主として林 [2003b] による．また，そのメディアとしての側面については林 [1998d] を，産業としての側面については，林 [2002c] を参照．

とともにやってきた．そこでインターネットの特性を，メディアとしての機能面から探ってみよう．

インターネットは，当初コンピュータ通信の一形態に過ぎないと思われていたが，今日では情報メディアの代表格となった．そのメディアとしての特徴は，次の10点にまとめることができる(林[1998d]を拡張したもの)．

① マス・メディアとパーソナル・メディアを統合：現在有力なメディアの代表であるテレビと電話は，前者が1対多で片方向送信(マス・メディア)，後者が1対1の双方向通信(パーソナル・メディア)というように，対照的な存在となっている．インターネットはこの間隙を埋め，どちらにも使えるし，非対称通信[9]も可能な史上初のメディアである．

② ベスト・エフォート(コネクションレス)で送信重視：パケット交換方式を用い，受信相手のアドレスを頼りにバケツ・リレー式に送信を繰り返すもので，送信側と受信側は物理的につながっている訳ではなく(コネクションレス)，受信の保証はなく接続事業者は「最善の努力」(ベスト・エフォート)をするに止まる．

③ 送信重視のマス・メディアがパーソナル・メディアを包摂：上記①②から送信がより重視され，その限りではマス・メディア型である．現行法では 放送⊂通信 という図式[10]だが，インターネットを与件として考えれば 放送⊃通信 という法制が望ましいことになる(林[2002b]，7–6参照)．

④ 送信内容(メッセージ)に制限はなく，その限りでは逆にパーソナル・メディア型：eメールやウェブ・アクセスが一般的とすれば，音声・映像・データなど送信内容の形式を問わないし，人対人だけでなく，人対機械，機械対機械の通信もできる．メディアとメッセージの結びつきが緩やか(ルース・カプリング)になり[11]，その限りでは前項とは全く逆に，パーソナル・メディアの特性を兼ね備えている．

⑤ 今のところ匿名性が強い：システム自体が匿名性を前提にしている訳では

---

9) 双方向通信ではあるが，情報量について上りと下りで著しい差がある通信形態のこと．インターネットで画像データにアクセスして，大量のダウンロードをするような場合．
10) 後述するように現行法で放送とは「公衆によって直接受信されることを目的とする無線通信の送信」(放送法2条1号，電波法5条4項)なので，放送は通信の一部である．
11) ルース・カプリングこそ，マルチメディア化の最大の特徴である(林[1998a])．

ないが，商用化後10年余の歴史からは，その匿名性の故に無秩序で無責任な言説が多いと顰蹙を買っている．しかし，それ故にこそ後述の「思想の市場」を可能にしてもいる．

⑥ 汎用アクセス・記憶・処理装置としてのパソコンで構成された，検索機能付き関連データ・ベース：パソコンという汎用機がネットワーク化してLAN（Local Area Network）を構成し，それが回線を介して相互につながることによって，言葉の本来の意味であるインターネット（ネットワークのネットワーク）が実現されている．WWW（World Wide Web）に接続されたサイトは情報の宝庫で，歴史上最大の電子図書館と見ることもでき，しかも通常は簡単に検索し複製できる．

⑦ Do-It-Yourselfの自律・分散型：PCとLANで構成されるネットワークは，特定の事業者に依存しなくても，誰でも作れるものである．つまりDo-It-Yourselfが基本で，かつての電話会社のようなコントロール組織がないため，ガバナンスも自律・分散型になる（土屋［2001］）．

⑧ 国境にとらわれぬグローバルな通信が，驚くほど安いコストで可能：WWWという命名が示すように，その性格は初めから世界大（グローバル）である．一方通信コストは，これまでの手段に比べ桁違いに安い[12]．

⑨ 非規制の自由通信圏かつ自由貿易圏：IT（Information Technology）分野での比較優位を自覚したアメリカが，インターネットに対する通信規制を行なわず（非規制＝unregulation，林［2002d］），そこで取引される貿易に対しても関税を課さないことで，インターネットの成長を政策的に促進した．

⑩ 正しく利用すれば個人やコミュニティの能力を拡大する（empowerment）が，犯罪や管理社会化の危機も孕む：高度技術の代表格にふさわしく，使い方如何でベクトルが全く異なり，その影響が大きい（林・浜屋［2000］［2001］）．

以上を個人の視点から言い換えれば，電気通信における利用環境整備に関する研究会［1996］の次のくだりが，身近な実感を適切に表現している．

「インターネットは，従来の出版，通信，放送といったあらゆる形態の情報

12）通信コストの低減は，デジタル化，自由化による競争の激化，規制緩和など種々の要因が複合的に作用した結果であるが，IP（Internet Protocol）による統合も，コスト削減に大きく寄与したと考えられる．

発信機能を同時に併せ持つという特質を有している．個人は，いつでも自由に自ら作成した情報を発信し，又は第三者が作成した情報を再発信することによってコンテンツの提供者となることができる．また，個人は居ながらにして世界中から発信された情報にアクセスすることが可能であり，このような発信，受信，再発信の繰り返しによって，個人がアクセスすることができる情報は飛躍的に増大する．こうしてインターネットは，高度情報通信社会における個人の基本的人権というべき『情報発信権』，『情報アクセス権』を実現する核となるメディアと位置づけることができる．」

この表現は，当時は理想論として描かれたと思われるが，いわゆる peer-to-peer 技術の進化とともに，具現化されつつある．もっとも最先端技術の常として，技術を善用するか悪用するかは，利用者の態度に委ねられている．WinMX や Winny という技術の例では，著作権侵害のファイル交換に多用されているとの批判の方が強い[13]．

1-3　電子取引市場(e コマース)と「思想の市場」の実現

インターネットは「革命」と呼ばれるにふさわしく，社会経済活動のあらゆる局面を変革しつつある．その原点は，あらゆる取引がデジタル化されネットワーク上で行なわれ得るという点にある[14]．これを財貨の取引の面から見ると「電子取引市場」，すなわち一般的には e コマース (electronic commerce) の実現ということになる．

これまでテレビ・ショッピング(テレビ＋電話)，通信販売(カタログ郵送＋郵

---

13) しかし，ファイル交換にのめり込んだ利用者を執拗に追った津田 [2003] には，① 交換が可能であるためには，自分の方でも魅力的な交換物を持たなければならない，② それには超えなければならない閾値がある，③ 閾値を越えたファイルには，ある種の社会的期待が生ずる，④ それに応え維持するには，常識では考えられないような努力を要する，といった現象が指摘されていて興味深い．

14) 政府の活動が電子化される e-government も当然この中に含まれるが，ここでは私人の活動のうち経済的自由権の行使としての e-commerce と，精神的自由権の発露としての「思想の市場」に絞って論じよう．なお両自由権については後述する．

便or電話)などの形で行なわれてきた取引は，一部がオフラインになっていた．これをすべてオンライン化すれば(そして無形の財貨も取引対象に加えれば)，eコマースになる．しかしこれによる大量取引は，量的な変化を質的なものに変える場合があろう(林 [2000c])．

このようなネットワーク取引には，他のシステムと同様，良い点と悪い点とがある．一般的なメリットとしては，

① 迅速・正確な大量取引：コンピュータは定型的作業の長時間・継続反復的処理に向いており，eコマースによる大量取引が可能になる．
② サーチ・コストの低下：取引をする際，相手を探し価格を調べるといったサーチ・コストは無視できない．ネット上では，これらのコストが極限まで低下するので，従来は不可能であった取引形態も可能になる．
③ カスタマイズ可能(マーケティング・サイドからはワン・ツー・ワン・マーケティング)：取引経過はすべて記録されるので，これをもとにして顧客別管理をしたり，個別マーケティングをすることができるし，顧客にとっての利便も増大する．
④ 企業組織の効率化：eコマースで効率を上げるためには，社内の一部門が手続きを変えるだけでなく，全社的な BPR (Business Process Reengineering) が必要で，結果として企業組織の効率化につながる[15]．
⑤ 流通過程全体の効率化：これを経済全体として見た場合には，流通過程全体の効率化につながり，この分野の遅れが指摘されるわが国にとって意義がある．

等が考えられる．しかし，他方デメリットとしては，

① バーチャル性に伴う認証の困難：ネット上の取引では，取引相手を確認することが難しく，「なりすまし」「しらばくれ」という危険が強い．
② リアルタイム性が強く取消などが困難：操作ミスや不慣れなどによって，意に反する結果が起きることがあり，実取引のような取消が難しい．情報の取引が不可逆的であることも，この困難を倍化させている．
③ リスクの予見可能性の低さ：ネットワークがブラック・ボックスとなって

---

[15] 理論的にはこの通りだが，日本企業では理論通り行なわれていないことについては，林 [2003a] 参照．

いて，どこに，どのようなリスクがあるかが予測し難い．
④ 端末コストと教育コストの負担：サーチ・コストが安い反面，セキュリティを確保した取引をするためには，相応の端末と接続が必要で，これらは利用者負担である．またハード面での投資は可能でも，インターネットを使いこなす知識が必要で，そうしたソフト投資はなかなか回収できない．
⑤ 個人情報漏洩の危険：メリットの③の反面，個人情報の価値が高まるため，これを漏洩するインセンティブも高まり，漏洩の危険も増す．
等があげられている(大谷[2001]，平田[2001]など参照)．

ここまでは常識的な事柄だと思われるが，実は財貨の取引がネットワーク上で可能だということは，言論のやりとりも同様にネット上で可能ということでもある．ここでは代表例として，「情報発信権」「情報アクセス権」を含む「言論の自由」が，インターネットによってどのように変化しつつあるかを眺めてみよう．

この分野には伝統的に「思想の市場」(Marketplace of Ideas)[16]という発想がある．これは1919年に，アメリカ最高裁のホームズ裁判官によって主張されたものである[17]．表現の自由が保障されていれば，思想も財貨と同様に市場で取引可能で，異なった意見を主張しあえば自ずと1つの均衡に達するに違いない，という自由放任の考え方であった[18]．

---

16) Marketplace of Ideas は Marketplace of Thoughts より広い意味があるようにも思えるが，ここでは憲法学者を中心にした定訳に従う．後者が「思想の市場」で前者は「無形の創作物の市場」だとすれば，本論の文脈により合致する．

17) Abrams v. United States における少数意見 250 U.S. 616 (1919). 要点は，次の件に集約されている．But when men have realized that time has upset many fighting faiths, they may come to believe even more than they believe the very foundations of their conduct that the ultimate good desired is better reached by free trade in ideas — that the best test of truth is the only ground upon which their wishes safely can be carried out. That at any rate is the theory of our Constitution.

18) 一般の財貨の取引において，市場機能に任せておけば望ましい均衡が達成されるという自由放任(laissez faire)の考え方があり，それを思想という無形の財にも適用したと考えられる．しかしこのような私の理解は Posner [1986] に沿ったもので，ホームズにおいては市場は手段に過ぎず，真の目的は「真理への到達」だと言うべきかもしれない(駒村[1993])．この概念の変遷については，山口[1993]も参照．

ところがアメリカにおいてさえ,その後の発展は2つの点において,ホームズの見方とは正反対の方向に進んだかに見える.その第1は,憲法に定められた各種の基本的人権を(「人身の自由」はとりあえず除いて)「精神的自由権」と「経済的自由権」に大別し,前者の後者に対する優位性を主張する学説,すなわち「二重の基準論」の定着である.「二重の基準論」にも種々の見方があり,文字通り前者の価値が後者に優位するとするものから,前者の権利は後者よりもろいから,裁判手続きなどでより厚く保護しなければならないとするもの(松井[1994])まで幅広い.しかし,いずれの説によっても,両者を対等に扱うという発想は後退している(この点については,1-8で再度説明する).

ホームズの理想との乖離の第2は,1960年代後半にバロンらを中心に主張された「アクセス権」についてである(Barron [1967],堀部 [1977]).言論の自由があるといっても,マス・メディアは資金力の豊富なごく限られた資本家の手に握られているから,それは架空のものに過ぎない.庶民には意見広告をしたくても資金が無いし,新聞の「読者の声」などの欄の編集権は新聞社の側にあって,自由裁量によって少数意見は弾かれてしまう.

したがって政府は真の言論の自由を保障するためには,「メディアへのアクセス権」を法定すべきである.とりわけ自分の意見を批判する意見がマス・メディアに報ぜられた場合には,「反論権」の紙面あるいは放送時間を反対陣営に与えるべきだ.このような発想はやがて1つの政治運動となって州の立法活動に影響を与え,新聞の場合には「反論権」を明示する州法も現れたが,これを憲法違反とする1974年の最高裁判決(マイアミ・ヘラルド事件)[19]を一つの境として,下火になった.

ところがホームズが80年以上前に描いた「思想の市場」というアイディアは,インターネットという具体的手段を得て実現へと一歩近づいた.1997年にアメリカの最高裁判所は,レノ対アメリカ自由人権協会事件判決で[20],インターネットの場合,国民は容易にネットワークにアクセスし表現活動を行なうことができるので,古典的な表現の自由の法理が前提としていた「思想の自由市場」という考えが,より強く現れるということもできるとした(この点につ

---

19) Miami Herald Publishing Co. v. Tornillo, 418 U.S. 241 (1974).
20) CDA法 (Communication Decency Act) の一部を違憲とした Reno v. ACLU, 521 U.S. 844 (1997).

いては，1-7や第3章で再説する）．

　政治的な主張に止まらず芸術的な表現行為を含めて，インターネットの利用者は情報の発信者であると同時に，仲介者・解説者であり，さらには受信者でもある（トフラー流には「プロシューマー」である）[21]．ここでは「アクセス権」の主唱者達が心配した「情報発信力の非対称性」は理論的には存在しない[22]．もちろん，情報リテラシーなどに由来するデジタル・デバイドは簡単には解消できないだろうが，この自由を最大限に生かす方向こそ，我々の選ぶべき道であろう．

1-4　メディアとメッセージの分離

　ところで，そもそもメディアとは何か？　手許の辞書で引いてみると「メディア人が建国した国名」「ギリシャ神話中の魔女」などと並んで，「手段．方法．媒体．特に，新聞・テレビ・ラジオなどの情報媒体．」（『大辞林』三省堂，1988年）と説明されている[23]．

　これを見る限り，メディアは媒体に過ぎず，そこで運ばれる情報（メッセージ）とは独立した存在のように見える．しかし世の中でテレビ・メディアと呼んだ時には，「どのような周波数帯を使っているか」とか，「テレビ塔がどこにあるか」は全く問題にならない．逆に「番組で何が取り上げられているのか」「それをどのような視点から取り上げているのか」「その社会的影響は？」といった，メッセージ寄りのことに関心が集まることが多い．しかも，そこでは人々は「メディアのあり方を論じている」という気分になっている．これは一体どうしたことだろうか．

　この点を鋭く突き，メディアとメッセージの関係を単なる言説の次元でな

---

21)　Toffler [1980] は，生産者と消費者が分化・対置されるのは工業社会に特有なことで，「第3の波」の時代（情報化社会）には生産者と消費者が合体して，プロシューマーとなることが多いと予言した．

22)　しかし代わりに登場する幾つかの問題点については，Sunstein [2001] 参照．

23)　他の辞書においても「(medium の複数形）媒体．手段．特にマス・コミュニケーションの媒体．」（『広辞苑』第五版，岩波書店 1998年），「手段．媒体．」（『新明解国語辞典』第四版，三省堂，1997年）のように同工異曲である．

く，社会学でいう「身体性」の次元から捉えたのが，マクルーハンらのメディア環境論であった．先駆者としてのイニスは，ある一定の傾向をもったメディアの長期間にわたる利用が，社会的知識の性格をある程度まで規定する．時間を超えた伝達に適したメディアと，空間を越えた伝達に適したメディアがあり，近代においては一貫して前者から後者へ重心が移動してきた，などと論じた（Innis [1951]）．

マクルーハンはこの視点をさらに先鋭化させ，本章の冒頭に引用した「メディアはメッセージである」という有名な命題を提起した．この考え方によれば，工場のオートメーションが人々の働き方のみならず生活全般を変容させると同様に，テレビでどんな番組が放送され，電話で何が話され，書物に何が書かれようと，テレビはテレビ，電話は電話，書物は書物として，人々の環境に対する関係性を変容させるというのである（吉見 [2002]）．

活版印刷の普及によって「経験を連続体として線形に把握してゆく習慣」の常習化が進み，視覚による経験の均質化が，五感が織り成す感覚融合を背後へ押しやってきた．ところが19世紀以降，新たに登場した電子的なメディアでは，距離がゼロになり，電子的に媒介された同時的な場が至るところに出現し，地球の表と裏が同一の場を全身的な感覚で共有する（グローバル・ビレッジ）．しかも，電子メディアは人々のコミュニケーションを線形的で視覚的な形態から，包括的で触覚的な形態に移行させる．こうして線形性と視覚優位が再び逆転され，われわれは活字時代に獲得された固定的な視点を保ち続けることが難しくなったという（McLuhan [1962] [1964]）．

このような視点を発展させ，話し言葉と書き言葉の関係に焦点を当てたオングによれば，話し言葉にはいくつかの常套句があり，人々の思考は，それらの常套句を組み立てることによって成り立っていた．ところが書き言葉は，こうした思考が内包する力動的な構造を解体し，言葉を視覚的な記号として空間化した．幾何学的な図形の理解，範疇的な分類，形式的論理的な推論，事象の定義，自己分析などは，「書く」という技術により初めて可能になったというのである（Ong [1982]）．

これらの洞察を支えているのは，メディアとは伝達の手段というよりも，身体が世界に係わる方法を構造化する制度なのだという認識である．「人間拡張の原理」というマクルーハンの書名（McLuhan [1964]）は，このことを端的

に示している．確かに次のような事象において，メディアのメッセージ性は顕著である．
① 講演(話し言葉)をそのまま論文(書き言葉)にしようとしても，役に立たないことが多い(林 [1994b])．
② 新聞(見出しやレイアウトという編集された著作物)を，データ・ベース(編集の程度が低い文字情報)で検索すると印象が異なる(何かが落ちてしまう)(林 [1993])．
③ 文字情報を中心にした理解の仕方(理性的理解)と，映像情報中心の場合(感性的理解)とは違う(林 [1994b])．
④ 手書きで執筆する場合と，ワープロを使う場合では，思考過程に違いがある．校正をする場合も同じ(林 [1994b])．
⑤ ペーパーレスのビジネス活動が一般化すると，人間の行動様式や組織のあり方が一変する．

しかし他方でメディアとメッセージは論理的に分離可能で，分離することによって初めて事態が良く見えてくる場合もある．例えばネットワーク社会の構造は，物理層(インフラとなる施設)，コード層(メディアまたはキャリア的機能)，コンテンツ層(メッセージ)の3層構造に分けてみると分かりやすい(図 1.1)[24]．

この3層が，自由に利用可能なリソースを使うだけで成り立つのか，それとも何らかの権利性のあるリソースを必要とするかによって分類すると，幾つか

```
┌─────────────────────────┐
│      コンテンツ層        │
│      (メッセージ)        │
├─────────────────────────┤
│       コード層           │
│ (メディアまたはキャリア的機能) │
├─────────────────────────┤
│        物理層            │
│    (インフラとなる施設)    │
└─────────────────────────┘
```

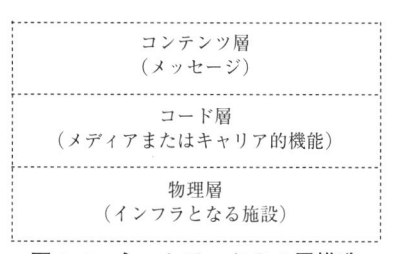

図 1.1　ネットワークの3層構造

---

[24] 物理層・コード層・コンテンツ層というネーミングは Lessig [2001] によるものだが，後述するように私は(　)内に表記した分類を先に考えていた(林 [1994a] [1998a])．なお，林(敏) [2003] も，ネットワーク・プラットフォーム・アプリケーションという3層構造を考えている．

のパターンに分けられる(表1.2)．ここでハイド・パーク・モデルとは，ハイド・パークという場所は，物理的に誰にも使えるもので(物理層)，そこで使う手段についての規制も無く(コード層)，スピーカーズ・コーナーで何を話しても自由(コンテンツ層)というケースである．これがマディソン・スクエア・ガーデン（MSG）になると，上の2層については同じだが，この施設には所有者がいるので，利用には許可が要るなど物理層に規制が発生する．

ネットワークの代表格とも言うべき電話の場合には，物理的な施設の管理者がどのようなプロトコルで使うべきか(使ってはいけないか)を規制するので，コンテンツ層以外の部分が規制されている．さらに進んでテレビやCATVの場合には，どのような番組を送信するかも施設所有者の責任範囲とされているので，物理層・コード層・コンテンツ層のすべてが規制下に置かれていることになる．そしてインターネットでは，規制と自由が混在している(本章の扉に掲げた，レッシグの言葉参照)．

このように4種のパターンがあるネットワークのあり方を論ずるとすれば，3層をすべて網羅的に検討する必要がある．しかしハイド・パーク・モデルは理想かもしれないが，実は物理層が全くコントロールされていないものはコモンズという限られたケースに過ぎず，ほとんどのケースはMSGと同タイプであり，これに吸収して論ずればよい．またコード層がしばしばネットワーク層と呼ばれることが暗示しているように，問題の核心は，コンテンツ層と物理層を結びつけるコード層であり（Code is law.），他の2層はコード層に影響を与える範囲で検討すればよい[25]．

表1.2 各種モデルにおけるリソース規制

モデル レイヤ	ハイド・パーク	MSG	電話	テレビ CATV
コンテンツ層	無	無	無	有
コード層	無	無	有	有
物理層	無	有	有	有

---

25) 実は表1.2の4分類は，後述のPBC分類と対応しているとも言える．ハイド・パーク＝P型，MSGと電話＝C型，テレビとCATV＝B型という割り切りが可能かどうか考えてみよう．

以上はローレンス・レッシグが提起した問題 (Lessig [2001]) を，私なりに噛み砕いてみたもの(林・池田(編著) [2002])だが，このような分析はコード層(メディア)とコンテンツ層(メッセージ)の分離なしでは不可能だろう．

1-5 情報メディアの 3 類型

私は林 [1984a] 以来一貫して，物理層・コード層・コンテンツ層(前 2 者を一体と考えれば，コンデュイトとコンテンツ)の分離こそ，今後の産業組織を考える上での基本的視点になると主張してきた．その要点は次の諸点である．
① コンピュータ産業において，市場構造はかつての垂直統合(60 年までの IBM)からレイヤ別分離[26]へと大きく転換している．独占禁止法違反に問われていたマイクロソフトでさえ，OS (Operating System) という限られた市場において独占的地位を占めているに過ぎない．同じく MPU (Micro Processing Unit) という市場で独占的地位を持つインテルと複合して，市場全体を支配している構図が「ウインテル現象」である．
② 市場をレイヤ別に分け，資源を特定のレイヤに集中していくという同様の現象は，リ・エンジニアリング，アウトソーシングや戦略的提携などが一般化してくると，多くの産業で共通に見られる．とりわけ情報財の特性から「一人勝ち」になりやすい IT 産業では，この傾向は顕著である(林 [1998a])．
③ したがって独占禁止法の運用において，従来定石とされてきた「市場の画定」が困難になっている．他方，従来は業法があれば，独禁法は立ち入らないこととしてきたし，知的財産制度も独禁法の外にあると考えてきた．こうした自己抑制主義を改め，あらゆる産業ないし財貨を通じて競争法という共通尺度でみてみようという，積極主義ないし水平適用主義の動きが見られる(田村 [1999a]，白石 [1994])．

---

26) 従来私は「水平分離」という言葉を使ってきた(林 [2002b] [2002d] [2002e] [2002f])．それが IT 戦略本部の答申などにも採用されている (7-2 参照)．しかし産業組織論の分野では，「垂直統合」を排除することを「垂直分離」と呼び，独禁法の分野でも「水平制限」(カルテル禁止など)という表現があって紛らわしい．そこで本文の意味では，別の用語に変えた方が誤解を生じないと思うに至り，2003 年以降は「レイヤ別分離」という用語に統一している．

④　かつて公益事業として一括りにされていた交通(鉄道・トラック輸送・航空)・通信(電気通信・放送・郵便),エネルギー(電気・ガス)などの産業が,技術の進展とともに規制緩和される傾向は,先進国に共通の現象である.その際規制緩和の根拠となったのは,従来分離不可能だと思われていた「インフラとなる施設」と,それを用いた「コモン・キャリア的機能」が分離可能になって,公益事業の指標とされてきた「設備被拘束性」が薄れたことである(林 [1998a]).

⑤　そこで新たな規制の手段として採られるのが,独占度の強い部分とそうでない部分を分ける方法,すなわち鉄道では上下分離という軌道と列車運行との切り分け,電気通信ではインフラ的施設とキャリア的機能の分離(林 [1984a]),電気事業における配・送・配電の分離などのレイヤ別分離である(林 [1998e]).

⑥　マルチメディアの特性は,一般に誤解されているように,メディアが統合され1つに収斂することではない.既存のメディアはそのまま存続するが,従来メディアとメッセージが非常にタイトな関係にあった(新聞は紙に印刷するもの,というように)のが次第に崩れ,緩やかな関係に(ルース・カプリング,新聞のニュースは,新聞そのものでも,文字多重放送でも,データ・ベースでも使える,というように)なるということである.したがってメディアとメッセージを一応別物として切り分け,産業秩序のあり方を考えることが,可能でもあり現実的でもあると思われる.

　以上のような私の発想からすれば,メディアとメッセージは分離可能であるし,分離することこそ理解を深める道だと思われる.しかし,こうした発想はマス・メディアに従事する方々やその研究者からは,なかなか賛同が得られない.というのもマス・メディアの世界では「メディアはメッセージである」というマクルーハンの言を信じ込んでいる人が多く,とりわけテレビ業界は「グーテンベルグの銀河系」(McLuhan [1962])を越えるものと自らの産業を位置づけ,「メディアとメッセージを分けること自体がナンセンス」と言いかねないからである[27].

---

27) このような論点が,社会学や社会心理学,哲学あるいは組織論において有用であることは言うまでもない.しかしそれらを「メディア論」といった曖昧な概念で括ってしまうと,事実を見誤るおそれが生じよう.本論で論議の対象にしているのは,法学として

このように相互理解が進みにくいのは，同じく情報メディアと呼んでも，その中にはメッセージに関する責任のあり方について，3つの全く違った類型が混在していることに根本的原因が潜んでいるように思われる．そこで情報メディアにおける規制の現状と，その妥当性の検証をしてみよう．

メディアに対する規制と呼ばれているものは，情報を運ぶ手段である Conduit[28] (以下 Cd)に関するもの(主として経済的規制[29])と，運ばれる内容である Content (Ct) に関する規制(主として社会的規制)に大別される．前者はある事業を始めたり廃業しようとする時に何らかの手続きが必要か(参入・退出規制)，価格を自由に設定することができず政府の関与があるか(料金規制)，事業分野を超えた資本関係について独占禁止法による事後規制に加えて事前規制(集中排除原則やクロス・オーナーシップの禁止)があるか，といった経済的側面に関する政府規制を言う．後者は番組内容などが，法や公序良俗に触れないこと，政治的に中立であることなどを担保するもので，放送における「公平原則」(Fairness Doctrine)または「番組編集準則」(放送法3条の2, 1項)や「調和原則」(同2項)が代表例である．

この2つの区分を使うと，4つの組み合わせが得られる(表1.3参照)．すなわち Cd，Ct ともに「あり」，両者ともに「なし」，片方のみ「あり」といった区分になる．なおここで，規制が「ある」という場合には，独占禁止法など一般法における原則に従わなければならないだけでなく，業法における個別規制が存在し，それにも従わなければならない場合を指すことにしよう．

この区分を既存の情報メディアに当てはめてみると，次の3つの例が典型であることが分かる(林 [1998a])[30]．

の情報メディア法なのだから，その限りにおいて「メディアとメッセージの分離」を出発点とし，併せてその相互依存関係を解明することは，有効と考えられる．

28) 図1.1及び表1.2では物理層とコード層と呼んでいたものを，ここでは併せて Conduit と呼び，コンテンツ層と呼んでいたものは，そのまま Content と言う．
29) 経済的規制と社会的規制という用語は，植草 [1997] による．
30) もともとのアイディアは，Pool [1983] に負っている．本章扉にある同書の引用部分および堀部 [1994] 参照．なお山田 [2004] は，全体として良心的な書物であると思うが，PBC 分類と I 型の部分について私の論文への言及がないことが気にかかる (p. 45)．これが私の論文の著作物性を否定するものであれば，見過ごすことができない．しかし本当の理由は，私の論文に言及するとジャーナリズム研究者の間で仲間外れにされかね

表 1.3 メディア産業と規制の類型

Cd 規制 \ Ct 規制	あり	なし
あり	B 型	C 型
なし	?(I 型)	P 型

P 型(Press または Publishing＝出版モデル)：メディアへの参入・退出や，メディアの提供する情報内容について，何の制約もない．すなわち，優先する他の法益に触れない限り自由．

B 型(Broadcasting＝放送モデル)：参入・退出について，国の規制あり．送信内容について，事業者は社会全体の意見を公平に紹介し，異なる見解にも表明の機会を与える，などの義務を負う．併せて，番組について著作隣接権が発生する．

C 型(Communication または Common Carrier＝コモン・キャリア・モデル)：参入・退出や料金について，国の規制あり．伝送内容については，事業者は関知してはならない．逆の面から見れば，コモン・キャリアは，伝送内容については責任を問われないが，著作権法上の権利も生じない．

この 3 類型(以下では「PBC 分類」と呼ぼう)の中には，I 型(Internet＝インターネット・モデル)というものは存在しないが，コンピュータ分野には Cd 規制も Ct 規制もないのだから，基本的には P 型と言えよう．電子出版という用語は，この意味では核心を突いている，と言えるかもしれない．しかし実際には，インターネットは Cd 規制はないが，Ct 規制についてはアメリカでも自由を良しとする派(いわば「憲法補正 1 条」[31]派)と，青少年への悪影響を防止すべきだとする派(「パターナリスト」派)に 2 分されているかに見える．しかも，Ct に関する責任について事情を知っている Cd の側も責任を負うべきか否か(いわゆるサービス・プロバイダの責任問題)で，事態はさらに複雑になって

ない，という点にあるのではなかろうか．一見瑣細なことのようだが，この学界は読者が考えられる以上に腐敗しているのである．

31) 通常「修正 1 条」または「第 1 修正」と訳されることが多いが，この条文は憲法本文のどの部分も修正するものではない．ここでは，飛田［2002］に従い，「補正 1 条」とする．

いる(この点は第4章で詳説する).

1-6 アメリカの判例に見る PBC 分類の適用

アメリカでは,メディアとメッセージ(以下,無用の誤解を避けるため,コンデュイトとコンテンツという用語を使おう)を切り分けようとする私の主張を裏づける各種の判決が,80年代末から連続して出ている[32].

わが国の憲法が「言論の自由」を保障している(憲法21条)と同様に,アメリカ合衆国憲法にも保護の規定がある(補正1条).しかも多様な価値観が共存している国柄も反映して,その運用の実態は,わが国では考えられないほど厚い保護であるとも言えよう.

アメリカでは法律や法令の合憲性を審査する基準は3つあり,基準によって挙証責任や挙証内容も異なる(城所[2001],表1.4参照).ここで言論の自由の規制は,精神的自由権として一般に厳格審査に服し,合理性審査に服する経済的自由権とは区別されている.これが「二重の基準論」である.そして,内容そのものに関する規制は「やむにやまれぬ公益」(compelling public interest)の必要がある場合にしか許されない(この点は第3章で再説する).

これに対して同じ精神的自由権であっても,内容そのものに関する場合でない表現中立的な規制(content neutral とか time-place-manner = 時と場所と態様に

表1.4 合憲性審査の基準

基準	適用例	挙証責任	挙証内容
厳格審査	基本的権利(精神的自由権)	被告(連邦,州)	やむにやまれぬ公益達成のために必要か
中間審査	性差別(精神的自由権)	被告(連邦,州)	重要な公益達成のために必要か
合理性審査	経済社会立法(経済的自由権)	原告	正当な公益に合理的に関連しているか

出典: 城所[2001]に一部加筆

---

32) 周知のようにアメリカは,最も典型的な三権分立制を採っており,しかも判例法を旨とする国なので判決の実効性がわが国より高く,また「訴訟王国」との異名もあるほど司法の役割は大きい.

基づく規制と呼ばれる)は,中間審査とも呼ぶべき基準で判断され[33],「重要な公共の利益」(an important public interest)がある場合に認められるとして,表現内容そのものの規制よりも緩やかな基準を適用している.

しかし厳格基準が適用される表現内容規制でも,ある種の表現については,最高裁は表現の自由は保障されないとして,規制を認めてきた.例えば第1次大戦中の徴兵反対プロパガンダ[34]や,みだら (lewd),わいせつ (obscene),冒瀆的 (profane),文書誹毀的 (libelous),侮辱的 (insulting)もしくはけんか的表現 (fighting words)などである.だが論点は次第に「わいせつ (obscene)」とそれに近似する表現に絞られていった.

そして何回にもわたる裁判の結果から,憲法の保護の範囲を逸脱するとされる情報は,最終的には「わいせつな」(obscene) もの(ハード・コア・ポルノ)と児童の人権を侵害する児童ポルノに限られることが,ほぼ確立している.しかし多様性の国アメリカであるから,一方で Christian Coalition のような厳格なキリスト教徒もおり,obscene でなくても indecent (下品な)ものや patently offensive (明らかに不快な)ものも規制すべきであるとの声も強い.

こうした点について最高裁判所の判決は,obscene 未満の情報を規制するのは,未成年者による閲覧を禁ずるなど内容に直接係らないもので(content-

---

33) わが国において「二重の基準論」を積極的に提唱した芦部 [1987] には,次の図のような比較があって興味深い.ここで検閲などの事前抑制は論外とすれば,学説が精神的自由権の優越性を主張している(したがって縦軸に太線が引かれている)のに対して,裁判所は両者を区別するのではなく,内容規制対内容中立規制(精神的自由権),消極目的対積極目的規制(経済的自由権)という区分を重視している(横軸に太線が引かれている).

a) 学説		
精神的自由		
A. 事前抑制　過度広範規制	経済的自由	
B. 表現内容の規制		
C. 表現の時・所・方法の規制	D. 消極目的規制	
	E. 積極目的規制	

b) 判例		
精神的自由		
A. 事前抑制　過度広範規制	経済的自由	
B. 内容規制	D. 消極目的規制	
C. 内容中立規制＝間接・付随規制	E. 積極目的規制	

図　わが国における二重の基準の適用

34) Schenck v. U.S., 249 U.S. 47 (1919). この判決が,有名な clear and present danger 基準を生み出したことについては,第3章で詳説する.

neutral）時と場所と態様（time-place-manner）による最小限のもの（least restrictive）でなければならないとしている．ここでの問題は，こうした規制のあり方一般ではなく，前節で述べた PBC 分類との兼ね合いで，time-place-manner 規制をどのように考えるかである．PBC のうち最も規制が強い B 型（放送モデル）から考えてみよう．

1969 年最高裁はレッド・ライオン事件判決[35] において，公共的な問題については，放送局に反対意見も放送することを義務付ける FCC の公平原則（Fairness Doctrine）を支持した．すなわち「ニュー・メディアの性格の相違は，それぞれのメディアに異なる補正 1 条の基準を適用することを正当化する」として，表現の自由の保護についてメディアによる異なる取り扱いを認めた．いわば，B 型規律が法的に公認されたことになる．

公平原則は内容中立規制であるが，表現内容そのものに関する規制についても，1978 年最高裁はパシフィカ判決[36] で，下品な言葉を子どもが聞けるような時間帯に放送することを禁じた FCC 規則を合憲とした．放送に対して，表現の自由の規制があっても合憲だとする根拠は，放送は電波という有限な資源を使用するため公共性が高く，資源の有効利用の観点から規制が必要というものである．放送と違って，紙という無限に近い資源を使用する新聞・雑誌などの出版物については，最高裁は表現内容の規制を認めなかった．

すなわち 1974 年，最高裁は公職立候補者の性格や公式記録を批判する新聞に対し，公職立候補者に反論の機会を与えることを義務づけた，フロリダ州法に違憲判決を下した．最高裁は「編集権の行使はまさに表現の自由で保護されるところであり，仮にアクセス権を認めることが新聞社に追加費用の負担を強いないとしても，これを認める州法は新聞社の編集権を侵害し，違憲である」とした（注 19 のマイアミ・ヘラルド事件に同じ）．これによって P 型規律も法的に公認されたことになる．

一方，第 3 の類型としての C 型（コモン・キャリア・モデル）に対する考え方はどうであったろうか．電信の登場以前の通信手段である郵便については，ア

---

35) Red Lion Broadcasting Co. v. FCC, 395 U.S. 367 (1969). ただし 1980 年代に入って，FCC は自らの意思で Fairness Doctrine を廃棄している．
36) FCC v. Pacifica Foundation, 438 U.S. 726 (1978).

メリカでも他国と同様国営で行なわれてきたこともあって,「検閲の禁止」が長い歴史をかけて形成されていった (Pool [1983]). ところが 19 世紀半ばに生まれた電信に対して,アメリカは他国と異なり郵便を扱う主務官庁の下に置かなかった. 規制のモデルも郵便に対するものでなく,鉄道に対するもので,1927 年無線法は州際通商を規制する権能に基づいて,連邦政府に規制権限を与え裁判所もこれを認めた(城所 [2001]).

そのような歴史的背景もあって,わが国では郵便も電気通信も憲法の「通信の秘密」の保護下にあって,「検閲」が厳しく禁じられている(憲法 21 条 2 項)のに対して,アメリカでは通信傍受 (wiretapping) 自体を禁ずるのではなく「傍受し,かつ漏洩する」ことが禁じられている. そこで実務上,情報収集のための通信傍受がかなり広い範囲で行なわれている(4–5 参照).

1934 年に成立した「連邦通信法」は,運輸のコモン・キャリアが配送物の内容に関知しないのと同様,通信のコモン・キャリアは通信の内容にタッチしないことを前提に規律されていた(C 型規律). ところが,わが国ではダイヤル Q^2 として知られる 900 番サービスの開始を踏まえて,1968 年に追加された第 223 条は,わいせつな (obscene),みだらな (lewd),煽情的な (lascivious),いんわいな (filthy),または下品な (indecent) 評言,要求,示唆または提案を電話により自ら行なったもの,あるいは他人が行なうことを知りながら電話の使用を認めたものに対して罰則を定めた(47 U.S.C. §223 (1968),訳は国際通信経済研究所 [1997] による. 以下同じ).

しかし 1983 年,セーブル・コミュニケーションズ社の提供するアダルト番組,ダイヤル・ア・ポルノ・サービスの開始に伴い,FCC は 223 条は商用アダルト番組サービスには適用されないとの見解を示した. 迷惑電話の場合は受信者がその通信を望まないが,商用アダルト・サービスの場合は,受信者が自らの意思でアクセスをしている訳だから,基本的に迷惑電話を規制するための 223 条の適用外と解釈したのである.

FCC の見解を受けて,議会は 223 条に,「商業目的でわいせつ電話をかけた者」と「商業目的で下品な (indecent) 情報を 18 歳未満の者,または同意なしに 18 歳以上の者に提供した者」を罰する (b) 項を追加した (47 U.S.C. § 223 (1983)). この改正は,未成年者保護という公共政策を打ち出すことによって,憲法違反の惧れを回避しようとする初めての試みだった. その後種々の裁判が

おこり，FCC は何度も規則を変更するなどの努力をしたが，最終的には改正法は違憲であるとする次の判決で結着した(セーブル・コミュニケーションズ事件[37])(この間の経緯については，城所［2001］に詳しい)．

① わいせつな通話に対する禁止は合憲であるが，成年者に対する下品な通話を禁止することは補正１条に違反する．しかし，「わいせつ」と「下品」の区別を定義づけることはしなかった．
② 未成年者保護という正当な目的のためでも，憲法で保障する表現の自由が侵されてはならず，有害なサービスを未成年者にアクセスさせない技術的手段(ブロッキング・サービス)を取るべきである．
③ 未成年者保護の観点からの FCC の３規則(クレジット・カード規則，アクセス・コード規則，スクランブリング規則)を是認する[38]．

前述のパシフィカ判決は，放送の持つ特異性，すなわち内容について事前に警告を発することなく家庭内に侵入し，子どもでも簡単に聞くことができる性格ゆえに，FCC が下品な表現を規制できるとしたものである．これに対してセーブル・コミュニケーションズ事件判決は，メッセージを聞くために能動的な行為を必要とする，ダイヤル・ア・ポルノ・サービスには適用されないとしたものである．

ただしこれによって少なくとも「わいせつ」な情報の提供に関する限り，電話会社は全く責任がないわけではなく，「それと知りながら」(knowingly)設備を提供した場合には，罰則を含めた責任を負うことが明確にされた．つまり純粋の C 型(コモン・キャリア・モデル)は存在せず，C′型(修正コモン・キャリア・モデル)に修正されたと見なければなるまい．ただし「わいせつ」情報に限るもので，それを上回るものでも下回るものでもないことは，情報の内容に関与しないことにされてきた「コモン・キャリア」の伝統を辛うじて守ってい

---

37) Sable Communications of California Inc. v. FCC, 492 U.S. 115 (1989).
38) このセーブル判決を受け，議会は 223 条 (b) 項を下記のとおり修正した (47 U.S.C. §223 (1989))．① わいせつなスピーチを禁止する．② 下品なスピーチについては，未成年者へのアクセスと同意を得ない伝送に対して制限を課す．③ 情報料回収代行サービス(情報提供者に代わって加入者から情報料を徴収するサービス)を提供する通信事業者に対して，加入者がアダルト・サービスへのアクセスを書面で要望しない限り，アクセス・サービスの提供を禁止するリバース・ブロッキングを義務づける．

ると表現できなくもない．

なお最後に通信と放送の境界部分にある CATV については，日米とも伝統的に B 型モデルであるとされてきたことに付言しておこう．ただし AOL-タイムワーナーの合弁に際し，コンデュイットを管理する会社が，コンテンツまでもコントロールすることに対して，言論の自由の観点と電話会社の C 型規制と非対称になるとの観点の両面から，強い批判が出たことに注意を喚起しておこう[39]．

1-7 インターネットと PBC 分類

以上のように，言論の自由に対する制限が論じられるのは，主として「わいせつ情報」や，それには至らないが「下品」その他の社会的に有害と思われる情報に関してである．そして内容そのものについての規制と，「時と場所と態様」による規制の 2 つのケースについて，情報を仲介するメディアが新聞・出版などの紙媒体であるか(P 型)，放送であるか(B 型)，郵便や電気通信であるか(C 型)，によって規制に差が設けられてきた．

インターネットという新しいメディアが登場すると，これを PBC のいずれの型で律するかが問題になるが，少なくともアメリカでは，これをメディアの原型とも言うべき P 型に限りなく近いものとして扱う考えが定着しつつある．以下ではいわゆる有害情報，名誉毀損，著作権侵害の 3 つの場合に分けて，責任（liability）のあり方を調べてみよう．

1-7-1 いわゆる有害情報の場合

インターネットこそ，「思想の市場」の理想に最も近いメディアに他ならない．900 番サービスに対する規制とほぼ同様の規制をインターネットにも課そうとした CDA 法（Communication Decency Act）の合憲性が争われた，前述のレノ対アメリカ自由人権協会の判決（注 20 参照）は，「インターネットは電子

---

39) 電話会社とりわけ旧ベル系地域電話会社（RBOCs = Regional Bell Operating Companies）に対しては，1996 年通信法で独占状態に近いローカル・ループを競合する ADSL 業者にも開放しなければならないことが義務付けられている（通信法 251 条 (c) (3)）．他方 CATV 業者にはこの義務はないので，AOL-タイムワーナーは最初に表示するサイトや，映像プログラムの内容を自由に選ぶことができ，整合がとれない（非対称規制）．

出版に最も近いメディアだ」という認識に立っている.

　このような認識に基づいて最高裁は，伝統的な新聞(P型)と放送(B型)の区別は維持しつつ，インターネットには周波数の稀少性は妥当せず，放送についての法理は妥当しないと判断している．しかも従来型の新聞の場合，多くの国民はただ読者としての地位，つまり表現の受領者としての地位しか有していないが，インターネット上の表現行爲の場合は，情報の発信や再送信が自由であるとして，古典的な表現の自由の法理を，よりストレートに適用した(松井[1999]).つまり，前出の表1.3におけるI型を「わいせつ」以上に安易に拡大することに，待ったをかけたのである．規制派はこの判決を不満として，より制約条件を厳格にした COPA (Child Online Protection Act，または CDA-2) を成立させたが，これもまた「わいせつ」を越える部分については違憲判決が確定した[40]．

　ただしここで，1988年通信法改正によって「営利目的での州際電話における，わいせつおよび下品なメッセージの全面禁止，およびキャリアの責任」についての規定が，インターネットについても新設されたこと．このうち「下品な」部分については最高裁の違憲判決によって規定そのものが失効したが，わいせつ情報の場合のキャリアの責任は残っていること(C′型=「修正コモン・キャリア・モデル」)を，再度強調しておきたい．この点に関する限り，わが国はなおC′型には完全に移行しきっておらず，「言論の自由」の国アメリカよりも，強い保護を与えていると思われるからである(この点については，第4章で再説する)．

1-7-2　名誉毀損の場合

　人の名誉を毀損することは，それ自体法に触れる(刑法230条，民法709条).しかし，その行為を行なった本人が責任を負うのは当然としても，当該言説の場を提供したメディアの責任はどうなるのだろうか．

　この点に関しては従来から，P型メディアにおいて publisher と distributor の区分があった．publisher とは一般に「編集人」または「編集兼発行人」と

---

40)　Ashcroft v. ACLU decided June 29, 2004. http://supct.law.cornell.edu/supct/html/03-218.ZS.html

表示されていることが多く，原則として内容物に関して責任を負う人のことである．一方，distributor とは取次店など純粋に販売にのみ係る人で，内容を知っているか知るべき理由が無い限り，原則として内容物に関して責任を負わない人のことである．この中間に「発行人」という立場も存在するが，これは上記の 2 分法では後者に分類され，publisher は発行人と雇用関係や長期契約関係にあれば，代位責任(または使用者責任 vicarious liability)を問われるにとどまる．

このような中で，BBS (Bulletin Board System) 上における名誉毀損について，アメリカの判例は，P 型の 2 分法をそのまま I 型にも適用している．すなわち，カビー事件[41]においては，被告コンピュサーブは情報提供者との間で「何ら編集上のコントロールをしない」という契約関係にあり，また情報をロードしなければならない時間も短いことから，distributor であり責任はない，とした．一方プロディジー事件[42]においては対照的に，プロディジーは家族が安心して楽しめる情報提供のため，編集権を行使するとの理念を揚げ，実際にソフトウェアによって不快な内容を削除するなど，BBS をコントロールしていたことから，publisher と認定された．

ところが，1996 年通信法の CDA 部分には，見落とされがちな ISP の免責規定があった(230 条(c)(1)項)．この規定の意味が争われたゼラン対アメリカ・オンライン事件[43]は，オクラホマの連邦ビル爆破事件に関連して，関係者を傷つけるような内容の T シャツ販売と，原告の電話番号が記入された記事が，何者かによって AOL の掲示板に掲示された事例である．かかってきた電話でこのことを知り，原告は直ちに AOL に訂正と削除を求めた．AOL は訂正を拒否し，翌日には記事を削除したものの，この記事がまた掲示され，最終的にはあるラジオ局がこれをとりあげて，視聴者に原告の電話番号に電話し抗議するよう促した．そこで原告は，ラジオ局とともに AOL を訴えたのである．

---

41) Cubby v. Compuserve, 776 F. Supp. 135 (S.D. of N.Y. 1991).
42) Stratton Oakmond v. Prodigy, 1995 N.Y. Misc, LEXIS 229 (1995).
43) Zeran v. America Online, Inc., 958 F. Supp. 1124 (E.D. Va. 1997). この判決は第 4 巡回区連邦控訴裁判所によって支持され，最高裁への上告も認められなかった．Zeran v. America Online, Inc., 129 F.3d 327 (4th Cir. 1997), cert. denied, 524 U.S. 937 (1998).

裁判所は，通信品位法がプロバイダから出版社としての責任を免除したことから，編集上の過失を理由としてプロバイダに賠償を求めることも否定したものと解釈し，AOL の法的責任を否定した．またその後のドラッジ判決[44]において，名誉毀損の内容を含む「ドラッジ・レポート」を配信した ISP である AOL は，基本的には distributor でさえなく，コンテンツ(メッセージ)について一切責任は負わないとされた．

1-7-3 著作権侵害の場合

　直接行為者の責任とキャリアの責任(すなわちコンテンツとコンデュイト)とを分離するという観点から，参考になるもう1つの事例は，著作権侵害のケースである．アメリカの判例は，ネットコム判決以前においては両者を同一視していた．つまりネットワーク管理者を，著作権の直接侵害(direct infringement)者であると構成し，厳格責任(無過失責任)を問うていた(プレイボーイ1判決，セガ仮差し止め命令など)．

　ところが，1995年に下されたネットコム判決[45]において初めて，インターネットの接続事業者やネットワークの管理者は，寄与侵害(contributory infringement)者としての責任を負うにとどまることが明確にされた．ネットコム判決以後もこの方式は継承され，ネットコム判決の法理が定着したように見受けられる(マロビー判決，セガ最終差し止め命令判決，プレイボーイ2判決)．

　もちろん日米の著作権法制度の違い[46]を無視して，この判例がそのまま日本法に適用可能とするには問題がある(田村 [1999b])．しかし本論の文脈では，これをもってメディアとメッセージ(あるいは C_d と C_t)の分離が有効な手段である証左，とすることはできるであろう．1999年のアメリカ著作権法の改正においては，こうした点をさらに明らかにするため，次のような規定(「ミレ

---

44) Blumenthal v. Drudge, 992 F. Supp. 44 (D.D.C. 1998).
45) Religious Technology Center v. Netcom On-Line Comm. Servs., 907 F. Supp. 1361 (N.D.Cal. 1995).
46) 主な相違点として，次のような諸点がある．寄与侵害はアメリカ法特有の概念である．日本法では差し止めは，侵害者が無過失でも認められるが，損害賠償には故意または過失の要件が必要．一方アメリカ法は損害賠償がコモン・ロー上の，差し止め命令はエクィティ上の権利とされる．なお日米比較全般については，山本 [2004] 参照．

ニアム著作権法」によって新設された 512 条)が置かれている(詳細は,直接条文に当るか,田村 [1999b] 参照).

サービス・プロバイダは,侵害があるとの主張か,もしくは,侵害であることが明らかであると思われる事実や状況に基づいて,信義誠実の原則に従ってアクセスを遮断し,掲載された情報(原文では material)を削除したことにより責任を問われることはない(同条 (g) (1)).ただし,侵害であるとの通知を受けて削除,遮断した場合には,サービス・プロバイダは,情報を蓄積するよう指示したクライアントに対し,合理的な手段により即座にその旨を通知する.クライアントから所定の要件 (f) (3) のもとで反対通知を受けた場合には,侵害を主張する通知をした者にそのコピーを送り,10 取引日内に蓄積し直すかアクセスを回復することを告げる.そして,侵害を主張する通知をした者から,「裁判所に当該情報に関する侵害を停止する命令を下すことを求めた」との通知を指定代理人が受け取らないかぎり,反対通知を受け取った後 10 日以上 14 日以内に,問題の情報を蓄積し直すか,そのアクセスを回復しなければならない(以上 (g) (2)).

以上の 3 つの分析から,アメリカの歴史と現状は,次のように総括することができよう.

① 1989 年通信法改正における「わいせつ」情報の提供禁止と,「下品な」情報に未成年者がアクセスする際の制限,及び「設備管理者の責任」の新設(C 型から C′ 型へ)

② 1995 年 ネットコム判決における「著作権侵害におけるネットワーク管理者の寄与責任」(コンデュイットとコンテンツの分離)の明確化

③ 1996 年 通信法改正(CDA 法)における「わいせつ」以外の有害情報の規制に関する違憲判決,およびその後の「COPA 法」(または CDA-2)における同様の判決,また CDA 法におけるプロバイダの免責(I 型 ≒ C′ 型)

④ 1999 年「ミレニアム著作権法」におけるプロバイダの免責条項(C′ 型の確認)

このような私のまとめ方に対しては,あまりに C 型寄りだとの批判があり得よう.とりわけ B 型の扱いをどうするかが問題の焦点であれば,B′ 型とも呼ぶべき CATV への番組編集準則などの適用に,より多くを学ぶべきだとする考え方(長谷部 [1992])には,傾聴すべきものがある.しかし,コンテン

ツに関する責任のあり方の一般原則を導こうとすれば，結局「コンテンツ・プロバイダ」か「サービス・プロバイダ」かといった点(つまりメディアとメッセージ，または Cd と Ct)に線引きせざるを得ないであろう．

ドイツのマルチメディア法も，情報提供者や媒介者の責任について，① 情報を自己が提供する場合には責任を負い，② 第三者の情報を自ら提供する場合は，その違法性を知りかつその利用を阻止することが技術的に可能でありかつ期待され得るときにのみ責任を負い，③ 他人の情報へのアクセスを仲介するだけの場合は責任を負わないという仕組みをとっていた(松井 [1999]，鈴木 [1999a])．この部分は，2000 年 6 月 8 日の欧州議会の電子商取引に関する指令を受けて改正され，現在はプロバイダは，他人の使用のために提供する情報について，これを直接規律する法律のもとで責任を負うことを原則としつつ，次の 3 つの場合に免責される形に変更されている[47]．

第 1 は，「単なるアクセスの仲介」に対する免責で，これはコミュニケーションネットワークにおいて，伝達する情報もしくはユーザにアクセスを仲介した情報について，自らその伝達を開始したのではなく，伝達される情報のアドレスを選択したものでもなく，伝達された情報を選択したり修正したりしていない場合に，第三者に対して責任を負わないとするものである．

第 2 は，「キャッシング」に対する免責である．これはユーザの求めに応じて第三者の情報をユーザに効率的に伝達することを促進するだけのために，制限された時間のあいだ自動的かつ仲介的に蓄積した情報について，一定の要件の下で免責を認めたものである．

そして第 3 は，「ホスティング」に対する免責で，ユーザのために蓄積する第三者の情報について，損害の主張に関して違法な活動や情報が明白であるような事実や状況に気づかなかった場合であって，そのような状況に気づいたら迅速に情報を削除するか，アクセスを不可能にするよう行為した場合に免責を認めたものである．ただし，これらの免責を受けるため，その伝達・蓄積する情報を監視する義務までは負わない．これらは主として技術変化に対応した手続き的な変更で，本質的な変更はないように思われる(松井 [2002])．

「表現の自由」と国家の関与の仕方について，著しく対照的な両国ではある

---

[47] http://www.iid.de/jukdg/aktuelles/fassung_tdg_eng.pdf

が，少なくともキャリアまたは ISP の責任の取り方については，かなり似かよったアプローチを採っていることになる．しかし，ここでは理解を容易にするため，かなりの割り切りをしていることにも，注意してほしい．とりわけ C 型と C′ 型の境界は曖昧であり，最終的には契約内容の如何によるし，その判断を裁判所に仰がなければならないケースも多いであろう．

1–8 二重の基準論と相互依存

　前 3 節の検討によって，コンデュィトとコンテンツを分離して考えることが，情報メディア法を考える上での基本的視点になり得る事が理解されたであろう．しかし前 3 節では，まずは分離して考えていくことの必要性を強調するために，その相互関係(相互依存)に言及することはあえて避けてきた．本節ではそのテーマに正面から取り組んでみよう．

　先に「二重の基準論」で触れたとおり，憲法によって保障される基本的人権には，経済的自由権と精神的自由権がある．情報メディアの場合には，このどちらかを規制することが，Cd 規制と Ct 規制に対応している．この両者を軸にして平面図を描くと，図 1.2 のようになり，世の中の有力な主張は平面上のいずれかに位置づけることができる[48]．

　この図の原点に近い立場とは，両自由権とも国家目的のためには制限されてもやむを得ないと考える全体主義(totalitarianism)である．民主主義国家では，

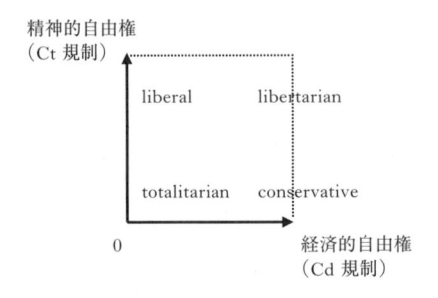

図 1.2　精神的自由権と経済的自由権

---

48)　以下は森村 [2000] にヒントを得たものである．

このような立場は否定されているし，現に信奉者は限られているだろう．図の横軸沿いには，保守主義 (conservative) の人たちが位置する．彼らは自らの私有財産を守ることには敏感だが，精神的自由権は公共の福祉のために制限されてもやむを得ないと考える．いわゆる 9.11 以降発言力を増してきた「ネオ・コン」(neo-conservatism) の発想はその代表例と思われる．

一方縦軸沿いには，人権の抑圧には断固とした態度を示すが，私有財産制や市場原理は公平を実現するための手段に過ぎないとして，その制限にはさほど敏感でないリベラル (liberal) な人々がいる[49]．この両者とは違って，精神的自由権も経済的自由権もできるだけ守られなければならないとするのが，libertarian である．

このような中で精神的自由権の優越性を説く「二重の基準論」は，リベラル派の主張を入れたものだろうか．確かに歴史を振り返ると「二重の基準論」の誕生は，ローズベルト大統領時代のリベラル派の台頭と時を同じくしている．1930 年代に入ってから，大恐慌を収拾するために彼が導入した「ニュー・ディール」政策による，連邦政府の経済介入に関する諸立法が，伝統的な司法審査を経済立法にも適用した「経済的実体的デュー・プロセス理論」によって，次々と違憲とされるケースが続いた．

そのような中で最高裁の態度にも変化が生じ，議会が制定した法律は合憲性の推定を受けるのであり，これを違憲とするには慎重でなければならない，とする考え方が登場した．その際，基本的人権にかかわる部分は従来どおりの考えで厳格な審査を続け，経済的自由権についてはやや緩やかな基準を適用しては，という発想が生まれたのは自然の流れとも言えよう．

その端緒とされるカロリーン・プロダクツ社事件[50]は，脱脂ミルク禁止法によって禁じられた製品を，州を越えて販売したとして訴えられたものである．ここで被告側は，① この規制は連邦議会の州際通商規制権限を越え，憲

---

49) 公民権運動が盛んな頃のアメリカでは，リベラルであることは非常な価値を持つと考えられたが，今日ではリベラルは必ずしも良いイメージではない．クリントンは民主党の大統領でありながら，ほとんどリベラルを捨ててしまったかの感があった．

50) United States v. Carolene Products Co., 304 U.S. 144 (1938). もっとも，この判決での意見は，傍論として注に書かれただけのもので，「基準」と言えるほどのものでなかったが，その後の判決がそれを発展させていった．

法補正10条よって州に留保された権限を侵害するものである，② 法の平等保護を奪うものである，③ 補正5条に違反して，法のデュー・プロセスによらないでその財産を剥奪すると主張した．これ対して法廷意見を述べたストーン裁判官は，連邦議会の権限は憲法に定められた制限に反しない限り広汎に認められるとし，「連邦議会はその商品を宛先の州で用いることが公衆の健康，道徳，福祉に危害を及ぼすと考えることが合理的であるようなもの，(中略)あるいはその宛先の州の政策に反するものを州際通商から自由に排除することができる」(松井[1994]の訳による)と宣言したのである．

したがってそこでの議論は，精神的自由権の優越性を説くよりも，経済的自由権の劣後性を是認するかのようであった．しかし，その後の判例と学説の展開は，リベラル派的考え方に近づきつつあるかに見える．第3章の扉に引用した芦部[1987]などが通説となりつつあるからである．これを批判的に検討した松井[1994]が，これは両者の価値を比較考量したものではなく，それを制限する際の手続きの厳密性に差があることを主張しているに過ぎないとしているのは，冷静な分析視点と言うべきであろう．

ただし私はさらに進んで，経済的自由権は有形物に体化される場合が多い(無体財産権は別)ので，権利の存否や正当な権利者等を確定しやすく，また回復も容易であるのに対して，精神的自由権は一旦侵害されたら回復が難しいことが論拠ではないかと考えている．私の説は「二重の基準論」を，価値の軽重や手続きの厳密性といった，従来の憲法学者の射程内で論ずるのではなく，現在の法体系が大部分有形的なものしか扱っていないのに，精神的自由権はその範囲を超えているので，別途の扱いを検討すべきとするものである[51]．

このように精神的自由権と経済的自由権を一応切り分け，通常の経済行為では後者を扱っておけばスムーズな取引が可能だが，異例重大な事件が発生した場合には，例外的に人格権発動の余地を残しておく，というのは法的安定性を担保する意味で有効な手段と考えられる[52]．

---

51) 萌芽的な検討は林[2001c][2003b]等で行なった．
52) このような議論は「概念論争」に過ぎないと思われるかもしれないが，実はそうではない．具体例としては，プライバシーとパブリシティの権利について述べる，3-7を参照されたい．

1-9 情報メディア法の新しい視点

本章を要約すれば，次のようになろう．
① インターネット以前においては，あるメッセージを伝達しようとすれば特定のメディアを使うしかないというように，メディアとメッセージは深く結びついていた．
② その結果，あるメディアがある社会的行動を促すというように，メディアは人間の身体性と強い相関を持っていた．
③ インターネットの普及は，この汎用メディアによってどのようなメッセージを伝達することも可能にするので，メディアとメッセージの関係はルースなものになる．併せて身体性との結びつきも薄まる．
④ 文化的な側面はともかく，経済的な分析のためにはメディアとメッセージを一旦分離し，夫々のあり方を踏まえた上で，両者の相互関係について分析することが望ましい．
⑤ メディアの世界では伝統的に P 型（Press），B 型（Broadcasting），C 型（Common Carriage）の 3 つの規律が存在している．インターネットでメディアが融合してくると，これらの差異をどのように調和させるかが重要なポイントになり，メディアとメッセージ（コンデュィトとコンテンツ）を分離して考えざるを得ない．
⑥ インターネットの先進国アメリカの判例を見ても，コンデュィトとコンテンツを分離し前述の P, B, C の 3 つのタイプの存在を認めた上で，メッセージの扱いに関する法的な責任のあり方を問う方法が確立している．
⑦ インターネットは一般的な財貨（主として有形財）の取引をネット上で可能にすると同時に，言論のやり取りもネット上で可能にし，「思想の市場」の理想に近づける．このような視点から，情報メディアを分析することが現代的な課題である．

これを再度図式化してみると，次のようになろう（図 1.3 参照）．メディアを，情報の伝達対象（横軸）とメッセージとの結びつき（≒編集の度合い）（縦軸）で分類してみると，意外にも広く伝達され編集が施されたメディア（TV に代表される）と，伝達対象が狭く全く編集されないメディア（電話に代表される）に 2 極化していたのがこれまでの状況であった．したがって前者では産業組織が垂直統合

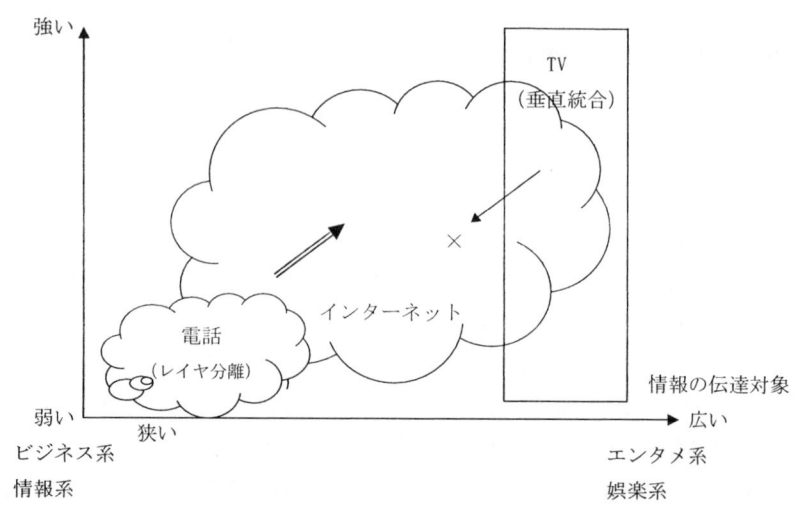

図 1.3　メディアの分類とインターネット
メディアとメッセージの結びつき(≒編集の度合い)

され，後者ではレイヤ分離されていたのには，十分な理由があったと考えられる．

　ところが新たに登場したインターネットは，電話(C型)の位置からスタートして徐々に適用範囲を広げ，今やB型の得意分野にも迫りつつある(いわゆるインターネット・テレビ)．この際インターネットは，先に表1.3で分類したPBCの3つのタイプの規律のうちどれに最も近いと考えるべきだろうか．

　現在の総務省の政策は，コンテンツに対する責任を極力軽減したC型規律では，「何でもあり」のインターネットから，どのような社会的害悪が発生するかもしれないと恐れるあまり，B型規律の適用範囲を拡大しておこうとするかに見える(図に→で表示)．一方でCDA法を違憲としたアメリカ最高裁の判決などは，レイヤ分離されたC型モデルを，なるべく広範囲に適用しようとするかのようである(図に⇒で表示)．

　ただし日米における次のような差にも注意しなければならない．つまりアメリカでは900番サービスの商用化以降，コンテンツに全く責任を負わない純粋C型モデルは存在しなくなり，C′型に変質している．そしてわが国では，第4章で詳説する「プロバイダ責任(制限)法」において，わいせつ情報を除い

た部分についてはC′型に追随している．わが国の今後において，わいせつ情報やそれに至らない有害情報について，どのように考えたらよいのだろうか．

　本書ではこれらの論点を逐次検討していくが，その際の基本的視座は，インターネットは史上最高のメディアであり，かねてからの理想である「思想の市場」を実現に導く可能性を残しているので，なろうことならメディアの原型であるP型モデルにひきつけて考えるべきだ，ということになろう．

　表1.3を変形して表1.5を作って考えてみれば，I型モデルはC′型とP型のどこかに存在し，できることならP型に近い位置づけを与えられるべきだと考える．ここでB型は，「言論の自由」の観点から言えば特異なメディアであり，電波の有効利用技術が発達すれば存在意義が薄れていくものと考えるべきではなかろうか．以上のような仮説を持ちつつ，以後の各章で分析を続けていこう．

表1.5　「規制のあり方」におけるI型モデルの位置づけ

Cd \ Ct	あり	なし
あり	B型 (特異なメディア)	C型
なし	I型 ≒ C′型?	P型 (メディアの原点)

第2章

情報メディア法の定義と分類

「情報法というのは新しいコンセプトである．情報に関連する法領域でこれまで用いられてきたのは，マス・コミュニケーション法という概念であった．」(浜田 [1993] p. 1)

「本書の基本的視点は，公益事業(ここでは殊に情報通信)に関する諸規制を『法制度』ととらえ，その指導理念は，第1に情報通信インフラの社会的形成であり，第2に利用者の利益を単なる弱者保護としてではなく，法的な権利として構成すること，の2点にあるという認識を出発点にして，具体的な法原理を探り，諸規制を再構成しようということにある．言い換えれば，本書は『公益事業』に関する規制の研究ではなく，『公益企業』という法制度に関する研究を目指したつもりである．」(舟田 [1995]「はしがき」)

"The aim of this book is primarily to serve as a reference guide and research tool for legal practitioners involved in the application of E.U. competition law and regulation in the telecommunications, broadcasting and the Internet sector. It therefore focuses on describing existing regulation and reviewing relevant case law as thoroughly as possible from a practical perspective." (Garzaniti [2000] Preface)

2-1 「情報メディア法」の不在

わが国には「情報メディア法」という名前を冠した，実定法は存在しない．しかし実定法の存在(あるいは不存在)と，学問分野として独立の領域が成り立つか否かは別問題である．例えば，労働法といえば誰しも独立の研究領域だと考えるだろうが，「労働法」という固有名詞の法律がある訳ではない．

しからば，「情報メディア法」という独立した研究分野は存在し得たのだろうか．表 2.1 は「通信法」「情報法」「マス・メディア法」「ジャーナリズム法」「インターネットと法」等のタイトルで 1984 年以降に出版された主要な著作を取り上げ，年代順に並べるとともに，それが前章で分析した「コンデュイトとコンテンツの分離」という視点から見ると，どのように捉えられるかを計量化してみたものである．

ここで「小計 (C) に対する (A) の比率」や，右端にある「著作権への言及」などから次のようなことが言えるであろう．

① コンデュイトとコンテンツの比率がどの程度が妥当かは，著作のアプローチによって変化し得るだろう．しかし両者を程よくミックスしたものは少なく(長谷部 [1992]，根岸(殻)・堀部 [1994]，多賀谷・岡崎 [1998]，木村 [1999] 程度か)，著しくコンデュイトに偏っているか(園部・植村 [1984] など)，コンテンツに偏っている(奥平 [1997])ことが目立つ．

② 近年の急速な通信革命を反映して，電気通信(テレコム)の名を冠した書物は巷にあふれている．これらは広い意味ではパーソナル・メディア法としての分析を内包しているが，独占から競争への過渡期にあることも反映して，メディア法という視点から論ずるというより，産業秩序や規制の在り方をめぐる論議が大勢である(舟田 [1995])．

③ 一方，マス・メディアを分析の対象にする書物は，マス・メディアと言論の自由(つまりはマスコミが扱うコンテンツ)に関する分析に大部分のページを割いており，コンデュイトそのものに関する記述は，仮に記述がある場合でも全体の 15% 程度にとどまっている．極論すれば，これらは「メディア法」

表 2.1 メディア(コンデュイト)法かメッセージ(コンテンツ)法か

図書名	(A)コンデュイト	(B)コンテンツ	(C)=(A)+(B)小計	(D)その他	(E)=(C)+(D)	小計(C)に対する(A)の比率	著作権への言及
園部・植村[1984]のうち通信法の部分	138	10	148	63	211	93%	×
浜田[1990]	20	213	233	0	233	9%	×
根岸(哲)ほか[1990]	221	95	316	44	360	70%	○
長谷部[1992]	71	105	176	0	176	40%	×
浜田[1993]	50	138	188	47	235	27%	△
根岸(毅)・堀部(編)[1994]	144	108	252	16	268	57%	×
舟田[1995]	312	0	312	0	312	100%	×
立山[1996]	43	191	234	7	241	18%	×
奥平[1997]	0	356	356	0	356	0%	×
木村[1998]	98	134	232	42	274	42%	○
多賀谷・岡崎[1998]	203	134	337	15	352	60%	△
石村[1998]	75	215	290	20	310	26%	○
松井[1998]	43	211	254	16	270	17%	△
田島・右崎・服部[1998]	36	193	229	19	248	16%	×
石村・堀部(編)[1999]	61	125	186	64	250	33%	○
駒村[2001]	5	315	320	15	335	2%	×
高橋・松井(編)[2001]	11	117	128	191	319	9%	○
藤井[2003]	63	244	307	60	367	21%	○
堀部(編)[2003]	20	134	154	106	260	13%	○
山田[2004]	46	320	366	0	366	13%	○
Smedinghoff[1996]	44	286	330	315	645	13%	○
Holsinger & Dilts[1997]	91	529	620	24	644	15%	○
Carter, Dee & Zuckman[2000]	148	454	602	0	602	25%	×
Garzaniti[2000]	284	0	284	0	284	100%	×
Black[2002]	259	149	408	18	426	63%	○

ではなく「メッセージ法」だと言える.

④ 一概に断定することはできないが,コンデュイトに偏るかコンテンツに偏るかは,著者の主たる研究分野と無縁ではないようである.つまり独禁法や経済法の研究者はコンデュイト寄りの主題に関心が強く(舟田[1995]など),憲法学者はコンテンツ寄りの主題に関心が強い(駒村[2001]など)と推測さ

⑤ 近年インターネットを中心テーマとして扱う書物が増え，これらにおいては，コンデュイト・コンテンツに関する部分よりも，それ以外(電子商取引や刑法上の諸現象の扱い，さらには準拠法や裁判管轄など)の部分が多いことがある(高橋・松井 [2001], 堀部(編) [2003] など).

⑥ 同じくインターネットの登場とともに著作権への関心が高まり，メディア関係法においては著作権に言及することが当然とされるようになりつつある(藤井 [2003] など). ここではむしろ 1990 年という早い時期に，この問題に着目した根岸(哲)ほか [1990] の先駆性の方に注目すべきかもしれない.

⑦ 以上の状況はアメリカの書物においても大差ないものと思われ[1]，「メディア法」という確立された概念は未だ存在しないということになろう. ただし，EU においては，通信・放送・インターネットに関する諸制度の加盟国間の調和 (harmonization) を図る必要から，メディア横断的な分析が最も進んでいるという特徴がある. 冒頭の Garzaniti [2000] は，その代表例である.

---

[1] アメリカでも，このあたりの事情が同じかどうか検証するため，amazon.com で検索してみた結果は，次表のとおりであった. すなわち 1999 年 11 月 25 日現在では，"media law" "telecommunications law" でそれぞれ 330 件と 143 件の該当があったが，すべてマス・メディアが主たる考察の対象であった. また不思議なことに "communication law" では，「該当なし」という結果であった. もちろんデジタル革命で先を行くアメリカのことゆえ，いわゆる「通信と放送の融合」現象などを踏まえた記述が随所に見られたが，表 2.1 の (A) に当る部分は 14% に過ぎず，日本の状況と大差なかった.

以上の状況は今日では全く様変わりしつつある. 2003 年 5 月 12 日における amazon.com の検索結果を見ると "media law" で 707 件，"telecommunications law" で 449 件と 3～4 年前の 3～4 倍のヒットがあった. 加えて "communication law" で 1152 件，"internet law" で 247 件と，前回のゼロが嘘のようである. 2004 年 8 月 2 日現在では，それぞれ 10 倍以上になっている. これは一面で，この間に関連の書物が増えたことを示しているが，他方で検索エンジンの捕捉範囲が広くなったことの反映とも言えるようだ.

検索項目	1999.11.25.	2003.05.12.	2004.08.02
media law	330 件	707 件	90,220 件
telecommunications law	143	449	21,570
communication law	—	1,152	114,400
internet law	—	247	50,813

以上を要すれば，「情報メディア法」という独立の研究分野は存在せず，マス・メディアに関する法とパーソナル・メディアに関する法に明確に分かれていた，と言わざるを得ない．なぜ，このような非対称が生じたかについては，次のような理由が考えられよう．
① マス・メディアの社会的影響力が大きく，マスコミが発する「コンテンツに関する法」に関心が集まったこと．
② パーソナル・メディアの代表たる電話は，長らく公営の独占(唯一の例外のアメリカでも私的独占)であり，わが国ではとくに「通信の秘密」が厳守されたこともあって，研究の対象になりにくかったこと．
③ パーソナル・メディア法は，それ自体としてよりも電気通信規制のあり方として分析されることが多かったこと．
④ 各メディアが独立に存在し，マス・メディアとパーソナル・メディアの間に相互依存や交流がなかったこと．

これに対して，上記の分析 ⑤ で述べたように近年「情報法」あるいは「インターネット法」というタイトルを冠して，より幅広い視野での分析を試みる書物が現れてきたことは喜ばしい．しかし，これらの新しい学問分野の常として，過去の近接領域の研究蓄積に依拠せざるを得ない部分がある．浜田[1993]が正直に告白しているように，マスコミ法を出発点にした「情報法」という性格を脱却できないのが現状ではなかろうか．

そのような懸念が現実の問題になっているのが，⑥ の著作権の取扱いである．なるほど近年の書物は，ほとんどと言ってよいほど著作権に言及しているが，大部分はナップスター以降の音楽著作権の行方に関心を示したものに過ぎない．この問題は，私が博士論文の中では独立の章を設けて論じたほど奥の深いものであり，今後の最大の懸案だと思われる．この部分が欠落している書物が多いのは，憲法と著作権法をともに深めた学者が皆無に近いなど，わが国法学界の欠陥が集中的に現れたものと考えざるを得ない．Lessig [1999][2001]が憲法学者によって書かれ，憲法学者の間で論議されるのみならず，憲法裁判にまでなったアメリカとの「知力」の差を感じずにはいられない[2]．

---

2) 1999年にアメリカの著作権法が改正され，権利存続期間が「著作者の存命中及び死後50年」から「同70年」に，法人などの著作については「公表後75年」から「同95年」に延長された(Copyright Term Extension Act of 1999, 略称 Sonny Bono 法または Mickey

いずれにせよ相互交流がなく，広義のメディア産業を 2 分しているような現状は望ましいものではない．現状における一方の極は新聞・出版や放送などのマス・メディア，あるいは「ジャーナリズム」で，コンデュイトの部分よりもコンテンツの部分の方が重要だと考えている．他方の極は電話会社や，インターネットの ISP (Internet Service Provider) のようなパーソナル・メディア，とりわけコモン・キャリア型のメディアで，彼らは自分たちこそメディアを担う産業だと自任し，コンテンツよりもコンデュイトを重視している．

このような考え方の差は，P 型，B 型，C 型の差となって制度化されている結果，前者の間では，「ジャーナリズムは産業ではない」という主張をする向きがあることは，第 1 章で述べたとおりである．

しかし，デジタル革命によるマルチメディア化の進展に伴って，マス・メディアだけを，それもコンテンツだけを研究の対象にする時代は，終わろうとしている．今後は，技術の融合から市場が融合し，産業全体が融合していくことを見据えた，全方位的な「情報メディア法」の視点が不可欠になるだろう．そのような発想で以下の検討を続けていこう．

2–2 情報メディア法の目的，内包と外延

しからば，「情報メディア法」をどのように定義したら良いだろうか．まずその目的とするところは，国民が基本的人権の 1 つとして有する「情報基本権」（その内容については 4–3 で詳しく述べる）に基づいて，自由で円滑なコミュニケーションが行なえるよう，その伝達手段であるメディアに関する規律を整備することである．若干の補足説明をしておこう．

① 情報基本権として私が念頭に置いているのは，A. 伝統的な概念である「言論の自由」に加えて，B. 一身専属権として権利を付与するが，常に公共の福祉とのバランスに配慮しなければならない権利（名誉・信用，プライバシーとパブリシティ，著作権など），C. 情報アクセス権（知る権利と情報公開，

Mouse 法）．著作権の切れた書物を電子化してウェブに掲載しているエルドレッドは，これが憲法補正 1 条の「言論の自由」を制約するものだとして憲法裁判を起こし，レッシグも最高裁で論陣を張ったが，7：2 で敗訴した（Eldred v. Ashcroft, 123 S.Ct. 769, 城所 [2004]）．

ユニバーサル・アクセス，送信と受信の自由）の3つのタイプを包括したものである．
② 情報基本権は，電子的コミュニケーション手段がなくてもある程度実現できるが，電子的手段によって，質量ともに飛躍的に利用可能性が高まった．したがって今後は，インターネットのような電子的手段によって，実現可能な姿を念頭に置いて論ずることが必須だろう．
③ 「規律を整備する」と書いたが，このことは規律の度合いを強めることを意味せず，逆に規律が不要であればそれで良いし，法律で決めなくとも倫理観が強くて社会秩序が形成できるようならそれで良い．要は自由が原則であり，規制は例外である．

このような目的を達成するための情報メディア法とは「コミュニケーションの手段としてのメディアに関する法」あるいは「情報（メッセージ）を運ぶ媒体としてのメディアに関する法」と定義するのが妥当であろう．

ここで幾つかの論点を挙げ，概念をより明確にしておこう．まずその内包から．
① 「メディア」という言葉は本来かなり多義的であるが，私の用語では1-4で掲げた辞書の定義のうち，狭義のものに絞っている．
② メディアとメッセージという言葉を，最も広義に用いたのはマクルーハンであろう[3]が，この文脈に慣れた人々の間では「メディア法」といえば「マス・メディア法」と同義に取られてしまう．マクルーハン的な概念の拡大は，法学の取るべき方法論ではない．単なる「メディア法」ではなく「情報メディア法」という言葉を使った理由の1つは，このような拡大を戒める意味を込めたものである（後述の「積極的理由」に対して「消極的理由」）．
③ 私の考える「メディア」は「メッセージ」とは分離されている（1-4, 1-5）．したがってメッセージに関する取扱いの一般論は，私の研究対象から除かれる．既に述べたように従来の「メディア法」なり「マス・メディア法」がその実「メッセージ法」であったという弊害を免れるためである．
④ しかしこのことは「メッセージに関して何らの検討も加えない」というこ

---

3) マクルーハン的な用語を使えば，言語や乗り物ばかりか，世の中に存在する大方の物が「メディア」に該当することになってしまう．

とを意味しない．メディアがメッセージを運ぶものである以上，両者の間に相互交流が生ずるのは当然で，その限りにおいてメッセージも（間接的に）考察の対象になる．第3章・第4章で述べるように「権利侵害や違法なメッセージに関するメディアの責任のあり方」が主たる関心事である．

⑤ また従来「情報法」等のタイトルで検討されてきた「情報」は，憲法における「精神的自由権」の中心である「言論の自由」の「言論」に近似のものと考える傾向があった．しかし私の文脈では「情報」は「無形財」に近いものと捉えている．情報化社会においては，有形の財貨の取扱い以上に，無形の財貨の扱い方が重要になると考えてのことである．「メディア法」ではなく「情報メディア法」とした積極的理由は，この点にある．

⑥ 「法」とは，一般の用例の如く，法律・政令・省令その他の規則，条約，慣習や慣習法を含んだ広い概念である．コンテンツについてしばしば問題になる「業界の自主規制」なども当然に含まれる．

次に「情報メディア法」はどれほどの法分野をカバーするのか，つまりその外延を論じてみると，概念はより明確になるだろう．

ⓐ ここで「情報メディア」として捉えようとしているのは，マス・メディアであるかパーソナル・メディアであるか，電子的手段によるか非電子的なものか，などを問わない．より具体的には新聞・出版などの紙メディアのほか，歴史の古い郵便，ラジオ・テレビなどの放送，固定電話や携帯電話などのパーソナル・メディア，その中間形態とも呼ぶべき CATV やインターネットなど，およそ現存するあらゆる情報メディアを含む．

ⓑ 「情報メディア」を提供し，利用する主体は，法人のみならず個人を含む．否むしろ個人こそが代表的な主体であると考えるべきだろう．第1章で述べたことからも明らかなように，個人は本来誰とでも自由にコミュニケートできる自由を持っているはずで，それが十分にかなわなかったのは技術的制約があったからに過ぎない．「思想の市場」の主役は，個人が主で法人が従と考えるべきであろう．

ⓒ この点に関してマス・メディアに従事する方々，とりわけ放送業界の方々に誤解があると思われる点について付言しておこう．放送業界の方々の多くは，「放送秩序」という言葉を口にすることが多く，しかもそれを「守るべき良き伝統」と考える傾向がある．他方，放送業界とは縁が深い新聞業界で

は先にP型モデルと紹介したように，何らの法規制が存在しないので，「新聞秩序」などは存在せず，むしろそれがないことを当然と考えているようである[4]．このどちらを優先価値と考えるべきだろうか．上記 ⓐ ⓑ などの観点からはP型が本来の姿で，B型は特殊な形態と考えるのが妥当であることは言うまでもあるまい．私たちはP型モデルを原型にして，インターネット時代の情報メディアのあり方を検討していこう．

ⓓ 「情報メディア法」の中核となる領域は，コンデュイトに係る部分であることは言うまでもない．しかし前述のとおり，メディアのデジタル化に伴って，運ばれる情報(コンテンツ)の範囲はどんどん広がっている．これらの情報を規律する法はすべてが直ちに「情報メディア法」に含まれるわけではないが，メディアに関係を持つ限り，なるべく幅広く考察していくことが望ましいと思われる．

ⓔ なお念のため付言すれば，情報メディア法の外延が旧郵政省の所掌範囲と一致するとは限らない．経済産業省や公正取引委員会などの主管業務と重複するのは当然であるし，旧郵政省の業務の中からも対象外のものが生じても当然である．

2-3 情報メディア法の分類

前節で定義した「情報メディア法」を理念的に分類すれば，次の両軸が切り口として妥当であろう．

まず，第1章以来のレイヤ構造的発想からは，

① コンテンツ規律法(メッセージ法)
② コンデュイトのコンテンツ責任に関する法
③ コンデュイト規律法(狭義のメディア法)

という区分が考えられる．

また，法の適用領域の観点からは，

ⓐ まず「情報メディア基本法」というものが考えられる．しかし現在の法律

---

[4] もっとも「秩序」という言葉こそ使わないものの，「再販価格維持制度」という実質的な秩序を「守るべき良き伝統」と考える傾向がある．この点は第6章でまとめて論ずることにしよう．

の中には，残念ながら直接これに該当するものを見出すことができず，わずかに有線電気通信法にその香りを嗅ぐことができるにとどまる（田中（重）[1983]）．この点は「情報メディア法」なる概念が，不在であったことと連動しているものと思われる．

ⓑ　上記③の一部として「資源配分規律法」という類型が考えられる．情報メディアを構築するには，何らかの資源が必要で，それは通常一定の有限性を有しているためである．土地利用に関する道路法や，電波資源の配分を規律する電波法などが，代表例である[5]．

ⓒ　同じく③の一部(主たる部分)として，情報メディアを構成する設備や提供するサービスを規律する「設備・サービス規律法」が考えられる．従来漠然とメディア関係法の中心を成すと考えられてきた「電気通信事業法」「放送法」「有線テレビジョン放送法」などが，この分類に属する（田中（正）[1985]）．

ⓓ　同じく③の一部として「事業主体法」というカテゴリーが考えられる．もともとⓒの分野は政府自らか，官営事業体あるいは特殊法人によって運営されてきたので，これらの主体を律するために特別に法律が必要だからである．NTT法，郵政公社法，放送法の内NHKに関する部分(実はこの部分が放送法全条文の半分以上を占める)などがこれに該当するが，民営化が貫徹すれば，このカテゴリー自体が消滅するものと思われる．

ⓔ　②に属する法律は単独立法としてなされる場合が多いが，今のところ数も多くないし憲法の基本的人権の解釈などとも関連するため，独自の領域とするには未成熟である．また③の領域と密接不可分であるため，ここでは単独の採り上げ方をせず，③に属するものとしておこう．「プロバイダ責任（制限）法」などが代表例である[6]．

ⓕ　①に属する法分野は「コンテンツ規律法」と呼べよう．この分野は，原則として憲法の「言論の自由」に守られているので，規律そのものが少なけ

---

5)　「有限性」という言葉を用い「希少性」という表現を避けたのは，「無線周波数は希少だ」という思い込みが，実はほとんど神話に過ぎないことが判明しつつあるからである．この点については第6章で詳しく述べる．

6)　なお制限に括弧をつけた理由は，本当に責任を制限することになるのか，逆に責任を加重することになるのか，の見分けがつかないからである．詳細は第4章に譲る．

れば少ないほど良い．しかし近年におけるメディアの著しい発展は，従来放っておけば守られていた法益も，何らかの保護手段を講じなければ守られない危機に陥っている．そこでとりわけ世紀の変わり目の数年間に，かなり多くの立法がなされている．「児童買春・ポルノ禁止法」や「風適法(風営法)の改正」などが具体例である．なお，著作権法がこの分野の重要な法律の一部であることに，改めて注意を喚起しておこう．

ⓖ 上記 ①〜③ の3分類には直接該当しないかもしれないが，「産業支援法」「電子環境整備法」というカテゴリーが考えられる．前者は情報メディア産業の発展を支援するため，政府が補助金の交付や税制優遇等を行なうもの．後者は e-government に代表されるように，電子的な手段が社会一般に広く適用可能となるよう，環境を整備するものである．

ⓗ 以上とは若干視点を異にして，「規制機関法」という分類がある．レッシグも言うように(第1章の扉参照)，情報メディアの分野は「規制と自由」の混ざり合った世界であり，どのような規制を誰が行なうかは重要な意味を持つ．この分野にはかつて電波監理委員会という独立行政委員会があったが，それが短命のうちに一般の行政機関に吸収されて久しい．しかし近年は「産業育成と監督は別組織で」という概念が国際標準になりつつあり，この論点は改めて脚光を浴びている．

といった諸点が指摘できよう．

以上のような私の分類法を，他の分類と比べてみると，そのユニークさが明らかになるだろう．

表2.2に掲げたものは，市販されている『情報通信法令集』(2004年版)の分類法であるが，ここには「縦割り行政」の弊害が出ていると言わざるを得ない[7]．具体的には

① 官庁の常として，規制の内容から始めるのではなく，その組織から始めている．

② 所轄業務を中心にしているため，法の重要性が捨象されている(警察庁主管の「通信傍受法」が後回しになっている，など)．

---

7) むしろ富田［1973］が，① 通信手段に関する法律，② 通信の利用関係の規律，③ 通信の事業体に関する規律，という簡明な分類を採用していることが際立つ．ここでは放送関係を予め除外しているので，簡明になったのだろうか．

表 2.2 『情報通信法令集』におけるメディア法の分類

分類	代表法令
行政通則	総務省設置法
	行政機関の保有する情報の公開に関する法律
有線電気通信	有線電気通信法
電波	電波法
電気通信事業	電気通信事業法
	有線放送電話に関する法律
	日本電信電話株式会社等に関する法律
放送	放送法
	有線テレビジョン放送法
	有線ラジオ放送業務の運用の規正に関する法律
	電気通信役務利用放送法
IT社会構築	高度情報通信ネットワーク社会形成基本法
	不正アクセス行為の禁止等に関する法律
	電子署名及び認証業務に関する法律
	特定電気通信役務提供者の損害賠償責任の制限及び発信者情報の開示に関する法律
振興・技術開発	電気通信基盤充実臨時措置法
関係機関	情報通信研究機構法
その他関係法令	道路法
	犯罪捜査のための通信傍受に関する法律

③ 「電気通信と放送の峻別」に代表される「同一官庁内での縦割り」が, そのまま持ち込まれている.

④ 「IT社会構築」という広い分類を採用したため,「プロバイダ責任(制限)法」という, 本論の文脈では最重要の法律までが「埋没」した形となっている.

といった欠点を指摘せざるを得ない.

この分野が縦割り行政を象徴する「タテ型」のものだとすれば, 私のものは「ヨコ型」に再編成したものといえようか.「レイヤ構造」という考え方は, こうしたコペルニクス的転回を可能にする, 弾力的な発想だということだけは確かなようである.

2–4 情報メディア法の法源

こうして定義された「情報メディア法」には, 前述のように法律・政令・省

表 2.3　情報メディア法一覧（年月日はすべて西暦で表示）

区分	法律の略称	法律の正式名称	施行年月日
情報メディア基本法	電信法	電信法（1900年 法律第59号）	1900年10月1日
	無線電信法	無線電信法（1915年 法律第26号）	1915年11月1日
	電波法	電波法（1950年5月2日 法律第131号）	1950年6月1日
	有線法	有線電気通信法 （1953年7月31日 法律第96号）	1953年8月1日
	武力攻撃事態法	武力攻撃事態等における我が国の平和と独立並びに国及び国民の安全の確保に関する法律 （2003年6月13日 法律第79号）	2003年6月13日
資源配分規律法	道路法	道路法（1952年6月10日 法律第180号）	1952年6月10日
	共同溝法	共同溝の整備等に関する特別措置法 （1963年4月1日 法律第81号）	1963年4月1日
	下水道法	下水道法（1958年4月24日 法律第79号）	1959年4月23日
	電線共同溝法	電線共同溝の整備等に関する特別措置法 （1995年3月23日 法律第39号）	1995年6月22日
設備・サービス規律法	放送法	放送法（1948年5月2日 法律第132号）	1950年6月1日
	有線ラジオ法 （有線ラジオ規正法）	有線ラジオ放送業務の運用の規正に関する法律（1951年4月5日 法律第135号）	1951年4月9日
	公衆法	公衆電気通信法 （1953年7月31日 法律第97号）	1953年8月1日
	有放話法	有線放送電話に関する法律 （1957年6月1日 法律第152号）	1957年8月1日
	質権法	電話加入権質に関する臨時特例法 （1958年5月6日 法律第138号）	1958年8月5日
	有線テレビ法	有線テレビジョン放送法 （1972年7月1日 法律第114号）	1973年1月1日
	事業法	電気通信事業法 （1984年12月25日 法律第86号）	1985年4月1日
	不正アクセス禁止法	不正アクセス行為の禁止等に関する法律 （1999年8月13日 法律第128号）	2000年2月13日
	通信傍受法	犯罪捜査のための通信傍受に関する法律 （1999年8月18日 法律第137号）	2000年8月15日
	電気通信役務利用放送法	電気通信役務利用放送法 （2001年6月29日 法律第85号）	2002年1月28日
	プロバイダ責任（制限）法	特定電気通信役務提供者の損害賠償責任の制限及び発信者情報の開示に関する法律 （2001年11月30日 法律第137号）	2002年5月27日
	迷惑メール適正化法	特定電子メールの送信の適正化に関する法律 （2002年4月17日 法律第26号）	2002年2月1日
事業主体法	郵便法	郵便法（1947年12月12日 法律第165号）	1948年1月1日
	電電公社法	日本電信電話公社法 （1952年7月31日 法律第250号）	1952年8月1日
	KDD法	国際電信電話株式会社法	1952年9月10日

		（1952 年 7 月 31 日 法律第 301 号）	
	NTT 法	日本電信電話株式会社等に関する法律 （1984 年 12 月 25 日 法律第 85 号）	1985 年 4 月 1 日
	郵政事業庁設置法	郵政事業庁設置法 （1999 年 7 月 16 日 法律第 92 号）	2001 年 1 月 6 日
	郵政公社法	日本郵政公社法 （2002 年 7 月 31 日 法律第 97 号）	2003 年 4 月 1 日
コンテンツ規律法	屋外広告物法	屋外広告物法 （1949 年 6 月 3 日 法律第 189 号）	1949 年 9 月 1 日
	図書館法	図書館法（1950 年 4 月 30 日 法律第 118 号）	1950 年 7 月 30 日
	博物館法	博物館法（1951 年 12 月 1 日 法律第 285 号）	1952 年 3 月 1 日
	独占禁止法	私的独占の禁止及び公正取引の確保に関する法律（1952 年 4 月 14 日 法律第 54 号）	1952 年 4 月 14 日
	著作権法	著作権法（1970 年 5 月 6 日 法律第 48 号）	1971 年 1 月 1 日
	行政機関保有の 個人情報保護法	行政機関の保有する電子計算機処理に係る個人情報の保護に関する法律 （1988 年 12 月 16 日 法律第 95 号）	1989 年 10 月 1 日
	風適法（1999 年の改正前は風営法）	風俗営業等の規制及び業務の適正化等に関する法律（1998 年 5 月 8 日 法律第 55 号）	1999 年 4 月 1 日 （同法附則第 1 条ただし書に規定する規定の施行期日は1998年11月1日）
	児童買春・ ポルノ禁止法	児童買春・児童ポルノに係る行為等の処罰及び児童の保護等に関する法律 （1999 年 5 月 26 日 法律第 52 号）	1999 年 11 月 1 日
	行政機関情報公開法	行政機関の保有する情報の公開に関する法律 （1999 年 5 月 14 日 法律第 42 号）	2001 年 4 月 1 日
	仲介業務法	著作権に関する仲介業務に関する法律 （1939 年 4 月 5 日 法律第 67 号）	1939 年 12 月 15 日
	著作権等管理事業法	著作権等管理事業法 （2000 年 11 月 29 日 法律第 131 号）	2001 年 10 月 1 日
	特定商取引法改正	特定商取引に関する法律 （1976 年 12 月 3 日 法律第 57 号）の一部改正	2002 年 2 月 1 日
	（民間部門の）個人情報保護法	個人情報の保護に関する法律 （2003 年 5 月 30 日法律第 57 号）	2003 年 5 月 30 日
	出会い系サイト 規正法	インターネット異性紹介事業を利用して児童を誘引する行為の規制等に関する法律 （2003 年 6 月 13 日 法律第 83 号）	2003 年 9 月 13 日
	コンテンツ振興法	コンテンツの創造，保護及び活用の促進に関する法律（2004 年 6 月 4 日法律第 81 号）	2004 年 6 月 4 日
産業支援法	情報処理促進法 （1985 改正前は情報処理振興事業協会法）	情報処理の促進に関する法律 （1970 年 5 月 22 日 法律第 90 号）	1971 年 4 月 1 日
	通信・放送機構法 （1992 改正前は，通信・放送衛星機構法）	通信・放送機構法 （1979 年 6 月 12 日 法律第 46 号）	1971 年 7 月 1 日

2–4　情報メディア法の法源　　51

	基盤技術研究円滑化法	基盤技術研究円滑化法 (1985 年 6 月 15 日 法律第 65 号)	1985 年 6 月 15 日
	民活法	民間事業者の能力の活用による特定施設の整備の促進に関する臨時措置法 (1986 年 5 月 30 日 法律第 77 号)	1986 年 5 月 30 日
	NTT 株売却収入活用法	日本電信電話株式会社の株式の売却収入の活用による社会資本の整備の促進に関する特別措置法(1987 年 9 月 4 日号外 法律第 86 号)	1987 年 9 月 4 日
	特定通信・放送開発事業円滑化法	特定通信・放送開発事業実施円滑化法 (1990 年 6 月 19 日 法律第 35 号)	1990 年 9 月 13 日
	電気通信基盤充実法	電気通信基盤充実臨時措置法 (1991 年 4 月 2 日 法律第 27 号)	1991 年 6 月 1 日
	文化芸術振興基本法	文化芸術振興基本法 (2001 年 12 月 7 日 法律第 148 号)	2001 年 12 月 7 日
	通信・放送融合技術開発促進法	通信・放送融合技術開発の促進に関する法律 (2001 年 6 月 8 日 法律第 44 号)	2001 年 11 月 8 日
	知的財産基本法	知的財産基本法 (2002 年 12 月 4 日 法律第 122 号)	2003 年 3 月 1 日
規制機関法	郵政省設置法	郵政省設置法 (1948 年 12 月 15 日 法律第 244 号)	1949 年 6 月 1 日
	電波監理委員会設置法	電波監理委員会設置法 (1950 年 5 月 2 日法律第 133 号)	1950 年 6 月 1 日
	総務省設置法	総務省設置法(1999 年 7 月 16 日 法律第 91 号)	2001 年 1 月 6 日
電子環境整備法	税関手続特例法	電子情報処理組織による税関手続の特例等に関する法律 (1977 年 5 月 1 日 法律第 54 号)	1977 年 5 月 1 日
	電磁的記録に関する罪の追加	刑法の一部を改正する法律 (1987 年 6 月 2 日 法律第 52 号)	1987 年 6 月 2 日
	電子帳簿保存法	電子計算機を使用して作成する国税関係帳簿書類の保存方法等の特例に関する法律 (1998 年 3 月 30 日 法律第 25 号)	1998 年 7 月 1 日
	電気通信回線による登記情報提供法	電気通信回線による登記情報の提供に関する法律(1999 年 12 月 22 日 法律第 226 号)	2000 年 4 月 1 日
	前払式証票規制法	前払式証票の規制等に関する法律 (1999 年 12 月 22 日 法律第 92 号)	2000 年 10 月 1 日
	商業登記法改正	商業登記法等の一部を改正する法律 (2000 年 4 月 19 日 法律第 40 号)	2001 年 3 月 1 日
	IT 基本法	高度情報通信ネットワーク社会形成基本法 (2000 年 12 月 6 日 法律第 144 号)	2001 年 1 月 6 日
	IT 書面一括法	書面の交付等に関する情報通信の技術の利用のための関係法律の整備に関する法律 (2000 年 11 月 27 日 法律第 126 号)	2001 年 4 月 1 日
	電子署名・電子認証法	電子署名及び電子認証業務に関する法律 (2000 年 5 月 31 日 法律第 102 号)	2001 年 4 月 1 日(一部 2000 年 3 月 1 日)
	電子消費者契約法	電子消費者契約法及び電子承諾通知に関する民法の特例に関する法律	2001 年 12 月 25 日

	(2001年6月29日 法律第95号)	
消費者契約法	消費者契約法(2000年5月12日 法律第61号)	2001年4月1日
支払い用カード電磁的記録に関する罪の新設	刑法の一部を改正する法律(2001年7月4日 法律第97号)	2001年7月24日
サイバー犯罪条約(Convention on Cyber crime)署名	2001年11月23日	国内法は未整備
地方選挙に係る電子投票法	地方公共団体の議会の議員及び長の選挙に係る電磁的記録式投票機を用いて行う投票方法等の特例に関する法律(2001年12月7日 法律第147号)	2002年2月1日
行政手続オンライン化法(電子政府通則法ともいう)	行政手続等における情報通信の技術の利用に関する法律(2002年12月13日 法律第151号)	2003年2月3日
地方公共団体の電子認証法	電子署名に係る地方公共団体の認証業務に関する法律(2002年12月13日 法律第151号)	2003年2月3日
古物営業法	古物営業法(1949年5月28日 法律第108号)古物営業法改正(2002年11月27日 改正 法律第115号)	1949年7月1日 2003年9月1日

令・行政指導などのほか，条約，慣習や慣習法，業界の自主規制など，種々の法が属する．このうち最も重要な法律について，第2次大戦後に適用されたものの一覧を示せば，おおむね表2.3のようになる．

こちらの法律には通常，政令としての「××法施行令」，省令としての「××法施行規則」が付いている．これらは，法的効力としては，法律＞政令＞省令 の順になるが，時としてより実効性のある事柄が，下位の法に書いてある場合があるので注意を要する．

なお，法的格付けとしては法律・政令に次ぐ省令のレベルに過ぎないが，次の2つの総務省令(表2.4)は，後述する電波監理委員会規則として誕生したという経緯もあり，法律と同レベルの重要度を持っている．

わが国は連邦制を採っていないので，実定法といえば国法がほとんどすべて

表2.4 情報メディア法の法源のうち政令レベルとして重要なもの

区分	政令の略称	政令の正式名称	施行年月日
資源配分規律法	無線局(除放送局)開設の根本的基準	無線局(放送局を除く)開設の根本的基準(1950年9月11日 電波監理委員会規則第12号)	1950年9月11日
設備・サービス規律法	放送局の開設の根本的基準	放送局の開設の根本的基準(1950年12月5日 電波監理委員会規則第21号)	1950年12月5日

表 2.5 各種倫理綱領等

区分	名称	制定主体	制定年月日	URL
学会（専門家）	図書館員の倫理綱領	日本図書館協議会	1980.6.4	http://www.jla.or.jp/rinri.htm
	電気学会倫理綱領	電気学会	1998.5.21	http://www.iee.or.jp/honbu/rinrikouryou.html
	電子情報通信学会倫理綱領	電子情報通信学会	1998.7.21	http://www.ieice.org/jpn/about/code.html
コンテンツ業界	雑誌編集倫理綱領	（社）日本出版取次協会	効力発生日不明	http://www.j-magazine.or.jp/FIPP/FIPPJ/B/rinri.html
	倫理綱領は見当たらない	（社）日本書籍出版協会		http://www.jbpa.or.jp/index.html
	出版物取次倫理綱領	（社）日本出版取次協会	効力発生日不明	http://www.torikyo.or.jp/gaiyo/rinri.html
	新聞倫理綱領	日本新聞協会	2000.6.21	http://www.pressnet.or.jp/info/rinri/rinri.htm
	新聞広告倫理綱領	日本新聞協会	1958.10.7制定・1976.5.19改正	http://www.pressnet.or.jp/info/rinri/rinri.htm#02
	広告の自主規制基準細則		2002.3.1	http://www.tokinkyo.or.jp/pdf/saisoku.pdf
	日本専門新聞倫理綱領	日本専門新聞協会	2000	http://www.senmonshinbun.or.jp/rinri.html
	放送倫理基本綱領	NHK・日本民間放送連盟	1996.9.19	http://homepage2.nifty.com/kojokyo/kojokyo/rinri_2.html
	NHK放送倫理基本綱領	NHK	1996.9.19	http://www.nhk.or.jp/pr/keiei/rinri/sankou.htm
	日本民間放送連盟：放送倫理基本綱領	日本民間放送連盟	1996.9.20	http://www009.upp.so-net.ne.jp/juka/broadcastcode.htm
	情報サービス産業協会倫理綱領	情報サービス産業協会	1993.10.	http://www.jisa.or.jp/introduce/moral-j.html
	コンピュータエンターテインメントソフトウェア倫理規定・第二改定版	コンピュータエンターテインメントソフトウェア協会	2002.10.1	http://ethics.cesa.or.jp/
コンデュイト業界	代理店の営業活動に対する倫理要綱	電気通信事業者協会	1991.10.1	http://www.tca.or.jp/japan/infomation/moral/index.html
	〔新版〕インターネット接続サービス等に係る事業者の対応に関するガイドライン	テレコムサービス協会	1998.1.30	http://www.telesa.or.jp/010guideline/guide_2nd/guide2003.htm
	インターネット倫理機構倫理規定	インターネット倫理機構	未制定	http://www.ieo.gr.jp

である．しかし情報公開のような限られた分野では，地方公共団体の条例が先行し，国の法律が後追いをしているような例も見られる(松井[2001])．このような分野では，条例も重要な法源である．ただし，その適用範囲が当該地方公共団体の権限の及ぶ範囲に限られていることは，当然である．

また，コンテンツ規律法の分野は，憲法の言論の自由との関係から，国家の関与は最小限にすることが望ましいので，社会規律の役割は業界の自主規制や倫理意識などに委ねられることが多い．自主規制の代表として各種の倫理綱領を例示すれば，表2.5のようなものがある．

なお，わが国は国際条約の批准に熱心であり，また批准すれば国民の権利義務に関係がある限り，必ず国内法を整備するので，条約そのものを援用しなければならないケースは限られている．しかし「国際電気通信連合条約」(1997年1月18日，条約第3号)だけは，公法分野における法源として忘れてはならないことに付言しておこう．

2-5 情報メディア法の史的展開

表2.6によって[8]，情報メディア法の歴史を振り返ってみよう．メディアが存在する限りそこには何らかのメディア法が存在すると考えれば，その歴史は太古の昔まで遡るかもしれない．だが第1章で見たとおり，電気通信革命が大きな変化をもたらしたと考えれば，それは明治期から始まることになろう．しかし第2次大戦という歴史の大変革期を経験したわが国においては，大戦前と大戦後の法体系は不連続と言ってもよい．その意味では，表2.6を1945年の敗戦後とすることには，それなりの合理性があると考えられる．

そこで，ほぼ半世紀にわたる歴史を区分してみると，
第1期　戦後の復興から情報メディア法体系の確立(1953年)まで
第2期　電気通信の自由化(1985年)まで
第3期　デジタル化の変化期(20世紀末から21世紀初頭)
第4期　デジタル融合を模索している現在の状況

---

8) 表2.6は表2.3等と同様，①あらゆる法律を西暦で表示する，②制定年月日ではなく施行年月日で表示する，という2点において，一般の法学書とは表記法が異なる点に留意されたい．

の4つに大別することができよう．

この間に起きた主な変化を，まず時系列別に見ると，

① 後述する「1953年体制」の形成までの，いわば「疾風怒濤の時代」には，戦前の軍国主義的メディア法体系を，戦後の民主主義法体系に合わせるべく，短期間に各種の法律が整備された．また，この間にはアメリカ型の独立行政委員会の活躍があった．

② この「1953年体制」は，当初どれほど長続きするか予想ができなかったが，思いのほか寿命が延びて，1985年までほぼ30年継続した．そのことは1958年の質権法(電話加入権を質権設定の対象とすることができるとする法律，水田[1963]参照)，1960年の拡充法(電話設備費の一部を「加入者債券」の購入という形で，利用者に負担してもらう仕組みを導入した法律)が時限立法にもかかわらず，長期間有効であり続けた(前者は今日でもなお有効である)ことに象徴されている．

③ 「1953年体制」の有効性は，コンピュータ通信の発達とともに揺らぎ始めた．1972年の公衆法の改正によって「データ通信」が法定化されたのが，その端緒であった．そして1985年には，イギリスやアメリカの電気通信の自由化とほぼ時を同じくして，わが国でも自由化・民営化が行なわれることになった(林[1983a])．

④ コンピュータの威力は放送の分野にも及び，通信と放送の境界が曖昧になってきたため，放送法の改正(1988年・1989年等)が行なわれた．しかしデジタル革命が放送の分野を塗り替えるには，なお時日を要することが判明した．

⑤ 変化はむしろ電気通信におけるインターネットの優位性の方に先に現れた．ADSL・携帯インターネット・光ファイバー・CATVなどによるブロードバンド・アクセスの実現と，それに相反するかのような価格破壊とも呼ぶべき料金の低減は，伝統的なキャリアの財務基盤を破壊しつつあるが，一方でユーザーの使い勝手は格段に向上した．今後VoIP (Voice over Internet Protocol) が進展すれば，電気通信はインターネットの中に完全に包摂されるであろう．これらの動きは，インターネットが(一部のコンテンツ規律を除き)非規制であるが故に，表2.6に登場しない点に特徴がある．この分野では規制の効力は著しく限定的である(林[2002d])．

表 2.6　情報メディア法の史的展開（施行年で表示）

基本法	資源配分規律法（通行権法）	設備・サービス規律法 狭義の通信	設備・サービス規律法 放送	事業主体法
1900 電信法				
1915 無線電信法				
		1948（郵便法）		1948 郵便法
				1949 郵政省設置法のうち現業に関する部分
1950 電波法の一部	1950 電波法, 無線局（除放送局）開設の根本的基準*		1950 放送法 放送局の開設の根本的基準*	1950 電気通信省設置法, 放送法のうちNHKに関する部分
			1951 有線ラジオ法	
	1952 道路法			1952 電電公社法, KDD法
1953 有線法	1953 有線法の一部	1953 公衆電気通信法		
1957 有線法改正		1957 有放話法		
	1958 下水道法	1958 質権法		
		1960 拡充法（1983 廃止）		
	1963 共同溝法			
	1972 有線ラジオ規正法の一部, 下水道法施行令改正	1972 公衆法改正（データ通信の法定）		
			1973 有線テレビ法, 有線ラジオ法が有線ラジオ規正法に	
		1985 事業法（公衆法廃止）		1985 NTT法（電電公社法廃止）

コンテンツ規律法	産業支援法	規制機関法	電子・環境整備法
1949 屋外広告物法		1949 郵政省設置法のうち規制機関に関する部分	
1950 放送法の一部, 図書館法		1950 電波監理委員会設置法	
1952 博物館法		1952 電波監理委員会設置法廃止	
1953 著作物の再販売価格維持に関する独禁法の適用除外			
	1970 情報処理促進法**		
1971 著作権法(新法)			
			1977 税関手続特例法
	1979 通信・放送機構法***		
	1985 基盤技術研究円滑化法		
1986 ソフトウェアも著作権法で保護することに	1986 民活法		

基本法	資源配分規律法 （通行権法）	設備・サービス規律法		事業主体法
		狭義の通信	放送	
			1988放送法大幅改正	
			1989 放送法3章の2および3	
	1995電線共同溝法			
		1997事業法大幅改正		
				1998 KDD法廃止
				1999 NTT法はNTT等法に改正
		2000不正アクセス禁止法		
	2001ドメインネームに関する不正競争防止法改正	2001通信傍受法，マイライン導入		2001郵政事業庁設置法
2002「ワンギリ」防止に関する有線法改正		2002電気通信役務利用放送法，プロバイダ責任(制限)法，迷惑メール適正化法		
2003武力攻撃事態法		2003信書便法		2003郵政公社法，NTT等法改正
2004電波法改正		2004事業法大幅改正		

___ は時限立法，___ は省令(他はすべて法律)
* 電波監理委員会規則(後に郵政省令としての効力を付与される).
** 1985 改正前は，情報処理振興事業協会法．この協会は現在，独立行政法人情報処理振興機構に改
*** 1992 改正前は，通信・放送衛星機構法．この機構は，その後通信総合研究所と合体して，独立

2-5 情報メディア法の史的展開　　59

コンテンツ規律法	産業支援法	規制機関法	電子環境整備法
	1987 NTT 株売却収入活用法		1987 電磁的記録に関する罪の追加
1989 行政機関保有の個人情報保護法			
1990 営業秘密の保護に関する不正競争防止法の改正	1990 特定通信・放送開発事業円滑化法		
	1991 電気通信基盤充実法		
1998 著作権法改正			1998 電子帳簿保存法
1999 コピー防止技術の回避に関する不正競争防止法改正,風営法が風適法に,児童買春・ポルノ禁止法			
			2000 電気通信回線による登記情報提供法,商業登記法改正,前払式証票規制法
2001 行政機関情報公開法,著作権等管理事業法(著作権仲介業務法廃止)	2001 文化芸術振興基本法,通信・放送融合技術開発促進法	2001 総務省設置法(郵政省設置法廃止)	2001 IT 基本法,IT 書面一括法,電子署名・電子認証法,電子消費者契約特例法,消費者契約法 支払い用カード電磁的記録に関する罪の新設,サイバー犯罪条約署名
2002 特許法改正,特定商取引法改正による広告メールの規律	2002 NTT 株売却収入活用法改正		2002 地方選挙に係る電子投票法,住民基本台帳法改正
2003 知的財産基本法,個人情報保護関連5法(但し基本法制部分以外の本格的施行は2005年から),出会い系サイト規正法	2003 下請法改正		2003 行政手続オンライン化法,公的個人認証法,古物営業法改正
2004 不正競争防止法の改正で営業秘密の漏洩に刑事罰も.コンテンツ振興法			

組されている.
行政法人情報通信研究機構となっている.

⑥　これらの変化は社会全体をも動かす「革命」であるため，既存の法体系のうち少なからぬ部分が修正を迫られた．通信と放送の融合がその代表例であり，この境界領域で新規立法や重要な法改正がなされた(「狭義の通信」と「放送」の枠の中間に表示した)．また，世紀の変わり目に多数の法が制定されたのは，主としてコンテンツ規律や電子環境整備の要請に応えるものであった．「わいせつ」関連の風営法の改正や，デジタル技術に対応する著作権法の改正，電磁的記録に関する刑法の改正などがその例である．

⑦　これらを踏まえて現在は，「1953年体制」を総点検して，デジタル化への完全転換を目指す時期にあるといえよう．情報メディア法固有の分野では，放送法の抜本的見直しが必要になろうし，広くデジタル財全般については，有形財中心の法体系から無形財をも包摂したものへと，法体系全般の見直しが求められている[9]．

といった諸点を読み取ることができよう．

一方これを前節の分類を中心に眺めてみると，

①　基本法としては，有線通信の一般法としての有線法と，無線通信の一般法としての電波法が併存していて，共通法が存在しない(また後者は基本法としての性格より，次の資源配分規律法としての性格が強い)．

②　資源配分規律法としては，有線系の道路法・下水道法・共同溝法と，無線系の電波法がある．いずれも相当に古いものであり，特に後者は最近のデジタル無線技術に十分対応できていない．また最近では，インターネットのドメイン・ネームやIP電話の電話番号など，新たな資源配分問題が発生している．

③　設備・サービス規律法では，極端に様変わりしてしまった電気通信関係と，1953年体制を堅持している放送関係の対比が鮮やかである．この両者が融合した領域には，パッチワーク的な対応がなされていたが，やがて抜本的見直しを迫られることになろう．2002年に相次いで施行された，電気通信役務利用放送法やプロバイダ責任(制限)法等が，将来を占う役割を担っている．

---

9) この点について博士論文では1章分を費やしているが，出版に際し割愛せざるを得なかった．一応の到達点については林 [2001c] [2003b] を参照されたい．

④ 事業主体法は，この半世紀で最も変化の激しかった分野である．当初郵政省の中にあらゆるサービスが統合されていたが，やがて電気通信が省として独立し，さらには電電公社とKDDに変身した．1985年には公社がNTTとなり，更には持株会社の下で複数の会社に分社していった．一方KDDは特殊会社から一般の会社になり，現在ではKDDIに統合された．戦後50年以上官業を続けてきた郵便・貯金・保険の3事業も，2001年には事業庁となり，2003年からは公社となって運営を続けている．そして現在では，諸外国の例を見ても，民営化が不可避とされている．

⑤ コンテンツ規律法の領域では，世紀の変わり目に多数の新規立法や，大幅な改正が続いている．これらは十分に価値のあるものだが，ともすれば対症療法に傾きやすく，全法体系の中で統一の取れた対策となっているか否かは疑問である．一例として知的財産基本法の制定を見ると，一方で情報化社会において国力を高めるには，知的財産を重視し活用していくことが重要であることは論を俟たない．しかし特許の審査を早めたり，ましてや権利の幅や期間を拡大すれば国力は高まるのか，となると一筋縄ではいかない．何故なら，知的財産を創造した人のインセンティブを強めれば，それを利用しようとする人の自由を狭めることになるからである．このようにコンテンツに関する規律は「あちら立てればこちら立たず」の両面性を持っているので，全方位的検討が不可欠と思われる(3-3の「著作権保護の二面性」および林(編著)[2004]参照).

⑥ 産業支援法分野でも，多数の法律が制定されてきた．しかしこれらが本来の目的にどれほど貢献したかについては，実証データに乏しい．わが国では一般に「お上は悪いことをしない」という神話があったが，相次ぐ不祥事で神話が崩れ，また過大な公共投資が財政破綻を招いた現状に鑑みれば，これらの法律を「ゼロ・ベース」で見直すことは必須と思われる．とりわけ補助金の交付が特定の財団を通じてなされており，財団に多数の官僚が「天下り」しているケースについては，まずは客観的な財務監査と政策評価を実施することが第一歩となろう．

⑦ 規制機関法については，独立行政委員会を設置し，産業育成と規制とを分離することがグローバル・スタンダードとなっている現在，50年以上前の電波監理委員会が果たした役割を再評価すべきであろう(この点については，

次節以降で述べる)．
⑧　電子環境整備法については，前⑤で述べたことと同じことがあてはまる．多数の法律が制定されたが，各省が別々の要請に応えようとするだけでは，パッチワークになってしまう．全体を通底する「デジタル財の法的扱い」という視点が要請される．

2-6　通信・放送分野における「1953年体制」

マルチメディアやインターネットなど，急速な技術革新のなかで生活しているわれわれは，通信法制といえば，1985年の電気通信事業法の制定以降の，最近の展開に目を奪われがちである．しかし，現在わが国の放送・通信など，情報メディア法の基本原則を定めている法体系は，なんと1953年にほぼ骨格が固まったまま，半世紀もの長きにわたって生き続けている．野口[1995]によれば，わが国の行政組織全体が1940年の戦時体制のまま続いているというから，これは驚くに値しないことかもしれない．しかし，変化の激しい分野での50年は，それなりの重みを持っていると言うべきだろう．

さて，1953年体制の根拠となる事実は，次のとおりである．
(1)　1950年6月1日に発足した電波監理委員会が，テレビについてNHK・民放の併存と，日本テレビへの予備免許交付，NHKへの留保を決めて1952年7月31日に消滅した．
(2)　1952年8月1日，電波監理委員会を統合して郵政省が発足し，現在の総務省の一部となった．
(3)　同日，電気通信省が電電公社に改組されるとともに，公衆電気通信法が施行された．
(4)　1953年4月1日，電電公社からKDDが分離独立した．
(5)　1953年8月1日，有線電気通信法が施行された[10]．

---

10)　放送関係を除いた「狭義の通信」に関する法体系の，唯一とも言える有権解釈の書である，郵政省電気通信監理官室(監修)[1973]も，「わが国の電気通信に関する近代的法体系は，(中略)昭和27年から28年にかけて相次いで制定された有線電気通信法，公衆電気通信法，日本電信電話公社法および国際電信電話会社法によって，その骨格が確立したといえる」とする(「発刊にあたって」)．

なお，これに先立つ一両年の間の，次の動きも1953年体制に含めて考えるべきだろう．
(6) 1950年6月1日，電波法および放送法施行．
(7) 1949年6月1日，郵政，電気通信の2省分離．

これら一連の法律は，前述の85年改革を除けば，今日でもなお有効な基本法であり，「1953年体制」が(当初そのように意図したかどうかは別にして)結果として極めて強固な仕組みであったことを示している．

しかもこの中にあって「電波監理委員会」は，今日まで連綿と続くNHKと民法の併存体制や，民間出願者間の事前調整による放送免許の付与といった「放送秩序」の根幹を築いたという意味で，他を圧倒する役割を果たしたと言える[11]．そこで以下では，この1953年体制の完成までの歴史を追ってみよう[12]．

終戦直後にわが国を占領・統治したGHQ (General Headquarters) にとって第1の課題は，日本をかつての軍事国家から，いかにして民主的な国家に改組するかであった．そのため，軍事力の放棄・農地解放・財閥解体・公職追放などの，今日からすれば非常手段とも見られる措置がとられた．その一環として，健全なメディアを育てることが必要とされ，とりわけ政府の広報機関と化していたNHKをどうするかが，緊急の課題とされた．

メディアをどうすべきかは，日本側にとっても緊急性が感じられていたので，終戦直後の1945年9月25日には，民放(ラジオ)を認めることが閣議了解され，免許の申請が同年11月1日には出ているほどである．GHQの方も，設置から3ヵ月も経たない1945年12月には，ハンナー・メモの形でNHKの大幅改組を指示した(この当時のGHQの指示は，ほとんどすべて担当責任者のメモの形で発出されていた)．

GHQの意向は当然労務政策にも反映されており，日本を民主化する一環として，組合運動が推奨されていた．これにいち早く反応したのが，言論機関つ

---

11) 表2.6において，委員会規則に過ぎない「放送局の開設の根本的基準」が法律をも上回る効力を持っていることは，電波監理委員会の実績を示すものだろう．
12) 以下の記述は林 [1998b] による(その原典は，通信外史刊行会 [1962]，日本放送協会 [1977]，松田 [1980]，柴田 [1995]，内川 [1989]，猪瀬 [1990]，向後 [1995] などである)．なお当初「1952年体制」としていたのを，法の施行を重視して「1953年体制」に改めた．

まり新聞や放送の組合であった．とくに先鋭だった読売新聞労組を中心として，組合は1946年秋口にストライキに突入し，これを支援すべくNHKの労組が放送ストライキを打った．このため，同年10月5日から21日間は放送が行なえず，逓信省から技官が乗り込んできて，ニュースなど最低限の放送を「国家監理」で行なうという非常事態を招来した（逓信外史刊行会［1962］等）．騒然とした労使対立は，1947年2月1日のいわゆる「2・1ゼネスト」をマッカーサーが禁止したことを境に収束に向かい，1947年7月22日のマッカーサー書簡で国鉄・専売の2公社と，郵政・電気通信（この中に電波庁を含む）の2官庁の誕生につながることになった．

このような戦後の混乱の中でGHQは，一方で民放は当面認めないこととしつつ，他方でNHKの改組を急ぐこととした．この作業は当初，既存の無線電信法の改正作業として始まったが，放送基本法を策定すべしとするハウギー・メモ（1947年8月27日）や，独立行政機関と事業運営部門を分けようとするファイスナー・メモ（同年10月16日）に促されて，1948年6月18日には放送法案・電波法案の国会上程までこぎつけた．しかし，この放送法案の核として，独立行政委員会としての「放送委員会」が盛り込まれていたことから，これが論争を招き同年11月10日には廃案となった．

一旦廃案になった放送法案は，新設の電波庁において検討が続けられ，1949年6月17日には要綱（第4次案）ができあがった．これは日本側主導で起案されたこともあって，独立行政委員会を否定したものであった．これに気付いたGHQは，翌日CCS（Civil Communication Section）の局長であるバックのメモにより，突然「放送委員会に代えて電波監理委員会を設置せよ」との指示を出した．

これ以前の法案の検討は，放送をどう律するかということが課題であり，独立行政委員会の検討もその範囲に限って行なわれていた．これに対してバックの指示は，広く電波監理一般を所管する独立行政委員会を作れというもので，発想が全く異なるものであった．突然の指示ではあったが，なにしろ時の絶対権力からのものでこれには抗し難く，日本側は従来考えていた電波法・放送法に加えて電波監理委員会法の，3本建ての策定作業を行なった．しかしなお独立行政委員会への反感は強く，時の総理大臣吉田茂も含めてGHQに対する説得を試みた．

その要点は3点であった．まず第1に，内閣の所管の下に置きたいということ．第2は同じ文脈で，委員長は国務大臣をあてるということ．アメリカのような大統領制でなく議院内閣制をとっている以上，最終的な責任が内閣にあることを明確にしたいという主旨だが，GHQは総理府の下におき政治家以外の人を起用することに固執した．第3は，より実効性のある論点で，日本側とくに吉田首相本人が「電波監理委員会の決定に内閣として異議があるときには，再議を求めることができ，再議をしてもなお内閣として異議があるなら，再議そのものを無効にできる」ことを主張した．アメリカ側はもちろん，それでは独立行政機関である意味がない，として拒否した[13]．

最終的には，1949年12月5日のマッカーサー自身の書簡によって，「総理府の外局とする．総理大臣が再議を覆えすことは不可」との方針が明確にされ，電波3法案は暮れの22日・23日の両日に国会に上程された．日本側はなおも抵抗を試み，衆議院の修正で委員長に国務大臣をあてることを復活させようとしたが，GHQが拒否したため，法案は1950年5月2日成立，同年6月1日施行となった．

こうした放送の分野ほど華々しいものではなかったが，電気通信の分野も「疾風怒濤」の時代だった．第2次大戦によって，かつての電話網はほぼ灰燼に帰し，戦後の神経系統の形成はゼロからスタートせざるを得なかった．

戦争直後の事務は，通信院において郵便と一括して行なわれていたが，膨大な設備投資財源を一般会計に依存するのでは，早期のネットワーク建設はおぼつかなかった．加えて，共産党に支配された全逓労組は，官公労の中でも最も先鋭かつ強力なものの1つであった．この2つの異なった要請を考慮したためか，GHQは通信省を郵政省と電気通信省に分離すること（2省分離）を求めた（1949年4月1日）．そして3年後には，後者はさらに2分割され，電電公社と

---

13) こうした対立の背後には，既に活動していた同種の機関に対する評価の違いがあった．吉田総理は，労働委員会や国家公安委員会などが中央のみならず地方にも設置され，総理大臣の息のかからない行政機関として，それぞれの論理で活動していることを苦々しく思っていた．これらに加えて電波の監理という，いわば言論機関に対する行政が，総理大臣の手の届かない所で行なわれることに，極度の懸念を持っていたと思われる．これはGHQの側からは，全く裏返しに見えていたであろう．日本の民主化のためには，言論分野の民主化・独立化こそ不可欠で，独立行政機関はそれを担保する最良の仕組みだと．

国際電信電話㈱が誕生した(1952年8月1日と，1953年4月1日)．

この間，サービスの提供者は一貫して官庁そのもの(郵政省・電気通信省)か準官庁(電電公社と特殊会社としてのKDD)であったが，その提供条件を定めるために公衆電気通信法が施行された(1953年8月1日)．また，1900年制定の電信法に代わって約半世紀ぶりに有線電気通信法が制定され施行された(1953年8月1日)．これらの動きも，「1953年体制」の一部を形成するものと考えることができよう．

2-7 電波監理委員会の評価

難産の末生み出された電波監理委員会は，事務局は旧電波庁を母体とするもので，最初の委員7人の内訳は，逓信OBが3人，外交官出身2人，法制局出身1人，学者(工学)1人であった．

最初の仕事は，放送局開設の根本基準を作ることであり，民放ラジオに対する免許申請が3桁にも達していたから，どの申請を許可するかが緊急の課題だった．この際，後に電通の鬼と恐れられた吉田秀雄が「広告費で事業を成り立たせるなら，1地域1局でないと共倒れになる」と主張し，申請の統合工作が行なわれることになった．昨今話題になっている談合体質は，放送秩序の初期から発揮された訳である[14]．いずれにせよ，1950年12月1日には，「放送局開設の根本基準」と1地1局主義が確立し，その後の基本方針となった．また1951年4月には，わが国初の民放ラジオの予備免許が出され，同年9月1日には放送が開始された．

次の大仕事は，テレビの免許であった．民放ラジオの放送開始の直前，正力松太郎の「マイクロウェーブを使って，全国的にテレビ局をつないでいく」という，いわゆる正力構想が報道されて世間を驚かせた(正力自身は1948年暮れから考え始めていたとされる)．この案には，何としてもテレビを事業化したいという事業欲以外に，3つの論点が含まれていた．

---

14) 日本法の研究者によるアッパーム(寺尾訳)［1995］には，行政が本来果たすべき機能を(今日の言葉で言えば)丸投げし，実際には民間の「話し合い」で決めている様子が活写されている．

1つは思想的な背景で，アメリカのムントという上院議員に触発されて「日本を反共の砦にするには，ネットワークを整備しなければならない」というものであった．時あたかも，朝鮮動乱(1950年6月25日)やレッド・パージ(同年7月15日)の後で，この説にも妥当性なしとしなかったが，通信の関係者は「通信の一元化」を譲らなかったため，日の目をみなかった(「通信の一元化」については，5-1参照)．

第2の側面は，テレビの規格論争であった．わが国にはテレビ研究で世界に伍していた高柳健次郎がおり，彼は電波帯域について7 MHzを主張した．これに対して「アメリカ方式を直輸入して6 MHzでいくべきだ」というのが正力の言い分であった．

第3の論点は，テレビの免許は公営で基幹放送たるNHKにまず認められるべきで，一呼吸おいてから民放が参入するのか，それとも両者同時なのか，という点である．しかしこの論争は，結局第2の論点と関連していた．なぜなら，当時の民放には直ちに使える技術はアメリカのものしかなかったので，7 MHzならNHK優先，6 MHzなら両者同時という色分けにならざるを得なかったからである．

1952年2月28日，電波監理委員会は6 MHzの採用を決定し民放側有利の情勢となったが，第3の論点についてはなお検討を続ける予定であった．ところが，この難題を解かなければならない電波監理委員会には，さらなる危機が待ち受けていた．それはもともと独立行政委員会に不満な吉田首相が，1952年4月28日のサンフランシスコ講和条約の発効を見越して，同年4月5日には閣議決定で「行政委員会を見直して必要のないものは整理する」ことにした(法成立は同年7月22日)からである．彼に敵視されていた電波監理委員会は，当然の如く同年7月31日に消滅することとされた．

このとき電波監理委員会の構成は，1名健康問題で辞任，1名任期満了で後補充なしで，5名しかいなかった．しかし残った委員は，同年7月31日中に結論を出すことを選んだ．その運命の日の冒頭，事務局の長である電波監理総局長が「審議未了のまま郵政省の手に引き継がれるのが至当」との越権発言をし，部下も辞表提出で追随するなど波乱含みの幕開けとなった．

しかし委員はこれに動ぜず，あと20分で組織自体が消滅するという23時40分に採決が行なわれ，4対1で「日本テレビに予備免許を与える．NHKに

ついては予備免許を与える決定を留保する」との決定が行なわれた．結論的には，正力あるいは民放側の勝利であった．正力は，論点1でこそ破れたものの，論点2と論点3では主張を貫き通したのである．

この決定の評価については，意見が分かれる．前哨戦である規格決定において，聴聞会では7MHzが優勢であったのに決定は反対だったこと，正力の政治力が抜群だったことから「利権に屈した食い逃げ委員会」という酷評がある．他方，官僚の抵抗に屈せず独自性を貫徹したことから「勇気ある決断」との評価もある．おそらく最大の価値は，内川［1989］の指摘するように「テレビは独占事業であってはならない」ことを「方針」の第1条とし「通信官僚的な電波行政の殻を破って民放に軍配をあげたこと」であろう．この決定を基にしてNHKと民放の並存という，わが国独自の環境が生まれ今日まで続いている．

アメリカで20世紀初頭以来の歴史を持つ「独立行政委員会」の仕組みは，マッカーサー指令部の強い要請で終戦直後のわが国に移入された．しかし，何らの伝統のない所へ唐突に導入した感が否めないことに加えて，「御上」意識の強い風土に馴染めないばかりか，戦後の思想の混乱期にイデオロギー的な色彩を帯びたものも見られ，公正取引委員会などごく少数の定着事例を除いて，失敗に帰したものが多い．

そのような中にあって，わずか2年ほどの短命に終わったとはいえ，今日のラジオ・テレビに係る制度を確立して消滅した「電波監理委員会」（1950年6月1日～1952年7月31日）は異彩を放つものであり，今日でもその役割と存在を懐かしむ人が多い．

時代は回り，いまや再び行政の肥大化と機能不全に対する意識が高まり，現業部門のエイジェンシー化と縦割り行政の集約化が論議されているが，このような環境変化に対応して「独立行政委員会」の仕組みも，再度見直されてしかるべきであろう．

電気通信のように，高度の専門知識と制度の長期的安定が求められる分野においては，（アメリカのFCCや，イギリスのOFCOMに見るように）もともと「独立行政委員会」の存在意義があったと思われるが，近年の相互接続における利害関係の調整などは，中央省庁の行政行為というより「独立行政委員会」の準行政的・準立法的・準司法的行為に委ねた方が，効率的かつ合目的的であろう．その主張の妥当性を検証するためにも，半世紀ほど前の事実について

も，「温故知新」の意義があるように思われる[15]．

2-8　通信・放送の融合と法的対応

インターネットの登場とともに，従来のマス・メディアとパーソナル・メディアという2分法は通用しなくなった．また「ドッグ・イヤー」という時代の加速化は，従来の制度が思いも寄らなかった，新しい問題を提起している．これらに対して法の対応は，常に一歩も二歩も遅れがちである．

もともと法や制度は保守的なもので，その保守性こそが，社会の安定をもたらしていることも否定できない．しかし，あまりに急速な技術や市場の変化を見るとき，従来からある法の解釈論では，十分な対応ができないことは明らかであろう．法の適用の問題がいち早く顕在化したのは，いわゆる「通信と放送の融合領域」に関する論議である．なぜなら前述の如く，通信（C）は運ばれるコンテンツに立ち入らない産業である（このことが「通信の秘密」「検閲の禁止」を担保する手段である）．これに対して，放送（B）はコンテンツの提供そのものを事業ドメインにしており，しかもその手段たる（メディアとしての）電波資源の有限性の故に「Fairness Doctrine」（言説を公平に扱う義務）を課せられている，といった対照的産業だからである[16]．

[15) 今日的文脈でわれわれが汲み取るべき教訓は，次の諸点であろう．
① 短期間に集中的に成果を挙げたこと—2年2ヵ月という短期間にも拘わらず，今日のラジオ・テレビの基本秩序をまとめあげた功績は，多としなければなるまい．戦後の混乱期という事情はあるにせよ，現在の硬直化した行政に，このスピードを求めることはできないだろう．
② 人選が結果的には良かったこと—逓信省以外からも選任されたことに加え，逓信省出身者も技官を主とし，事務局も技官中心の構成だったことは，特筆すべきである．彼らは本省では主流になり得ない存在であり，この種の独立機関でこそ本領を発揮したのではなかったか．
③ アメリカ方式の良さを部分的にせよ移入したこと—聴聞会を実施し，記録をとり公表する，関係者が後刻私見を発表する，などアメリカ的情報公開が活用された．50年も前の事実を，かなりの程度にフォローすることができるのも，そうした記録に負うところが大きい．とくにGHQの記録は正確で，アメリカ方式の良さを体現している．
16) この2分法は早くも1986年に，当時のニューメディアであった「キャプテン・システム」上に，ソープランド情報が表示されて議論になった．次いでダイヤルQ^2という

こうした難題を，現行法の中で解決することを迫られた郵政省は，「公然性を有する通信」と「限定性を有する放送」という混合概念を考え出した．そしてこの融合形態が最も顕著な衛星分野における運用上の指針として，次の考え方を示している(なお，放送概念の歴史的展開と変容については，塩野 [1997] 参照)．

すなわち，放送とは「公衆によって，直接受信されることを目的とする無線通信の送信」(放送法 2 条)であるから，これを次の 5 つの基準で判断するというのである．

① 送信者と受信者の間の紐帯関係の強さ——強いほど「通信」寄り
② 通信の内容が紐帯関係や受信者の属性を前提としているか否か——強いほど「通信」寄り
③ 情報伝達方式の秘匿性——強いほど「通信」寄り
④ 受信機の管理——エンド・ユーザによる自己管理の度合が強いほど「放送」寄り
⑤ 広告の有無——広告があるほど「放送」寄り

法の公平な運用解釈者として，良く考えられた指針であることは認められるが，果してこれで今後何年かも有効かとなると，疑問が多い．というのも，放送 (B) と通信 (C) の区別ではなく，データ処理 (D) と通信 (C) の事業領域の区分という別の問題ではあったものの，アメリカではこの C & D を線引きしようとして「混合通信」と「混合処理」という概念を導入したことがある (1970 年，第 1 次コンピュータ調査裁定 = CI)．

しかし，この区分では不十分であるとして 10 年も争った後に，結局「基本サービス」と「高度サービス」という形で通信の範囲をより狭くし(1980 年，第 2 次 CI 裁定)，インターネットの登場後も，基本的にはこの区分を維持している．

ここで最も重要なことは，通信は規制対象であるが，情報処理(あるいはデー

新サービスが登場した時も，テレクラとかツーショットという新手の風俗営業が現れて，青少年などへの影響が社会問題になった(林 [1998a])．また，かつては技術的に差のあった通信衛星と放送衛星が，技術の進展に伴って融合してきた結果，ハードウェアに準拠した区分ではなく，サービス内容や特性に基づいた区分が必要になってきた(融合の具体例については木村 [1999] を参照)．

タ処理)は非規制である．つまりどちらに分類されるかは概念論争ではなく，ビジネス上のリスクを伴った実益論争であったことである．そして 10 年以上にわたり，FCC や裁判所を舞台にした大論争の結論を一言で言えば，「規制分野と非規制分野が融合したら，規制の緩やかな方に合わせるしかない」と要約することができよう．私はこれを「水は低きに流れる」と表現した (Hayashi [1993])．

　ここで次のような事例を考えてみよう．今読者が情報処理会社の創業者兼社長であるとする．この会社を創立する際には，商法その他一般に会社設立の際に必要な手順は踏んだが，業法はないので，官庁に届を出したり，ましてや事業の許可や認可を受けたことがない．ところがインターネットが登場したので，これをチャンスと見て，インターネット電話をやろうとしたところ，それは電気通信事業法で「第二種電気通信事業者」として登録または届出をしないとダメだという[17]．

　このような事態に，どう対処したら良いのだろうか．アメリカでは，インターネットでのサービス提供は「非規制」(unregulation これは辞書にない言葉だが規制下にある産業を規制から外す deregulation と違い，一度も規制したことがないし，今後も規制しない場合に使う造語だという，摩天楼 [1999])とすることで，暗黙の(いわば不作為の)「産業政策」としている．

　対する日本はどうかと言えば，何ごとも「お上の承認」なくして行動しないお国柄から，「疑わしくは実行せず」で，新たなビジネスにチャレンジするベンチャーの出現を窒息させている．この差がすべて，現在の日米経済格差につながっていると言えば，明らかに言い過ぎだろう．しかし，アメリカでは「不作為・自由放任主義」が，産業の活性化の方向に作用し，日本的「不作為・暗黙の否認」が，産業の発展を阻害する方向に作用していることだけは間違いあるまい (林 [2002d])．

　産業が融合すれば，より規制の少ない産業秩序に合わせていくしか，方法はないのであり，人為的な線引きは参入障壁になりかねないことに留意すべきである．このような視点から，その後の動きを点検してみよう．放送と通信の融

---

17) 事業法にあった第一種・第二種の区分は 2004 年に廃止になったが，ここではそれ以前の条件で考える．

合領域に関する新法の第1弾として，1989年施行の放送法改正で導入された「委託放送事業者」「受託放送事業者」という考え方がある(放送法3章の2及び3)．これは従来電波の免許と放送の免許は同一人が有することと考えてきた「ハードとソフトの一体化原則」を改め，「ハードとソフトの分離」を可能としたという面では，評価すべきものである(舟田 [2002])．

しかし受託放送事業者は殆どが電気通信事業者でもあるのだから，わざわざそのようなネーミングと資格付与が必要かと問われれば，屋上屋を重ねた規制と言わざるを得ない．加えて委託放送事業者には，文字どおり放送事業者としての位置づけを与えるため「認定」という制度を導入した(放送法52条の13)が，果たしてその必要があったのだろうか．

立法の主旨は，「番組編集準則」など放送に関するコンテンツ規制を，委託放送事業者にも課そうとするものだと考えられるが，電波法にもわいせつ情報等についての規制はあるのだから(電波法108条など)，これまた屋上屋だとの感は拭えない．

このような規制の発想は，折角のレイヤ別分離の効果を無にしてしまうことが懸念される．レイヤ別の発想を貫徹すれば，コンテンツ規制は電波法に任せ，放送法はコンデュイト規制として，より緩やかな方法が可能であったのではなかろうか．ディレクTVという，アメリカで大成功を収めた直接衛星放送会社が，わが国で成功しなかった理由として，このような規制のあり方も要因の1つだったのではないかと推測される[18]．

同じことは，通信・放送融合法の第2弾としての，電気通信役務利用放送法にも言える．この法は，いわゆる「ハードとソフトの分離」をさらに進め，電気通信事業者の提供するサービスを使って(たとえば衛星や光ファイバーを利用して)放送事業を行なうことを認めたもので，そのことだけでも意義はある．しかし通信と放送を峻別しなければならない，という意識にこだわったせいか，利用する設備も含めて全体が「放送」に該当するといった点にこだわっているように見える．

---

18) アメリカの DirecTV は，CATV が 90% 以上の世帯で利用可能な状況では，成功しないのではないかという予想に反して，90年代前半に急成長して日本にも進出した．しかし受託放送事業者兼プラットフォーム事業者というビジネス・モデルであったため，日本の法制に合わないこともあって，スカイ・パーフェク TV に吸収合併された．

私のように設備とサービスを分けて考える立場からすれば，この法律は「電気通信設備利用放送法」とし，ハード部分には通信の規律を，ソフト部分には放送法の規律を適用するという，ハイブリッド型でよかったのではないかと思われる．2004年の電気通信事業法改正によって相対取引も可能になるのであれば(5-7参照)，そのような発想の方が融合問題への対応としてふさわしかったと悔やまれる．

2-9　今後の課題：信頼性とセキュリティ

　情報メディア法を考えるに当たって，あまりにも当たり前として忘れられがちなのが，ネットワークの信頼性とセキュリティである(多賀谷[1997a])．これらは非常事態が発生しないと自覚されることが少ないが，インターネット時代には従来以上に重要度を増している．現に政府が推進中の「e-Japan重点計画2003」においては，重点政策5分野の1つとして，「高度情報通信ネットワークの安全性と信頼性の確保」が掲げられている．

　なぜこの2つが重要かと言えば，国営または公営の電話会社が設備を独占していた時代には，「黒電話」に代表されるように，end-to-end[19]でキャリアが責任を負っていたので，① 自社のコンピュータを自由に接続するなどの点で不便この上なかったが，他方で ② 面倒なことはすべてキャリアに押し付けていればよかった．

　これに対して「ネットワークのネットワーク」が常態化した今日のインターネット時代にあっては，ⓐ 自らネットワークを構築することも借りることもでき，ⓑ どのようなコンピュータを接続することもできる反面，ⓒ ネットワーク全体を管理する人は指定されておらず，ⓓ self-government（自律的管理）に頼るしかないからである(1-2参照)．

　これは世間一般でよくある「自由とは責任のことである」というパラドクスと類似の現象である．「自由」とは「何をやっても良い」と理解されがちだが，

---

19)　end-to-endは従来「電話会社が端から端まで責任を持つ」意味に使われてきたが，インターネット技術者を中心に「インテリジェンスを備えた両端が(バカな通信回線を介して)自由に通信する」意味に180度転換されつつある(後者の意味ではe2eという語も使われる)．

それでは「万人の万人に対する戦争」(ホッブス)状態になってしまう．人が社会の一員として安全で安心な生活を営むことができるためには「社会生活を営むためのルール」を作り，これを守らなければならない．封建社会までは，ルールは上から与えられるものだったが，民主主義社会では国民がルールを作り，守る責任を負っているのである．

　さて，このようなルールの第一歩としては，ネットワークに接続するための技術基準や，「ネットワークに必要以上の信号を流して他のネットワークに被害を与えてはならない」というルールがある．これらもかつては国が決めていたが，現在では国は一般原則と罰則を定めるのみで，具体的な手順は民間の標準化機関や認証機関が行なっている．これは広い意味では「信頼性とセキュリティ」に属するが，あまりにも初歩的なことゆえ，一応除外しておこう．インターフェイス技術の向上によって，この種の問題はかなりの程度まで技術のレベルで解決可能になったことも，この問題を除外できる一要素である．

　ここでもまた，ネットワークを物理層・コード層・コンテンツ層の3つのレイヤに分けて考えてみよう(1–4参照)．図1.1をこの問題に応用すると，図2.1のようになる．ここで物理層での課題はユニバーサル・アクセスである．この用語はuniversal seivice に端を発しているが(林・田川[1994])，ここでは独占の電話サービスと違って，多様なコンピュータ・サービスを示すため，用語を変えてある．しかしその主たる内容は ① 誰でも・どこに住んでいてもネットワークにアクセスできること (availability)，② 所得水準にかかわりなく誰でもアクセスできること (affordability)，の2点であり，さらに今日的には ③ 緊急通信(110番，119番)へのアクセス確保，を考える点では基本的な違いはない．

　現在わが国ではユニバーサル・サービスが明文で保障されているのは固定電話サービス(事業法7条，19条および106条以下にある「基礎的電気通信役務」)だけである．しかし地上波テレビ放送は「放送普及基本計画」(放送法2条の2)

コンテンツ層	セキュリティ(狭義のセキュリティ，重要通信の確保と災害情報の伝達，権利保護)
コード層	相互接続性と品質
物理層	ユニバーサル・アクセス

図2.1　信頼性とセキュリティ

等を通じて，実行上ユニバーサル・サービスになっている．今後はこれらとともに，携帯電話やインターネットのブロードバンドアクセスなどが，検討の対象に入ってこよう．ただしユニバーサル・アクセスを保障することは費用負担を伴うので，これを誰がどのように負担するか(税金か利用者負担か，サービス間相互補助か等)を明確にしていかなければならない(林［1998a］，Hayashi [1997]，Hayashi and Fuke [1998])．

またインターネットが誰にでも利用できるためには，アクセシビリティの大幅な改善が不可欠である．高齢者や障害者は，最もエンパワーメントを必要としているが，例えば図書館の本棚で本を探すという行為では，棚が高い，文字が小さい，うまく助けを求められないなど，障害者も高齢者も幼児も共通の困難に直面する．国が認定した障害者は約200万人であるが，このように具体的な情報行動に着目すると潜在的・一時的な障害者は，はるかに多いことが分かる．

「アクセシブル」な機器は，障害者に限らず，高齢者や一時的に不自由な状況にある人々の，ニーズをも満たすことができる．例えば，各自のレベルに合わせてルビを振る知的障害者向けブラウザは，日本中の子どもを対象に売ることができた．ホームページ・リーダーの読み上げ機能は，全盲の方だけでなく視力が弱い人全般に役立っている．障害者福祉はコストがかかり，社会的な合意が得にくいと言われるが，障害の概念を広げて市場性を考えると，高齢化が進むに日本でのアクセシビリティへの取り組みは，むしろ経済合理性に適うとも考えられる(アクセシビリティ研究会［2003])．

次にコード層の課題として，相互接続性と品質の問題がある．まず前者については電気通信事業法に，一般的な相互接続義務が定められている(32条以下)．しかしインターネットがインターネットたる所以は，相互接続可能なところにあるのだから，これは市場原理に委ねていても，自然に達成されるかもしれない(外部性の内部化，林［1998a])．しかし中には，企業が社内限りのネットワーク(イントラネット)を構築して，オープンなシステムが次第にクローズドなものに変質する恐れもある．またISP間の相互接続では，大ネットワークを保有するISPがより優位な接続条件(料金など)を勝ち取っているとの見方もある(福家［2000])．考えてみれば在来型の相互接続の問題点は，ほとんどが接続料の水準に関するものである．これらは情報メディア法の，主要な論点の1つであり続けるだろう．

一方品質の問題は，古くて新しいテーマである．電気通信事業の 120 年近い歴史のうち，最初の 100 年近くは品質との戦いだったと言っても良い．つまり遠距離でも，隣からかけているのと同じ品質を実現し，雨の日も風の日も同じ品質を維持することは，それだけ大変だったのである．しかしこの水準が実現されてしまってからは，利用者もベスト・エフォートに慣れてしまって，「安くて便利であれば品質はほどほどで良い」と諦めているかに見える．携帯電話が，品質が悪くて料金も高いのに売れるのは，ひとえに利便さを買っているのであろう．

　しかし IP 電話（Voice over Internet Protocol）が注目されたあたりから，利用者の嗜好にも変化が見られる．「安くて便利」を利用する一方で，「保証付き」（ギャランティ）電話の安心感も捨てがたい，と考える人達もいるからである．携帯電話がこれだけ普及しても，固定電話を解約する人が必ずしも急増しないところに，そのようなアンビバレントな気持ちが現れているように思われる．総務省が IP 電話の認可基準として，音声品質と警察・消防との接続をあげているのは，本書の文脈と一致している．

　最上位レイヤのコンテンツに関する部分のセキュリティとしては，3 つの異質な要素が混じっている．1 つは狭義のセキュリティで，これは一般に CIA を守ることだとされている．C = Confidentiality，I = Integrity，A = Availability である．つまりコンテンツの秘密が保たれ，改ざん等によって同一性が損なわれることがなく，かつその技術が利用可能でなければならない，ということである．C と I を強めることは，通常は A とはトレード・オフ（あちらたてれば，こちら立たず）の関係に陥ることが多い．この兼ね合いが大切である[20]．

　セキュリティの第 2 の範疇は，重要通信の確保と災害情報の伝達である．通信ネットワークの場合には非常災害で異常な輻輳[21]が生じた場合，一般の発

---

[20]　例えば「無意味な文字と数字の組み合わせをパスワードに使わなければならず，かつ毎週新しいものに代えなければならない」といったシステムは，安全度を高めるかもしれないが運用性の面で欠陥があり，本来の目的を達しないであろう．

[21]　ネットワークが一時的に込み合う現象を言う．災害時のほか，人気イベントのチケット購入を電話で行なうとか，テレビ番組と同時並行して電話で意見を募集するなど，企画型輻輳と呼ばれるものもある．

信呼の疎通を規制する一方で, 災害対策に必要な呼は優先して扱わなければならないこととされている(有線法8条, 電波法66〜68条, 電気通信事業法8条). これがセキュリティの確保につながることは, 容易に理解できるだろう. しかし, そのためにはネットワークの随所にリダンダンシーを組み込まなければならない. 従来通信の世界では, この語を「冗長度」と訳してきたが, 今後はもっと積極的に評価する態度が必要かと思われる(林 [1984a]). この第1と第2の範疇は, 今後のネットワーク機能の中心課題となるであろう. 私の立法論でも, そのように認識している (7-5).

ところでわが国は, 憲法で戦争を放棄し戦力も保持しないとしたこと(9条)から, 平時と有事を峻別し後者には別個の体制を整えるという心構えも, 放棄したかの感があった. しかし経済力の拡大とともに, わが国の国際社会での地位が向上するにつれて, 国際紛争の解決のために相応の貢献を求められることが多くなった. これは裏を返せば, わが国も有事への備えをしなければならないことを意味する.

そこで「武力攻撃事態」に対処するための3法(武力攻撃事態等における我が国の平和と独立並びに国及び国民の安全の確保に関する法律=俗称武力攻撃事態法のほか, 自衛隊法の一部改正と, 安全保障会議法の一部改正.「有事3法」とも言う)が, 2003年に制定され直ちに施行された.

この際テレビ局などのマス・メディアや通信事業者は, 政令によって「指定公共機関」(武力攻撃事態法2条6号)に指定され, 通常は内閣総理大臣が務める「武力攻撃事態等対策本部長」(11条)の総合調整に従うことになる(14条). これは前述の「重要通信の確保」の有事版と考えることができよう. ただしC型である通信事業者にとっては, 必要以上に通信の秘密が制限されることがあってはならず, B型やP型のマス・メディアにとっては, 必要以上に言論の自由が制限されることがあってはならないのは当然のことである.

セキュリティの第3の範疇はやや趣を異にし, 権利性のある情報をネットワーク上で取引する場合には, その権利情報も正しく処理しなければならない, というものである. 例えば著作物をリアル・ワールドで処理する時には, その権利関係を確認して処理がなされる. 同じことがバーチャル・ワールドでも担保されていないと, eコマースは発展しないだろう(1-3参照). これは狭義のセキュリティを, 権利性のある財貨の取引に応用しただけとも言えるが,

電子マネーが社会の信頼を勝ち得ていけるか否か等を考えると，単なる技術的問題を越えた社会的信頼性・社会的セキュリティの問題として，別項目を設けるだけの価値のあるテーマだと思われる．

　要はそれほどまでに，情報メディアが重要な社会インフラになっているという証左であろう．ただし，このことは従前のようにコモン・キャリアだけが，その責任を負っていることを意味しない．エンドにある接続機器は，かつては「端末」という名の低機能のものであったが，今日では高速・高性能コンピュータである場合もある．したがって本節で述べた信頼性とセキュリティについても，ネットワーク側で実現することもエンド側で実現することもできる．もちろん協調体制によって実現することもできる．

　今日的課題は，市場原理の中で機能分担の均衡点を見出すことであろう．

第3章

コンテンツ規制:「言論の自由」と情報メディア法

"Amendment I: Congress shall make no law respecting an establishment of religion, or prohibiting the free exercise thereof; or abridging the freedom of speech, or of the press, or the right of the people peaceably to assemble, and to petition the Government for a redness of grievances."(アメリカ合衆国憲法,補正1条)

「二重の基準の理論は,(中略)その内容,中味を簡単に言えば,① 精神活動の自由の規制は厳しい基準によって合憲性を審査する.② 経済活動の自由の規制は立法府の裁量を尊重して緩やかな基準で合憲性を審査する.こういう考え方であります.」(芦部 [1987] p. 98)

「パブリシティ権の本質を純粋の経済的権利と見るのか,それとも経済的色合いを帯びてはいるものの,人格権の一つの発現態様と見るかの違いで,何がパブリシティ権の対象となるべきかについて,大きく異なる二つの見方があり得る.前者であればフィクション上のキャラクター,著名な物や場所(広告用熱気球であるとか奇抜な意匠の建築物など)などにも及ぶと言う見方につながりやすいし,後者だと人間に限られることになる.同じような問題として──実在の,しかも生存中の人間とそれの属性のみに限定されるべきなのか,それとも既に死亡した人間にも及ぶのか,というものがある.」(内藤・田代 [1999] p. 16)

3–1 言論の自由[1] と社会的制約[2]

　言論の自由は，民主主義社会においては最も遵守されなければならない「基本的人権」の1つである．戦前のわが国や，ヒットラー政権下のドイツ，あるいは現在の北朝鮮の姿などを思えば，言論の自由が民主主義と分かち難く結びついていることが，容易に理解されよう．わが国憲法は，基本的人権を「侵すことのできない永久の権利として，現在及び将来の国民に与えられる」(憲法11条)とし，「集会，結社及び言論，出版その他一切の表現の自由はこれを保障する」(同21条1項)としている．

　しかし人間は社会的な存在であるから，一人の人間が自由の名のもとに「何をしても良い」ということにはならない．言論の自由といっても，自ずから社会的制約を受けざるを得ない訳である[3]．憲法も，国民は憲法によって保障された権利を濫用してはならず「常に公共の福祉のためにこれを利用する責任を

---

1) 「言論の自由」と「表現の自由」は同義であるとされることが多いが，ここでは以下の記述のように，言論の自由を内心・表現・行動の自由を総称するものと考える．なお日本国憲法は文理上「言論の自由」より「表現の自由」を上位概念とするが(憲法21条1項)，アメリカ憲法では freedom of speech がシンボリックな用語として扱われることが多い(本章の扉に掲げた補正1条参照)．
2) 公共の福祉という制約は内在的なものか，外在的なものか，内在と外在に区分できる(2元説)のか，という議論がある(芦部 [2002])ので，ここではなるべく中立的な表現を用いた．
3) 1979年のフランス人権宣言においても，「自由は他人を害しないすべてのことをなし得ることに存する」(第4条)として，その限界を意識している．またわが国の判例も早くから，言論の自由が公共の福祉のための制約に服することを認めてきた．例えば，食料緊急措置令違反事件判決(最大判1948年5月18日刑集3巻6号839頁)は，「新憲法の保障する言論の自由は，(中略)立法によっても妄りに制限されないものであることは言うまでもない．しかしながら国民はまた，新憲法が国民に保障する基本的人権を濫用してはならないのであって，常に公共の福祉のためにこれを利用する責任を負うのである」と述べている．

負う」(12条),「生命,自由及び幸福追求に対する国民の権利については,公共の福祉に反しない限り,立法その他の国政の上で,最大の尊重を必要とする」(13条)として,このことを明らかにしている.ここで生ずる制約は大別して,次の3つの態様(パターン)に分けることができる.

第1は,一人の言論が他人の人権を侵害しているような私人対私人の場合で,プライバシー侵害が典型的な例である.このような場合に,「言論の自由」を盾に,情報を発信しようとする側だけを守ることが,正義の実現につながらないことは明らかだろう.しかし,そこで逆にプライバシーを絶対的な価値とするとどうなるだろうか.今度は社会的に重要な事案であっても,個人のプライバシーの権利を盾に真相が世間に知られなくなって,政治・経済その他の面で,民主主義とはほど遠い事態が発生するかもしれない.要はここでは相対立する「言論の自由」(プラス,ここではその一面として後述する「知る権利」)と,プライバシーの権利との比較考量が求められることになる.

第2のパターンとして,一見「言論の自由」の発現と思われる行為も,その本来の主旨を逸脱している場合には,私人間の関係として損害賠償の責任を問われるだけでなく,社会一般に害悪を及ぼすものとして,刑事罰を受ける場合がある.名誉毀損やわいせつ情報が代表例である.これは言わば「言論の自由」を実現するための最低限のルールとして,議論の当事者は相手方の名誉や社会的に認められ維持されてきた公的秩序や善良な風俗(公序良俗)を守って議論しなさい,という規範が適用されるということである.

第3のパターンは,原則的には第2のパターンから派生するものだが,言論のうち創作性のあるものについては国家が「著作権」という権利を付与して,一定期間内は創作者に独占的な排他権を与え,他者は許諾を得なければ利用してはならない,というルールである.権利の付与は,一面で創作者にインセンティブを与えることになるが,他面で著作権が有効な範囲で,その後の言論は制約を受けることになる.このように著作権制度(広く知的財産制度一般)は,両義的なものである.

従来この問題は,知的財産権ないし無体財産権固有の問題として,憲法の人権のテーマとは別のものとして議論されてきたが,情報社会の深化に伴って,両者は密接な関係にあることが次第に意識されつつある.しかし憲法やマス・メディア法の伝統的教科書では,この部分はまったく無視するか,言及しても

ごく表層的なものがほとんどである[4)]（この点は3-3, 3-4で再度検討する）．

さて，以上のように言論の自由の社会的制約を3つのパターンに分けた上で，権利の発現には3つの層（レイヤ）があることにも触れておこう．それらは ⓐ 内心，ⓑ 表現，ⓒ 行動 である．

ⓐ の内心とは，まさに心の内で何かを考えている状態を言い，これは当の本人以外には把握することはできない（本人も分からない場合さえあろう）．逆にいえば当人が何を思っていようとも，その段階にある限り，他者には何も影響を与えない（「苦虫を噛み潰したような顔」をしており，周りに不快感を与えるかもしれないが）．したがって「言論の自由」はこの段階では100%保障されてしかるべきである．憲法にある「良心の自由」（19条），「信教の自由」（20条1項），「学問の自由」（23条）などは，このレイヤに近いと考えることができ，これには「沈黙の自由」も含まれると解されている．したがって当然に，かつての「踏み絵」のように内心の表明を強要することはできない．

ⓑ の表現は，まさに「表現の自由」として問題になっている部分である．内心において何を考えているかは，結局のところ表現されなければ分からない．憲法21条1項のうち「言論，出版，その他一切の表現の自由」はこの自由を保障したものであり，上述の3つの自由も表現行為を伴うことになれば，このレイヤの問題になる．そして表現されれば，他の法益との衝突も起こってくる．先に第1から第3として述べた3つの態様は，ほとんどこのレイヤのことであった．

最後の ⓒ として行動のレイヤがある．言論の自由は表現によって完全に充足されるとは限らず，これを行動に移したいという欲求が生ずるであろう．それらの行動の自由は原則として保障されなければならない．憲法21条1項の残りの部分，つまり「集会・結社の自由」は主としてこのレイヤのことである．

---

4) 法哲学者には，この点を意識している人が多い（例えば森村[2000]など）が，憲法学者のものとしては立山[2002]が，恐らく唯一の例外ではないかと思われる．また，現代の代表的な思想家・柄谷行人の著作においても，「著作権の権利としての側面」しか意識されていないし，それは所有権と同質のものとされている．例えば「ここで少し極端にいうと『自由』とは私的所有権ということになります．（中略）『職業の自由』は，各人が自分の労働力を私有することですし，『表現の自由』は同時に，表現を私有すること（著作権）と切り離せない」（柄谷[1994] p. 68）．併せて，野口(祐)[2004]参照．

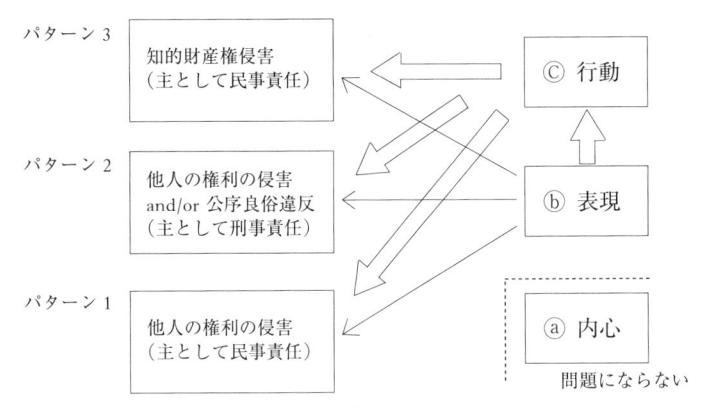

3–1　言論の自由と社会的制約　　　　　　　　　　　　　83

```
パターン3    ┌─────────────┐        ┌─────────┐
             │知的財産権侵害│  ⇐    │ⓒ 行動  │
             │（主として民事責任）│        └─────────┘
             └─────────────┘              ↑
                                          ┃
パターン2    ┌─────────────┐        ┌─────────┐
             │他人の権利の侵害│ ⇐    │ⓑ 表現  │
             │and/or 公序良俗違反│        └─────────┘
             │（主として刑事責任）│
             └─────────────┘

パターン1    ┌─────────────┐        ┌─────────┐
             │他人の権利の侵害│ ⇐    │ⓐ 内心  │
             │（主として民事責任）│        └─────────┘
             └─────────────┘        問題にならない
```

図 3.1　社会的制約の 3 パターンと 3 レイヤ

　ところで，ある表現はある行動を慫慂したり，煽動したりすることがある．そしてある行動が起こされた場合に，表現者はその行動についてまで責任を負うべきだろうか．これを広く解すると，萎縮効果（chilling effect）が発生して，結果として言論の自由の範囲が狭められるかもしれない．しかし，上記第 2 のパターンで類型化されるような，社会全体にとって犯罪行為を構成するような行為を煽動する言論まで自由とするのも，行き過ぎであろう．

　以上を概念図にすれば，図 3.1 のようになろう．すなわち 3 パターンと 3 レイヤのうち，ⓐ 内心については権利侵害の可能性がないので除外して良い．表現 ⓑ の社会的制約が問題となるのは，当該表現が直接パターン 1～3 に該当する場合と，その表現 ⓑ が何らかの行動 ⓒ を惹起し，該当行動がパターン 1～3 に該当する場合である（図中には，前者を → で，後者を ⇒ で示してある）．

　なお「言論の自由」は基本的人権の 1 つとして個々人に保障されなければならないと同時に，それ自体が「民主主義体制」という，憲法のもう 1 つの大きな理念と密接に結びついている．このように二重の意味で「言論の自由」は保護されなければならないものであり，「社会的制約」と言っても必要最低限のものでなければならない[5]．

---

[5]　以下の記述は論を進める都合上，どうしても「制約」に重点を置かざるを得ないが，それは原則に対する例外を述べるものである点に，重ねて注意を喚起しておこう．言い換えれば，次節以降の分析は「病理学」に関する部分であり，正常な機能に関する「生理学」は，別に確固として存在することを前提にしたものであると理解願いたい．

表 3.1 わいせつ情報等の規制に関する基準

規制の区分	対象	基準
表現内容そのものに関する規制（content-based）	わいせつ（obscene）＝現在ではハードコア・ポルノだけ．別の観点からチャイルド・ポルノも対象にされている	1. 一般的基準（わいせつ情報以外にも適用可） ① 目的＝やむにやまれぬ公益上の要請（compelling public interest）． ② 手段＝より穏やかな規制方法（less restrictive alternative＝LRA）がないこと． ③ 違憲審査＝厳格な審査基準に服すること 2. わいせつに固有の基準＊ ① 平均人がその時代の当該地域の基準（contemporary community standard）に従い，その作品を全体として見た時に，それが好色な関心に訴えるものである． ② その作品が，州法によって具体的に規定された性行為を，明らかに不快（patently offensive）と感じられるように，叙述ないし描写している． ③ 作品を全体としてみた場合，真摯な文学的，芸術的，政治的あるいは科学的価値を欠いている．
内容中立的（content-neutral）で，時と場所と態様（time-place-manner）による規制	わいせつに至らないが，青少年に有害な情報等を時と場所と態様によって規制	上記 1. 2. に準ずるが，とりわけ LRA 準則が論議されることが多い．同様の意味を持つ，narrowly tailored という概念も用いられる．

＊この部分は堂本 [1999] 訳による

3-2 社会的制約の基準

ここで言論の自由を原則としつつも，例外的に規律を課して言論の自由を制約する場合の基準が問題になる．わが国では憲法裁判が稀であることから[6]，基準を引き出すだけの事例に乏しいので，アメリカの判例を考察してみよう（わが国の学説も，アメリカ法に影響される面が多い．芦部 [2002] など参照）．このような論点が争われるのは，わいせつ情報に関するものが多いが，ミラー事件判決[7] 等を通じて蓄積されてきた判例では，コンテンツそのものに対する規制と，時と場所と態様（time-place-manner）による規制とを分け，表 3.1 のよ

---

6) わが国法制では，「ある法律が憲法に違反して無効である」という訴えを，一般国民が判決として確定してもらうこと(抽象的違憲審査)はできず，具体的事件への解釈適用を通じて判断してもらうこと(付随審査)しかできない．したがって，原告となるためには，その判決による利益を具体的に有していなければならない(訴えの利益と原告適格)．アメリカも付随的審査であることは同じだが，憲法裁判とりわけ補正 1 条に関する裁判例は多い．

7) Miller v. California 413 U.S.15 (1973).

うに基準を設定し論じている．

上記は規制の基準という観点からまとめたものだが，いまやアメリカでは「わいせつ」に該当するのはハードコア・ポルノだけであり，児童の保護を目的とするチャイルド・ポルノの規制の2つだけ，コンテンツの直接規制が許されている．このことからも分かるとおり，表現の自由という原則が制約されるのは，厳格な基準に従ったごく例外的なケースに限られている．

ところで刑法の分野では正犯（当該罪を犯したもの）を処罰するだけでなく，その行為を教唆して実行させたものにも同じ刑罰を科すと規定している（刑法61条）．ここでは「実行させた」ことが要件であるから，この条文が適用される範囲は自ずと限定されているが，その主旨は教唆の罪の重大性を強調する点にあろう．だとすれば，ⓒの行動のレイヤと ⓑ の表現のレイヤには，密接な関係があることを暗示していることになる．

ここで憲法解釈学の伝統的な考え方は，言論が行動に結びつく「明白かつ現在の危険」（clear and present danger）又は「明白かつ緊急の危険」（clear and imminent danger）がある場合に限り，言論の自由が制約されても止むを得ないというものである．この基準は図3.1における ⓑ の表現そのものに関するものではなく，ⓑ が ⓒ の行動を惹起して，その行動がパターン1～3に該当するケースに関するものであった．つまり表現が違法な行動につながった場合の間接責任を問うものである（図3.1における ⇨）．両概念はいずれも，アメリカの判例で形成されてきたものであるが，わが国の判例・学説にも相応の影響を与えている．

映画の題名にもなって有名な「clear and present danger」の法理はシェンク事件[8]におけるホームズ裁判官の法廷意見から生まれたものである．1917年に連邦議会によって制定された防諜法（Espionage Act）は，合衆国陸軍および海軍における規律違反だけでなく，「新兵募集（recruiting）及び兵籍編入（enlistment）業務を故意に妨害すること」を，処罰の対象としていた．被告人シェンクは，当時社会党の書記長であったが，社会党の見解である「第1次大戦とそのための徴兵が，少数の富める階級の利益のためのものである」との考えに立ち，合衆国がドイツと交戦状態にある中で，軍隊に召集された者に対して，徴兵制に

---

8) Schenck v. United States 249 U.S. 47 (1919).

反対すべきことを説いた文書ビラを郵送した．

政府は，シェンクの送付した文書は命令拒否および新兵募集義務の妨害を意図したもので，文書配布にいたる一連の行為は防諜法違反に当たるとして提訴した．これに対しシェンクは，合衆国憲法補正1条が「連邦議会が言論及び出版の自由を剝奪するいかなる法律も制定することを禁じている」ことを理由に，防諜法により文書による言論活動を制約することは，憲法に違反するとして無罪を主張した．

ホームズ裁判官の執筆する全員一致の法廷意見は，まず文書配布が，徴兵義務の遂行を妨げるように働くことを期待してなされたものであると認定した．次に補正1条の主たる目的は，政府による言論の事前抑制を防ぐことにあることを認めつつ，それ以外の場合にも禁止すべきか否かが問題となり得るとする．

判決は，以下のように述べる．「多くの場所においてそして平時においては，文書の中で述べられているすべてのことは憲法上の権利の範囲内である」とシェンクが言うことも認められる．しかし「すべての行為の性格は，それが行なわれる状況に依存している．最も厳格に言論の自由を保護したとしても，劇場で火事だと偽って叫び，パニックを招くような人は保護されないであろう．(同様に)暴力と同じ効果をもつ言葉を述べることを禁じられたとしても，言論の自由によって保護されないであろう」．

判決は，言論の自由の規制が認められる基準として「明白かつ現在の危険」のテストをあげ，その内容を次のように明らかにする．「すべての事件における問題は，用いられた言葉が，連邦議会が防止する権利を有する実質的害悪を生じさせる，明白かつ現在の危険を生み出すような状況で用いられ，明白かつ現在の危険を生み出す性質を有するものであったかどうかである」[9]．したがって戦時中においては，言論の自由の保護は国家による戦争遂行の努力を妨げるような，国家の安全にとって重大な切迫した害悪を与える言論にまで及ばないとし，シェンクを有罪とする原判決を支持した．

その後この原則を確認した代表的な判例は，人種差別団体のクー・クラックス・クランの指導者がオハイオ州の犯罪的サンディカリズム（criminal syndi-

---

9) 前パラグラフの「 」内も含め藤倉ほか [1996] の大沢訳による．

3-3 著作権保護の二面性

calism)法違反に問われたブランデンバーグ事件[10]である．この判決で明らかにされたテストは，一般に「明白かつ現在の危険」の基準よりも，言論保護的なものであると解されている(松井 [1998])．

3-3 著作権保護の二面性

このように「言論の自由」が手厚く保護されていることは，多くの人が知っている．しかし，これとは全く別の観点から「他人の著作物を勝手に利用してはならない[11]」ということも，多くの人が知っている．この両者の関係は，どのように説明したらよいのだろうか．言論の自由があるといっても，他人が生み出した著作物は，他人の「所有」に属するのだから，これを勝手に使うことは所有権の侵害になるのだろうか．

この説明は，法的には誤りである．民法において「物」とは有体物のことであり(民法85条)，有体物に対する「使用・収益・処分」の権利が所有権である(同206条)．一方著作物は「思想または感情を創作物に表現したもの」であり(著作権法2条本文)，有体物に体化[12]されていることもあるが，そうでない場合もある．したがって著作権はいわばバーチャルな権利であり，所有権とは全く別物である[13]．

著作権と所有権の区別が問題となった事件として，顔真卿自書建中告身帖事

---

10) Brandenburg v. Ohio, 395 U.S. 444 (1969)．最高裁はこの事件に対する判決の中で，暴力または犯罪を唱道する言論の規制が許されるのは，その唱道が切迫した (imminent) 不法な行為を煽動しまたは生み出すことを意図したものであり，かつそのような不法な行為を煽動または生み出しそうな場合であるという要件を示して，有罪判決を破棄した．
11) 著作権法の上では，「利用」とは著作物を商用に供することを言い(例えば63条)，個人的に用いる「使用」(例えば30条)とは明確に区別されている．本節で「利用」というのは，前者に限られることに留意されたい．
12) 法学者は「化体」という用語を好むが，法律の条文に使われているケースはごく限られている(高辻ほか [1996])．私はこのような特殊な用語を用いると法律が一般人から遊離してしまうので，今後は広く使われている「体化」に改めるべきだと考えている．
13) 所有権と著作権についての概説的な論文として辻 [1997] を，パブリシティの権利を含んだ比較法に近い発想を含むものとして林(い) [1995] を挙げておこう．なお，いずれも注14に関する論評を含む．

件[14]がある．原告Xは，唐代の書家である顔真卿の告身帖（したがって，告身帖中の書自体の著作権は切れている）を所有している財団法人である．被告となった出版社Yは，この告身帖の所有権がXの前主である所蔵家Aに帰属していた時代に，Aの許諾を受けてこれを撮影した者の承継人から，写真乾板を譲り受けた．Yが写真乾板を用いて出版物を発行したところ，Xは告身帖に対する所有権の侵害を理由にして，出版物の販売の中止と廃棄を求めた．

全審級を通じてXが敗訴しているが，最高裁の判旨は，「美術の著作物の現作品に対する所有権は，その有体物の面に対する排他的支配権能であるにとどまり，無体物である美術の著作物自体を直接排他的に支配する権能ではない」と解するのが相当であるとした．したがって世間でよく見受ける「知的所有権」「工業所有権」という用語は，今日的には適切ではない[15]．注4で述べた柄谷［1994］ですら，そのような誤解を抱いているようだが，それも理由なしとしない．

なぜなら，著作権の歴史を遡ってみると（白田［1998］・半田［1997］など参照），その源流とも言うべき「出版特許」は，15世紀のイタリアに始まり，16世紀以降ヨーロッパ諸国に広まったとされる．当時印刷機という固定資産に相当額の投資をし，古典の複製に労力をかけて事業を始めた印刷業者の思惑と，印刷を産業として振興したい国王の利害とが一致し，国王が印刷業者に独占的出版権を付与したのが始まりである．しかし，その背景には，印刷が自由に行な

14）最二小判1984年1月20日民集38巻1号1頁．
15）事の発端は「Industrial Propertyの保護に関するパリ条約」を，「工業所有権の──」と訳したところにある．これを反省した経済産業省が，最近になって「特許権等産業財産権の…」と改訳した勇気は，賞賛に値する．残るはWorld Intellectual Property Organizationを「世界知的所有権機関」と訳している文部科学省である．なお，明治憲法では「財産権の保障」について「日本臣民はその所有権を侵さるることなし」と規定し，所有権を財産権と同一視していた．一方，ベルヌ条約のフランス語の正本でいうpropriétéは，わが国現行法の所有権と同一であるのに対して，英語版正本のpropertyは，仏語を越える広い概念で，わが国旧憲法の所有権＝財産権という用法に近い．そのような背景で生まれたのが「工業所有権」という訳語であるから，当時の訳としては誤訳とまでは言えないのでは？　という論稿（阿部［1996］）は，それなりの説得力がある．もちろん今後のことを考えれば，逐次「知的財産権」に統一していくことが望ましいことは，言うまでもない．

われると人々の政治意識が高まって,統治の基盤が危うくなることを恐れた国王の思惑が見え隠れする.したがって,独占的出版権と検閲とが同居していたことも,また特許料という国庫収入が期待されていたことも,想像に難くない.

しかし,やがてブルジョア革命によって,市民が新しく政治の表舞台に登場すると,著作権に関する考え方は180度の転換をみせる.ここでは自立した個人が本来的に持つ「自然権」と,それを憲法上の権利として確定した「基本的人権」が最大限に尊重されることになった.「思想・信条の自由」「言論・出版の自由」は,その重要な一部であり,かくして著作権も「自然権」の側面から論じられた.

この文脈を貫徹すれば,著作権は「精神的自由権」の一種となり,「著作者人格権」こそが主たる権利となったはずなのに,実際はそうならなかった.実際,著作権を確立するための運動に積極的に参加した作家たち(ビクトル・ユーゴーなど)にとっても,「著作者人格権」だけでは生活の糧にならず,財産的価値を生み出すことが当面の目標であった.かくして「著作財産権」が重んじられ,「著作権」は創作を生み出すプロセスである「精神的自由権」ではなく,創作の成果を保護する「精神的所有権」と見なされることが多くなった.つまり自分が生み出した著作には,自分の財産権が及ぶはずだという論理であった.知的所有権という用語は,この時代の発想に近いと思われる.

その後,産業革命を経て工業が発展し,先進国では産業社会と呼ばれる時代が到来すると,若干違った見方が有力になった.ゆとりが生じた人々には,創作者の権利そのものよりも,創作者に何らかのインセンティブを与えることが,文化を発展させ社会全体のためになるという,「インセンティブ論」がフィットするように思われたからである.現行の著作権条約などは,ほぼこの時代の産物であり,片方で経済自由主義に依拠する「所有権の絶対性」を掲げながら,他方で「文化的側面」をも重視する制度となっている(表3.2参照).

このような歴史に鑑みれば,少なくとも現在の著作権制度は,片方で創作者にインセンティブを与えることによって,より多くの多彩な著作物が世に出るとともに,他方でその著作物が多くの利用者に広く利用されて,両者相俟って文化の発展に寄与することに期待していると言うべきだろう.経済学的に同じことを言い換えれば,著作物の創作前のインセンティブとしては,できるだけ強い権利付与が望ましいが(事前最適化),創作後には皆が安価に利用できるこ

表 3.2 著作権保護の法理[16]

法理	概要	適した環境	備考
印刷業者の独占的営業権	国王などの国家権力から独占的出版を認められた事業者の権利	絶対王政	検閲,コピーライトの語源と密接な関連
自然権	自立した個人が本来的に持つ権利の1つ(思想・信条の自由,言論・出版の自由の発露)	近代市民社会	基本的人権,所有権の絶対性,契約自由の原則などとの関連
インセンティブ	文化の発展のために創作者に与えるインセンティブ	工業(産業)社会	工業所有権,知的所有権という用語との関連 文化面重視

とが望ましい(事後最適化)ので,この事前と事後のトレード・オフを調整するのが,制度の目的だということになろう(林(編著)[2004]).

わが国著作権法の基本理念も,上記と異なるところは無いと思われる.著作権法を「機能的に」解釈し再構成する田村[2001]などはその立場に立つが,一方で日本法の書き方の問題もあって[17],著作(権)者の権利が主で,利用者の権利は従であるとの説明が広くなされている.例えば,著作権の準有権解釈の書とも言われる加戸[2003](p.14)は,次のように説明している.

> 「本条の見出しは,この法律の『目的』と書いてございますけれども,その趣旨とするところは,非常に抽象的ないい方でございますが,第2条以下を解釈する際の解釈基準として,著作権者等の権利の保護が第一義的な目的であるということによって,この法律が解釈されるということでございます.そういう意味では,具体的な条文を理解する,あるいは解釈する際の大きな目安になるということでございます(傍点引用者).」

どちらの立場に立つかは,基本的には著作権法の問題であるが,それが言論の自由と密接に関連しているところが,本節のテーマである.例えば著作権の

---

16) なお私は「インセンティブ論」をさらに今日的状況に適合させた「情報の円滑な流通論」を提唱している(林(編著)[2004])ので,本表は未完成版と理解されたい.
17) 著作権法1条は次のように規定する.「この法律は,著作物並びに実演,レコード,放送及び有線放送に関し著作者の権利及びこれに隣接する権利を定め,これらの文化的所産の公正な利用に留意しつつ,著作者等の権利の保護を図り,もつて文化の発展に寄与することを目的とする.」

3-3 著作権保護の二面性

　権利保護期間が物の所有権と同様に永久だとすると，どうなるだろうか．プラトンやアルストテレスやソクラテスが表現していることを十分に調べて，その著作権を侵害しないような方法によってしか，学術論文は書けないことになり，学問の発展はおぼつかなくなるだろう．これは「学問の自由」(憲法 23 条)を定めた憲法の理念に反することになろう．

　自然科学や学術の分野も含めて，偉大な著作と言われているものでさえ，天才が突然ひらめいて創作したものではなく，先人の業績の上にプラス α を加えたものがほとんどである．コペルニクス的転回を成し遂げたコペルニクスでも，物理学を書き換えてしまったアインシュタインでも，現代でも上演される戯曲を多数創作したシェイクスピアでも，ゼロからスタートしたならば，あの高みに達することは不可能であったろう[18]．

　このように考えると，著作権の両義性と言論の自由との関係における二面性が，はっきりしてこよう．つまり，著作権の保護によって言論の自由は強化されてもいるが，逆にまた著作権によって言論の自由が制約されてもいる，ということである．このようなトレード・オフは，他の基本的人権の場合にも見られる．例えば精神的自由権が十分に享受されるためには，十分な情報が提供されていなければならない．「知る権利」はこれを明示的な権利として表示した概念だが，それが行き過ぎるとあらゆる国民が「知られる危険」におびえることになる．

　したがって制度の強さは程々が望ましいということになるが，現実の世界では著作者や著作権者はまとまって行動するのに対して，利用者の側がまとまった声を出すことは少ないので(サイレント・マジョリティ)，権利保護期間は長くなるばかりである．先進国の大勢は既に，一般の著作物については「著作者の存命中と死後 70 年まで」である．アメリカでは，職務著作については公表後 95 年になった[19]．この改正を不服として憲法裁判を提起したエルドレッド側

---

18) ニュートンが言ったとされる「私が遠くを見ることができたのは，巨人の肩の上に立つことによってである」という言葉はあまりに有名であるが，その言葉自体が先人の発言に基づいている(例えば名和[2004]参照)．
19) わが国の現行法では，著者の存命中及び死後 50 年まで(著作権法 51 条)であるが，これは戦前は死後 30 年までであった．それが諸外国の例に倣って，死後 33 年，死後 35 年，死後 37 年，死後 38 年と延長されてきた．

表3.3 著作権との係りから見たPBC分類

分類		著作権法上有する権利
B型		職務著作について著作者であるほか、他人の著作物を放送した場合には、放送事業者に固有の権利(著作隣接権等)が発生
P型	出版	出版権を設定し登録すれば、著作権者と同様の権利を持つが、実際上レア・ケースである。一般的には著者との契約によるが、少なくとも流通過程での権利侵害に関しては、著作(権)者から委任を受けて権利行使することが多いと思われる
	新聞	職務著作について著作者であること以外は、上記後段に同じ
C型		著作権法上の権利はなく、すべて利用許諾契約の内容如何による

が敗訴に終わったことは、既に述べたとおりである(第2章注2)。

3-4 著作権とPBC分類

著作権と情報メディアに関するもう1つの論点は、メディアの種類によって著作権との係り方が異なり、ここでもPBC分類が成り立つことである(表3.3参照)。

まず伝統的なP型の代表である出版業界においては、著者と出版社の間で「出版権」の設定が認められている(著作権法79条以下)。この出版権を設定し登録すれば、出版社にレコード製作者の著作隣接権にも比すべき用益物権的権利が発生する。しかし、そのためには著者の合意が必要なので、利用率は1桁程度だと言われる(美作 [1988])。

この出版権によらない場合、執筆者が原始的な著作者となり、出版社は契約によって著作権者となり得るが、この両者の関係は必ずしも一義的に決まらない。一方で著作者が、出版社や学会(著作権者)に権利を譲渡することは可能であり、自然科学の学術論文においては、そのような方法が採られることが多い。その場合には、権利侵害に対しては著作権者が、すべて対応することになる。著者は、俗称「印税」という著作権使用料をもらうことが主たる権利となるが、著作者人格権は依然として著作者に留保されているのか、それとも権利放棄されているのかは、契約書の文言によって判断するしかない[20]。

---

20) 人格権は譲渡できない(著作権法59条)し、相続の対象にもならない(民法896条但書)が、「不行使特約」や、さらに進んで「放棄」も可能ではないかと思われる。ただし、わが国でそのような主張をするのは少数派で(例えば、田村 [2001])、通説はそのような解釈

他方社会科学系の書物にあっては，著作権は著者の手元に残ったまま著作物が流通することがほとんどで，しかも契約書がないままに出版が行なわれるのが，わが国では常態となっている[21]．またウェブ上で著作物を公表することは事実行為としては頻繁に行なわれているが，法的にこれが「発行」（著作権法3条）であるのか，バージョンアップが常態化していると，いつ発行したといえるのかなどについては，まだまだ解明すべき点が多いように思われる（林[2004]）．

　一方同じP型でも新聞の場合には，雇用関係にある記者が書いた記事は，職務著作（著作権法15条1項）として新聞社に原始的な著作権が帰属する．これに対してフリーランスの記者やコメンテーター等の書いた記事の場合は，上記の出版のケースと同じになる．ただし，出版よりは契約書によって権利関係を定めることが多いと思われるが，種々の事態を想定して契約条件を明確にしておかないと，後刻紛争が生ずるおそれもある[22]．

　P型の対極の位置にあるのが，ここでもB型である．放送局が自主制作の番組を放映すれば（社員の創作であったとしても「職務著作」になるので），放送局自身が著作者である．しかし放送番組のうちかなりの部分は，外部プロダクションに制作委託した番組である．これは新聞社がフリーランスの記者に記事を書いてもらったことと変わらないが，これらを放映した放送局には次の権利（著作隣接権）が発生する．

① 複製（禁止）権[23]（著作権法98条）

を採っていない（斎藤[2000]など）．人格権で救済を求めるというのは，よほどのケースであろうから，契約書に放棄が取り決められているからと言って鵜呑みにせず，著作者の自由意思の表明であるかどうか，要素の錯誤（民法95条）がないかなどは，慎重に見極めねばなるまい．

21）　私自身も30冊以上の書籍を出版してきたが，契約書を取り交わしたのは印税を放棄または10％未満に減額した2ケースと，韓国語訳を許諾したケースの3回だけである．

22）　契約社会のアメリカにおいてさえ，フリーランスの人が書いた記事を新聞に掲載することは両者合意していたが，データベースに収録することを明記しておかなかったため，新聞社が敗訴したケースがある（New York Times v. Tasini, 121 S.Ct. 2381 (2001)）．

23）　著作権法というのは，理念的な用語が入り組んでいるため，とっつき難い法律の1つである．例えば「著作権とcopyrightは同じ意味か」という問に答えるには，少なくとも2000字程度の説明は不可避だろう．同様に「複製権」は，かつては出版業者が複製

② 再放送[24]（禁止）権および有線放送（禁止）権（同99条）
③ 送信可能化（禁止）権（同99条の2）
④ テレビジョン放送の伝達（禁止）権（同100条）

これらのうち①は，一般の著作者が持つ「複製（禁止）権」（同21条）と異なるところが無いように見えるが，実は保護の対象が，一般の場合には「著作物」であるのに対して，放送の場合には「その放送に係る音又は影像」である点が異なる．この①から④までを含めて，放送事業者の立場は新聞社とは全く異なるものである．

何故放送の場合にのみ，これらの権利が発生するのだろうか．国際協調の下で生まれた近代的著作権制度は，ベルヌ条約が正しくは「文学的および美術的著作物の保護に関するベルヌ条約」と称することからも明らかなように，紙メディアを中心に据えたものだった．これに対して新しく登場した，ラジオやテレビといった電子メディアについては，権利の保護が万全でないとして改正運動が起こった．その結果は1961年の「実演家，レコード製作者および放送機関の保護に関する国際条約」（ローマ条約）となり，放送局には「著作隣接権」という特別の権利が生まれたのである（野村[1964]）．

つまるところ，新しいメディアである放送には「電波の希少性」という神話が付きまとっていて，放送について特別な扱いをすることが，不自然と思われなかったからであろう[25]．このような歴史や技術への依存性は，著作権法の随所に見られる．ラジオが登場した際には，レコードを放送してもらうことが売上の向上に寄与すると思われていたので，レコード会社は許諾を云々するどころか，どんどん放送してもらうことを選んだ結果，今日でもレコード会社には2次使用料請求権があるだけで，レコードを放送するかしないかは放送局の自由である（著作権法97条）[26]．

　する権利を意味したが，今日では「他人が複製することを禁止する権利」と言わないと理解できないだろう．「禁止権」としての説明のアイディアは，田村[2001]による．
24) 一般には，同一番組を複数回放送すること（リピート放送）と同義に使われているが，著作権法上は「放送局が原放送を受信して，さらにそれを放送すること」の意味（北川・斎藤[2001]）で使われており，海賊放送以外に例はない．
25) 「電波の希少性」が今や神話に過ぎないことは，第6章で再説する．
26) これは同じ「著作隣接権者」である「放送事業者」と「レコード製作者」のバランス規定であると説明されている（加戸[2003]）．同様に「映画の著作物」についても，「もっ

このように冷静に分析してみると，放送事業者にはそれなりの特権が与えられていたことになる．その特権が裁判によって争われた例として「通信衛星」を用いた番組の送信が，「放送法」の定める「放送」に当たるか否かが争われた「スターデジオ」事件[27]がある．この番組は，原告らのレコード数十曲をワンサイクルとして，解説やトークなしにフルサイズで1日6回から12回，1週間にわたって「放送」していた．原告は，受信者の多くは「放送」内容をMDなどにデジタル録音して聞くのであり，被告の行為はレコード録音行為を積極的に助長するための無線送信であって，著作権法にいう「放送」には当たらないと主張した．

これに対して被告は，これは「放送法」および「著作権法」にいう「放送」であって，原告のレコードを一時的に収録する行為は合法である（著作権法44条）．またレコード製作者には許諾権（拒否権を含む）はないはずで，2次使用料請求権があるだけだ（著作権法97条）と主張した．一審は，現行法を前提とする限り，被告の行為は「放送」であるとして，原告の訴えを斥けた[28]．法の解釈に忠実であれば，このような結論にならざるを得ないだろう（岡［2000］）．ただし，このようなケースは「著作権法がおよそ想定していない新しい形態」であり，「実質的な利益の不均衡を生じさせる」けれども，その点は「著作権法の解釈に反映」すべきではなく，立法論あるいは文化庁長官による裁定（97条）で考慮すべきことであると付言している[29]．

このように，許諾を得ないでレコードを放送できるということは，放送の特

ぱら放送事業者が放送のための技術的手段として製作する映画の著作物」についての特別規定がある（29条2項）．

27) これは実際には2件の訴訟であるが，いずれも東京地判2000年5月16日判例タイムズ1057号221頁．判例評釈としては椙山［2001］があるが，通信と放送の融合という側面には重きを置いていない．

28) 著作権法における「放送」は「公衆送信のうち，公衆によって同一の内容の送信が同時に受信されることを目的として行う無線通信の送信」（同法2条1項8号）であり，放送法上の放送（放送法2条1号）と必ずしも同じではない．この裁判によって，両者の差が争点となる可能性もあったが，その機会は失われた．

29) 本事案の真の論点は，2次使用料が安すぎるということだったので，その後は控訴審において審理中に和解した（2002年12月27日）．ただし金額は公表していないとの事である（同日付，『朝日新聞』ほか）．

権と言うしかない．しかし，このような放送事業者に特有の権利について，当の本人が特権だと意識していなかった．その理由は，1つには放送が「1回限り」の情報伝達手段であり，その「はかなさ」にこそ価値があると思い込んでいたこと．2つ目は，仮に今日の言葉で言う「ワン・ソース，マルチ・ユース」を図ろうにも，当時の記憶装置などの品質・容量・価格などが，それにふさわしいレベルに達していなかったことである．

ところが時代が変わり，デジタル革命の波が放送業界にも押し寄せてくると，人々は「今目の前にある」番組を見たがるばかりでなく「あの時・あの場所の」番組をも欲するようになった．また提供する側も，あふれんばかりの多チャンネルを活用するには，新規製作番組だけではとても追いつかず，再放送，再々放送等にも期待するようになった．加えて経済の減速と消費の停滞は，効率的な番組作成や回転率の良さといった，他の経済セクターでは当たり前の条件を放送分野にも求めるようになっている．

そこで放送業界では，90年代半ば頃から相次いで「ライツ事業部」とか「知的財産担当」を設置して，放送番組という資産の保全と活用に力を入れるようになった．しかし，もともと保存している番組がごく一部のものに限られていること[30]に加えて，仮に物理的に保存してあっても，著作権の処理というソフトが伴わないケースが多く，映像情報を合法的に流通させることがいかに難しいかを実感しつつある[31]．業界のリーダーである NHK はアーカイブスを設置したが，権利処理に手間取り，直ちに2次利用できるとは限らないようである．

もともと放送番組は映画に似ており，原作者のストーリーを脚本家が映像向きにアレンジし，プロデューサーや監督など創作性に寄与する人々も複数であり，主役からエキストラまで含めた多くの出演者がおり，音楽やCG，編集作業などに従事する人々がおり，といったふうに，権利を主張できる人々が錯

---

30) NHK でさえ，1980年代末までは19時のニュースなど，とくに限定した番組しか保存していなかった．アーカイブスに予想以上の番組が集まったのは，こうした公式記録物以外に，社員が私的に保存していたものを寄付するなどの行為があったものと思われる．

31) NHK の大河ドラマが，ある出演女優一人の反対で2次利用できないでいる，といった話を耳にしたことがある．

綜している．映画の場合にはこれをなるべく単純化して権利を集中するようにしているが(著作権法16条)，放送番組についても製作前に契約書を交わすなどして，権利の集中(できれば一元化)を図らないと，円滑な流通は期待できないのではなかろうか．

加えて放送の著作権処理には，独占禁止法違反の疑いもかけられている．アメリカでも製作会社が自立してゆく過程ではFCCの育成策がとられたが[32]，わが国のプロダクションは弱小のものが多く，資金力の強いテレビ局(とくにキー局)の下請けと化している．したがって取引上不利な立場に立たされ，本来の「著作者」はプロダクションの方なのに，殆ど権利を放送局に持っていかれている，というのである(公正取引委デジタルコンテンツ研究会[2003])．

今後は標準契約書の作成などによって，プロダクションの地位向上を図ることが巡り巡って業界全体のためになる，という意識での取り組みが求められよう．業界内では，下請法(「下請代金支払遅延等防止法」)の改正によって，同法の適用が「情報成果物」(プログラム，放送番組等)の作成に係る下請け取引にも広がり，書面の交付が義務付けられたり「不当なやり直し」が禁止されたりすることに，抵抗感が強いという．しかし，これらは最早「グローバル・スタンダード」であり，それを所与として生産性を高めることが，国際舞台に通用する証だと認識すべきではなかろうか．

このような中にあってC型メディアである通信事業者は，著作権に全く無関心であった．「通信の秘密保持」を至上命題としている以上，それは必然とも言える．しかし，一元的にネットワークを独占していた時代が終り，多数のキャリアが市場で競争するようになると，他のキャリアとの差異化戦略が必要になる．加えてコンピュータのダウンサイジングが通信ネットワークをも直撃

---

32) アメリカでは，3大ネットワークが系列局を実質的に支配下に置くことを避けるため，種々のルールが生み出された．そのうち番組(コンテンツ)面での支配に関するPrime Time Access Rule (PTAR)と，番組流通(シンジケーション)市場に関するFinancial Interest and Syndication Rule (FinSyn Rule)が最も実効性が高かったとされる．PTAR (1970–1995)は，プライム・タイム(7~11 p.m.)のうち3時間以上自社製作の番組で占めてはいけないとするもの，FinSyn Rule (1970–1995)は，3大ネットワークが市場で番組を売買してはいけないとするもので，いずれもハリウッドなどの独立プロダクションの発達を促した (Carter, Dee and Zuckman [2000])．

して，キャリアの収入は頭打ちどころか激減しつつある(携帯電話の伸びで相殺されているため目立たないが，固定系キャリアは軒並み財務悪化に苦しんでいる)．とすると，何らかの新しい収入源として期待されるのは，ブロードバンドのコンテンツということになり，著作権の問題に行き着くことになる．

このような立場からは，P型・B型・C型はいずれも同じ方向を指向することになるので，レイヤ別に分離して「コンテンツ層にはこのような規律が望ましい」という基本理念を再構築することが必要になろう．著作権は，コンテンツに権利を付与する制度に他ならないからである．

3–5　名誉毀損：公益と私益の調整モデル

本節では話題を転じて，刑事・民事の両面にわたって，表現の自由と個人の利益とが相反するケースの代表例として，名誉毀損について検討しよう．マス・メディアによる報道であっても，インターネットの書き込みであっても，他人の名誉を侵害した場合，名誉毀損の責任が生じる．まず刑事的には，「公然と事実を摘示し，人の名誉を毀損した者は，その事実の有無にかかわらず」3年以下の懲役若しくは禁錮又は50万円以下の罰金に処せられる(刑法230条1項)．また同231条は「事実を摘示しなくても，公然と人を侮辱した者」に拘留または科料の刑を科している．

一般的に個人の「客観的な名誉」と主観的な「名誉感情」とは別物であり，名誉毀損罪は前者のうち，人の「社会的名誉」を保護するものだと考えられている．そしてかつては名誉毀損の成立には，実際に社会的名誉が侵害されたことは要件と考えられていなかった．つまり表現が公益に係るもので，それが事実であっても，名誉毀損に問われることがあったのである．日本国憲法が制定され表現の自由が保障されたとき，これでは名誉毀損罪は表現の自由保障と相容れないのではないかと考えられた．

そこで刑法230条の2が付加され，1項で「前条第1項の行為が公共の利害に関する事実に係り，かつ，その目的が専ら公益を図ることにあったと認める場合には，事実の真否を判断し，真実であることの証明があったときは，これを罰しない」とし，2項で「前項の規定の適用については，公訴が提起されるに至っていない人の犯罪行為に関する事実は，公共の利害に関する事実とみな

す」とし，さらに3項で「前条第1項の行為が公務員又は公選による公務員の候補者に関する事実に係る場合には，事実の真否を判断し，真実であることの証明があったときは，これを罰しない」とされた．

しかし，この条文を文理解釈する限り，真実であることの証明（真実性の証明）がなければ，処罰は免れない．実際最高裁判所もかつては，事実が真実であるとの証明がない以上名誉毀損の責任を免れないとしていた（放火犯誤信事件）[33]．ところが次第に，これではあまりに表現の自由を制約するとの認識が高まってきたため，最高裁判所も先の判例を変更して，「刑法230条の2の規定は，人格権としての個人の名誉の保護と，憲法21条による正当な言論の保障との調和を図ったもの」というべきである．「これら両者の調和と均衡を考慮するならば，たとい刑法230条の2第1項にいう事実が真実であることの証明がない場合でも，行為者がその事実を真実であると誤信し，その誤信したことについて，確実な資料，根拠に照らし相当な理由があるときは，犯罪の故意がなく，名誉毀損の罪は成立しないものと解するのが相当である」と判断するにいたった（夕刊和歌山時事事件）[34]．こうして真実性の証明があれば違法性が阻却され，真実と誤信したことに相当な根拠があった場合には，責任を免れるものと理解する見解が支配的になった（松井［1998］）．

一方他人の名誉を毀損した場合に，民法709条・710条の不法行為として民事責任が生ずることも判例として確立し，名誉は「社会的評価」だと理解されている．最高裁は「民法723条にいう名誉とは，人がその品性，徳行，名声，信用などの人格的価値について社会から受ける客観的な評価，すなわち社会的名誉を指すもの」（委嘱状不法発送事件）[35]としている．なお刑事上は公然と「事実」を摘示することが要件とされているが，名誉毀損が不法行為責任を生じさせるためには，これは不可欠とは考えられていない．したがって，意見の公表によっても民事の名誉毀損は成立し得る．

民法上の不法行為の一般的要件は，権利侵害，違法性，故意・過失，損害の発生，そして因果関係の5つである．したがって，名誉毀損に対して損害賠償を受けるためには，原告は「名誉」が毀損されたこと，それが正当な行為でな

---

33) 最一小判1959年5月7日刑集13巻5号641頁．
34) 最大判1969年6月25日刑集23巻7号975頁．
35) 最二小判1970年12月18日民集24巻13号2151頁．

いこと，加害者に故意・過失があったこと，損害が生じたこと，そして因果関係があったことを立証する必要がある．

では，これらの要件が備わっている場合，免責の余地は一切ないのであろうか．この点，最高裁は，「民事上の不法行為たる名誉毀損については，その行為が公共の利害に関する事実に係りもっぱら公益を図る目的にでた場合には，摘示された事実が真実であることが証明されたときは，右行為には違法性がなく，不法行為は成立しないものと解するのが相当である．もし右事実が真実であることが証明されなくても，その行為者においてその事実を真実と信ずるについて相当の理由があるときには，右行為には故意もしくは過失がなく，結局，不法行為は成立しないものと解するのが相当である(このことは，刑法230条の2の規定の趣旨からも十分窺うことができる．)」と判断している[36]．そして学説も，この判旨に好意的である(松井 [1998])．

かくして，刑事事件であるか民事事件であるかを問わず，社会的名誉或いは評価という個人の利益と，言論の自由によって社会現象について広く知ることができるという社会的な利益との調和点が見出されたかに見える．しかし，なお未解決の(主として民事上の)代表的問題が2つある．1つは，わが国でも政治家や官僚の不祥事が相次いでいるが，このような「公職」にある人 (public figure) については，個人の利益よりも社会全体の利益を優先させ，マスコミなどの報道に幅広い免責を認めるべきか否かという問題．2つ目は，名誉毀損が認定された場合に，救済措置として謝罪広告の掲載を求めることができるか，という問題である．

第1の例として有名なケースは，ニューヨーク・タイムズ対サリバン事件[37]である．サリバンはアラバマ州 Montgomery 市の市委員 (city commissioner) の地位にあったが，ニューヨーク・タイムズ社および広告に名を連ねていた4人の黒人牧師に対して，民事文書名誉毀損訴訟 (civil libel action) を提起した．問題の広告は，1960年3月29日付のニューヨーク・タイムズに掲載された「彼らのわきあがる声に耳を傾けよ」という見出しの全頁大のもので，「いまや全世界が知っているように，何千という南部の黒人学生が，合衆国憲法と権利

---

36) 衆院選立候補者に対する名誉毀損事件，最一小判1966年6月23日民集20巻5号1118頁．

37) New York Times v. Sullivan, 376 U.S. 254 (1964).

章典によって保障されているような，人間の尊厳をもって生存する権利を積極的に確認することを求めて，広範な非暴力的デモンストレーションを行なっている」という叙述ではじまっている．広告は，続いて「これらの保障を支えようとする努力の中で，学生たちは，全世界が近代的自由のパターンを定めたものとみなしている文書を，否定し無効にしようとする人々によって，前例のない恐怖の波に見舞われている……」と非難した．

　この広告文の内容は，幾つかの点で事実と相違していたが，ニューヨーク・タイムズ社は，著名人が多数署名していること，虚偽の事実であると信ずる理由がなかったことなどから，最近の自社の記事と照合するなどして，広告の正確さを確認することはしなかった．

　1審・2審で敗訴したニューヨーク・タイムズ社などは，裁量的上訴（certiorari）をし受理されたが，連邦最高裁は原判決を破棄し，差し戻しを命じた．ここで論点の1つは，この言論が広告（commercial speech）であって，そこに一般の言論と同じレベルの保護が及ぶか否かである．この点について法廷意見を述べたブレナン裁判官は，「本件広告は，われわれの時代における，主要な公の争点の1つに対する苦情と抗議の表現として，明らかに憲法上の保護を受けるに値するように思われる」と述べ，「問題は，それが事実を述べた部分の虚偽により，また被上訴人に関する，主張されているような名誉毀損により，その(=憲法上の)保護を喪失するかどうか，ということである」と争点を明確にした．

　その上でブレナン裁判官は，この思想は政府と公務員についての討論・批判の自由を民主主義の基本原理とするものであって，これに立脚して「(言論およびプレスの自由に対する)憲法上の保障は，公務員はその言辞が『現実の悪意』(actual malice) をもって——即ち，それが偽りであると知りながら，または偽りであるか否かを無謀に無視して述べられたものであることを，彼が立証しない限り，自らの職務上の行為に関する名誉毀損的な虚偽について，損害賠償を取ることを禁止される，という連邦の原則を要請している」と判断基準を明確にした[38]．

38）「　」内の判決文の訳は，藤倉ほか［1996］の堀部訳による．ただし，句読点を追加した．

この「現実の悪意」の法理は「真実性の証明」の責任が被告側(名誉毀損があったとして訴えられた側)にあるのを逆転させ,原告側に「被告は悪意を持って名誉を毀損した」ことを証明させようとする「挙証責任の転換」だと考えることができる.したがって,その原理は実体法的ではなく手続法的なものであるが,実効上の効果としてはマス・メディアなどの免責範囲を拡大することになろう.
　わが国の判例では,明示的に「現実の悪意」の法理を適用したものはない.実定法を重んずる,わが国の法体制のもとでは,民事事件に刑法の「真実性の証明」の法理を援用するところまでが限界で,それを越えることは許されないであろう.また大衆の前で討論するというディベートの習慣がなく,言論にはより多くの言論で対抗する(more speech)という発想の乏しい国では,「現実の悪意」の法理が適用されるケースが,自ずと限られているかもしれない.
　第2の例は,謝罪広告についてである.わが国では一般に「謝罪」という言葉は,罪という言葉の語感ほどの重みを持つものと考えられていない.他人の権利を侵害した場合には「謝罪」するのが当然で,それによって権利侵害をされた側にも納得感が生まれ,社会的にも「免罪符」的機能を果たしている.飯田[2002]には,一般的な謝罪広告の例まで載っているほどである.
　しかし著作権侵害のように,権利侵害が第三者にも分かりやすいケースを別にして,名誉毀損やプライバシー侵害のケースでは,加害者に罪の意識は全くなく,過失による損害賠償が認定され判決に服した後でも「自分は悪いことをしていない」と考える人が多い.このような加害者にも「内心の自由」はある訳だから,内心と違う「謝罪広告」を強要することは憲法違反にならないのだろうか.
　この点について最高裁は「単に事態の真相を告白し陳謝の意を表明するに止まる程度の」ものは屈辱的もしくは苦役的労苦を科すものではなく,被告の倫理的な意思,良心の自由を侵害するものとは言えないとしている(謝罪広告事件)[39].そして,謝罪広告の代替執行も可能であるとしている(もっとも,広告の内容によっては代替執行には問題がある可能性を認めている).だが,この判決には良心の自由を侵害するものだとの反対意見も付されており,学説でも謝罪

---

39)　最大判1956年7月4日民集10巻7号785頁.

広告を強制することを違憲とする説は少なくない(芦部 [2002])[40].

3-6 プライバシー概念の多義性

情報化は，多くのメリットをもたらしている反面，幾つかの問題を惹起している．一般的に便利さと危険とは，背中合わせである場合が多い．例えば銀行などの ATM 犯罪を防止するために監視カメラがあるのは常識とされている．しかし，そのデータの扱い如何によっては，オーウェルが予言したビッグ・ブラザーによる超管理社会につながるおそれもある(林 [1984b])．その代表的な例が，プライバシー・個人情報をどのように保護するかという問題である．しかし「情報化」の意味によって，それに関する問題の発生時期も異なっている．

マス・メディアが発達し，情報量が飛躍的に増大した社会(表 1.1 の第 5 期)におけるプライバシー(マス・メディア・プライバシー[41])問題は，アメリカでは早くも 19 世紀末に顕著化した．プライバシー権(right of privacy)という言葉は今日ではよく知られているが，この権利が最初に提唱されたのは Warren and Brandeis [1890] においてであった[42]．これは当時，新聞・雑誌等のプレスが個人の私生活を取り上げるようになってきたことに対して，私的な事柄を法的に保護する必要性を論じたもので，ここでプライバシー権は「一人で放っておいてもらう権利」(right to be let alone)と理解されていた．その後アメリカでは，州ごとに裁判所の判例や制定法によって，次第にプライバシーの権利が一般的に承認されるようになった．

ただ，プライバシーの権利に含まれる内容は，実はそれほど明確ではない．1960 年代になって，プロッサーがプライバシーを次の 4 類型に分類したこと

---

40) 最近のケースとして『週刊文春』が大分県の某遺跡から採取された石器が捏造であり，発掘責任者がこれに関与していたとする記事が事実に反するとして，謝罪文の掲載を命じられた例がある(最判 2004 年 7 月 15 日)．同誌は命令には応じたが，同時に「謝罪広告掲載命令 先進国では日本だけ」という記事も掲載している(2004 年 9 月 2 日号)．後述の注 63 参照．
41) 以下に述べる，コンピュータ・プライバシー，ネットワーク・プライバシーも含めた 3 分類は，堀部(編) [2003] のアイディアによる．
42) ただし，この論文のタイトルは 'The Right to Privacy' であった．

(Prosser [1960])は，既にこの権利の多義性を示している．彼はプライバシーの侵害を，① 他人の干渉を受けないはずの私的な空間に侵入されること (intrusion)，② 他人に知られたくない事実を公表されること (public disclosure of private facts)，③ ある事実が公表されて他人の目に誤った印象を与えること (false light)，④ 氏名や肖像などが他人によってその利益の為に利用されること (appropriation)，の4つに類型化したのである．一般に，① が狭義のプライバシー侵害，② は事実の公表によるプライバシー侵害，③ は公衆の目に誤った印象を与えたことによるプライバシー侵害，④ はパブリシティの権利侵害と呼ばれている．

　プロッサーの4分法のうち，プライバシーの語源に近いのは ①，それに準ずるのが ② である．③ は今日では，社会的評価を落とす結果になる場合には名誉毀損の問題として，社会的評価には関係ないが公表されたくない事柄の場合には，プライバシーの問題として扱われることが多い．また ④ もプライバシーと密接に関連しているが「パブリシティ権」という別の法益だと考えられるようになっている．ところが発生史的に見ると，20世紀初頭のプライバシー係争事件は1902年のロバーソン事件[43]や1905年のペイブジック事件[44]など，ほとんどがパブリシティに関するものであったこと(豊田 [2000]，内藤・田代 [1999])，またその後にプライバシー法のパイオニアと評価される現ニューヨーク州公民権法が肖像の無断使用を禁じていたこと(五十嵐 [2003])は興味深い．アメリカで ① ないし ② の意味のプライバシーが注目され，憲法上の権利として承認されたのは，1965年のグリズウォルド事件[45]からであったとされる(新保 [2000])．

　日本ではプライバシー(マス・メディア・プライバシー)は，この言葉に1対1で対応するものがないこともあって，1960年代に入ってから本格的に論じられるようになった．その端緒は三島由紀夫の小説『宴のあと』によってプライバシーを侵害されたとして，1961年に訴訟が提起されたことである．これに

---

43)　Roberson v. Rochester Folding Box Co., 171 NY 538, 64 NE 442 (1902).
44)　Pavesich v. New England Life Insurance Co., 122 Ga 190, 50 S.E. 68, 69 L.R.A. 101, 106 AmSt. Rep. 104 (Ga. 1905).
45)　Griswold v. Connecticut, 381 U.S. 479, 85 S. Ct. 1678 (1965).

関する東京地方裁判所判決[46]は，マスコミの発達との関係でこの権利を認めることの必要性を論じ，「私生活をみだりに公開されないという法的保障ないし権利」であると定義したが，これは当時のアメリカのプライバシー権の定義と対応するものであった．

またこの時期には，コンピュータによる個人データの大量処理に伴うプライバシー(コンピュータ・プライバシー)の問題も注目を集めるようになった．さらに時代が進むと，コンピュータ技術・通信技術の飛躍的発展とその結合によってネットワークが進展し，簡単に国境を越えて流通すること[47]に対応するプライバシー(ネットワーク・プライバシー)の問題も議論されるようになった．

これらは，先進諸国ではほぼ同じ時期に論じられるようになったが，プライバシーを権利として憲法上・法律上どのように位置づけるかは先進諸国の間でも一様ではない．しかしその間に，伝統的な「一人で放っておいてもらう権利」という消極的な権利から現代的な「自己に関する情報の流れをコントロールする個人の権利」(individual's right to control the circulation of information relating to oneself)，すなわち「自己情報コントロール権」という，積極的な権利を含むという主張もなされるようになった．しかし反面，あまりにも範囲が広すぎるとの批判もある点に，留意が必要であろう．

このような動きの先駆けとして，経済協力開発機構（OECD）は，1980年「プライバシー保護と個人データの国際流通についてのガイドラインに関する理事会勧告」を採択し，これは今日 OECD プライバシー・ガイドラインとして，世界的に有名になっている[48]．この勧告付属文書「プライバシー保護と個人データの国際流通についてのガイドライン」は5部から成るが，そのうち第2部の「国内適用における基本原則」がわが国におけるプライバシー保護を

---

46) 1964年9月28日下民集15巻9号2317頁，判例時報385号12頁．なお，この事件は一審判決後和解したため，上級審に上がっていない．プライバシーを本格的に認めた最初の最高裁判決は，前科照会事件(最三小判1981年4月14日民集35巻3号620頁)であるとされる．

47) 初期の呼び名は Trans Border Data Flow と言っていた．

48) OECD は1998年に，Protection of Privacy on Global Networks という宣言を採択し，これを踏まえて2002年に Privacy Online: OECD Guidance on Policy and Practice を発表した．

考える上でとりわけ重要である．そこに示されている8原則は，次のとおりである．
① 収集制限の原則（Collection Limitation Principle）
② データ内容の原則（Data Quality Principle）
③ 目的明確化の原則（Purpose-Specification Principle）
④ 利用制限の原則（Use Limitation Principle）
⑤ 安全保護の原則（Security Safeguards Principle）
⑥ 公開の原則（Openness Principle）
⑦ 個人参加の原則（Individual Participation Principle）
⑧ 責任の原則（Accountability Principle）

　このうち特に重要なのは，「個人データは合法的かつ公正な手段によって，必要ならば本人がそれを認識または同意した上で収集しなければならない」とする収集制限の原則である．これは政府・民間を問わずあらゆる情報について，本人の同意なしに個人データを流通させることを禁止するもので，このガイドラインをもとにしてできたEUのデータ保護指令が1995年に発効し，ヨーロッパ各国でもこれに沿って国内法が制定された．

　このEU指令では，その原則を守らない国への個人データの移転も禁止しているため[49]，電子商取引でアメリカのサイトが本人の同意なしに個人データを収集するとEUでは違法となり，現地法人が行政処分を受けるおそれがある．これに対してアメリカ政府が反発し，交渉の結果，EU指令の基準を受け入れる企業についてはEUとの取引を認める「セーフ・ハーバー」協定が結ばれた．しかし，現在この協定に加盟している企業は250社あまりで，大部分のアメリカ企業は(EUの基準では)非合法状態のまま，EUとの電子商取引を行なっているという(池田 [2003])．

---

49) 95/46/EU 指令と呼ばれる「個人データ処理に係る個人の保護及び当該データの自由な移動に関する EU 指令」では，その25条1項で次のように規定している．「構成国は，処理過程にある個人データまたは移転後処理することを目的とする個人データの第三国への移転は，この指令の他の規定に従って採択されたその国の規定の遵守を損うことなく，当該第三国が十分なレベルの保護（adequate level of protection）を確保している場合に限って行なうことができるということを規定しなければならない」(堀部 [1997] 訳による)．

3–7　プライバシー・パブリシティ・個人情報

　ここでプライバシーと個人情報等の関係が問題になる．英語では前者は privacy，後者は personal data で，両者は明確に区別され得るはずである（岡村・新保［2002］）．ところが両者を明確に区別して出発したはずの OECD 加盟国の間でも，アメリカではその伝統が残っているが，ヨーロッパ大陸各国では両者を区別していない．わが国では，意識的にか無意識的にか混同される傾向がある．この差を明らかにするには，個人情報をパブリシティと同様の効果をもつものと考えて，第 1 章で述べた「精神的自由権」と「経済的自由権」のマトリクス（図 1.2）を活用することが有効であろう（図 3.2 参照）．

　例えば一般人の場合に，私生活が世間に知られていないとすれば，その平穏を守りたいという願望は「プライバシーの権利」として主張し得る（精神的自由権）．ところが有名人（celebrity）とりわけ芸能人の場合で，私生活を既に世間に広く知られている場合には，プライバシーの権利は放棄したと見てよいのではなかろうか．逆に芸能人の場合には，その写真や特徴などが商品価値を持つ限り，それらに対して「パブリシティの権利」を主張して，経済的利益を得ることはできるし，その権利が侵害された場合には，差止や損害賠償を請求できると考えるべきであろう（経済的自由権，扉に掲げた内藤・田代［1999］のほか，豊田［2000］，岡［1997］など参照）．

　最後に残る問題は，パブリシティの権利では救済が困難な場合に，「最後の拠り所」（last resort）として，プライバシーの権利に戻って救済を求めることができるか否かであるが，私見ではその余地を残しておくべきではないかと思う．というのも，プライバシー対パブリシティという局面では未だ問題が顕在化していないが，プライバシー対個人情報という局面では国を挙げての大騒動

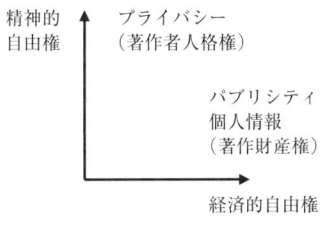

```
精神的      プライバシー
自由権      （著作者人格権）

            パブリシティ
            個人情報
            （著作財産権）

                          経済的自由権
```

図 3.2　プライバシーと個人情報

が展開されたからである[50].

　発端は住民基本台帳が全国ネットワーク化され，個人識別のための基本4情報(氏名，生年月日，性別，住所)が広く伝達・処理・蓄積されることが現実的になったことと，前述のEU指令であった．そこでOECDのガイドラインに倣って，民間における個人情報保護法を制定することになった[51]．当初マス・メディアは，法制化に原則賛成していたが，個人情報を広く扱う者に義務を課そうとすると，マス・メディアも必然的にこれに含まれてしまうことが判明した頃から，全くわが身可愛さの気持ちから目が曇ってしまった，と言うしかない．

　加えて，住民基本台帳ネットワークのために，国民一人ひとりに番号を付与することが「国民総背番号」という見方につながり，感情的な反対論がマス・メディアを支配してしまった．マス・メディアを適用除外とすることは当初から政府も言明していたのに，このようなドタバタ劇のお陰で，インターネットはマス・メディアとして扱わないなどの不合理な線引きが残ることになり(この点は6-6で再度触れる)，歴史に汚点を残すことになったのが残念である[52]．

　もし仮にマス・メディアの側に知恵者がいて，「個人情報はプライバシーとは違う」ということを明解に説明していれば，このような大騒ぎにはならなかったであろう．上記の基本4情報のうち氏名・生年月日・性別は公文書その

---

50) 著作権(人格権)と基本的人権の交錯について問題提起した論文に，多賀谷［1997b］がある．
51) 旧OECDガイドライン(1980年)を受けて，行政部門がコンピュータ処理する個人情報については曲がりなりにも法があったため，民間部門に関する法を個別に制定しようとしたことも問題を深刻化させた．ただしあまり報道されることはなかったが，そもそも大型コンピュータ的発想の住民基本台帳ネットワークが必要なのか，という論点が本来もっと議論されてしかるべきだった．これらの論点を網羅した鋭い分析として池田［2003］がある．
52) Googleの検索エンジンで私自身を引いていると，知名度のさして高くない私でさえ，日本語で4650件のヒットがあった(2004年8月30日現在)．このサイトは十分に「個人情報取扱事業者」の資格があり，マス・メディアとしての適用除外は受けない．そうすると私ほか多数の人々が結託して，個人情報の削除を求めれば(後述のopt-outでよい)，このサイトは死滅するであろうか．それが社会全体の利益に適うことだろうか．マス・メディアは従来型のP型とB型には敏感だが，I型には全く鈍感で「仲間外れ」を引き起こしていると言わざるを得ない．

他で広く使われており，これらをプライバシーだとして守ることにあまり意味がない(住所だけは別かもしれない)．一方これらを隠しておくことに伴う不利益は大きいので(実名を隠しておくことの不利益は容易に想像できよう)，大方の人はこれを公開している．

とすると，個人情報の出自はプライバシーにあるかもしれないが，それは言わば精神的自由権としては放棄され，専ら社会生活を営む上で欠かせない識別子として(経済的に)使われているのが，個人情報だという見方ができよう(この点を明らかにするためには，個人データという無味乾燥な用語のほうが良いかと思う)．つまり前出のプライバシー対パブリシティという関係のコロラリーとして，プライバシー対個人情報(データ)という図式を考えることができるのである．

このように考えるヒントは，著作権制度にある．周知のように著作権は多くの権利(支分権)を束ねたものであるが，大別して著作人格権と著作財産権に分けられる[53]．通常の経済行為を行なう限りでは後者だけを考えておけばよいが，ごく例外的なケースでは人格権が問題になることがある．例えば，ロール・プレイング・ゲームの筋書きを無効にしてしまうようなソフトが問題になったケース(ときめきメモリアル事件)[54]では，人格権が脚光を浴びている．

この点に関し，個人情報を人格権的利益―経済的利益，社会的開示―秘匿という2つの軸で分類し，その座標軸の移動を論ずる船越[2001]の視点は示唆に富んでいる．即ち「小集団社会では個人識別データの経済的価値が特に大きかったわけではない．それが電子商取引の時代では，個人情報集積の第一の基礎となるため，経済的価値が高くなる方向に位相が移動したのだと考えられる」として，次のように言う(図3.3参照)．

「実線で示した縦軸横軸が交差するところを原点aとすると，原点aによる個人情報の位相は，サイバースペース以前の状態を示している．伝統的プライバシー権のうち私生活の平穏権は主として[II]の領域に位置するが，パブリシティ権・有名人の氏名権は，当初から対極の[III]の領域に位置してきたと考えられ，相互のポジショニングが示すように，極めて対照的で性質の異

---

53) アメリカは従来ベルヌ条約に加盟せず，方式主義など独自のシステムを運用してきており，著作人格権も明文では認めていなかった．しかし同条約への加盟(1989年)を果たした今日では，人格権を全く認めないわけにはいかなくなっている．
54) 最三小判2001年2月13日判例時報1740号78頁．岡村[2001]．

[III] 社会的開示（自己開示） [I]

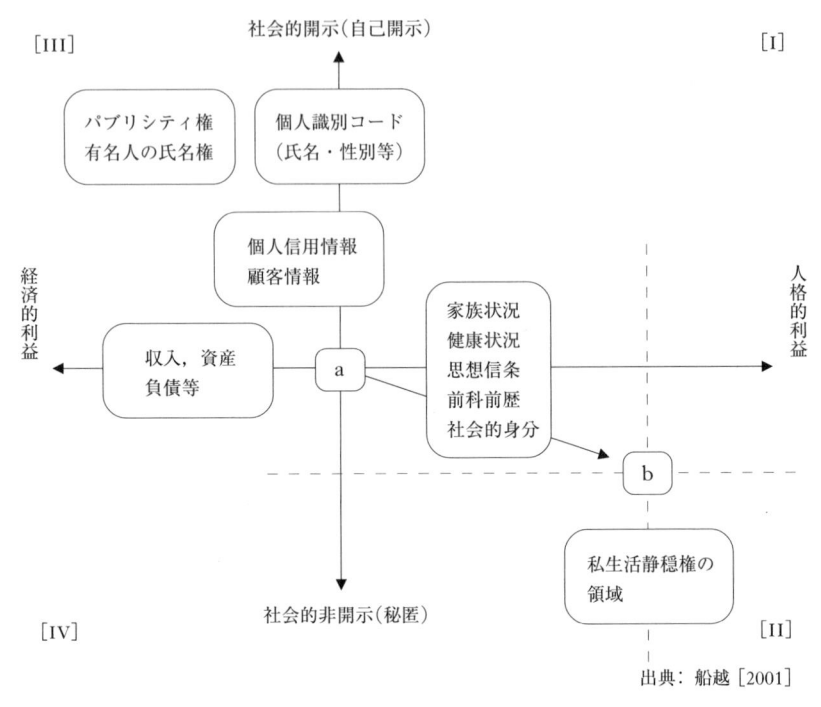

```
パブリシティ権       個人識別コード
有名人の氏名権       （氏名・性別等）

                個人信用情報
                顧客情報
経済的利益                              人格的利益
         収入，資産        家族状況
         負債等      a    健康状況
                        思想信条
                        前科前歴
                        社会的身分
                                b
                           私生活静穏権の
                           領域
```

[IV] 社会的非開示（秘匿） [II]

出典：船越［2001］

図 3.3　個人情報の位相概念図

なる権利である．収入・負債・資産状況などは，その人のプライドともかかわるから，［IV］の領域だけでなく，［III］の領域にも位置してきた．

　プライバシー権が提唱された 19 世紀末から暫くの間，実線の縦軸・横軸が交差する位置にあった原点 a が，20 世紀後半の急激な社会構造・経済構造の変化，特にサイバースペースの出現によって破線が交差する原点 b の方向にベクトル移動したと捉えることが可能である」（船越［2001］p. 150）．

　したがって，これまで主として［II］の領域に存在したセンシティブ情報（健康状況・前科前歴等）のかなりの部分が，社会的開示と経済的利益に囲まれた［III］の領域に存在するようになったと考えられる．こうして「センシティブ情報を含む個人情報の収集・利用が図られ，正確で最新な個人データの活用が社会的経済的に大きな意味を持つようになった，サイバースペース時代の姿が浮かび上がってくる」（p. 151）．この位相変化こそが，プライバシー権をは

じめとする様々な法的秩序に影響を及ぼしているのである．

ところでこのような現代のプライバシー問題(堀部流には「ネットワーク・プライバシー」)を考えるにあたっては，憲法論争のような実態論議をすることも大切だが，手続き論からも意外に有益な示唆が得られる場合がある．ここで有名なのが，opt-in と opt-out の差である．

opt-in とは，ある条件の取り扱いについて，事前に該当者の同意を必要とする仕組みで，反対に opt-out とは事前の同意を必要としないが，該当者が取扱いに不満なら，その契約を事後的に解除する自由を持つという仕組みである．個人情報に限って言えば，情報の収集や利用に事前の承諾は必要ないが，事後的に個人情報の削除を求め得るのが opt-out ということになる．

そして，プライバシーと個人情報を分けて考える私の立場からすれば，opt-out が保障されてさえいれば，個人情報を自由に扱ってよいこととしなければ，e コマースなどの商行為が著しくやりにくくなるのではないかと考える．したがって一般的には opt-out で十分としておき，本来のプライバシーにまで戻って議論すべきような，著しい不都合が生じた場合に限って，精神的自由権の発動を留保しておきさえすればよいと思う．

ただし，e コマースの運用の実態からは，次のような指摘もある．opt-out の通知をすることは，私が現に存在し，先のメールを間違いなく受け取ったという「存在証明」になってしまう．したがって，受け取りたくないメールなどを排除するには効果が無く，黙殺するかアドレスを変えるなど他の方法によるしかないのだと．この難題に対処する方法は，今のところ見出されていない．

3–8　わいせつ情報，その他の保護されない情報

わいせつ情報(ハードコア・ポルノ)とチャイルド・ポルノが「言論の自由」によって保護されないことは既に述べた．しかし，わいせつに至らなくても，青少年にとっては望ましくない情報もある．これらを時と場所と態様(time-place-manner)の関係でどのように規律するのが望ましいだろうか[55]．

---

55)　私は，いわゆる「有害情報」に対する規律をこのように見ているが，憲法学者の間では「内容規制」だとする見方も多いようである．

アメリカでは，電源を入れるだけでお茶の間にも勝手に侵入してしまう地上波テレビに対して，強い倫理観が要請されており，ヌード・シーンはほとんど放映されない．実はアメリカ刑法典には，放送局が「わいせつな」(obscene)，「下品な」(indecent)，「冒瀆的な」(profane) 番組を放送してはならないという規定があり，これは合憲とされている[56]．一方，連邦通信法にはこのような規定はなく，前述 (1-6) のように FCC 規則で決めているだけである．ここで，規律の真の原動力は PTA などの声であって，法規範ではない．

これに対して PPV (Pay Per View) や PPC (Pay Per Channel) などの有料放送(CATV や直接衛星放送)にあっては，チャネルを選んでいるのは親であり，成人としての親には「わいせつ」に至らない映像を見る自由があるとする．また子供に対しては，親が見せたくなければ，契約しないか (scramble がかかって見えない)，親が見せないようにブロックする(時間を決めて，それ以外は見せないなど)ことで十分だとする．つまり成人の自己責任の考えが徹底している[57]．

インターネットは，この2分法に従えば自己責任で能動的にアクセスしなければ情報が得られないメディアだから，コンテンツも受信者の自由な選択に任せておけばよいのだろうか．先に述べたレノ対 ACLU の判決では，原則的に自由で良いとする考え方をとっている．しかし親より子供の方が，新技術に強いのが世の常だから，親の知らない間にパソコンを使って，子供に有害な情報を見てしまうことになりかねない．

そこで判決でも検討され一時話題になったのが，受信者が望まない情報を自動的に検出して，表示しないことにするソフトウェアである．PICS (Platform for Internet Content Selection) は，このようなソフトの開発と普及のために設立された任意団体である．しかし単なるテキスト・ベースの場合でも，ある特定の語が単独で「わいせつ」に近い状況を醸し出すのではなく，その語が他の

---

56) Illinois Citizens Committee for Broadcasting v. Federal Communications Commission, 169 U.S. App. D.C. 166: 515 F.2d 397 (D.C.Cir., 1974).

57) 実際このあたりは見事なまでの切り分けで，私がニューヨーク在住中に契約したタイム・ワーナー・ケーブルでは，夜間を中心にびっくりするような映像が流れていた．しかもその一部はリース・チャネルで，18時頃までは日本語放送(日本のキー局の番組の再放送)が流れ，日本人家族が見ていたであろう．その同じチャネルが，22時ごろからはアダルト専門に変わるわけだから，その落差に驚くしかなかった．

語との相互関係にあるときに「わいせつ」に近い感情が生まれるのである．つまり「わいせつ」か否かは極めて文脈依存的である．

ところがソフトウェアは，今のところ機械的な処理しかできないので単語（あるいはせいぜい熟語）単位で，受信の是非を判断することしかできない．先のミラー事件の判決では，「わいせつ」判断の第3の条件として「その作品を全体として見た場合，真摯な文学的・芸術的・政治的あるいは科学的な価値があるか」という尺度を挙げていたが，そのような高度なことは現在のソフトウェアにはできないのである．とすると PICS は，どちらに傾き易いかというと，より言論抑圧的になりやすいので，「萎縮効果」を懸念する限り採用できないことになる．

同様に，テレビについては V-Chip が話題になった．V は俗称 Violence だとされ，テレビ番組の中で暴力や性表現として子供に見せたくないものについて，親が判断して視聴を制限できるものである．対象は13インチ以上のテレビで受信される，V = Violence, S = Sexual situations, L = coarse of indecent Language, D = suggestive Dialogue の4つの番組である．これらの強度や出現頻度によって，番組に次のレーティングがされる．

TV-Y（子供に見せるに適した番組）
TV-Y7（7歳以上の子供向け番組）
TV-G（一般向け番組でどの年齢の子供にも視聴可）
TV-PG（小さい子供には不向きな部分があるので，両親のガイダンスが望ましい）
TV-14（14歳未満の子供には不向きな部分があるので親の注意が必要）
TV-MA（成人向けで17歳未満には不向き）

このような規律は，1996年の電気通信法(551条)で追加された通信法303条(w)項[58]で FCC がリーダーシップを取って実施するよう義務づけられたものである．番組を見てから法的措置を講ずるのではなく，事前にレートが決められてしまうので，一種の検閲ではないかとの批判もある．しかしレーティン

---

58) わが国の場合には「××法を改正する法律」という形をとるので，旧法のどこが改正されたのか比較的分かりやすいが，アメリカでは別の法律で改正されることが多いので，どこがどのように改正されたかは，合衆国法典 (U.S.C. = United States Code) を見ないと分からないことがある．この改正部分は 47 U.S.C. §303（合衆国法典47巻303条）を見れば良い．

グをするのは NAB（National Association of Broadcasters），NCTA（National Cable and Telecommunications Association），MPAA（Motion Picture Association of America）等の民間団体であり，映画のレーティング（PG-14 や X 等）に準じたものと考えればよいだろう．ところがその実施状況はというと，2000 年から売り出された，テレビやセット・トップ・ボックス（STB）にはこの機能が搭載されたが，両親の利用率は半分にも達していないようである．

　以上のようなアメリカの状況の，わが国への教訓は何だろうか．わが国では「ことを荒立てる」ことを嫌うので，裁判によって当事者がそれぞれの主張をし，その異同軽重を第三者たる裁判官が判断して白黒をはっきりさせるという事例が少ない．「わいせつ」のように，個人の価値観が多様化している中で白黒が不明確なケースについては，ますます曖昧さを残すことになる．その典型的な事例が，いわゆるヘア・ヌードではなかろうか．ヘア・ヌードは，従来「わいせつ」に当ると考えられてきたが，取り締まり当局が 1991 年頃から事実上の解禁をすると，あっという間に広まっていった．その結果現在では，コンビニエンス・ストアで売られている書物にも，ヘア・ヌードが溢れることになったが，これに対する未成年者保護対策はなかなか進んでいない．「青少年健全育成基本法」制定の動きがある一方で，これを言論弾圧法と捉える見方もあるからである．

　アメリカは「言論の自由」が最大限に尊重されている国であることは疑いないが，他方で地上波テレビにはヌード・シーンは登場せず，航空機内で無料閲覧可能な雑誌も然りである．加えて酒類やタバコの自動販売機はまずお目にかからないし，タバコの広告は極端なまでに制限されている（棚瀬（編）［2000］）．

　これがすべて良いとは言わないが，少なくとも「時と場所と態様」による規制とはどのようなものであるか，日本では真剣に考える必要があるのではなかろうか．そうでないと，「規制賛成か反対か」の 2 分法になってしまい，実効性のある措置は全く不可能になってしまう．日本人は熱し易いらしく，「インターネットは悪の巣窟だ」という短絡した議論が多いが，実はリアル・ワールドの代表である P 型規律のところから検討しなければならないのである．

3–9　番組編集準則と言論の自由：B 型規律の検証

　言論の自由と情報メディアの関係において，最も議論を呼ぶ（べき）論点は[59]，コンテンツ規制としての B 型規律のあり方である．B 型規律の特徴は，放送法における次の条文に凝縮されている．

（放送番組編集の自由）
　第 3 条　放送番組は，法律に定める権限に基く場合でなければ，何人からも干渉され，または規律されることがない．
（国内放送の放送番組の編集等）
　第 3 条の 2　放送事業者は，国内放送の放送番組の編集に当たっては，次の各号の定めるところによらなければならない．
　一　公安及び善良な風俗を害しないこと．
　二　政治的に公平であること．
　三　報道は事実をまげないですること．
　四　意見が対立している問題については，できるだけ多くの角度から論点を明らかにすること．
　2.　放送事業者は，テレビジョン放送による国内放送の放送番組編集に当たっては，特別な事業計画によるものを除くほか，教養番組又は教育番組並びに報道番組及び娯楽番組を設け，放送番組の相互の間の調和を保つようにしなければならない．
　3.　放送事業者は，国内放送の教育番組の編集及び放送に当たっては，その放送の対象とする者が明確で，内容がその者に有益適切であり，組織的かつ継続的であるようにするとともに，その放送の計画及び内容をあらかじめ公衆が知ることができるようにしなければならない．この場合において，当該番組が学校向けのものであるときは，その内

---

[59]　「呼ぶ（べき）」と表記したのは，私の観点からすれば「大いに議論されてしかるべきテーマであるのに，わが国では放送関係者以外の場では，ほとんど議論されてこなかった」という気持ちを込めている．放送について論じた書物は，その直接の関係者によるもの（片岡 [2001] や田中 [1985] など）か，ごく少数の憲法学者によるもの（長谷部 [1992]，浜田 [1993]，鈴木 [2000] など）で，広く議論されてきたとは言い難い．

容が学校教育に関する法令の定める教育課程の基準に準拠するようにしなければならない.
4. 放送事業者は，テレビジョン放送による国内放送の放送番組編集に当たっては，静止し，又は移動する事物の瞬間的影像を視覚障害者に対して説明するための音声その他の音響を聴くことができる放送番組及び音声その他の音響を視覚障害者に対して説明するための文字又は図形を見ることができる放送番組をできる限り多く設けるようにしなければならない.

このうち第3条の2の第1項が「公平原則」と，第2項が「調和原則」と呼ばれ，B型規律の中核をなしている．これらの条文はもともとNHKに直接適用されるものとして規定され，民放には準用されていたに過ぎなかった(1952年～1988年まで，放送法旧44条3項および4項)．しかし放送法がNHKに関する「事業主体法」であるよりも，放送サービス全体を律する「設備・サービス規律法」であるべきだとの認識が高まり，一般原則に格上げされた(1988年改正における放送法3条の2)．また有線ラジオ規正法や，有線テレビ法においてもこの規定を準用しており(有線ラジオ規正法4条，有線テレビ法17条，なお表2.6を併せて参照されたい)．これらが全体としてB型規律を形成している．

このようなコンテンツ規制は，3条と3条の2の間に矛盾があるようにさえ見える[60]．また同じくマス・メディアの中でも，P型規律とは正反対であり，コンテンツに責任を負わないとするC型規律ともかけ離れている．果たして，その根拠はどこにあるのだろうか．これを正当化しようとする仮説には，「電波資源の希少性仮説」「テレビの影響力仮説」「マス・メディアの部分的規制仮説」の3つがある．

(1) まず最初に挙げられたのが，周波数の希少性である．当時の技術で混信を防止するには，利用に先立って使用周波数帯を政府がコントロールする必要が生ずるものと考えられた(これが今日では不要になりつつあることについては，5-4で述べる)．その結果，放送に使用し得る周波数帯は，利用を希望す

---

[60] 堀部教授が司法研修所の授業の際このような問題提起をしたら，受講生が質問の意味を理解することすらできないので，唖然としたという逸話がある(堀部 [1993]).

る者の数に比べて著しく希少となる．したがって電波資源の有効適切な利用を図るには，「公共の利益」を基準として，放送事業者を選別すると共に，放送内容についても規制を加える必要が生ずる．公共の利益としてとくに重要な，情報の多様性を確保するためには，放送事業者の独占・集中を排除し，独占番組供給契約を禁止するほか[61]，個々の放送事業者についても，番組内容の調和，政治的公平性，論点の多角的解明などの義務を課す必要が生ずると言われてきた．

(2) 第2の規制根拠として挙げられるのは，放送の特殊な社会的影響力である．とくにテレビは直接家庭内に侵入し，動画と音声という強烈な形で情報を伝える上，受信者の能動的努力なしに視聴できるので，視聴者を一種の「囚われの聞き手 (captive audience)」の立場に置く．また放送の電波は対象地域全体に，即時かつ同時に到達するため，社会的影響力は更に増幅される．放送について，わいせつ物とまではいえない，下品な (indecent) 番組も排除されるべきだとされる (1-6 で述べたパシフィカ事件) のも，この故であるとされる．

しかし以上のような議論には限界がある．なぜなら，仮に映像情報の方がインパクトが強いとしても，少なくとも一部のマス・メディアはそうであるべきだという結論になるだけで，全ての放送メディアに一律の規制を課すべきだという結論にはならないからである．

(3) そこで Bollinger [1976] の，「プレスの部分規制の理論」が登場する．この説によれば，放送については上記のような要請から強い規制が課せられたとしても，「自由なプリント・メディアが，放送によっては取り上げられない見解を伝えるとともに，政府による過剰な規制を批判し，また規制の厳格な正当化を要求する基準点 (benchmark) としても機能する」というのである．

しかし，言論の自由は一義的には個人が有する基本的人権の一つであるが，法人にも認められてしかるべきであろう．判例でも，法人が政治献金をする能力があるとする八幡製鉄政治献金事件[62]や謝罪広告を掲載せよという判決は

---

61) この部分は経済的規制であって，社会的規制ではないので，第6章でまとめて論ずる．
62) 最大判 1970 年 6 月 24 日民集 24 巻 6 号 625 頁．

新聞社の編集権を侵害することになるとするサンケイ新聞事件[63]に関する最高裁の判決がある.とすれば,番組編集準則そのものが,法人の言論の自由の一つである編集権(放送の場合には編成権)[64]を制限することになるので,憲法違反の疑いがあるのではないだろうか.

この点が正面から争われた判決は,わが国では未だない.学説においては,メディア法の研究書はほとんど合憲を前提にして論じ,その強化を主張する向きもある.ただし,その論拠が前述の3通りの説明のいずれかであるかは,論者により異なる.

即ち浜田 [1990] [1993] は,新聞と放送の「歴史的伝統の違い」を強調し,ドイツの解釈枠組みによって,放送は送り手の表現の自由を保障しても直ちに意見・情報の多様性につながらないため,意見・情報の多様性そのものを直接的に保障するための規制が,認められるべきだとしている.また長谷部 [1992] は「社会全体で供給されるにふさわしいメタ・レベルの情報」を「基本的情報」と捉え,これを「社会全体に公平にしかも可能な限り低廉に提供される体制」(p. 94)の重要性を指摘する.そのために,これまで地上波による放送が果たしてきた役割を維持するという観点から,番組編集準則の合憲性を認めている(併せて,長谷部 [1999] も参照).

結局両者ともボリンジャーの説く部分規制論を援用し,放送を規制することによって,その他のマス・メディアに規制を課さないとする一方,公権力による放送規制の濫用を,自由なマス・メディアの存在によって抑制することを説くものである.

憲法学者の中で,唯一「現行の放送規制は違憲」という説を持つのは,松井 [1995] だけではないかと思われる.松井は「表現主体が個人であるかマス・メディアであるかによって,憲法保護の程度を区別することは憲法21条の趣旨に合致しない」という基本的立場をとり,違憲の根拠として次の諸点を挙げている(併せて,田島ほか [1995] 参照).

① 電波の希少性というが,アメリカではFM局は多数あり,多くの都市では放送局の数の方が日刊新聞の数より多い.

---

63) 最二小判1987年4月24日民集41巻3号490頁.
64) 1920年代のNHK設立当初には,編集権と呼んでいたようである(美作 [1988]).

② たとえ電波が希少だとしても,なぜ免許性でなければならないのか説明できない(オークションなどでも良い).
③ 仮に放送メディアだけには公平原則が必要だとしても,それは産業全体で担保されれば良いはずで,個々の放送局あるいは個々の番組にまで要求すべき根拠はない.
④ 放送に公平を要求する場合,公平さを判断するのが政府の機関であるというのは,何よりも問題である.

Fairness Doctrine の発祥の地であるアメリカにおいても,1970年代までは合憲であるとする最高裁判決があり,また学説もこれを支持していたことは既に述べたとおりである[65] (1-6). しかし,CATV など新しいメディアが登場して「電波資源の希少性仮説」の妥当性が危うくなると,一方で他の仮説で説明し直そうとする動きが生ずると同時に Fairness Doctrine そのものの耐用年数が過ぎたとして,これを廃棄する主張も現れた.

その代表格が FCC の委員長を務めたファウラーである.彼は,在任中に発表した共著の論文(Fowler and Brenner [1982])で,公平原則が重要な政治の利益を実現すべく的確に設定されている (narrowly tailored to further a substantial governmental interest) か否かという審査基準に合致しないとの理由で,文面上違憲であるとして次のような諸点を主張した.
① これまで FCC が番組を規制してきた「受託者モデル」(放送は国民から委託されたものであるという考え)は,規制を撤廃した「市場主義アプローチ」に道を譲るべきである.
② その第一歩は,放送事業者を公衆の受託者と見るのではなく,市場の中の競争者(ビジネス)と見ることである.
③ 電波資源も市場原理に即し,入札方式で割り当てるべきである.

---

65) 同原則は,① 放送対象地域において公共的重要性を持つ論点 (controversial issue of public importance) について放送する義務と,② 合理的な範囲内で,当該論点につき,対立する視点を提示する義務を課していた.公平原則から派生したルールとして,放送において批判の対象となった個人あるいは団体に反論の機会を与える personal attack rule と,社説放送において公職の特定の候補者を支持しあるいは反対した場合に,支持されなかった他の候補者および反対された候補者にその旨を通知し,合理的な応答の機会を与える義務を課す political editorializing rule があった.

④ 「受託者モデル」は，周波数の希少性仮説も社会的影響力仮説も妥当しないので，廃棄されるべきである(彼らは「部分的規制説」に触れていない).
⑤ 「市場主義アプローチ」への移行は，3段階が必要である．第1段階は電波の再販を認め，番組編集準則も止める．第2段階には電波利用料を取り，公共の利益(PBSなど)に使う．第3段階として，使用料を廃止し，完全自由化する．

かくしてアメリカでは，1987年のFCCのシラキュース平和協会事件命令[66]以降，Fairness Doctrineは1959年以来[67]の効力を停止した状態にある．しかし，この原則は既に各放送会社の番組編成上の指針となって長いので，直ちに大きな変化があったという話は聞かない．法的には消滅したが，慣習として残っているというべきか，或いは労働法の概念でいう余後効的なもの[68]として，なお有効性を保っていると言うべきだろうか．因みに最高裁判所は，FCCの決定後もなお態度を変えていない[69]．

3-10 当面の対処策

このような考え方の違いを，図1.2で示した精神的自由権と経済的自由権に対する考え方の違いに対応させてみると，合憲派がリベラルな人たちで，違憲派はリバタリアンの人たちだということになろう．この間にあって，コンサバティブ派は，Fairness Doctrine自体は違憲と考えるが，これとは別に青少年に有害な番組を規制することには積極的である．合憲派の間では，「言論の自由」は放っておいて実現するものではなく，政府の正当な支援が必要だとい

---

66) Syracuse Peace Council, 2 F.C.C.Rcd. 5043. 上訴を受けた連邦控訴裁判所の判決 Syracuse Peace Council v. F.C.C. 867 F.2d 654 (D. C. Cir. 1989) は，公平原則が公益に反するという理由に基づいてFCCの決定を支持し，憲法判断を回避している．
67) 1959年の通信法改正によって追加された通信法315条(a)が，果たしてFairness Doctrineを要請したものか否かについてはTelecommunications Research and Action Center (TRAC) v. FCC (1986) によって疑いが投げかけられ，Meredith v. FCC (1987) によって再検討が求められた．これを受けた決定が，先の命令である．
68) 労働協約の内容が個々の労働規約に反映されている場合には，協約が失効しても契約の内容としては有効であるとする効果．
69) Metro Broadcasting Inc. v. FCC et al., 497 u.s. 547, 110 S.Ct. 2997 (1990).

う概念が共有されている．他方違憲派の間では，言論の自由は本来的に「政府からの自由」で，政府に守ってもらおう等というのはとんでもないという感覚が共有されている．こうした考え方の差は，affirmative action[70]に対する考え方の違いなどとパラレルである．

　このような中で，あるべき政策論を見つけるには，観念論に走らずプラグマティズムに徹すべきだろう．放送という事業に，特権（あるいは特別な義務）があるか否かについては6-4でまとめて論ずることにして，現在採るべき施策は，次の5原則に要約することができよう．

① 現在はデジタル革命の進行過程だと考え，制度を弾力的に運用すると同時に，デジタル化の阻害要因は除去すること．
② 番組編集準則は地上波テレビの登場とともに生まれ，それなりの役割を果たしたので，地上波テレビについては引き続き適用すること．
③ 地上波テレビのデジタル化が進み，その役割と重要性が変化してきたときには，アメリカのように柔軟に見直すこと．
④ 地上波テレビ以外については，番組編集準則を適用せず，自由な営業に任せること．
⑤ とりわけインターネット・テレビのような新しいサービスについては「思想の市場」の考えを貫徹すること．

　これを裏から言えば，放送に対する特殊な規律の根拠が「部分規制説」に行きつくなら，
① それが原則ではなく例外であることを確認し，
② 例外の範囲を限定することに留意し，
③ 新しいメディアには，より自由なP型規律などを適用する，
ことではないかと思われる．

　現にアメリカの政策は，スクランブルがかかっているテレビ送信は「放送ではない」として，番組編集準則を課していない．他方わが国ではCSによる委託放送などを適用除外にする他は，番組編集準則を原則化することによっ

---

[70] 公民権拡大運動の一環として，例えば公立学校における非白人の学生数の目標を設定するとか，企業における身体障害者の雇用比率を設定し，違反に対してペナルティを科すなどの施策．

て，結果として「放送」の範囲を拡大するが，これでは「非規制」の下で伸びてきたインターネットの，良いところを抑圧してしまうのではないかと懸念される．

　このような懸念が杞憂であれば良いが，実はそうとは言い切れない．なぜなら電気通信役務利用放送法によって，いわゆるインターネット・テレビのような形態が現行法でも認められたが，その際に「放送」概念が拡大されていく危険があるからである（林 [2002a]）．この法律によって事業登録をするためには，その事業内容が
① 通信事業者からインフラ設備を借りて，公衆に対して直接放送すること（VOD は放送ではない）．
② 伝送速度が毎秒 4 メガビット以上であること．
③ サービスエリア内はマス・メディア集中排除原則が適用されるので，放送事業者は同法の役務利用放送事業者として登録できないこと．
④ 放送番組規制を受けること．
等が要件となる．

　2003 年 3 月に BB ケーブル（ソフトバンクの子会社）は，同法の第 1 号の登録事業者となった．BB ケーブルは，ヤフー BB の ADSL ネットワークで IP を用いて視聴者に CAS（コンディショナル・アクセス・サービス）機能を持った STB（セット・トップ・ボックス）を供給し，有料の映像放送サービスおよび VOD サービスを提供している．これに B 型規律を課しているのが現行法の発想であるが，果たして適切な仕組みだろうか．

　その判断材料を提供してくれるのが，約 30 年前の有線テレビジョン放送法の制定である．この法律が「ハードとソフトの分離」という理念を導入した（しかし実際は行政指導によって無視された）ことは後に述べる（5-3）が，ここでは「有線テレビジョン」を「テレビジョン」と同一視し，B 型規律の傘の下に入れたことが論点である．

　CATV には，放送の番組編集準則を裏付ける，電波の希少性仮説が妥当しないことはいうまでもない．社会的影響力仮説も，能動的アクションを取らなくても「囚われの聞き手」に陥りがちな点に重点があるとすれば妥当しない．結局，部分的規制仮説に拠らざるを得ないが，部分をなし崩し的に拡大していくことは厳に慎むべきだろう．

とすると，そもそも CATV を「放送」と名付けること自体が「他に適当な日本語がない」という消極的な理由で認めざるを得ないに過ぎない．そして番組編集準則が課せられるのみならず，その違反行為に対して行政命令が出され，命令違反に対して刑事罰が科されるというのは「言論の自由」の観点から問題だ，と言わざるを得ない．ここでは「有線テレビジョン放送」は完全に「放送」と同列に置かれている(塩野 [1972])．

　電気通信役務利用放送法によって，今日再び「放送」の概念の拡大が図られようとするが，再度慎重な検討が必要とされよう．私見を述べれば，この法律はまず「電気通信設備利用放送法」として，ハードの規律は電気通信事業法によることとするほか，ソフトについてはインターネットと同列にして自由の範囲を最大限に拡大することが，言論の自由の観点からも，ビジネスの育成の観点からも求められている．

第4章

情報仲介者の法的責任: C′型規律のあり方

「コモン・キャリアであれば,情報の内容いかんを問わず情報を伝達すべきであり,(中略)伝達する情報の内容について何ら法的責任を負わないと考えられる.ところが実際には,多くのプロバイダーは(中略)みずからさまざまなコンテンツを会員に提供し,会員のための掲示板や会議室などを提供し,(中略)利用規約を定め,一定の不適切な表現についてプロバイダーが削除することに同意することを求めている.(中略)プロバイダーがユーザーの行為にこのようなコントロール権を有しているなら,ユーザーによる違法な行為に対して法的責任を負うべきではないか(以下略).」(松井 [2002] pp. 220–221)

「愛国者法[1]は捜査権限の拡大,国境防備,テロ資金の規制が3本柱となっている.このうち,捜査権限の拡大については,捜査当局がこれまで提案したが,認められなかった要求が数多く盛り込まれ,その中には共和党保守派の議員までが反対していた要求もある.司法省も,これによってサイバー犯罪捜査に必要な立法措置のほとんどが,整備されたことを認めている.」(城所 [2002–2003] 第1回 p. 1487)

「プロバイダー責任制限法は,一方で被害者保護を強く打ち出し,管理責任の発生を明確にしたが,同時に,他方で広く削除権限を認め,加えて,発信者情報開示の道を開いた.結局プロバイダーなど管理者は訴訟回避のためには,早く削除し,開示も行い,当事者同士を戦わせるべく安易な道をとることになる.この点,この法律による削除を慎重にすべき,との附帯決議がついたのは,当然のことと考える.」(牧野 [2002] p. 77)

4–1　情報仲介者のコンテンツ責任: 3つの類型

　情報仲介者は，電気通信事業者であれ ISP であれ，基本的にはコモン・キャリアであるから C 型規律に服し，運んでいる情報の中味を見てはいけないし，また中味についての責任を問われることはない(扉に掲げた松井 [2002] 参照)．しかし，コンテンツに関する責任が生じる場合が全くないかというと，例外的には次のようなケースが考えられる．
① 通信内容の正確性と迅速性が守られない場合．
② 通信内容の秘密性が守られない場合．
③ 通信内容によって他人の権利や社会的秩序が侵害された場合．
　このうち ② は「通信の秘密」としてこのビジネスに特有の規律である．また ③ は上記の一般原則(C 型規律)を基本としつつも，一定の場合には情報仲介者も責任を負うかどうか(C′ 型規律)が問われているので，この産業に固有の問題である．
　ところが ① の問題は，メッセージ伝送契約を結んだ当事者間において，運び屋の側が債務を完全には履行しない場合なので，一般の債務不履行(民法415条)または不法行為(同709条)として扱えば良く，産業特有の論点はないかに見える．しかし運送契約におけるコモン・キャリアと同様，通信のコモン・キャリアにも一定範囲の免責が認められているので，その点をまず明らかにしておこう．
　電信の責任に関して言及した最初の法令は，1873年の大日本政府電信取扱規則第一(工部省第300号布達)であったとされる(野田 [2001])．政府は，原則として電信の不到達・遅延・誤伝については，一切責任を負わない．ただし，その利用の誤りが政府の電信線から発生したことが明らかなときは，通信料の

---

1)　2001年テロ傍受・防止のための適正な手段を用意することによってアメリカを団結・強化する法律(アメリカ愛国者法)．Uniting and Strengthening America by Providing Appropriate Tools Required to Intercept and Obstruct Terrorism Act of 2001 (USA Patriot Act), Pub. L. No. 107–56, 115 Stat. 272.

払い戻しのみを行なう，との規定である．

ついで，1879年の電信取扱規則（工部省第9号布達）第6篇第1章は，書留ないし照合電信で誤伝のため電信を利用した意味がないとき，または政府の過失により遅延ないし不到達が発生したときは，料金を払い戻すという．さらに1885年の電信條例（太政官布告第8号）は，電信サービスの賠償無責任を規定し，旧民法典公布の1890年以後も，1900年の電信法24条は「電信又ハ電話ノ取扱ニ関シテハ政府ハ損害賠償ノ責ニ任セス」と規定した．

第2次世界大戦後，1953年の公衆法109条では，日本電信電話公社は，電報が速達郵便の通常所要時間内に到達しなかったときには，料金の5倍相当額を，また，電報が照合とされた場合で，その通信文に誤りを生じたときは，その料金および照合の5倍額につき賠償する旨が規定された．これによれば，照合としない普通の電報が誤伝されたときには，依然，電電公社は賠償責任を負わなかった．

この点に関しては，電信法下および公衆法下で，それぞれ1件ずつの裁判例がある（野田［2001］）．まず電信法下の1951年札幌地裁判決[2]では，魚類販売業者Xが，売主Aと買主Bの間ですけそう3万貫を1貫匁あたり60円で売り渡し，これを同日以降3ヵ月内に引き渡し，代金は毎月末その月分の引渡し量によって清算する旨の契約を仲介した．しかしすけそうが値上がりしたので，Xは価格を1貫匁あたり80円に値上げすべく，B宛の電報で通知した．ところがBには1貫匁あたり70円に値上げしたいとの誤表示が到達した．Bは値上げを承諾する旨返電したが，1貫匁70円で計算した代金を超える部分の支払を拒絶した．Xは「仲介者たる責任上やむなく」差額分を自己負担で上乗せしてAに支払った．Xが発信した電信は，その通信文の全部を反復校正する照合電信だったので，通信文中最重要の数字を誤伝したのは取扱係員の重過失である，として国Yに対して損害賠償を請求したが，裁判所はこれを斥けた．

判決理由はこう述べている．「電気通信事業は，国が社会公共の利益のため，みずから管理経営する事業であって，いわゆる公企業に属する．何人も一定の手数料を払ってこれを利用することができる．しかし，現在の人的物的設備を

---

[2] すけそう売値誤電事件，札幌地判1951年1月16日下民集2巻1号39頁以下．

もってしては誤謬の絶無を期することは不可能である．その利用者から徴収する手数料は事業の性質上きわめて低廉たらざるを得ないにもかかわらず(照合割増料金＝電報料金の2分の1は，照合手数料であって保険料ではない)，賠償金として多額の支出を余儀なくされるとき，電信事業は経営不能となり，『公共の利益』は逆に大きく脅かされる．そこで電信事業を維持して，正常な機能を発揮させるためには，国の賠償無責任を法定せねばならない．よって電信法24条には合理的理由があり，憲法第17条には違反しない．」

公衆法の下での裁判例として，1962年の広島高裁判決[3]がある．原告Xは，山口県熊毛郵便局に「27日行く頼むカヅエ」という訴外Zに宛てた電報の送信を依頼した．1957年12月26日午後4時ごろ，本件電報は福岡県折尾電報電話局で受信され，職員が配達に出発した．しかしZが新築住居に転居してきて，1週間ほどしか経っていなかったし，住民登録もなされていなかったため，近隣の人や駐在所の巡査もZの住宅を知らなかった．折尾局では配達不能の取扱いをし，X宛て保管通知を行なった．電報不達のため損害を被ったとして，Xは日本電信電話公社Yに対して1万円の損害賠償を請求したが，Yは公衆電気通信法109条をたてに，賠償を拒絶した．

原審[4]は，公衆電気通信法が民法の不法行為の適用を排除するのは軽過失による義務違反の場合だけであって，故意又は重過失があるときは公衆電気通信法は適用されず，民法の不法行為法が適用されるとしながらも，本件ではYには重過失ありとはいえないと判断し，Xの請求を棄却した．広島高裁は，原審とは異なり，公衆電気通信法は，Yに故意・重過失があってもYの責任を免除すると判断している．

1985年，電気通信事業法の制定により電気通信事業は民間に開放された．新生NTTの電報サービス契約約款によれば，会社の責に帰すべき理由により，配達の遅延(午前に発信した電報が発信の日に，また，午後に発信した電報が発信の翌日の午前に配達されなかったとき)・不配達・誤電(通信文に誤りを生じた結果，通信文の意味が変わり，又は不明になったとき)が発生したときには，たとえそれが会社の過失によるものであっても，受領した料金額が損害賠償限度額

---

3) 電報不達事件，広島高判1962年2月27日高民集15巻2号124頁以下．
4) 山口地判1960年4月21日下民集11巻4号867頁以下．

である(ただし会社の故意又は重過失によるときはこの限りではない)，としている．この法理は，NTT 再編成後も，東西両会社の約款に引き継がれている．

　また郵便が国営で行なわれていた時代の郵便法に関する判決として，最高裁大法廷の判決が注目される[5]．この件の対象となった郵便物は「特別送達郵便物」といい，民事訴訟法に定める訴訟法上の送達方法(同法 99 条)で同法 103 条から 106 条までと 109 条により送達すべき郵便物の特殊取扱いをする．その際，書留料金のほか特別送達料を払わねばならない．旧郵便法によれば，損害賠償が認められるのは「書留とした郵便物の全部又は一部を亡失し，または毀損したとき」(旧法 68 条)で，請求できる人は「差出人またはその承諾を得た受取人」(同 73 条)に限定されている．

　これらの条文が，国の損害賠償を定めた憲法 17 条に違反しないか否かが争われた裁判[6]で，最高裁は全員一致の意見として「特別送達郵便物について，郵便業務従事者の軽過失による不法行為に基づき賠償が生じた場合に(中略)国の損賠賠償を免除し，または制限している部分は，憲法 17 条に違反し，無効である」とした．また書留郵便物一般についても判示し，故意または重大な過失による不法行為についてまで免責または責任制限している部分も「憲法 17 条が立法府に付与した裁量の範囲を逸脱し」憲法違反であるとした[7](後者の点については 1 名の反対意見がある)．

　以上に述べたところから，コモン・キャリアに特有の法理があることがお分かりいただけただろうか．今日では電報や書留はマイナーなサービスで代替手段もあるが，テロや大災害によって通信が途絶するような事態になった場合，その責任をキャリアに負わせることはできないので，保険などでカバーすることを考えねばならないが，この分野の検討はわが国では遅れている．例えば世

---

5) 最大判 2002 年 9 月 11 日 民集 56 巻 7 号 1439 頁．判例タイムズ 1106 号 64 頁．
6) 賃金の返済を受けられない業者が，債務者の給料を差し押さえるために給料債権の差押命令を，裁判所書記官を通じて会社宛で特別送達しようとした．ところが郵便業務従事者が差押命令を直接送達しないで，第三債務者の私書箱に投函したため，給料差押さえは失敗した．そのため，債権者が国を相手取って，国家賠償法の公務員の故意過失による不法行為として，損害賠償(780 万円)を請求した事案である．なおこの事件は大阪高裁に差し戻された後，和解したとされる(『朝日新聞』2002 年 12 月 10 日)．
7) 本判決を受けて郵便法 68 条が改正され，3 項と 4 項が追加された．

田谷ケーブル火災事件の東京高裁判決[8]は，公衆法109条が，民法・国家賠償法に優先して適用されること，事故発生により高額の損害を電電公社(当時)が負担するとすれば，一部利用者への損害補塡のために一般利用者の料金高騰に至り，これは電気通信事業の「公共性」にもとるとしている．

① に関する説明は以上で終り，以下 ② と ③ について重点的に検討していこう．

4–2 「言論の自由」と「通信の自由」

「言論の自由」を解説した書物は多いが，その中で「通信の自由」がそれに含まれる，と明示的に説明するものは皆無に近い．せいぜいが「通信の秘密」保持の反射的効果として，「通信の自由」が担保されていると考えているかに見える．

しかも「通信の秘密」保持の意義は「通信が他者に対する意思の伝達という一種の表現行為であることに基く」(芦部[2002] p. 201)という説明の他，「公権力による通信内容の探索の可能性を断ち切ることが，政治的表現の自由の確保に連なるという考え」(同上)や，ドイツ・イタリアでは，プライバシーの権利や住居不可侵の原則と趣旨を同じくすると捉えられているなど，その根拠については複雑な要素が入り混じっている(アメリカについては 4–5 参照)．

しかし通信の自由に関するこのような理解は，旧社会主義国家群の崩壊以降の世界のあり様を，正確に反映していないように思われる．なぜなら，ベルリンの壁を突き崩したのは，西側の放送局が提供した資本主義国家群の正しい情報に他ならなかったし，天安門事件は返還以前の香港などから発せられた多量のファックス情報によって，世界に知られるようになったからである[9]．

---

8) 東京高判 1990 年 7 月 12 日判例時報 1355 号 3 頁．
9) ベルリンについては個人的な思い出もある．東西対立時代に西ベルリンに住む友人（ドイツ人）の紹介で東西ベルリンの電話事情を調査に行った際，ふと気がついて「西ベルリンから西ドイツへの通話は，物理的にはどのような設備を使うのか？」と聞いてみた．答えは「衛星もあるが，大部分は東ドイツの設備を経由する」だったので，「それに対していくら払っているのか？」と追い討ちをかけると「多分コストの何倍も」と言って首をすくめた．東西に分断されていても，このような「同一民族間相互補助」が密かに仕組まれていたのであろう．

一般に独裁体制になりやすいこれらの国家群の指導者層は，自己のコントロール化に置きやすいテレビなどのマス・メディアを好み，パーソナルな通信で反政府的な言論が伝達されることを極度に嫌う傾向がある[10]．これを裏から見ると，憲法や人権論において「通信の自由」が殊更採り上げられなかったのは，民主主義国家においてはそれが空気や水のように当たり前であったから，と言うべきだろう．そしてベルリンの壁崩壊後の社会においては，あのような悪夢を再来させないためにも「空気」や「水」が，実は放っておいても得られるものではないことに，もう一度注意を喚起すべきだろう．

　そのような意味では，「第2次世界大戦後に制定された人権保障規定では，古典的な情報発信者にとっての情報発信行為の自由だけでなく，情報受信者にとって情報を受信する自由，受信しない自由，受信側から情報に接近する自由が認められた．これは，旧来の『表現(情報発信行為)の自由』が，情報という客体をめぐる種々の自由，つまり『情報の自由』に変容するに至ったことを示すものである」という木村［1999］(p.124) の認識は卓見である．

　ここで第2次大戦後に制定された「人権保障規定」とは，次のものを指す．

① 旧西ドイツの憲法(新生ドイツの憲法にそのまま引き継がれた)であるボン基本法5条は，意見を表明・流布する権利の他に「一般的に近づくことのできる情報源から妨げられることなく知る権利」を認めた．
② 世界人権宣言19条は，「すべて人は，意見及び表現の自由に対する権利を有する．この権利は，干渉を受けることなく，自己の意見を持つ自由ならびにあらゆる手段により，また，国境を越えると否とにかかわりなく，情報及び思想を求め，受け，および伝える自由を含む」と定めた．
③ 国際人権B規約[11] (市民的および政治的権利に関する国際規約)は，「すべての者は，干渉されることなく意見を持つ権利を有する．すべての者は，表現の自由についての権利を有する．この権利には，口頭，手書きもしくは印

---

10) ODAなどの援助において，通信の比率が著しく低いのは，通信は基本的に利益を挙げられる事業なので，民間に任せれば良いと説明されることが多い．しかし背景としては，時の権力者に都合の悪い援助は，被援助国が望まないという事情も忘れてはなるまい．
11) 1966年12月19日に国際総会で採択され，わが国では1979年9月21日に発効した人権に関する2つの条約のうち，「経済的，社会的及び文化的権利に関する国際規約」をA規約と，「市民的及び政治的権利に関する国際規約」をB規約と呼ぶ．

刷, 芸術の形態または自ら選択する他の方法により, 国境とのかかわりなく, あらゆる種類の情報および考えを求め, 受けおよび伝える自由を含む」と定めた.

考えてみれば, これまでの「言論の自由」は, 従来のメディアの技術的制約を与件としてきたので, 以下のような偏りを持っていたと言わざるを得ない.

① 言論の自由の享受者は, 国民一人ひとりであるとの理念は持ちつつも, それを現実に実行し得るのは, マス・メディアなど限られた人々であるということを暗々裡に認めていた(情報の発信能力の限界).

② アナログ技術を前提にすれば, 国民一人ひとりが膨大な情報に直接アクセスすることは不可能であり, 仲介者や編集者に頼らざるを得ないと考えられた(情報の受信能力の限界).

③ 仮に情報が容易に入手可能であるにしても, それらの相互関係を考え, 自分なりに再構成することは, 時間と能力の点で一般人には無理であると考えられてきた(情報の編集・加工・再発信能力の限界).

しかしインターネットの登場は, これらの偏りを一挙に解決しつつある (1-2). もちろん情報リテラシーがネックとなって, 情報富者 (haves) と貧者 (have-nots) の格差が生ずる危険はあるが, かつて情報発信がごく限られた人々に独占されていた時代に比べれば, 圧倒的多数の情報発信・受信・編集の能力を発揮できる可能性が開けたことは間違いない.

ところが, 狭い意味での「表現の自由」の時代の情報通信技術を前提に制定された日本国憲法では, 言論・出版以降の新しい情報発信手段は「その他一切の表現」の中に含めて解釈可能としても, 「表現」という文言から情報受信の権利・自由まで引き出すことには限界がある.

われわれは, これまでのように情報発信者と情報受信者が別人であることを前提にして, 情報の発信 → 受信という一方向での自由を論ずるのでは済まされない. 国民一人ひとりが, 社会に流通する「情報」という客体と向き合う際の, 自由を確保することを考えなければならない. すなわち古典的な「発信の自由」と近代的な「受信の自由」という対立構図を改め, 「情報の自由」という統一基準の下に, その適切な状態を実現するための権利である「情報基本権」を考えていく必要がある(木村 [1999]).

4–3 情報基本権の検討

現在日本国憲法に精神的自由権として明示されているのは,「思想および良心の自由」,「集会・結社・表現の自由」などであるが,これらは制限列挙ではなく,時代の変化に伴って新たな人権保護の必要が生ずれば,それにふさわしい措置が期待されている.憲法に明示的条文はないものの『宴のあと』事件判決[12] 以来,判例として確立した感があるプライバシーの権利が好例である.

プライバシーのように受動的なケースと違って,自ら情報を生産する著作権では,著作者人格権(精神的自由権)と著作財産権(経済的自由権)は密接に関連している.現在懸案となっている個人情報保護の問題も,プライバシーの側面と個人識別データの問題が混同されているところに,議論の混乱の種があることは,3–6 で説明した通りである.

またやや局面が違うかに見えるが,名誉や信用という法益は基本的人権として明示的に保護されていない(刑法や民法の規定により保護されているに過ぎない)が,これらを基本的人権に位置付け,併せて後述の「知る権利」との利益考量を検討することも必要であろう.このように今後の基本的人権論議にあっては,精神的自由権と経済的自由権が相互関係を持っているケースを取り上げ「二重の基準論」を超克する論議を展開することが期待される[13].

基本的人権に関するもう 1 つの検討課題は,情報やネットワークへのアクセスをどのように保証するかであろう.「言論の自由」の前提として,世間で起きる現象を公平に判断するために,ⓐ 世の中にある情報は広く公開されアクセス可能でなければならず,ⓑ 実際にアクセス可能になる手段が担保されていなくてはならない.また ⓒ 双方向コミュニケーションの前提として,従来は「送信の自由」に着目してきたが,迷惑メールなどが社会問題化した現在では,「受信の自由」(あるいは「受信しない自由」)も含めて考えなければなるまい.これらは 1–3 で述べた(狭義の)アクセス権とは異なるので,「情報アクセス権」と命名しよう.

ⓐ のタイプの情報アクセス権は,いわゆる「知る権利」と「情報公開」の

---

12) 東京地判 1964 年 9 月 28 日下民集 15 巻 9 号 2317 頁.
13) 憲法に頼らずとも,民法でも十分対処できるはずとの説もあるが,私は民法学者として憲法学者への期待を表明する五十嵐［2003］(pp. 18-19) の立場に同調したい.

表 4.1 精神的自由権としての情報基本権（9権）　　　（　）内は現行規定

グループ	具体的権利内容
A 言論の自由	① 内心の自由：思想・良心の自由（憲法 19 条），信教の自由（同 20 条），学問の自由（同 23 条） ② 表現の自由：表現の自由（同 21 条 1 項後段），検閲の禁止（同 21 条 2 項） ③ （表現）行動の自由：集会・結社の自由（同 21 条 1 項前段）
B 一身専属権と公共の福祉との調和	④ 名誉・信用の保護（刑法 230 条，233 条など）と公共の利害に関する場合の特例（刑法 231 条など） ⑤ プライバシーの保護，パブリシティ権の行使と公正使用（fair use） ⑥ 著作権（人格権，財産権）と公正使用（著作権法 18 条以下，30 条以下）
C 情報アクセス権	⑦ 知る権利と情報公開：政府情報の公開（情報公開法），国会の公開・裁判の公開と例外的非公開 ⑧ ユニバーサル・アクセス（電気通信事業法 72 条の 5 以下，放送法 7 条など） ⑨ 送信と受信の自由（著作権との関係）

対で構成される．ⓑ のタイプの情報アクセス権は，従来電話事業を中心に語られてきた「ユニバーサル・サービス」と同種のものである（林・田川 [1994]）．しかし少なくともわが国の地上波テレビは，難視聴対策などの徹底もあって全国どこでも視られ，「ユニバーサル・サービス」と同格のものとして扱われていると考えられる．加えてアメリカではクリントン政権時に，学校・図書館・地域医療機関などにはインターネット・アクセスを保証するとの施策が採られている．わが国でもこの種の論議があり，今後の課題となろう．

以上を要すれば，デジタル時代には表 4.1 のような形で，「情報基本権（9権）」を検討してはどうか，というのが私の主張である．つまり精神的自由権を従来から論じられてきた A の言論の自由だけと考えず，B のような一身専属権と公共の福祉とのバランスを要するもの[14]と，C として情報へのアクセスを確保する手段に関するものまで，3 層構造に分けて考えるのである．この構造は 1–4 での分析と対応している．

しかし，これには問題点もあり批判もある．とりわけ個人の権利主張が強くなりすぎて，「人権のインフレ」が言われるような状況では，これ以上の権利論争は事態を混乱させるだけだという主張には，耳を傾けるべき点がある（宮崎 [2000]）．しかし，公文 [1986] が初めて「情報権」を提案して以来，アスペン協会では「情報権利章典」を起草して提案するまでになっている（Firestone

---

14) 五十嵐 [2003] のいう「人格権法」の範囲は，この B の領域と重なり合う部分が多いように思われる（pp. 19–20）．

and Schement [1995]．ただしその内容は，a 通信の権利と義務，b プライバシー，c 財産としての情報の3つだけである）．われわれはこのような提案に応えて，憲法論をも辞さない覚悟が必要と思われる．

4–4 検閲の禁止と通信の秘密保持

このように，基本的人権の1つとして「通信の自由」や，さらには「情報の自由」を考える場合の大前提は，国家権力による「検閲」が行なわれることなく，通信に関する「秘密の保持」が担保されていることであろう．電気通信事業法3条，4条，179条は，それぞれについて，次のように規定する．

（検閲の禁止）
第3条　電気通信事業者の取扱中に係る通信は，検閲してはならない．
（秘密の保持）
第4条　電気通信事業者の取扱中に係る通信の秘密は，侵してはならない．
　2　電気通信事業に従事する者は，在職中電気通信事業者の取扱中に係る通信に関して知り得た他人の秘密を守らなければならない．その職を退いた後においても，同様とする．
第179条　電気通信事業者の取扱中に係る通信（第164条第2項に規定する通信[15]を含む）の秘密を侵したものは，2年以下の懲役又は100万円以下の罰金に処する．
　2　電気通信事業に従事する者が前項の行為をしたときには，3年以下の懲役又は200万円以下の罰金に処する．
　3　前2項の未遂罪は，罰する．

これらの条文は，旧公衆法4条，5条，112・113条の規定を，ほぼ同じ内容で引き継いだもので，C型規律の根幹をなすものである．憲法第21条第2項は，「検閲は，これをしてはならない．通信の秘密は，これを侵してはなら

---

15) 自営設備によるものや旧第二種電気通信事業者の提供するサービスを指す．筆者注．

ない.」と規定し，基本的人権のうち最も重要なものの一つである言論の自由を，不当に圧迫するおそれのある検閲を禁止している[16].

　上記の規定は，この憲法の規定を受けて設けられたものであり，通信の内容を公権力が調べることを禁止し，在職中に知り得た他人の通信の秘密については，在職中であると退職後であるとを問わず秘密を守るべきことを義務づけ，基本的人権の保障を全うしようとするものである．

　「検閲」とは，一般に公の機関が強権的に，ある表現またはそれを通じて思想の内容を調べることをいうのであるから，4条の規定は，国の機関，その他の公の機関が，通信の内容を調べることを禁止したものである．私企業であるコモン・キャリアは，これによって直接規律を受ける訳ではない(NTT東西両会社のような特殊会社については，議論があるかもしれない)．事業者については，事業法における検閲禁止(3条)や秘密保護(4条)の趣旨と同時に，利用の公平(6条)を踏まえた契約約款(19条以下)あるいは個別契約によって律せられることになる．

　したがって仮に，事実上公の秩序を乱すような内容の通信を送受する場合が生じたとしても，事業者が取扱いを拒絶することが許されないのは，憲法が保障する基本的人権を保護する見地から，やむを得ないことである．しかし，このことは次のような行為を禁止するものではない(郵政省電気通信監理官室(監修)[1973]，電気通信法制研究会(編著)[1987])．

① 公の秩序や風俗を乱す内容の通信を発した者を処罰すること(電波法107条，108条)
② 刑事訴訟法218条の規定により，裁判所・捜査機関(検察官，検察事務官または司法警察職員)・税関職員が，電気通信事業者が保管し，または所持する通信に関する書類で，被告人または犯罪嫌疑者が送受信したものを，裁判官の発する令状または許可状により押収すること(刑事訴訟法100条，102条，222条，関税法第122条)
③ 刑事訴訟法220条の規定により，捜査機関が現行犯逮捕の場合において，現場で押収すること．

---

16) なお本法のほか，郵便については郵便法9条に，有線電気通信については有線法16条に，無線通信については電波法59条に，それぞれ通信の秘密を保護する規定が設けられている．

また一般に「通信の秘密」として保護される対象には，通信の内容はもちろん，通信の当事者(発信人，受信人)の居所，氏名，発信地・受信地，通信回数，通信年月日など通信の意味内容をなすものではないが，通信そのものの構成要素であり，これらの事項を知られることによって通信の意味内容が推知されるような事項は，全て含まれる(同上書)．

　「通信の秘密を侵す」とは，通信の当事者以外の第三者が通信の秘密を他に漏らし(他人が知りうる状態におく)，または窃用する(本人の意思に反して自己または第三者の利益のために利用する)ほか，その意思をもって，通信の秘密を積極的に知ることも含まれている．したがって，本人に知ろうとする意思がないにもかかわらず知り得た場合には，通信の秘密を侵したことにはならないが，その知り得た通信の秘密を他人に漏らすことは，通信の秘密を侵すことになる[17]．

　通信が犯罪などに関連しているときは，通信の秘密の保障と捜査上の要請との調和について，難しい問題が生ずる．裁判所の令状があれば，通信事業者がそれに従わねばならないことは，当然であろう[18]．問題は，脅迫犯人が現に発信している電話を，被害者の要請のみによって職員が逆探知し，捜査機関に通報するような場合である．通達ではこれも，本項の規定に違反しないものと解されている[19]．しかし実際には，電電公社および NTT は，「通信の秘密」を

---

17) 通信の秘密の侵害罪は，有線電気通信と無線通信とではその構成要件を異にしている．有線電気通信の場合は，通信の秘密を他に漏らし，または窃用するほか，通信の秘密を知ろうとする意思をもって積極的に知ることであり，それぞれ単独で構成要件となっている．一方，無線通信の場合は，「通信を傍受してその存在もしくは内容を漏らし，又はこれを窃用すること」を構成要件としており，単に通信を傍受してその存在や内容を知るだけでは秘密侵害とはならない．これは線条その他の導体を利用して行なう有線電気通信とは異なり，電波を利用して行なう無線通信は広く空中を伝播するため，無線局に聴取する意思がなくても，その存在や内容を傍受して知り得る状態にあるからである(郵政省電気通信監理官室(監修)〔1973〕)．
18) 最三小決 1999 年 12 月 16 日刑集 53 巻 9 号 1327 頁．
19) 電電公社時代の内閣法制局意見として，次のものがある．「公社の職員が電話の発信場所を探索し，これを他人に知得させることは原則として公衆電気通信法第 5 条第 2 項に違反し，許されないものと言わなければならないが，(中略)電話を利用して，脅迫の罪を現に犯している者がある場合において，被害者の要請があるときは，公社の職員が当該電話の発信場所を探索し，これを捜査官憲に通報することは許されるものと解すべきである．(以下略)」(1963 年 12 月 9 日法制局 1 発第 24 号)．

厳格に捉えていたこともあり，被害者の要請だけで逆探知を行なったことはなく，必らず捜査機関の要請を待って行なわれていたという．

4-5 アメリカにおける通信の秘密保持

ところで，アメリカは言論の自由に最も重きをおく国であるから，通信の傍受は昔から固く禁じられていると思われるかもしれない．しかし実は，そうではない．19世紀半ばに電信が，次いで同世紀末に電話が発明され実用化された直後から，通信の当事者以外の者が通信回線に機器を接続し，無断で傍受するという例が現れたため，幾つかの州では早くも19世紀中に，傍受を規制する立法が行なわれた．

当初その重点は，通信回線などへの物理的接触を禁止することにより，通信事業者の資産や通信サービスの提供を保護するという点に置かれていた．しかし20世紀に入ると通信自体の保護が主眼となり，通信の不正な傍受や傍受された通信内容の漏洩，使用が禁止されるようになった．ただしそれが，「法執行機関などによる傍受にも及ぶか否かは必ずしも明確ではなく，法律上これを明示的に除外するところもあったし，理論上適用があるとしても，実際にその違反により起訴・処罰がなされることはなかった」（井上(正)［1997］p. 6）．

憲法にも「通信の秘密」を保障した明文の規定はなく，「プライバシーの権利」の概念は未だ一般的に受容されるに至らなかった．しかし電話などの傍受によって得られた情報が，刑事事件で証拠として使われるようになると，そのような手段による証拠の収集が，憲法の適正手続の保障に照らして，許されるものであるか否かが争われるようになった．そして連邦最高裁がはじめて判断を示したのが，1928年のオルムステッド事件[20]の判決である．

事案は禁酒法違反の捜査の過程で，連邦の捜査官が被疑者らの住所や事務所の屋外や地下の電話線に，傍受装置を接続するという方法（wiretapping）で通信の内容を傍受し，速記で記録したというものであった．最高裁は，当該証拠は聴覚により捕捉されたにとどまり，「書類や有体物の押収」も「押収を目的にした住居(など)への現実の物理的侵入（actual physical invasion）」もなかっ

---

[20] Olmstead v. United States, 277 U.S. 438 (1928).

た以上，不合理な捜査・押収の禁止と，令状要件を定めた憲法補正4条に違反するものではない，と判示した．

ただオルムステッド判決も，電話による通信の秘密を保護するため，傍受された通信内容の証拠としての採用を，議会が立法によって否定することは可能であることを示唆していた．そこで1934年に連邦議会が，通信規律の一元化を目的として「連邦通信法（Communications Act of 1934）」を制定した際「いかなる者も，（送信者の許可を得ずに）通信を傍受し，かつ傍受された通信の存在，内容，実質，趣旨，効果または意味を，漏洩しまたは公表してはならない」という規定を置いた[21]．

この規定自体は，前身である「無線通信法（Radio Act）」に置かれていた規定を引き継ぎ，その対象を有線通信にまで拡張しただけのものであった．ところが3年後の1937年，連邦最高裁は再びワイヤータッピングで傍受された通話内容の，証拠としての許容性が争われたナードン（Nardone）事件[22]において，電話での通話を傍受することが禁止されているばかりか，傍受した通話内容につき裁判所で証言することも，同規定にいう「漏洩」に当たり許されないと断じた．

さらに2年後に最高裁が，「漏洩」の禁止は傍受された情報に基づいて獲得された，派生証拠の使用にも及ぶとしたことから，少なくとも連邦では証拠収集目的でのワイヤータッピングは意味がないことになった．これに対し，禁酒法時代に急成長した組織犯罪に対処する必要もあり，一定の範囲で電話傍受を許そうとする立法が何度も試みられた（その過程でも，時代が下がるに従って，裁判官の令状に基づき実施させるという案が有力になった）が，実現するには至らなかった．

もっとも，上記ナードン判決が根拠にした連邦通信法の規定が，文言上「傍

---

21) 現在の連邦通信法705条（47 U.S.C. 605）には，通信の「無権限な公表」と題して，次の規定がある．「(a) 合衆国法典第18巻第119章 [§§ 2510〜2520: 有線通信及び口頭の通信の傍受]の規定によって許可される場合を除き，有線若しくは無線による州際通信若しくは対外通信を送信し，受信し，またはこれらの通信の送信若しくは受信を補助するいかなる者も，認められた送信回線または受信回線を通してする場合以外は，当該通信の存在，内容，実質，主旨，効果または意味を，次のいずれかのものに対してまたは次のいずれかの場合に，漏洩し又は公表してはならない（以下略）」（訳は国際通信経済研究所 [1997] よる）．

22) Nardone v. United States, 302 U.S. 379 (1937).

受するだけでなく漏洩する」ことを禁ずるものであったことから，実務上は，傍受だけにとどまる限り同法の違反にはならないものと解され，情報収集のための電話傍受はその後も実施され続けたのである(戦時に突入したこともあり，防諜活動にも拡張されたという)．

　このような電話傍受を巡る動きに対し，口頭の会話を傍受することは当初あまり問題とはならなかったが，小型のマイクロフォンなどが開発されるに伴い，捜査上も類似の機器による会話傍受 (bugging) が広く用いられるようになった．しかしこれを禁止する法規は，ごく一部の州を除き存在しないばかりか，最高裁も1942年のゴールドマン (Goldman) 事件の判決[23]で「有体物の押収」や「物理的侵入」の存在を補正4条適用の要件とする，前出のオルムステッド判決の考え方はここにも及ぶことを確認した．そこで口頭会話の傍受は，ほとんど野放しの状態に置かれていた．

　ところが，最高裁は1950年以降，捜査官が被疑者の住居に侵入して盗聴器を設置したことを，「有体物の押収」を目的にした侵入ではなかったにもかかわらず，補正4条違反とした．また捜査官が，細長いマイクを被疑者宅の暖房用ダクトに接着させて，そのダクトを伝わってくる屋内の会話を傍受するとか，同じようなマイクを壁に僅かに差し込んだにとどまるような場合にも，補正4条の適用を認めるなど，オルムステッド判決の基準を緩和する形で，規制の下に取り込んでいった．

　このような流れの末に，連邦最高裁は1967年のバーガー事件の判決[24]において，捜査官が共犯者の事務所に立ち入って録音機を設置し，会話を秘密録音したという，明らかな「物理的侵入」を伴う事案であったにもかかわらず，オルムステッド判決の考え方によらず，会話も補正4条の保護の範囲内にあり，それを捕捉するため電子的装置を用いることは同条にいう「捜索」に当たるという解釈により，補正4条の適用を根拠付けるようになった．そして半年後のカッツ事件[25]で，連邦最高裁はこれをさらに推し進め，プライバシー権の観念に立脚する新たな考え方を基準に，「物理的侵入」を一切伴わない形での会話の傍受についても，補正4条の適用があることを認めるに至った．

---

23) Goldman v. United States, 316 U.S. 129 (1942).
24) Berger v. New York, 388 U.S. 41 (1967).
25) Katz v. United States, 389 U.S. 347 (1967).

事案は，州際電話を利用して賭博情報を伝達したという事件で，FBIの捜査官が公衆電話ボックスの外側に盗聴器を設置し，被疑者の発信を傍受・録音したというものである．従来の基準の下では，公衆電話ボックス内部への物理的侵入はなかったのであるから，補正4条の適用は否定されていたはずである．ところが最高裁は，被疑者の発した言葉を電子機器を用いて聴取し録音したのは，被疑者が公衆電話ボックスを利用している間確保されているものと「正当に信頼していた（justifiably relied）プライバシー」を侵害するもので，したがって補正4条にいう「捜索・押収」に当たると判示したのであった．

同判決を受けて制定されたのが，「1968年包括的犯罪防止および街路安全法」の第3編「Wiretapping and Electronic Surveillance」で，口頭による会話または有線通信による会話の傍受によって入手された内容と，それを手掛かりにして入手された証拠を，連邦・州・州の下部組織の，立法・行政・司法のいずれの手続においても証拠として採用することを禁止し，また傍受内容の開示を違法とした．また連邦議会は，「1986年電子通信プライバシー法」で，68年法に ① Electronic Communication を追加する，② 無線通信も加える，③ 個人的な通信にも保護を与えるという修正を加えた（佐々木 [1996]）．

しかし他方で，アメリカでは諜報活動を始めとして，通信の傍受に関する種々の例外が設けられていることも事実である．注21で引用した原則に対しても電子的手段によって外国諜報を監視することに関しては1978年外国諜報監視法（FISA = Foreign Intelligence Surveillance Act of 1978）がある．

アメリカ政府は伝統的に，国家の安全に関わる事件については，補正4条の制約なしに捜索や通信傍受ができるという解釈をとっていた．しかし1972年のウォーターゲート事件を契機にして，議会は行政府による捜査権限の濫用を防止すべくFISAを制定した．FISAは外国諜報の電子捜査に対しても，裁判所命令を要求することによって，補正4条で保障された国民の権利を守るとともに，外国政府に関連した諜報の国内での収集を，国内捜査に関連した制限なしにできるようにして，政府が合理的な諜報活動を遂行できるようにした．

司法省の要請を審査して，令状を発行するために，最高裁裁判長の指名する7名の連邦地裁判事からなる，外国諜報監視裁判所が設置された．同裁判所は毎年4月に，取扱件数，令状発行数，却下数を議会に報告しなければならないが，それ以上の詳細な報告は国家安全の観点から要求されていない（城所

[2002–2003])．

　また通信事業者の協力に関しては CALEA[26]（通称デジタル・テレフォニー法）がある．これはデジタル通信技術の発達が通信傍受を困難にしつつあることへの対応策で，法的に許可された監視を可能にするように，通信事業者に機器，設備，サービスを設計変更することを義務づけた．電気通信事業者は，発着信の機能を加入者に提供する機器，設備サービスが，以下の要件を充たすことを保障しなければならない．

① 通信内容をすみやかに特定し，傍受すること．
② 通信を識別する情報をすみやかに特定し，アクセスすること．
③ 通信内容および通信識別情報を捜査当局へすみやかに引き渡すこと．
④ 傍受を許可されていない通信の，プライバシーとセキュリティーを守り，もしくは妨げないように上記の行為を実施すること．
⑤ 同時に多数の傍受を行なえる能力を保証すること．

　議会は機器の製造業者および機器の支援サービス提供者の支援がなければ，事業者が CALEA を遵守できないと認識し，そうした業者に対しても CALEA の支援能力要件に必要な機能を提供し，必要な修正ができるようにすることを義務付けた．この法律は FBI のロビー活動が功を奏して，初めて民間企業に捜査当局の捜査を可能にするよう設備を変更することを義務付けたが，設備変更に巨額の費用が必要なこともあって，関係者の意見がまとまらず，制定後 8 年を経過しても実施に至っていないと言われている(城所 [2002–2003])．

　このような中で，あの悪夢とも言うべき「2001 年 9 月 11 日」の事件が起こったので，アメリカ議会は 1 ヵ月で，いわゆる「愛国者法」(注 1 参照)を成立させ，テロ対策の時限立法とは言うものの，これまでの慎重な手続を全く覆してしまうような法制に転換した．この法律は捜査権限の拡大(第 2 編)，テロ資金の規制(第 3 編)，国境防備(第 4 編)を 3 本柱とするもので，本章のテーマである第 2 編だけをとっても，広汎な論点をカバーしている．その詳細は城所 [2002–2003] をご覧いただくとして，一例だけを示しておこう．

---

26) Communications Assistance for Law Enforcement Act（CALEA または CLEA）は，法執行官の通信傍受に適合するように設備を整備しなければならないとするもの．1994 年に成立した法で，具体的手続が整ったのは 2000 年夏ごろと言われるが，未だ完全実施に至っていない．

9月11日のテロリスト達が，インターネットを利用していたことは周知のとおりだが，コンピュータ犯罪については従来「コンピュータ詐欺・悪用防止法（CFAA = Computer Fraud and Abuse Act of 1984）」によっており，これまで捜査官はCFAA違反の音声通信などの，有線通信を傍受するための通信傍受命令を取得することはできなかった．このため，クラッカーたちは電話会社の電話会議サービスを不正使用して，違法な攻撃を計画・遂行したことが何回かあった．

愛国者法202条は「1968年包括犯罪防止および街路安全法」第3編による通信傍受許可が得られる犯罪に，CFAA違反の犯罪を追加して，政府によるコンピュータ犯罪の捜査を可能にした．具体的にはハッキング，サービス拒否に対する反撃，その他CFAAに違反する行為を政府が監視することによって，サービス・プロバイダを支援しやすくした．

このように，現在のアメリカでは「非常事態」が続いており，安全とプライバシー（や通信の秘密）の価値のバランスについて，従来の基準の転換が起こりつつあるのかもしれない．しかし定常状態に戻るまでは，これらの法律の評価も差し控えざるを得ないのではないかと思われる．

4-6　通信傍受法

さて4-4で述べたように，わが国の場合通信傍受は極めて限定的であったが，いわゆるハイテク犯罪[27]や国際マフィアによる犯罪などが顕在化してくると，従来のような固定的な発想だけでは社会秩序が守られなくなりつつある．そこで，捜査機関による通信や会話の秘密裡の傍受が，憲法上果たして許されるか，許されるとすればいかなる条件の下に許されるのかを検討する必要に迫られている．

---

[27] 最近「ハイテク犯罪」という用語を耳にすることが多いが，警察庁ではこれを① コンピュータ・電磁的記録対象犯罪，② 不正アクセス禁止法違反，③ ネットワーク利用犯罪，の3つに分けている．検挙件数は③ が90％近くと圧倒的に多い．ハイテク犯罪の特徴として，① 匿名性が高い，② 痕跡が残らない，③ 被害者が不特定多数のことが多い，④ 場所を限定することが難しい等が挙げられている．1-2で述べたインターネットの特徴と符合していることを，再確認していただきたい．

日本国憲法は「通信の秘密」は守られなければならず,「検閲」をしてはならないと定めている(21条2項)が,そのことから直ちに捜査手段として通信傍受を行なうことが一切許されない,ということになるわけではない.これまでの議論でも,そのような意味で傍受はおよそ許されないとする意見は存在しなかった.しかし傍受の規制に当たって,その根拠を憲法上のどの条項に求めるかという点では,意見が必ずしも一致しているわけではない.すなわち論者の見解は,

ⓐ　個人の尊重や「生命,自由及び幸福追求」の権利を保障する憲法13条に根拠を求めるもの
ⓑ　少なくとも電気通信の傍受との関係では,同21条2項を根拠とすべきだとするもの
ⓒ　適正手続の保障を定める同31条に拠るもの
ⓓ　令状主義の保障を定める同35条に拠るもの

等に分かれているという(井上(正)[1997]).

ここで,個人のプライバシー権は憲法13条を一般的な根拠として認められ,同21条2項の通信の秘密の保障も(同条1項で保障された表現の自由にも関連する面はあるものの)プライバシー権の保護を通信にも及ぼそうとすることにあると考えると,同13条の保障とはいわば一般法と特別法との関係に立つことになる.そうだとすると,上記 ⓑ 説も,ⓐ 説と矛盾しない.

そして,これらの規定がプライバシー権を実態的に保障するものであるのに対し,憲法31条の適正手続の保障は,主として刑事手続において個人の人権を手続的に保護しようとするものであり,憲法35の令状主義はその適正手続の保障を更に特化させたものと位置づけることができる.そうだとすると,ⓒ 説も ⓓ 説も,ⓐ 説や ⓑ 説を当然に否定するものではなく,またその ⓒ 説と ⓓ 説の間でも,「後者は前者を排除するものでは必ずしもない.いずれの関係でも,直近の手続保障規定が適用可能であるならば,それに規制の根拠を求めようとするだけのことに過ぎない」とも言える(井上(正)[1997] p. 12)[28].

---

[28]　しかし,このような解釈は4-1で述べた現代的背景を理解しないものであり,ⓑ 説をさらに拡大した「情報の自由」説を確立する必要があると思われる.プライバシーと個人情報の関係が混乱を極めている今こそ,方向転換を図るべきではなかろうか.

このような中で，いわゆる通信傍受法[29]が制定され，2000年8月から施行された．この法律は，組織的な犯罪が増加し，通信の傍受なくしては十分な対応ができない状況に対処しようとするものであるが，これまで行なわれてきた「裁判官の事前の令状による」という伝統を逸脱するものではない．

　すなわち対象とする通信は，電話，ファクシミリ，コンピュータ通信などの電気通信(伝送路の全部又は一部が有線であるもの又は伝送路に交換設備があるもの)に限定されている．また対象犯罪も，必要最小限のものとするため，通信傍受という新たな捜査方法が必要不可欠と考えられる，組織的な犯罪(組織的な殺人，薬物・銃器関連犯罪，集団密航に関する罪)に限定している(同法1条，具体的罪名は別表にあるが省略)．

　ここで令状発出の要件は
① 下記アからエについて犯罪の高度の嫌疑があり[30]，当該犯罪が数人の共謀によるものと疑うに足りる状況があること(同3条1項各号)
　　ア　対象犯罪が犯された場合
　　イ　対象犯罪が犯された後も同一又は同種の対象犯罪が犯される場合
　　ウ　当該犯罪の実行を含む一連の犯行の計画に基づき，対象犯罪が犯される場合
　　エ　死刑又は無期若しくは長期2年以上の懲役・禁錮に当たる罪が，対象犯罪と一体のものとしてその実行に必要な準備のために犯され，引き続き対象犯罪が犯される場合
② 犯罪の実行に関連する事項を内容とする通信(犯罪関連通信)が，行なわれると疑うに足りる状況(同3条1項本文)
③ 他の方法によっては，犯人の特定，犯行の状況・内容を明らかにすることが著しく困難(同上)
④ 傍受対象の通信手段は，犯人による犯罪関連通信に用いられると疑うに足りるもの(同上)
となっている．

---

29) この法律に反対する人々は「盗聴法」と呼ぶが，それは正式の名称でもないし，対象を組織的な犯罪に限定するという修正がなされた後では，適切な略称とも言えまい．
30) 通常逮捕の「相当な理由」と異なり，「十分な理由」を要する．

請求権者は，検事総長が指定する検事，または国家公安委員会等が指定する警視以上の司法警察員等，発付権者は地方裁判所裁判官に限定されている(同4条)．また傍受の期間は10日以内で(同5条)，地裁裁判官が必要があると認めるときは，請求によって10日以内の期間を定めて延長可能であるが，通算して30日を超えることはできない(同7条)．再請求は，更に傍受を必要とする特別の事情を要する(同8条)．

なお，傍受の実施における適正確保のため
① 通信手段の傍受を実施する部分を管理する者に令状を提示し(同9条)，
② 通信手段の傍受を実施する部分を管理する者または地方公共団体の職員(例: 消防署の職員)の常時立会いが必要であり(同12条1項)，
③ 立会人は傍受実施に関し意見を述べることが可能(同2項)
となっている．

また，傍受の対象は傍受令状で指定された通信のほか，傍受すべき通信に該当するか否かの判断に必要な最小限度に限ることとしている(同13条)．

このような規定は，前述のように「裁判官の事前の令状による」という大原則を崩したものではない．しかし12条で定められた通信事業者等の立会いや意見陳述は，これまでのC型規律をアメリカ的なC′型規律に変質させる要素を含んでいることは間違いない．

4-7 情報仲介者の責任に関する一般原則

以上の主として刑事的側面の検討から，主として民事的な諸問題の検討に移ろう．インターネット上のウェブページや電子掲示板で，著作権侵害，名誉毀損，プライバシー侵害等の他人の権利の侵害が頻発している．

この場合の利害関係者は，権利侵害となる書き込み等をした発信者，書き込み等により権利を侵害された被害者のほか，この通信に関与しているインターネット・サービス・プロバイダやサーバの管理・運営者等(総称してプロバイダという)である．実際には，プロバイダが複数いる場合が多い(例えば，発信者が加入しているプロバイダAがあり，権利侵害情報が書き込まれた電子掲示板を管理するプロバイダBがいる場合)．

ここで被害を主張する者は，発信者との間で紛争を解決しようとするが，発

信者は通信の匿名性を悪用していることがほとんどで，被害(申告)者からすると，発信者が誰か特定できないことが多い．わが国の裁判システムでは，匿名の者を相手にした提訴を認めていないので[31]，これでは裁判が起こせない．また仮に発信者が特定できても，発信者が要求に応じない場合には，権利侵害状態が継続することもある．

そこで被害(申告)者は，この通信に関与しているプロバイダや，サーバの管理・運営者(プロバイダ)を相手にして，権利救済を求めることが多くなる．この際，被害(申告)者は，プロバイダに対して，問題のある書き込みの削除の請求，損害賠償請求や謝罪広告掲載請求をする場合もあるし，発信者に対するこれらの権利救済請求をする前提として，発信者情報の開示を請求する場合もある[32]．

このようにネットワークでの権利侵害においては，プロバイダが矢面に立たされる局面が多い．この場合権利救済を求められるプロバイダは，いかなる立場をとるべきだろうか．そもそも実際の紛争では，比較的侵害行為が分かり易い著作権の場合はともかく，名誉毀損，プライバシー侵害等の他人の権利の侵害が，果たして本当にあるのかどうか明白でない場合が多く，権利侵害の有無を自分で判断するにはリスクが伴う[33]．

---

31) 民事訴訟法133条2項1号，民事訴訟規則53条4項．なおアメリカでは，匿名の被告相手の訴訟も認められる．
32) 電子掲示板にはプロバイダとして，電子掲示板管理者，サイト管理者，サーバ管理者がいることが想定される．このとき被害(申告)者が，匿名の発信者の書き込みについて削除等の送信防止措置請求を求めるのは，通常この3者の全部または一部に対してである．また，発信者の発信者情報については，まずこの3者のいずれかに対して開示請求し，ここで開示された情報を元に発信者の利用したプロバイダに対して，発信者にかかるもっと特定された発信者情報の開示を請求することとなる(飯田[2002])．
33) 以下の議論の前提として，ここでプロバイダと呼ぶものは，自分から情報を発信している者ではなく，かつ発信者と共謀もないものとしよう．これが本来的な「プロバイダ責任」の問題である(もしプロバイダが自ら発信したり，発信者と共謀したりすれば，プロバイダ自身を発信者として扱えばよいからである)．また，発信者が侵害情報をアップロードする際には，プロバイダの作為は何ら必要でなく，自動的にできるものと仮定しよう(このアップロードの際，プロバイダによる作為や判断手続きが必要である場合には，これらの作為の法的評価如何で，発信者と共謀がなくてもプロバイダの独自の権利侵害行為が認定されることがあり得る)．また侵害情報について，プロバイダの側で削除等の送信防止措置をとることは，技術的に可能であることを前提にして論を進める．

例えば，権利侵害であると判断して書き込み等を削除したが，実は権利侵害とは認められないという場合，プロバイダは発信者から書き込み等を削除したことが言論の自由の侵害であったと訴えられるかもしれない．逆に権利侵害でないと判断して書き込みを削除しなかったが，実は権利侵害と認められるという場合には，プロバイダは被害(申告)者から，書き込みを削除しなかったことが権利侵害であったと訴えられるかもしれない．このようにしてプロバイダは，権利侵害かどうかの判断をすることによって，被害(申告)者と発信者との間で板ばさみになりかねない．

　それでは，プロバイダは発信者の発信者情報(氏名，住所，あるいは IP アドレス，アクセス時刻等)を被害(申告)者に開示して，被害(申告)者・発信者の当事者間での紛争解決を促すことはできるのだろうか．4-3 で述べたように，憲法(21 条 2 項)で保護される「通信の秘密」には，通信内容の秘密だけでなく通信相手や通信時刻も，さらには通信の存在そのものも含まれる，というのが一般的見解である．したがってプロバイダは容易に発信者情報を開示する事ができない．

　ここで「言論の自由」との関係を述べた第 3 章の，とりわけ図 3.1 (p.83)を思い出していただきたい．ここでは「言論の自由」という大原則が社会的制約を受けるケースとして ⓐ 内心，ⓑ 表現，ⓒ 行動，の 3 レイヤと ① 他人の権利の侵害，② 他人の権利の侵害 and/or 公序良俗違反，③ 知的財産権侵害，の 3 パターンの組み合わせについて論じておいた．この枠組みは，情報仲介者の責任についてもほぼ同様に当てはまる．

　上記のパターン 2 のうち刑事責任については，① わいせつ物公然陳列罪(刑法 175 条) ② 名誉毀損罪(同 230 条)，③ 侮辱罪(同 231 条)，④ 脅迫罪(同 222 条)，⑤ 著作権侵害罪(著作権法 119 条)，⑥ 商標侵害罪(商標法 78 条)等が考えられる．そして，プロバイダはその共犯(共同正犯，教唆犯，幇助犯，刑法 60-62 条)と認められれば，刑事責任を問われる可能性がある．しかしこのケースはプロバイダが正犯であるケースと変わらないわけだから，本章の検討対象外である[34]．

---

34) ただし，わいせつに関する問題は，言論の自由との関連で慎重な検討を要する(山口 [1997])．

そこで以下では ① の民事責任と，そのうち取扱いを異にする ③ の知的財産権の侵害の場合に絞って，論じていこう．プロバイダが権利侵害という主張に直面した場合，対応策としては ① 当該情報を削除する，② 削除しないで放置する，の 2 つの案が考えられる．

前者によって情報を削除したところ権利侵害が認められなかった場合，情報を削除された発信者から民法 709 条の「不法行為」に伴う，損害賠償等の請求をされることが考えられる．この時，プロバイダに「過失」があれば，相当因果関係のある損害の範囲で，損害賠償責任が生ずる．さらに，名誉等の人格的利益を侵害され，その回復のために必要であると認められる場合には，民法 723 条に基づき損害賠償に代え，あるいは損害賠償とともに謝罪広告掲載請求が認められる[35]．

したがって，ここでのプロバイダの問題は，過失のないように削除するにはどうしたら良いか，ということになる．また情報を削除したプロバイダと発信者との間には，通常サービス提供契約等の契約関係があり，プロバイダの債務不履行の問題にもなるが，実際の契約ではプロバイダの免責を広く定めている場合が多いので，免責条項の効力が問題になる．

逆にプロバイダが権利侵害情報を削除しなかった場合に，被害(申告)者から削除等の送信防止措置請求，損害賠償請求や謝罪広告掲載請求をされることが考えられる．この事例でも，契約関係があれば債務不履行の問題にもなるが，免責を広く定めている場合が多い点は，上記と同様である．

「プロバイダ責任(制限)法」では前者の「誤って削除した場合」の責任を限定し(3 条 2 項)，後者の「誤って削除しなかった場合」の責任も限定している(3 条 1 項)が，ここではまず，法以前にどのような議論が交わされてきたかを見ておこう．最初に，権利侵害の態様が比較的把握しやすい著作権侵害のケースを採り上げ，その後にその他のケースを検討する．

4-8　知的財産権侵害の場合

インターネット上の著作権侵害については，日本では自動公衆送信(禁止)権

---

[35]　謝罪広告掲載命令の妥当性については，ここでは深入りしない．3-5 参照．

(著作権法2条1項9号の4)，送信可能化(禁止)権(同2条1項9号の5)を含む「公衆送信(禁止)権」が明確に規定されている(同23条)[36]．加害者と共謀がなく，かつ，送信内容を全く知らないプロバイダについても，「自動公衆送信」の主体となり得るかという点については，これを肯定する「積極説」，否定する「消極説」，その中間を採る「中間説」が対立している．しかしプロバイダの行為が「自動公衆送信」になるという考え方(積極説)が有力である(飯田(編著) [2002])．

　この立場では，被害(申告)者から差し止め請求権(同112条)に基づく削除請求がなされた場合，プロバイダの「過失」は差し止めの要件ではないので，情報に著作権侵害さえ認められれば，プロバイダに対する削除請求は認められる．一方，一般不法行為および債務不(完全)履行を理由とする損害賠償請求権や，謝罪広告掲載請求権の成立要件としては「過失」が不可欠だから，著作権侵害があってもプロバイダに「過失」がない場合には，それらの請求は認められない[37]．

　一方，これまで特許権侵害は，権利侵害情報と関係ないと考えられてきたが，2002年の特許法改正では「プログラム」は「物の発明」に含まれることになり，さらにインターネットを通じたプログラムの「提供」も，物の発明の「実施」に当たることになった．したがってプログラムをアップロードした発信者に対して，プログラムという物の特許権を取得した者が被害を主張した場合，業として実施(インターネットを通じた提供)をするプロバイダが，特許権侵害となるとの解釈もあり得ることになった．この立場に立つと，プロバイダ自身が削除請求を受けることになる[38]（飯田(編著) [2002]）．

---

36) これは「著作権に関する世界知的所有権機関（WIPO = World Intellectual Property Organization）条約」（WIPO 著作権条約，わが国では2002年3月6日発効）第8条によったもので，アメリカも当然本条約を調印しているが，法構造の違いから国内法では「送信可能化権」のような支分権を設定せず「複製（reproduction）権」の一要素として扱っている．

37) プロバイダは公衆送信の主体にはならず，著作権以外の侵害の場合と同様，削除しない不作為の不法行為の成立だけを考えればよいとする消極説，容易にサーバに蓄積された情報を認識し削除等をすることができる場合にのみ，プロバイダは公衆送信の主体になるとする中間説等がある．

38) もっとも，特許法では「送信」ではなく「提供」が問題となるので，プロバイダによ

こうした事例が実際に裁判によって結着した例は未だないが，和解で解決した例はあるという．著作権者(被害者)がプロバイダに対して，発信者(加害者)による著作権侵害を理由に差し止め請求等を求めた訴訟において，著作権者とプロバイダとの間で，プロバイダがそのサーバを提供するウェブサイト開設者(発信者＝加害者)との「インターネットプロバイダとしての役務提供に関する契約」を解約したことを確認し，著作権者はプロバイダに対して損害賠償請求権を行使しないこと等を内容とした裁判上の和解が成立した．この事例では，著作権者の加害者に対する訴訟は欠席判決で，原告(著作権者)勝訴となっている[39]．これは，「プロバイダが著作権者たる被害者に一定の責任を負いうることを示唆する事例と評価することができる」(飯田(編著) [2002] p. 14)かもしれない．

　ところで，ISP を含めて，著作権の流通には仲介者の役割が大きいが，仲介者にも種々のものがあり，その権利も区々なので，ここで整理しておこう(表 4.2 参照)．この表では，まず仲介者を 3 つのタイプに分けている．1 が一般にいうマス・メディアであり，その業容が更に (a)〜(c) に分けられることは既に述べた (3-4)．

　2 のタイプは PBC 分類によれば，C 型で著作権上特別な扱いは受けない，いわば黒子である．ところが，このうち「特定の者」(特定電気通信役務提供者，プロバイダ責任(制限)法 2 条 3 号)については，同法上の責任と免責とが規定されている．つまり比喩的には C′ 型に変質している．

　第 3 のタイプは著作権等管理事業者で，流通チャネルに直接係る訳ではないが，著作物を円滑に流通させるという観点からの役割は大きい．この業種に携

る提供はないとの解釈があり得る．或いは，上記著作権での消極説ないし中間説に準じた解釈もあり得るので，これらの解釈を採れば，いずれも不作為の不法行為が問題となるだけとなる(つまり，削除するという作為義務が発生する場合にのみ不法行為になる)．なお，損害賠償請求については，特許法および商標法においても，過失が要件になることについては，すべての解釈で争いはない．また商標権についても，2002 年の商標法改正で，インターネットを通じた提供も「商標の使用」に当たることとなった．したがって，例えば商標を付した商品をアップロードした発信者に対して，商標権者が被害の主張をした場合，プロバイダがインターネットを通じた提供をしたこととなって，商標権侵害になるとの解釈もあり得る(飯田(編著) [2002])．

39)　速読本舗事件，東京地判 2001 年 12 月 3 日 判例時報 1768 号 116 頁．

表 4.2 著作物の流通に当たっての仲介者

	区分	役割と事業者	法的地位
1	特定の流通チャネルを提供	(a)「放送」という無線による送信＝放送事業者*	著作隣接権者となる(著作権法 98 条以下)
		(b)「出版」という形態の流通＝出版社	出版権の設定ができる(同 79 条以下)
		(c)「新聞」という形態の流通＝新聞社	職務著作について著作者であるほか,特別の権利は有しない
2	一般的な流通チャネルを提供	電子ネットワークを介した流通＝電気通信事業者	特別の権利は有しない
	上記のうち特定の者	インターネット接続事業者＝ISP	プロバイダ責任(制限)法による責任と免責
3	流通の円滑化を支援	権利関係の処理を仲介＝著作権等管理事業者	著作権等管理事業法上の権利義務はあるが,著作権そのものについては特別の権利は有しない

* 有線放送事業者も同じ扱いである(同 100 条の 2 以下)

わるものは,以前は「一分野一団体」の原則の下で,厳しい認可制度の下に置かれていた.したがって旧法である「著作権仲介業務法」の下で,音楽著作権管理の業務を行なっていたのは,日本音楽著作権協会(JASRAC)だけであった.しかし,2001年からは著作権等管理事業法による登録制度に替わったため,音楽のみならず他の著作物についても複数社が競合する時代になっている(清野 [2001]).

このように「著作物の流通チャネルと権利のあり方」という視点から現行制度を整理し直してみると,2つの大きな疑問が生ずる.1つは先にも述べた「なぜ放送事業者が特別扱いになるのか」という点であり,第2は「これ以外にも流通チャネルというものは数多くあるはずだが,それらはどのように位置づけられているのか」という点である.まず前者から検討してみよう.

「放送」という概念はかつては明確で疑いようが無かった.今日でも「公衆によって直接受信されることを目的とする無線通信の送信」(放送法 2 条 1 号,電波法 5 条 4 項)という範囲に限定すれば,概念は明確とも言えそうである[40].しかし「有線テレビジョン放送法」において「番組編集準則」(放送法 3 条の 2)等を準用した(有テレ法 17 条)ことから,有線を使った放送類似のサービスに

---

[40] ただし,放送法上の放送と,著作権法上の放送が同一の概念であるか否かについては,未だ裁判例がなく曖昧なままである.第 3 章注 28 参照.

も，実効的には放送の概念が拡大適用されることになった．加えて「電気通信役務利用放送法」によって，自前の送信設備を持たないでも放送業務が可能になって，かつての概念はさらに曖昧になりつつある．

これらは結局放送の情報提供には，放送コンテンツ規律を課すのが社会秩序を維持する上で必要で，つまりコンテンツ提供に関係している限り，B 型規律でいくしかないという考え方から生まれたものと思われる．その限りでは肯定できないでもないが，著作権法の放送概念をそこまで拡大解釈することには疑問がある．つまり，利用者から見れば殆ど同じ番組を提供する場合でも，インターネット放送と狭義の放送では，著作権処理が全く異なるという事態が生ずる．

表 4.3 は，NHK で長年著作権処理の経験を持つ研究者が，両方式の違いを比較したものである．この表から，もともと放送は著作権法上特権を与えられていた上，その特権も含めて権利処理の長い伝統を持っているので，とりわけ音楽著作権については，スムーズな権利処理が可能であること，片やインターネット放送事業者は，著作権法上何らの特典もなく，権利処理もゼロからスタートしなければならないので，コンテンツ(番組)の利用は並大抵ではないことが読み取れるだろう．

一方第 2 の問題点については，著作権侵害事件に関する裁判の過程で，表 4.3 に掲げる仲介者以外の者にも，侵害行為の主体としての責任を問われるケースが多いことに注意を喚起したい．その発端となったのは，カラオケ・スナックの経営者(Y)が JASRAC(X)に無断でカラオケ・テープを使って客に歌唱をさせていた行為が「演奏権侵害」として差し止めと損害賠償を課せられたものである(クラブ・キャッツアイ事件[41])．

多数意見は客のみが歌唱する場合であっても，「演奏(歌唱)という形態による当該音楽著作物の利用主体は Y らで」ある．なぜなら「客は Y らと無関係に歌唱しているわけではなく，Y らの従業員による歌唱の勧誘，Y らの備え置いたカラオケ・テープの範囲内での選曲，Y らの設置したカラオケ装置の従業員による操作を通じて，Y らの管理のもとに歌唱しているものと解され，他方，Y らは，客の歌唱をも店の営業政策の一環として取り入れ，これ

---

41) 最三小判 1988 年 3 月 15 日民集 42 巻 3 号 199 頁．

表4.3　放送とインターネットの比較の中で権利処理を考える

	放送	インターネット放送	現実と対応
著作権法上の位置づけ	● 放送	● 自動公衆送信	
事業者の権利の保護	● 放送事業者に著作隣接権	● ISPにプロバイダ責任(制限)法	
著作者の権利の働き方	● 著作者から「放送の許諾」を得ることが必要(放送の許諾を得れば録音録画は一時的固定の適用が可能)	● 著作者から「自動公衆送信の許諾」を得る必要 ● 録音録画しての利用には「複製の許諾」も必要	
著作隣接権者の権利の働き方	● 実演家から「放送の許諾」を得る必要 ● 商業用レコードは自由に使えるが、二次使用料の支払義務	● 著作隣接権者から「送信可能化の許諾」を得る必要 ● 複製が伴う利用の場合は「複製の許諾」も必要	
音楽をCDで送信する	● 楽曲はJASRACと包括契約 ● 商業用レコードは許諾不要	● 楽曲はJASRAC等の権利者団体から許諾を得る ● レコード(レコード製作者、実演家)については個別に、送信可能化の許諾を得る必要	● 楽曲は、権利者団体で権利処理可能 ● レコード会社からは現実には許諾を得られない ● CDを使わず、自分で演奏録音すれば利用しやすい
劇場用映画を送信する	● 映画製作者、クラシカルオーサー(原作・脚本)の許諾を得ることが必要 ● 楽曲はJASRACと包括契約の範囲内	● 映画製作者、クラシカルオーサー(原作・脚本・音楽等)の許諾を得ることが必要	
放送局が制作したテレビ番組を送信する	(放送の許諾を得て制作したもの)	● 映画製作者としての放送局のほかに、番組に含まれる全ての権利について許諾を得る必要	● 商業用レコードが使われるケースはまず不可能
放送波をエアチェックしてストリーミングで送信する		● 放送事業者の送信可能化の許諾をはじめ、コンテンツに含まれる全ての権利について許諾を得る必要	● 誰も許諾をしないと思われる
会社のPRビデオを送信する	● 権利処理が必要と思われる	● 権利処理が必要と思われる	● 当初の権利処理がどこまでなされているか不明

出典：杉村[2003]

を利用していわゆるカラオケ・スナックとしての雰囲気を醸成し、かかる雰囲気を好む客の来集を図って営業上の利益を増大させることを意図していたというべき」であり、「客による歌唱も著作権法の規律の観点からはYによる歌

唱と同視し得る」からである．一方少数意見は，客の歌唱ではなく，カラオケ・テープの再生が演奏権侵害に当たるとするが[42]，「この二つの見解は，カラオケ歌唱という形態の音楽著作物の利用について侵害を認めたい，という価値判断が先にあり，結論を導くべく苦心を重ねた結果生み出されたものである」（井上(由) [1994] p. 16)．

ここでなぜカラオケ・スナックの経営者が，直接著作権を侵害しているはずの客と同一視し得るのかといえば，
① 管理性
　a) 客が歌う曲の範囲は，カラオケ経営者がコントロールしている．
　b) 客は，カラオケ経営者が支配する建物内で歌唱する．
　c) 従業員が機械を操作する．
② 図利性：カラオケ客を誘引して，収容力(＝収益力)を高める．
からであろう．

カラオケ・スナックの経営者の責任を問うたこの判決は，その後同種の営業に対する複数の判決で追認され，ほぼ確定している．またカラオケリース・ビデオメイツ事件[43]によって，カラオケ装置のリース業者は，「当該装置が専ら音楽著作物を上映し又は演奏して公衆に直接見せ又は聞かせるために使用されるものであるとき」は，「リース契約の相手方に対し，当該音楽著作物の著作権者との間で著作物使用許諾契約を締結すべきことを告知するだけでなく，上記相手方が当該著作権者との間で著作物使用許諾契約を締結し又は申込みをしたことを確認した上でカラオケ装置を引き渡すべき条理上の注意義務を負う」とされ，リース業者も違法行為を知りながら機器をリースしたときは，著作権侵害の責任を負うものとされている．

そして通信カラオケ時代になって，リース業者側が楽曲の配布などのコントロールが可能になったため，責任の範囲は拡大している．すなわち，JASRACの許諾を取らずにカラオケ利用を続けている店舗へ，カラオケ用楽曲データを

---

42) その当時の特殊事情として，テープの再生については著作権法施行令付則14条が「放送等に該当するもの」と「営利を目的として音楽の著作物を使用する事業で政令に定めるものにおいて行なわれるもの」を除き，演奏権侵害とならない旨規定していたことが，判旨に反映しているものと思われる．なお，この条文は1999年に改正された．
43) 最二小判2001年3月2日民集55巻2号185頁．

提供できないようにする措置を求めた訴訟で，大阪地裁は通信カラオケリース事業者に対して，違法利用店への管理著作物の提供を禁止するよう命じた．これはカラオケリース事業者に，違法利用のリース先店舗への楽曲データの提供を禁止した，初の判決とされる(カラオケリース・ヒットワン事件)[44]．

加えて 90 年代半ばから急速に発展してきた，peer-to-peer (p2p) の技術を使ったファイル転送サービスについても，ファイルローグ事件に関する東京地裁判決で同様の理論構成がなされ，情報仲介者の責任は今や確立された判例の地位を占めたかに見える．ファイルローグ事件の概要は次の通りである．

有限会社エム・エム・オー(以下 MMO)は，2001 年 11 月 1 日から利用者のパーソナル・コンピュータ間で多様な形式の電子ファイルの送受信を可能とする「ファイルローグ (File Rogue)」というサービスを開始した．このサービスを利用すると，他の利用者が指定した共有フォルダ内の電子ファイルを，キーワードとファイル形式によって検索し，これをダウンロードすることができる．このサービスは，MMO がカナダ国内に設置した中央サーバを通じてなされるが，MMO サーバには交換される電子ファイル自体が保存されるわけではなく，当該ファイルの所在を示す情報のみが保存される．利用者がダウンロードしようとする電子ファイル自体は，他の利用者の「パソコン」のハードディスク内の共有フォルダに蔵置されており，電子ファイルは送信者たる利用者のパソコンから，受信者たる利用者のパソコンに直接送信される．

JASRAC と日本レコード協会が調査したところ，このサービスを通じて送受信される MP3 形式の電子ファイルのうち，96.7% が市販のレコードを複製したものであった．両者はそれぞれ MMO に対して，電子ファイルの交換が著作権および著作隣接権を侵害することを理由に，その是正を求めたが MMO はこれに応じず，両者に加盟しているレコード会社 19 社は，2002 年 1 月 29 日にそれぞれ MMO の行為の差止めを求めて，仮処分命令を申し立てた．東京地方裁判所は 2002 年 4 月 9 日に，レコード会社各社の申請を認めて MMO の行為の差止めを命ずる仮処分決定を行ない，4 月 11 日には JASRAC の申請を認めて，同様に MMO の行為の差止めを命ずる仮処分決定を行なった[45]．

---

44) 大阪地判 2003 年 2 月 13 日平成 14 (ワ)9435 号，最高裁判例情報・知的財産権判決速報．http://courtdomino.courts.go.jp/chizai.nsf

45) 東京地決 2002 年 4 月 9 日および 11 日判例時報 1780 号 25 頁．牧野(利) [2001]．な

私はこの判決の結論自体には賛成であるが、他方でわが国の著作権法には、アメリカ法のような contributory infringement（寄与責任、刑事法における教唆・幇助に近い）の概念が明定されていないので、情報仲介者と情報提供者を同一視するという論理によらざるを得ず、解釈に無理が生じていることも否めない。解釈論だけでこの結論に到達するには無理があり、立法的解決を図るべきだと思う[46]。

このことは著作権固有の問題にとどまらない。本節で展開してきた論議に照らせば、情報の仲介機能には多種のものがあるのに、それらが未整理のまま部分最適化が進んできたというしかない。しかし部分最適化が全体最適化と必ずしも同一でないことは、システム科学を持ち出すまでも無く明白であろう。

本節の文脈で解決策を検討すれば、

① 情報仲介者の機能・役割に関する分析を深め、
② これに特権または特定の義務を課すことは、その合理性をゼロ・ベースからチェックし、
③ なるべく情報の流通が円滑に進むような方向で、抜本的な見直しをすることが求められていると言えよう。以上の論点は、可能な限り第6章で再説する。

4–9 知的財産権以外の侵害の場合

知的財産権侵害以外の権利侵害情報（名誉毀損、侮辱、脅迫、プライバシー侵害）を削除しなかったとしても、発信者と共謀のないプロバイダについては、侵害行為の作為主体ではないので権利侵害は認められず、削除しなかったことによる不作為の不法行為の成立が考えられるだけとなる[47]。

お、JASRAC および日本レコード協会は 2002 年 2 月 28 日に MMO に対して損害賠償（JASRAC は、2 億 1,433 万円、レコード会社らは 1 億 5,100 万円）を求める本訴を提起した。
46) アメリカにおける同種の歴史については、城所［2002］参照。
47) 「あることをすること」が作為で、「しないこと」が「不作為」である。例えばプロバイダの場合、削除することは作為で、削除しないことが不作為である。この不作為が不法行為となって民事上違法となるには、作為義務が必要で、この作為義務は法令の規定、契約、慣習、或いは条理に基づいて発生すると解釈されている。

ここでは権利侵害の典型的事例である「名誉毀損」をめぐって争われた4つのケースを採り上げ，プロバイダの責任範囲を明確にしておこう．

事例1 ニフティ第1事件（「思想フォーラム事件」又は「FSHISO事件」ともいう）

情報仲介者の責任を認める裁判例の先駆けとして，パソコン通信時代の「ニフティ第1事件」がある．

本件の原告Xは，被告Y_1の主催するパソコン通信ニフティサーブの会員であり，「Cookie」というハンドル名で現代思想フォーラムのフェミニズム会議室に多くの発言を書き込み，一時はフォーラムのリアルタイム会議室の常駐要員として，課金免除資格やスタッフしかアクセスできない運営会議室への出入りを許されていた．被告Y_2は1993年11月ころから本件フォーラムのシスオペ[48]に就任した．被告Y_3はニフティサーブの会員であり，1993年11月29日から1994年3月27日にかけて，Xが名誉毀損・侮辱・脅迫に当たると主張する本件各発言を書き込んだ．パソコン通信の主催者Y_2は，1994年2月25日X代理人からの書面による削除要求を受け，本件各発言の一部を削除し，さらに本訴提起後の同年5月25日残りの本件各発言について，フォーラムの電子会議室の登録から削除した．

この事件の東京地裁判決[49]では，シスオペについて，フォーラムに書き込まれる発言の内容を常時監視し，名誉毀損発言がないかを探知したり，すべての発言の問題性を検討するといった作為義務まではないとした．しかし「他人の名誉を毀損する発言が書き込まれていることを具体的に知ったと認められる場合」には，会員規約およびフォーラムの運営マニュアルに名誉毀損的発言が削除されることがある旨規定されているところから，シスオペの地位と権限に照らし，名誉が不当に害されることがないよう必要な措置を取るべき「条理上の作為義務」があるとされた．

作為義務の成立範囲を，ある程度限定した背景としては，「作為義務と（中略）責務との間で板ばさみのような状況に置かれた上，困難な判断を迫られる

---

48) システム・オペレーター：主催者との契約により，フォーラムの運営・管理を委託されている者．
49) 東京地判1997年5月26日判例時報1610号22頁．

ような場合もあり得る」というシスオペの地位の特殊性を考慮したものと考えられる．この判決では，加害者のみならず，シスオペにも不法行為責任(民法709条)を認め，これを前提として，パソコン通信の主催者は使用者責任(民法715条)を負うものとされた．

この判決の控訴審である東京高裁判決[50]は，まず，シスオペの削除義務について「本件のような(中略)通信の手段による意見や情報交換の仕組みにおいては，会員による誹謗中傷等の問題発言については，フォーラムの円滑な運営及び管理というシスオペ契約上託された権限を行使する上で必要であり，標的とされた者がフォーラムにおいて自己を守るための有効な救済手段を有しておらず，会員などからの指摘等に基づき対策を講じても，なお奏功しない等一定の場合，シスオペは，フォーラムの運営及び管理上，運営契約に基づいて当該発言を削除する権限を有するにとどまらず，これを削除すべき条理上の義務を負うと解するのが相当である」として削除義務を肯定した．

しかし削除義務違反の存否については，シスオペは「削除を相当とすると判断される発言についても，従前のように直ちに削除することはせず，議論の積み重ねにより発言の質を高めるとの考えに従って本件フォーラムを運営してきており，このこと自体は，思想について議論することを目的とする本件フォーラムの性質を考慮すると，運営方法として不当なものとすることはできない」とした．

その上で，以下の措置やその間の経過を考慮して，シスオペが削除するに至るまでの行動について，権限の行使が許容限度を越えて遅滞したと認めることはできないとし，削除義務違反の成立を否定した．なおパソコン通信の主催者については，シスオペに削除義務違反が認められない以上，これを前提とする使用者責任も負わないと判示した．

① 削除を相当とする本件の発言について，シスオペが遅滞なく控訴人(加害者)に注意を喚起した．
② 被控訴人(被害者)から削除等の措置を求められた際には，㋐ 対象を明示すべきこと，㋑ 対象が明示され，パソコン通信の主催者も削除を相応と判断した際は削除すること，㋒ 削除が被控訴人の要望による旨を明示すること，

---

50) 東京高判 2001 年 9 月 5 日判例タイムズ 1088 号 94 頁．

を告げて削除の措置を講ずる手順について了解を求めた．
③　これを被控訴人が受け入れず削除に至らなかったが，その後被控訴人訴訟代理人から削除要求がされて削除し，訴訟の提起を受け，新たに明示された発言についても削除の措置を講じた．

　この両判決とも不法行為の成立を認めながら，東京高裁判決において，シスオペとパソコン通信の主催者の責任が否定されたのは，加害者の発言が名誉毀損等の権利侵害情報かどうかの判断に当たり，発言の経緯や文脈等を踏まえ，名誉毀損などの該当性を限定的に認定したことと，シスオペの具体的な対応，特にシスオペの提案した削除手続きの合理性を，肯定したことを挙げることができよう．

事例2　ニフティ第2事件（「本と雑誌のフォーラム事件」又は「FBOOK事件」とも言う）

　ニフティ第2事件[51]も，電子会議室で名誉毀損的・屈辱的な書き込みをされたとして，ニフティの法的責任が問われたものである．ただし本件では，書き込みをした加害者本人が特定できないことから，被告ニフティの責任のみが問われる形となった．

　パソコン通信上の表現行為の特性に照らすと，発言が人の名誉ないし名誉感情を毀損するか否かを判断するに当たっては，発言内容の具体的吟味とともに，当該発言がなされた経緯，前後の文脈，被害者からの反論をも併せ考慮した上で，パソコン通信に参加している一般の読者を基準として，当該発言が人の社会的評価を低下させる危険性を有するか否か，対抗言論として違法性が阻却されるか否かを検討すべきであるとしている．

　この判決では，侮辱された会員（被害者）が必要かつ十分な反論をしたことなどから，名誉毀損ないし侮辱に当たらないとしたが，対抗言論の法理を正面から採り上げた，画期的な判決と言われている（飯田（編著）[2002]）．「思想の市場」の発想と，それを理想に近づけるインターネット（或いはその前身であるパソコン通信）の特性をよく理解した判決と言えよう．

---

51)　東京地判 2001 年 8 月 27 日判例時報 1778 号 90 頁．

事例 3　都立大学事件

大学のシステム内に名誉毀損にあたるホームページが開設された場合に，ネットワーク管理者が被害者に対して責任を負うかどうか，が争われた事件として都立大学事件[52]がある．

この事件では，対立する大学生グループの一方が，他方の学生らが傷害事件を起こしたという印象を与える文書を，大学の管理下にあるコンピュータシステム内に開設したウェブサイトに掲載した．判決は掲載した学生に，名誉毀損による損害賠償を命じたが，大学は文書の削除義務を負わないとして，損害賠償責任を否定した．

この判決では，作為義務の点について，ネットワークの管理者が被害者に対して責任を負うのは，名誉毀損文書が発信されていることを現実に認識しただけでなく，その内容が名誉毀損文書に該当すること，加害行為の態様がはなはだしく悪質であること，また被害の程度も甚大であることなどが一見して明白であるような，極めて例外的な場合に限るとした．その上で本件については，ネットワーク管理者において，ホームページを削除するための措置を取るべき義務を負うとは言えないとされた．

また，ネットワーク管理者が公開情報を削除する権限は，被害者保護のためというよりは，システムの信用を維持するという大学の構成員全体の利益のために認められているのだから，大学内部に対する関係では削除義務を負わないとする反面，インターネット経由で外部に情報が流れる場合には，外部の被害者に対する被害発生防止義務は，条理に従い個別的ないし類型的にその成否が決定されるものとしている．

事例 4　2 ちゃんねる動物病院事件

これに対して 2 ちゃんねる動物病院事件の第一審判決[53]は，IP アドレス等利用者の情報を一切保存していない電子掲示板運営者に対して，名誉毀損発言の削除請求および損害賠償請求(原告 2 名に対して各 200 万円，合計 400 万円)を

---

52)　東京地判 1999 年 9 月 24 日判例時報 1707 号 139 頁．
53)　東京地判 2002 年 6 月 26 日，東京地方裁判所平成 13 年(ワ)15125 号，最高裁判例情報・下級審主要判決情報．http://courtdomino2.courts.go.jp/kshanrei.nsf

認めて世間の注目を集めた．控訴審も，この判決を支持している[54]．

一審の東京地方裁判所は

① 表現の自由といえども絶対無制約のものではなく，正当な理由なく他人の名誉を毀損することが許されないのは当然であり，このことは匿名による発言であっても何ら異なるところではない．

② 本件諸事情を考慮すると，被告は遅くとも本件掲示板において他人の名誉を毀損する発言がなされたことを知り，または知り得た場合には，直ちに削除するなどの措置を講ずべき条理上の義務を負っている．

③ 本件各発言に関する真実性の抗弁，相当性の抗弁についての主張・立証責任は管理者である被告にあるものと解すべきであり，本件各発言の公共性，公益目的，真実性などが明らかではないことを理由に，削除義務の負担を免れることはできない．

④ 被告は，本件掲示板について IP アドレスなどの利用者の情報を一切保存していないとしても，本件掲示板に一旦掲示された発言については事実上被告以外に管理者はいないから，被告が管理者としてその責任を負担するのは当然であるとした．

なおこの事案は「プロバイダ責任(制限)法」の公布(2001年11月30日)および施行(2002年5月27日)より前の事件であるため，法の適用を直接受けるものではない．しかしその趣旨は十分に尊重すべきであるとして，判決は次のように述べている．「被告は本件掲示板上の発言を削除することが技術的に可能である上，通知書，本件訴状，請求の趣旨訂正申立書等により，原告らの名誉を毀損する本件各名誉毀損発言が書き込まれたことを知っていたのであり，これにより原告らの名誉権が侵害されていることを認識し，または認識し得たのであるから，同法3条1項に照らしても，これにより責任を免れる場合には当たらない」．

学説の立場は，分かれている．一方では，「プロバイダには憲法によって通信の秘密が保障され，検閲が禁止されており，さらに電気通信事業法により通信の秘密が規定され検閲が禁止されているので，プロバイダには送信内容についてコントロール権はないとして，責任を否定する考え方があり得る」．これ

---

[54] 東京高判 2002 年 12 月 25 日高民集 55 巻 3 号 15 頁．

に対して，「憲法及び電気通信事業法の通信の秘密・検閲の禁止規定は，この場合には適用されないという解釈を取ることもできる．この解釈によれば，プロバイダは一定のコントロール権を行使することができ，逆にプロバイダの責任を問う余地も出てくる」(松井 [2002] p. 225).

ただ送信される情報の内容を事前にチェックし，名誉毀損にあたる表現などを排除することをプロバイダに強いることは，不可能を強いるに等しいし，仮に可能であれば逆に「通信の秘密」が心配になる．そこで学説の中では，名誉毀損などの書き込みがあることを知って，なおそれを削除しなかった場合にのみ，プロバイダの法的責任を認める立場が有力になっている(松井 [2002]).

4–10 プロバイダ責任(制限)法と C′ 型規律のあり方

このようにインターネットに代表される電子通信においては，違法，不法行為の救済を当事者だけに任せておいたのでは，十全の機能を発揮し得ないとの声が強くなった．具体的には次のような疑問が生じたのである．

① ISP などの仲介者は，どのような要件を満たせば責任を問われるか．
② ISP は逆に，権利侵害と思われる行為に対して，情報削除など何らかの防止措置をとるべきか．その場合はどのような要件を満たせば，情報掲載者（プロバイダとの関係では，サービス提供を受ける権利を有する債権者でもある）との関係で免責されるか．
③ その際，わが国の法制では加害者を特定しないと裁判が起こせないが，ISP は要請があれば発信者に関する情報を開示すべきか[55].

これらへの対応としては，自主的なガイドラインだけではやはり不十分であるとの認識が広まり，「特定電気通信役務提供者の損害賠償責任の制限及び発信者の情報開示に関する法律」(いわゆる「プロバイダ責任(制限)法」)が制定され，2002 年 5 月に施行された[56]．この法律は，「不特定のものによって受信さ

---

55) なお松本 [2002] はこれとは別に「名誉毀損の場合，インターネットであれば直ぐに反論が可能という状況が違法性の判断にどのように影響するか」という問題点を挙げるが，これは仲介者の責任を越える問題なので，さしむき保留しておこう．
56) なお解説書として飯田(編著) [2002] のほか，立法当事者の筆になるものとして，プロバイダー責任制限法研究会 [2002] がある．

れることを目的とする電気通信(中略)の送信(公衆によって直接受信されることを目的とする電気通信送信を除く)」である「特定電気通信」の用に供される電気通信設備(特定電気通信設備)を用いて他人の通信を媒介し，その他特定電気通信設備を他人の通信の用に供する者を「特定電気通信役務提供者」と定義する(第2条).

プロバイダはこの特定電気通信役務提供者に当たり，特定電気通信による情報の流通により他人の権利が侵害されたとき，プロバイダは権利を侵害した情報の不特定のものに対する送信を防止する措置を講ずることが技術的に可能な場合であって，次の各号のいずれかに該当するときでなければ，賠償の責めに任じない(3条1項．ただし，当該関係役務提供者が当該権利を侵害した情報の発信者である場合は，この限りではない).

① 当該関係役務提供者が，当該特定電気通信による情報の流通によって，他人の権利が侵害されていることを知ったとき．

② 当該関係役務提供者が，当該特定電気通信による情報の流通を知っていた場合であって，当該特定電気通信による情報の流通によって，他人の権利が侵害されていることを知ることができたと認めるに足りる相当の理由があるとき．

他方でこの法律は，特定電気通信役務提供者が特定電気通信による情報の送信を防止する措置を講じた場合において，送信を防止された情報の発信者に生じた損害については，「当該措置が当該情報の不特定の者に対する送信を防止するために必要な限度において行なわれたものである場合であって，次の各号のいずれかに該当するときは，賠償の責めに任じない」とし，

① 当該特定電気通信役務提供者が，当該特定電気通信による情報の流通によって他人の権利が不当に侵害されていると信じるに足りる，相当の理由があったとき．

② 特定電気通信による情報の流通によって自己の権利を侵害されたとする者から，当該権利を侵害したとする情報，侵害されたとする権利及び権利が侵害されたとする理由を示して，当該特定電気通信役務提供者に対し侵害情報の送信を防止する措置を講ずるよう申し出があった場合に，プロバイダが侵害情報の発信者に対し，侵害情報等を示して送信防止措置を講ずることに同意するかどうかを照会した場合において，発信者が照会を受けた日から7日

4-10 プロバイダ責任(制限)法と C' 型規律のあり方　　165

```
┌──────────────┐  違法情報の  ┌──────────────┐         ┌──────────────┐
│   被害者     │   削除の申出  │特定電気通信役務提供者│ 情報の書込み │    発信者    │
│(侵害されたとする者)│ ············▶ │  (プロバイダ等)   │ ◀──────── │              │
└──────────────┘              └──────────────┘         └──────────────┘
```

被害者(侵害されたとする者)に対する責任	プロバイダ等による対応	発信者に対する責任
送信防止措置を講ずることが技術的に可能な場合であり、かつ、以下の①、②のいずれかの場合でなければ、**責任なし** ① 他人の権利が侵害されていることを知っていたとき ② 違法情報の存在を知っており、他人の権利が侵害されていることを知ることができたと認めるに足りる相当の理由があるとき	削除せず　削除	講じた送信防止措置が必要な限度のものであって、以下の①、②の場合は、いずれも**責任なし** ① 他人の権利が侵害されていると信じるに足りる相当の理由があったとき ② 権利を侵害されたとする者から違法情報の削除の申出があったことを発信者に連絡し、7日以内に反論がない場合

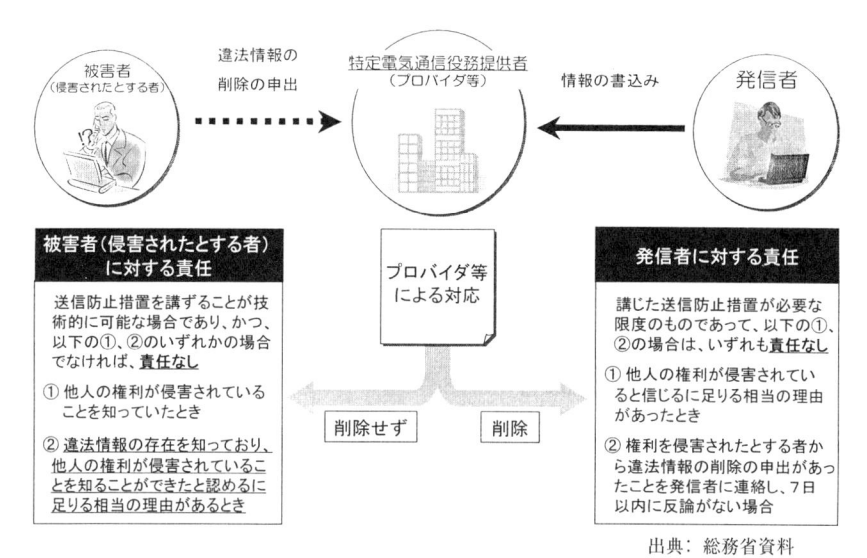

出典：総務省資料

図 4.1　プロバイダ等の損害賠償責任の制限の概要

を経過しても同意しない旨の申し出がなかったとき．
の2つの場合を挙げる(同条2項)．

　ここで被害(申告)者，発信者，プロバイダ等の関係を図示すれば，図4.1のようになる．

　これによってプロバイダは明示的に権利侵害情報の削除を行なうことが認められ，発信者に対して損害賠償責任を負わないことが明らかにされるとともに，一定の場合には，プロバイダが権利侵害情報に対し責任を負わないことが明らかにされたことになる．

　この法律の効果については当初から「本来の主旨のとおり免責の要件が明確になる」「発信者情報も開示して，当事者間の訴訟を促進することになる」と積極的に評価する見方(例えば松本 [2002])と，「プロバイダは紛争に巻き込まれたくないので安易に削除したり，発信者情報を開示しがちで，言論の自由に対する萎縮効果が心配である」(例えば牧野 [2002])というやや否定的な見方という，異なった見方があった．

　この点について私は，どちらとも言いかねるので，施行後の運用実態を見るしかない，という立場を取っていた．法律の表記を「プロバイダ責任(制限)

法」としたのは，制限することになるのか，かえって責任を生じさせることになるのか分からないという，アンビバレントな気持ちを表したものであった．そして法律は本来なら，著作権侵害に関する部分と，名誉毀損などその他の侵害に関する部分に書き分けるべきだと考えていた．

　そこで実際の運用はどうかというと，まず第3条のうち著作権侵害については，多くの申告がJASRAC等からあり，プロバイダはこれに応じて多数の削除をしていると言われる．一方名誉毀損等に関する削除の申告は，ごく限られているようである．この事実は私が主張したように，著作権侵害とそれ以外とは対応が違ってくることを暗示している．第7章で述べる私案としての「電子公衆送信法(案)」においては，両者の扱いを変えているが，この方向は正しいのではないかと信じている[57]．

　このように第3条に関する事件は多数報告されている中で，第4条に関する訴訟が判決までに至る例は知られていなかった(論文も，3条関係では上野[2001]など多数あるが，4条関係は丸橋[2003]など限られている)．最初のケースと見られるのは，医療法人メディカル・ドラフト会議事件[58]に関する東京地裁の判決である．これはやや特異なケースなので，まずその背景を説明しておこう(より詳しくは，大野[2004]参照)．

　2002年2月16日ヤフーが提供する電子掲示板に，原告眼科が医療事故を起こすなど信頼できない眼科である旨の記事が書き込まれた．これに対してヤフーは，書き込みの当事者である訴外人(C)の同意を得た上で，原告に対しその電子メールのアドレスを開示した．

　Cは，11月2日原告が運営する病院を訪れ，A理事長に対し，氏名，住所，職業(フリーター)，生年月日および電話番号などを告げた上，「私は『B掲示板』において，E眼科を誹謗中傷する書き込みを行ないました．その結果，医

---

[57] プロバイダ責任(制限)法を受けてISPを中心とした業界団体であるテレコム・サービス協会が『ガイドライン』を発表しているが(テレコム・サービス協会[2002][2003])，それが「著作権関係」と「名誉毀損・プライバシー関係」の2本建てになっていることは，私の主張を裏付けていると思われる．

[58] 東京地判2003年3月31日，最高裁判例情報・下級審主要判決情報．
　　http://courtdomino.courts.go.jp/kshanrei.nsf

療法人社団の理事長及び関係者の皆様方に多大なるご迷惑をお掛けいたしました．ここに深く反省し，謝罪申し上げます．また今後一切，医療法人社団及び関係者の皆様方にご迷惑をお掛けすることが無いことを約束いたします．」という文書を提出した．

　A 理事長は，C から同人の両親の住所および連絡先を聴取し，11 月 25 日 C の携帯電話番号に電話をかけたところ，C と無関係な者が出たことから不信感を募らせた．このため，11 月 28 日 C の両親と面会したところ，C は株式会社 F の社員であることが判明した．F は原告が運営する病院と競合関係にある，G クリニックの広報を担当しており，G クリニックを運営する医療法人の理事長が，代表取締役を務める株式会社である．

　C は 11 月 28 日，自分が F の社員であること，同社が G クリニックの広報を担当していること，偵察と勉強をかねて E 眼科が開催するセミナーに派遣されたこと，いたずら心で本件メッセージを書き込んだこと，本件メッセージの書き込みは全く個人で行なったことであり同社は一切関係ないこと，本件メッセージにより生じる責任は全て自分が負うこと等を内容とする電子メールを送信し，更に翌 29 日原告が運営する病院を訪れ，同旨の記載がある上申書を，A 理事長に提出した．

　このように，客観的に見れば加害者は既に特定されており，当事者間の争いは解決に向かいつつあるのに，何故 E が発信者情報の開示にこだわったかといえば，発信者 ID が F 社のものと同一であれば，「組織ぐるみ」の犯罪との立証に役立つと考えてのようである．しかし ID が同一であることと，行為が会社の行為か私的なものかは必ずしも連動するものではないので，ここまでの開示を求めることは行き過ぎではないかと思われる．ヤフーが最後まで争ったのは，まさにその点であった．

　しかし裁判所はいとも簡単に開示を認めている．C の行為が社会的に認められない行為であることは言うまでもないとしても，この判断は「通信の秘密」と C 型規律に関する知識に欠ける面があると言わざるを得ない．その論点を際立たせているのが，名誉毀損と違法性阻却事由の挙証責任に関する次の件である．

　判決は次のように言う．「名誉毀損を理由とする不法行為については，その行為が ① 公共の利害に関する事実に係り，② 専ら公益を図る目的に出た場

合には，③ 摘示された事実がその重要な部分について真実であることの証明があったときには，上記行為の違法性が阻却され，不法行為は成立しないもの」と解されている．「発信者情報開示請求訴訟においては，権利侵害要件の充足のためには，当該侵害情報により原告(被害者)の社会的評価が低下した等の権利の侵害に係る客観的事実のほか，当該侵害情報による侵害行為には，上記 ① から ③ までの違法性阻却事由のうち(カッコ内略)そのいずれかが欠けており，違法性阻却の主張が成り立たないことについても主張，立証する必要があるものと解すべきである[59]」．

ここまでは 3-5 で述べた名誉毀損に関する一般的法理である．しかし判決は続けて，「主観的要件に係る阻却事由として ④ 摘示された事実が真実であることが証明されなくても，その行為者においてその事実を真実と信ずるについて相当の理由があるときには，当該行為には故意，または過失がなく不法行為の成立が否定されると解されているが，このような主観的要件に係る阻却事由については，発信者情報開示請求訴訟における原告(被害者)において，その不存在についての主張，立証をするまでの必要性はないものと解すべきである」と述べる．

これまた既に述べた一般法理に含まれていたはずなのに，なぜか判決は他の 3 原則と区別して原告の挙証責任を軽減している．これに対してヤフー側は次のように主張した．

「掲載された内容が事実でないという主張，立証に対して原告であるプロバイダは反論するすべを持っていない．また，報道記事に依拠して投稿を行なった者などは，発信者情報開示請求を通じて匿名性を失うことになる．そのため，内部告発や企業，公人への批判等に関して上記の原則をそのまま適用して，匿名性を剥奪することが妥当なのかということが問われることとなる」(『法とコンピュータ学会』小グループ研究会資料から)．

この指摘は，公益通報者の保護が問題になっているような文脈では，核心をついた論点と言うべきだろう．

なお発信者情報開示については，ピア・ツー・ピア方式によるファイル交換ソフト WinMX によるファイル送信が，同法の「特定電気通信」として開示

---

[59] こうした議論の理論的背景については，3-5 参照．

制度の対象となるかという点も問題になる．パワードコム事件[60]に関する東京地裁の判決は，① WinMX によるファイル送信は「不特定の者によって受信されることを目的とする電気通信の送信」に当たる，② 特定電気通信は特定電気通信役務提供者が始点に立つものであることを要しない，として本件発信者によるファイル送信が「特定電気通信」に該当することを認め，被告に対して発信者の氏名・住所の開示を命じた．

この考え方によれば，ISP はプライバシー侵害の当事者ではないのだから，なるべく早く発信者情報を開示して，当事者間で紛争を解決することが期待されているかのようである．しかし「通信の秘密」について，どの程度の考察が行なわれたのかが懸念される．

4-11　アメリカとの対比と暫定的まとめ

アメリカでは，インターネットは「基本サービス」ではなく「高度サービス」だとされているので(2-8, 5-3 参照)，建前としては FCC（連邦通信委員会）の権限は及ばない(松井 [2002])．しかし 1996 年通信法に「情報サービス」の条文が盛り込まれたことによって，実際上はインターネットにも FCC が影響力を及ぼしつつある(例えば ADSL は殆どインターネット用の回線サービスだが，電話に準じたアンバンドル規制などが課されている)．

また同法の一部として制定された通信品位法（Communication Decency Act = CDA）は，ずばり ISP を「情報コンテンツ提供者」として視野に入れている (同法 230 条 (e) (3))．

「情報コンテンツ提供者」の語辞は，インターネットその他の双方向コンピュータ・サービスによって提供される情報の作成又は開発について，全面的または部分的に責任を負っている人又は企業を意味する(訳は国際通信経済研究所 [1997] による)．

これより先，アメリカではダイヤル Q^2 に類似するサービスの提供の頃から，

---

[60]　東京地判 2003 年 9 月 12 日．東京地方裁判所平成 14 年（ワ）28169 号，最高裁判例情報・下級審主要判決情報
　　http://courtdomino.courts.go.jp/kshanrei.nsf，森 [2003]．

コモン・キャリアにも「それと知りながら」情報を提供した場合には責任が課されてきたことは既に述べたとおりである (1-6)．そしてインターネットの登場とともに，伝統的な P 型・B 型・C 型 (C′ 型)分類のいずれに依拠すべきかについては，次のような変遷を経て，一応 C′ 型に固まりつつあることについても述べた (1-7)．

① 1989 年通信法改正における「わいせつ」情報の提供禁止と，「下品な」情報に未成年者がアクセスする際の制限，および「設備管理者の責任」の新設 (C 型から C′ 型へ)
② 1995 年 ネットコム判決における「著作権侵害におけるネットワーク管理者の寄与責任」(コンデュイットとコンテンツの分離)の明確化
③ 1996 年 通信法改正(CDA 法)における「わいせつ」以外の有害情報の規制に関する違憲判決，およびその後の「COPA 法」(または CDA-2)における同様の判決，また CDA 法におけるプロバイダの免責(I 型 ≒ C′ 型)
④ 1999年「ミレニアム著作権法」におけるプロバイダの免責条項(C′ 型の確認)

　それではわれわれはどう考えるべきだろうか．プロバイダは旧来のコモン・キャリアと同様，あくまでも C 型にとどまるべきだという見方もあろう．しかし他方でプロバイダが掲示板への書き込みや会議室への参加，ホームページの掲出促進などによって，言論の自由の柱の 1 つである「表現」を助けていることも事実である．この後者の側面を重視すれば，プロバイダのコンテンツ責任を認めないことは，逆に憲法 21 条に反することにもなる．
　このような二重の性格を帯びているプロバイダについては，プロバイダ責任(制限)法のような何らかの免責法があることは有効ではあろう．しかしその運用解釈において，ニフティ第 1 事件の地裁判決がシスオペの責任を判断する基準として示した，自己の運営するフォーラムに他人の名誉を毀損する発言が書き込まれたことを具体的に知ったときには，削除義務が生じ，削除を怠ると責任を生じるという立場は，責任の範囲が広すぎるように思われる．
　これに対し控訴審判決が示した，被害者がフォーラムにおいて自己を守るための有効な救済手段を有しておらず，会員等からの指摘によって対策を講じても，なお奏効しない等の場合にのみ削除義務が生じるとする立場は，東京地方裁判所の基準と比較するとかなり責任の範囲が狭められているといえる(松井

[2002]).おそらくはこの辺りが，C′ 規律の到達点と言えそうである．

　以上のように，主として民事上の問題点については，一応の目安が得られやすい．しかし「通信の秘密」と犯罪捜査上の要請の調和については，アメリカが 2001 年 9 月 11 日以降異常事態に突入したままなので，その評価をとりあえずは保留としなければならないだろう．わが国では危機感が弱く，このような議論自体が生じないことは，喜ぶべきか悲しむべきか，判断に迷うところである．

第5章

コンデュイト規制: 情報メディア産業法

「通信法は通信を規律対象とするところから、その全体を通じていくつかの特色を有する。第一に、通信には確立された通信媒介機関が必要なことが多いため、通信法はその通信媒介機関の事業を規制する法としての性格を有することがある。(中略)第二に、通信法は国際的な性格が強い。周波数の監理のように国際協力を要する分野や、宇宙通信のように国際法との関係をよく検討しなければならない分野もある。第三に、通信法は通信技術と密接な関係を有する。(中略)通信技術の進歩に伴い、通信法の改正が必要になることもしばしばある。近年の通信技術の進歩にはめざましいものがあり、それ故に通信法も極めて進展性に富む法分野であると言える。」(園部・植村 [1984] pp. 205-206)

「わが国の電気通信事業の分類は、電気通信事業法により規定されている。(中略)米国と比較した場合の際立った特徴として、電気通信事業をその提供するサービス内容ではなく、電気通信回線設備の設置の有無により分類・規定している点が挙げられる。(中略)電気通信分野は、技術革新の著しい分野であり、サービスは絶えず高度化、多様化していくことに鑑みれば、設備の設置の有無に着目したわが国の制度は、これからのサービスの変化に柔軟に対応できる制度として、諸外国からも評価、注目されているところである。」(桜井 [1991] p. 2)

"Before computers, most secure encryption systems were too expensive and complicated to be used by individuals or corporations. Only governments could afford the cost and then only for diplomatic and military, not financial or administrative communications. As computers have evolved, however, this has changed, and strong encryption systems are now readily available for private, nongovernmental use. This is fortunate since the need for highly secure private messages has also increased significantly with the proliferation of computers and the Internet." (Black [2002] p. 330)

5-1 国有事業と通信の一元化

　明治憲法の下においては，現在では私人や企業の自由な活動とされている分野でも，公共性の高いものは国家に留保され，国家が自ら事業を行なっていた．電気通信もその一例で，電信法（1900年）や，その中から無線の部分を取り出した特別法である無線電信法（1915年）のいずれにおいても，原則として国家が独占して事業を行なうことを規定していた．電信法1条の「電信及電話ハ政府之ヲ管掌ス」という簡潔な言葉が，この考えを端的に示している．

　ただし，これらの法律は一定の領域においては，例外的に私人の活動に委ねるという方法をとっており（電信法2条，無線電信法2条6号），今日のLAN（Local Area Network）等は私設設備として許可を取れば，自前で設置・運用することができた．ただしこの許可が得られたのは，中央官庁や官営企業であった．なぜなら，電気通信は戦争などの非常時において「国家の神経系統」を担うものであるから「通信の一元化」が大原則と考えられ，よほどの信頼を有するものでないと，許可を得られなかったからである．

　そして，放送も私設設備の1つと考えられていた．したがって私人は，この法律によって特別に許されたときにだけ，放送事業を行なうことができた．放送についてその例外的許可の要件と，申請手続を定めたのが「放送用私設無線電話規則」である．これによって，かつては無線通信上の技術的用語であった「放送」は[1]，無線電信法制における法律上の概念となった．

　このような状況は，戦後においても変化がなかった．むしろ敗戦で灰燼に帰した通信設備を復旧させ，押し寄せる需要に対応するには，国家の力を借りることは不可欠とも考えられた．ただし放送については，早くから民間にも事業の機会を与えよとの主張があり，これに応えてラジオ，さらにはテレビについ

---

1) わが国には「放送」という言葉が，Broadcastingという言葉の輸入以前からあり，海岸の無線局から一定地域の全船舶に，気象情報を一斉に送信することを意味していた．つまり，放送は無線通信上の用語であって，法律上の概念として生まれたわけではなかった（塩野 [1997]，荘 [1963]）．

て民間参入の道が開かれたことは，既に 2-6 で紹介したとおりである．

このように，（放送を別にすれば）通信に関するサービスは国が自ら行なうのが原則で，私企業によるものは例外である状況では，その法的取扱いは行政法の領域に属するものと考えられた．行政法学者によって書かれた『交通法・通信法』（園部・植村 [1984]，旧版は園部 [1970]）は，通信法の領域について次のように言う．

> 「通信法は講学上の概念であって，わが国に『通信法』と称する法典があるわけではない．しかし通信法に属する諸法規は，いずれも通信という共通の現象にかかわるものであるから，（中略）種々の共通点を有し，一の法領域として学問的考察の対象とすることができる．」

そこで興味深いのが，通信法をいかに分類するかである．園部・植村 [1984] は，表 5.1 のような分類法を取っている．この書物は狭義の通信だけではなく，放送も含めた広義の通信を包括的に論じている点では画期的なものであるが，表に「私の疑問」として掲げたような幾つかの難点を持っている．以下，自問・自答するような形で，論点をまとめてみよう．

① 郵政省設置法で，電電公社法や KDD 法も包摂したかのような誤解が生じている．これは，同じ官庁（あるいは準官庁）であるから，同一視して良いと誤解したためであろう．実際は，郵政省は政策部門で，電電公社や KDD は

表 5.1 園部・植村 [1984] における通信法の分類と私の疑問

	分類	該当法令	疑問
1	組織に関する法	郵政省設置法	電電公社法，KDD 法は入らないのか？
2	主体に関する法	電波法第 4 章（無線従事者）	上記 2 法はこちらに入れるべきか？
3	設備に関する法	有線電気通信設備令	有線電気通信法そのものはどこに位置づけられるのか？
4	方法に関する法	電波法 61 条，無線局運用規則 郵便法 22 条 4 項	有線関係の同様のことが，公衆法に定められていたが，そちらは？
5	役務の提供・利用に関する法	公衆電気通信法の大部分	放送を役務の 1 つとは考えないのか？
6	内容に関する法	放送法 4 条，同 44 条（現 3 条の 2），電波法 107 条，同 108 条，郵便法 81 条の 2	前 2 者は，上記と併せ放送の特性として論ずべきではないか？

現業部門であるから，同一視することが間違いであることは言うまでもない．
② この点は，「組織に関する法」と「主体に関する法」の関係の問題でもある．この表で挙げられている「主体」は，今日的には利用者で，供給主体は表から抜け落ちている．
③ さらに不可解なのが，「設備に関する法」で，法律ではなく政令が挙げられている事である．おそらくは，技術に不案内の著者の誤解に基づくものであろう．
④ 最も分かり難い分類が，「方法に関する法」である．これも技術の無知に由来するかもしれないが，同時に「通信基本法」として「有線電気通信法」と「電波法」を位置づけようとする意識の欠如が，問題点の把握を誤らせたと言うしかない．
⑤ 「役務の提供・利用に関する法」は，狭義の電気通信に関しては正しいが，折角放送や郵便も包摂したなら，それにふさわしい分析が欲しかった．
⑥ 「内容に関する法」は「コンテンツ規制法」と同義と思われる．しかし，放送が役務の一種だという自覚がないため，中途半端な分類になっている．

しかし，初版が1970年である著作であれば，上記の欠陥も致し方のないところかもしれない．電話主体の時代が変化の兆しを示し，コンピュータが接続されるようになった1973年に編纂された，郵政省電気通信監理官室(監修)[1973]の分類になると，さすがに今日的な香りを含んでくる(表5.2参照)．

ここでは電気通信の基本的枠組みを定める規律法規(いわば基本法)として有線電気通信法・電波法が位置づけられ，組織法規と業務(サービス)法規がそれに従っている．残念ながら放送については対象外とされているが，その点を別

表 5.2 郵政省電気通信監理官室(監修)[1973]における電気通信関係法の分類と私の疑問

分類	該当法令	疑問
「設備」を設置して，それによって「通信」する場合の社会的枠組・法的秩序を規定した規律法規	有線電気通信法，電波法など	時代背景を考えれば当然だが，「通信の自由」は，設備・サービスの自由でもあるという発想がない
主としていわゆる公衆通信サービスの生産主体を規定した組織法規	日本電信電話公社法，国際電信電話株式会社法など	放送について扱っていないことを除けば，妥当な分類である．
公衆通信サービスの生産者と消費者の関係を規定した業務法規	公衆電気通信法など	

にすれば，公的機関がサービス主体である限り，事業主体に関する法は不可欠なので (2-3 参照)，妥当な分類法と考えられる．

そして堀部 [1989] まで来ると，① 行政機構法，② 基本法，③ サービス運営法，④ 事業体等組織法，⑤ 条約という分類になり，堀部 [1999] では，① 基本法，② サービス運営法，③ 事業体等組織法，④ 行政機構法，⑤ 条約となった．資源配分という概念が欠けていることを除けば，ほぼ私の分類法に近いものになっている．

5-2　通信の変革と情報メディア法の変質

このように国が自ら事業を行なうか，国に準ずる公企業が事業主体である限り，これを律する法体系は自ずと明らかであった．ところがコンピュータが通信回線を介して，相互に接続されるような時代になると，ネットワークの独占的供給体制と「通信の一元化」を堅持する仕組みそのものが，果たして時代にマッチしたものかどうかが問われることになった．

「通信の一元化」といっても，今日のようにネットワークの相互接続が一般化した時代には，ピンと来ないかもしれない．しかし歴史的事実としては，次のような激しい応酬があったのである．

① 1950 年ごろ，朝鮮戦争前後の緊迫した状況の中で，正力松太郎によって提唱された「第 2 の全国ネットワークが必要で，テレビの全国中継網に加えて，電話サービスも提供する」という構想(正力構想)は，「通信一元化」の名のもとに否定された[2] (2-7 参照)．

② 同じく 1950 年ごろから電電公社による電話の設置が後順位とされた農村地帯を中心に，放送を主とし電話を従とした「有線放送電話」が成長を遂げた．これに対して郵政省は，1957 年に法(有放話法)を制定して，許可制でこれを認めたが，同時に他の有放との相互接続を禁止した(有線法改正)．1963 年に相互接続を認めた際も，「県内一中継」に限定した(郵政省電気通信監理官室(監修) [1973])．

---

[2] キー局と地方局をつなぐネットワークが，現在も放送局自前のものではなく，NTT コミュニケーションズから借りているものであるのは，このような歴史的事情に基づく．

③ 道路公団の誕生（1956年）後，高速道路における緊急通話対策として，非常用電話などが設置されたが，「通信の一元化」の観点から保守は電電公社が行なうこととされた．

こうした硬直的体制を崩すことになったのが，いわゆる「回線開放」論議であった．コンピュータを通信回線に接続するオンライン情報処理（あるいはデータ通信）[3]が進むと，A企業から入力された情報がB企業に出力されるといった事態が普通になる．これはコンピュータ用語では「メッセージ交換」だが，通信の世界では「他人の通信の媒介」に他ならない（松下［1985］）．「電気通信設備を用いて他人の通信を媒介」することは「公衆電気通信役務」である（公衆法2条3号前段）から，これを電電公社（とKDD）以外の者に認めることは「通信の一元化」を危うくするものであった．

そこで激しい論争の下で妥協案が作成され，2段階の「回線開放」が行なわれた（青井［1984］）[4]．

① 第1次回線開放（1972年）
　a. コンピュータ通信用の回線サービスの新設
　b. 共同使用・他人使用について厳しい条件を付与
　c. メッセージ交換は依然として禁止
　d. 電電公社によるデータ通信サービスの提供
② 第2次回線開放（1982年）
　a. 前項bの利用方法の完全自由化
　b. 中小企業VANに限り，前項cの解禁

以上のような認識を踏まえて，1953年体制がどのように変質していったかを，まとめてみると表5.3のようになる（なお，この表における時期の区切りは2-5と対応しているが，前述の第3期を通信の変革に対応してさらに2つに分けたので，全体で5期になっている）．この表を第2章の表2.6と対比しながら眺めてみると，次のような特徴があることが分かる．

① 1953年体制は強固なものであり，狭義の通信とそれに連動した部分を別

---

3) 当時の通産省がオンライン情報処理と，郵政省がデータ通信と呼んでいた．処理に重点を置くか，通信に重点を置くかで，主務官庁が違ってしまうからである．
4) しばしば引用する郵政省電気通信監理官室(監修)［1973］は，この時代の変化を背景として編集された．

にすれば，殆ど変化していない．
② とりわけ強固な部分が資源配分規律法の部分であり，これがほぼ基本法（表外）でもあることから，1953年体制の盤石性を支えている．
③ しかしコンピュータとの結合（いわゆるC&C）が急速に進んだ「狭義の通信」分野では，かつての公的独占供給体の民営化と同時に，市場の自由化が行なわれ，それが3段階のプロセスを経て，完全自由化に近づきつつある．
④ 通信の変革期は，（I）民営化と競争の導入期，（II）公正競争条件の整備期，（III）インターネットを前提にした競争期，の3つに分かつことができ，逐次完全自由化の方向に進んでいる．
⑤ この動きは放送の分野にも影響を与え，いわゆる「通信と放送の融合」に対応するための法改正が行なわれた．しかしこれらはいずれも「現行の放送法制の中に通信的要素を組み込む」ことで対処された（表2.6においては「狭義の通信」と「放送」の間にこれらの法律を配置している．これに対して表5.3で放送の側に配置したのは，結局法律上は放送の一部として整理したことを示すためである）．

表5.3　1953年体制の変質（コンデュィト規制の部分のみ）

時期	資源配分規律法	設備・サービス規律法		事業主体法
		狭義の電気通信	放送	
1953年体制まで	1950 電波法 1952 道路法 1953 有線法	1953 公衆法	1950 放送法	1949 郵政省設置法 1952 電電公社法，KDD法
通信の変化の萌芽期		1972 第1次回線開放 1982 第2次回線開放		
通信の変革期（I）		1985 電気通信事業法	1988 放送法大幅改正 1989 放送法3章の2及び3	1985 NTT民営化
通信の変革期（II）		1997 事業法大幅改正	2002 電気通信役務利用放送法	1998 KDD法廃止 1999 NTT再編成
通信の変革期（III）		2004 事業法大幅改正		

5–3 設備規制とサービス規制

　このような流れの中で，1985年4月1日から実施された電気通信の自由化と電電公社の民営化を見ると，それは「第3次回線開放」と位置づけることもできる．なぜなら，そこでは中小企業 VAN にしか認められていなかった「メッセージ交換」が，あらゆる参入者に可能となるからである(林 [1985])．しかし歴史上の事件の多くがそうであるように，論議は市場の自由化論からスタートしたのではなく，電電公社の経営形態論から始まった．

　口火を切ったのは，1981年3月に発足した「第2次臨時行政調査会」(以下では「臨調」)の審議および答申であった．臨調はもともと国の機構や制度・政策を全般的に見直し，今後の行政のあるべき姿を提示することを使命とするものであった．しかし折から，公社関連の経理や労使関係の乱れが世論を刺激し，その巨大性や非効率に非難が集中していたこともあり，また改革のやり易さもあって，中央官庁の改革よりも3公社の改革の方に力点が移っていった．

　臨調答申では，国鉄・専売・電電の3公社を1つのグループとして改革案を提示したが，当時の臨調関係者の論議の中で採り上げられた，3公社に共通の事項は次の諸点であった(加藤・山同 [1983])．
① 官業としての役割の変化または終了．
② 官業非能率と「親方日の丸意識」の存在．
③ 日本的公社制度の桎梏．

　このように3公社はそれなりに共通点を有しているものの，少なくとも電電公社については，そのような「経営形態論」ないしは「企業形態論」よりも「産業論」を優先させるべきではないかとの疑問に行き着くであろう．このような疑問は，臨調の審議過程で既に生じており，「官業としての役割の変化または終了」を電電公社について問い詰めていけば，当然に「電気通信事業の産業としてのあり方」に論議が及んだはずである．しかし当時の世論の動向はこれとは全く逆で，赤字国鉄はさておき「なぜ黒字の電電公社を民営化する必要があるのか」という素朴な疑問にあふれており，臨調関係者を悩ませていた．

　加えて当時は，関係省庁にも「産業論をやろう」といった熱意と能力が欠けていたことも，残念ながら事実であった．したがって「産業論」の必要性については，一部の有識者の理解を得たにとどまり，臨調答申等には具体的な反映

がなされないままに終わった．しかし私流の定義によれば，「情報の流通を担う産業」としての「情報通信産業」は「電気通信事業」の範囲にとどまらず，「放送事業」や「情報処理産業」の一部をも包摂した広がりと深さを持つはずである．このような「情報通信産業論」を深化させることなしに，新しい産業秩序を論ずることは不可能であろう(林 [1984a])[5]．

ところで情報メディア産業の規制には，P型，B型，C型の区分があることは既に述べた．この区分は経済的規制と社会的規制のマトリクスから生じたものだから，前者だけを主体に考える本章ではB型もC型も大差なく，参入・退出規制や料金規制など，従来の公益事業規制の論点を追っていけばよいかに見える[6]．

しかし，ここで既に述べた (1-4 ほか)レイヤ構造が重大な意味を持ってくる．ネットワークの3層構造については「物理層・コード層・コンテンツ層」(Lessig [2001])「ネットワーク・プラットフォーム・アプリケーション」(林(敏)[2003])など，種々のネーミングがあるが，3層構造であること，最上位レイヤがコンテンツで他の2層がコンデュイトに該当することについては，多くの論者が一致している．そして下位2層は，従来は分離不可能なほど技術的・制度的に結びついており，設備とサービス(と言い換えると)の未分離，すなわち「サービスの設備被拘束性」こそが「公益事業の標識」とされていた(北 [1974])．公益事業の規制緩和が推進された抜本原因は，この「設備被拘束性」が解き放たれ，「インフラとなる設備」と「コモン・キャリア的機能」が技術的・制度的に分離可能になった点にあると見なければならない(林 [1984a] [1989a] [1998a] [1998c])．

とすると，規制緩和ないし撤廃後の制度設計では設備を主体とするのか，サービスを主体とするのかが問題になる．1985年の通信自由化(通信の変革第1期)に当たって問題になったのは，まさにこの点であったが，ここで2つの点に留意が必要であった．1つはアメリカにおけるいわゆる「コンピュータ調査」の行末，他の1つは有線テレビジョン放送法の経験であった．

---

5)　私は当時民営化推進の役割を担う課長職にあったので，自然の流れとして産業論に行きついた．また新しい法制度を考えるには，法学の知識だけでは不十分なので，自然に経済学や「法と経済学」に深入りすることになった(林 [2003c])．

6)　P型については全く法が存在しないのだから，述べるべき点がない．

前者については既に紹介した (2-8) が，コンピュータと通信が融合していく過程の中で，例えば電話サービスとコンピュータ・サービスを分けて，それぞれの規制の態様に差をつけることができるか，という問題である．

しかし「通信か処理か」を一義的に決定することは不可能に近い．両者の融合領域として「通信処理」とも「付加価値通信」とも呼ぶべき機能が発生しているのであり，政策論争としてならともかく，立法技術としてのメルクマールを求めることはいたずらに混乱を招くだけであろう．事実アメリカの通信政策史を振り返ってみると，第1次 (1966〜71 年)，第2次 (1976〜80 年)にわたり膨大な時間と労力を費やした「コンピュータ調査」の結果は，表 5.4 のような変遷をたどっており，最終結論は「通信と処理の融合領域について有効な分類法はない」ことを宣言したに等しい(林 [1989a])．

後者については，放送サービスに何らかの規制が必要だとすれば，どの部分を対象にするかに関連している．既に繰り返し述べたように，ここではコンテンツそのものは文理上対象外であるし，コンテンツを規制することは，そもそも言論の自由を規制することになるから，採るべき方法でもない．そこで放送の場合には，第2層(中間層)は何か，が改めて問われることになる．

よく考えてみれば，ネットワークの3層構造は，主として双方向通信を念頭に置いたもので，片方向の放送には第2層は無いともいえる．とすれば必然の流れとして，設備を対象にした規制を考え，サービスは規制対象から除外することになるが，これは言論の自由をより強く守る立場とも(偶然に)一致する．

そこで有線テレビジョン放送法(以下有テレ法)の施行 (1973 年)にあっては，有線テレビジョン放送施設者(有テレ法3条)と事業者 (12 条)を分け，施設設置の許可などの強力な規制は前者のみに課す一方 (4 条以下)，事業者には提供条件の認可 (14 条)や放送法の番組編集準則の準用等 (17 条)を課し，放送コンテ

表 5.4　コンピュータ調査における分類法

告示時点	規制	非規制
第1次調査最終決定(1971 年 3 月)	メッセージ・スイッチング・サービス，混合サービス	データ処理サービス
第2次調査仮決定(1979 年 7 月)	音声サービス 基本的非音声サービス	高度非音声サービス (一部規制)
第2次調査最終決定(1980 年 5 月)	基本通信サービス	高度通信サービス

出典：「通信白書」(1980 年版)

ンツに関する規律と同じレベルに統一している[7].

　この法律は ① 電電公社以外の施設の設置者を認めたこと，② 施設設置者とソフトに関する業務の遂行者の分離を認めたこと(いわゆるハードとソフトの分離)の 2 点で画期的な法であるとされる(塩野 [1972])．しかし，実際の運用面では「施設者は同時に事業者である」との行政指導がなされ，僅かに施設者の他の事業者に対する施設の提供義務(空チャネル貸し 2 条，3 条，9 条)に，新規性を見出し得るに過ぎない．

　施設者＝事業者でなければならないとの考えは徹底され[8]，行政指導上「ハードとソフトの一体化」と呼ばれる施策が続けられた．これが緩和されたのは，アメリカに比較して，あまりに普及率が低い CATV の発展を期すため，MSO (Multiple System Operator) を許容したり，光ファイバーを他社から借りるケースを個々に認めるようになった 1990 年代のことであり，それは電気通信役務利用放送法によって法的に追認された．

　しかも，区域内放送の再送信について，難視聴地域を除いては放送事業者の同意を要することとし，アメリカでいう再送信義務 (must carry) を課していない(13 条 1 項)．また公共用チャネルを確保せよとの義務も課していない．さらに問題になる区域外再送信についても，放送事業者の同意を要件としている(同法 13 条 2 項)．つまり一貫して，放送事業者に許諾権があるわけで，CATV 事業者に選択権がある may carry 方式は採られていない．

　ここでいう同意条項は，1971 年から著作隣接権が認められ，放送事業者は再放送(禁止)権および有線放送(禁止)権を占有するものとされており(著作権法 99 条)，自己の放送が有線テレビジョン放送事業者によって再送信されることを拒否し得る(ただし，受信障害指定区域を除く)から，もはや必要がないと思われる．強いて存在意義を求めるなら，本条項に違反する事業者は郵政大臣による行政的制裁(業務停止―25 条 2 項)，さらには刑事制裁 (34 条) を受ける可能性

---

7)　提供条件の認可(14 条)や契約約款の届出(15 条)，役務の提供義務(16 条)などは，中間レイヤであるサービスに関する規律と考えることもできる．

8)　第 3 条では「有線テレビジョン放送施設を設置し，当該施設により有線テレビジョン放送の業務を行なおうとする者」と，施設者＝事業者のケースを規定している．他方，第 12 条の文言からは「自ら設備を保有しない事業者」(旧電気通信事業法の「第二種」事業者のようなもの)も存在し得るかのごとく読める．

があることによって，原放送事業者が著作権法におけるよりも優位に立つという点に求められるかもしれない．しかし，「著作権法の外で，著作隣接権者に強い保護を与える合理的理由を見出すことは困難である」(塩野 [1972] p. 15)．

以上のほか，この法律の問題点としては，自主放送について番組編集準則を準用したことなど，「言論の自由」との関係で検討を要する点が多い．これらについては 3-9, 3-10 で詳細に検討したので，ここでは「ハードとソフトの分離」が有線テレビジョン放送を規制するに当たって考えられる，唯一の手段であったことを強調しておきたい．

このような 2 つの事例を念頭におきながら，電気通信事業法においては「第一種」「第二種」電気通信事業者という区分が導入された．「第一種」とは，電気通信回線設備を設置して電気通信役務を提供する事業(事業法 6 条 2 項)であり，「第二種」とは，第一種以外の事業(同条旧 3 項)である．後者はさらに「特別第二種」と「一般第二種」に区分されていたが，ここで最もユニークな点は「自ら回線設備を設置するかしないか」を，産業秩序を考える際の最大のメルクマールにしていたところである．そしてこうした事業を行なうものを「電気通信事業者」(事業法 2 条)と定義している．

このように事業者の区分の基準を，その提供するサービスによる区分ではなく，事業用の回線設備の設置の有無に求めたのは，主として次の 2 つの理由によるものであろう(林 [1984a] [1985])．

① 今後の技術の動向から各種のサービスは融合の傾向にあり，サービスの種類による事業者の区分は不明確なものとなるおそれがあること．
② 事業者の経営活動から見ても，回線設備に膨大な設備投資を行なって事業を行なう事業者と，事業用の設備への投資は比較的少なく，むしろいわゆるソフト面の利用技術に投資を集中して事業を行なう事業者との間には，有意な差異があると考えられること．

このような区分は，当時としては画期的なものであった．その先駆性は，遅れて民営化が行なわれた鉄道事業にも「第一種」「第二種」「第三種」(設備を建設するのみで，サービスは提供しない事業者)という区分が採用されたことにも見て取れる．また前述 (2-8) の委託・受託放送事業者という区分も，設備とサービスを分離するという発想(放送業界ではハードとソフトの分離と呼ぶ)に基づいており，同根である．本章の冒頭に掲げた桜井 [1991] のコメントは，当

事者の自己満足ではなく客観的な評価だと言えよう．

しかし，このような画期的な枠組みも歴史的役割を終えて，2004年からは消え去ることになった(事業法の抜本改正による旧第6条の削除)．

5–4　資源配分上の規制（1）無線通行権[9]

電気通信事業や放送事業を開始しようとすれば，まず事業の許可(電気通信事業法旧9条，新9条では登録で良いことになった)や認可が必要だと思われるだろう．しかし実は，事業の許認可の前に，これらの事業を行なうに不可欠な「通行権」（Right of Way[10]）を得なければならないのである．これを放送の場合について見れば，電波法4条において「無線局を開設しようとするものは，総務大臣の免許を受けなければならない」という一般原則がある．加えて放送局については，5条4項に外国法人などの欠格条項が定められている．これに該当しなければ，6条以下の手続で免許申請をすることになる．

電気通信の場合にも，次節で述べる有線の通行権(公道の場合には「道路占有許可」によるケーブルや電柱の敷設など)か，無線の通行権を得なければ事業が行なえない．このような通行権は，一般に需要に対して供給の方が少ないので，何らかの形で資源配分をルール化しなければならない．本節と次節で，このルール設定のあり方を論じよう．

まず，無線の通行権である電波については「電波管理＝周波数管理＝電波割当」[11]という図式が頭に浮かぶだろう．これは，従来のアナログ技術を前提にする限り正しいが，デジタル技術では全く別な発想も可能であることを説明しよう．

無線による通行権を制御する手段として，理論的にはA. 周波数，B. 出力，C. 空間，D. 時間，の4つのパラメーターがあり得る．しかし技術が十分開

---

9)　本節の記述は，鬼木 [2002]，山田・池田 [2002] および池田・林 [2002] に多くを負っている．記して謝意を表する．

10)　「通行権」　鉄道や道路の線路用地そのものをいう場合と，その敷設権をいう場合とがある(田中(英) [1991]，鴻・北沢 [1998])が，ここでは後者の意．

11)　周波数を中心概念とする電波政策では，「電波監理」の語が使われていたが，ここでは一般的な「管理」の語を用いる．2-7 参照．

発されていない時代には，特定者だけが通信できる経路を確保する手段として，CやDが一義的手段として有効とは考えられなかった．混信[12]を避ける最良の方法は，Aの周波数を割当(免許)によって管理し(しかも混信を避けるための余裕を持たせ)，送信者と受信者が同じ周波数を使うこと．加えてBの出力を，必要最小限のレベルに維持することであり，そこから放送と(狭義の)通信の分離も始まった．この考え方の前提には，暗黙のうちに次の条件が所与とされていた．

① 信号を遠くまで伝えるためには，出力を上げるしかない．例えば，100km先まで信号を送るには，500kWというような大出力を要し，しかも他の雑音を排除するため，その信号を送る搬送波の周波数帯を，排他的に利用できなければならない．

② この逆ルートで信号を返そうとすれば同じ条件が必要になるが，それは(中継基幹回線を除き)非現実的なので，無線は主として基地局から受信端末へという一方向のメディア，すなわち放送用として活用されてきた．

③ この場合受信端末には，単に信号を周波数毎に識別して受信するだけの機能があればよいので安価になり，ラジオ・テレビの普及としてマス・メディアの隆盛に貢献した．

ところで電波の免許は，法律上は免許を更新しなければ，政府が取り戻すことができる．しかし現実には，利用者が大きな投資をしているため，特別な事情がない限り免許は更新されるので，いったん免許を取得すると事実上の所有権に近い権利が発生する．Coase [1959] はこうした実態を踏まえて，周波数に事実上の所有権を与えるオークションを提案したが，これを一歩進めれば政府による割当を止め，文字どおりの私有財産として売買することも考えられる[13]．

1994年からアメリカで行なわれた，PCS＝Personal Communications Services (第2世代携帯電話)用周波数のオークションは，その先駆けとして世界中の関心を集めた．ところが，2000年に行なわれた欧州の第3世代 (3G) 携帯電話のオークションの免許料は，合計で1500億ドルにのぼり，通信業者の経営危

---

12) interferenceは一般に「干渉」と訳されるが，光子としての電波には実は干渉はなく，干渉しているように聞こえるのは受信機の機能の問題に過ぎない (Reed [2002])．したがって，本書では原則として「混信」に統一する．なお 7-7 を併せて参照．

13) アメリカでは，周波数の売買(放送局の売買)も実際に行なわれている．

機を招いた．もちろん，この最大の原因は 3G への過大な期待による「ワイヤレス・バブル」にあり，参加者の評価が正しいかどうかは制度設計の是非とは別の問題である．しかし，オークションが投機熱をあおる結果になったことは間違いなく，業者の資金難によって 3G の導入が大幅に遅れ，一部の地域では免許が返上されるなど混乱が生じた[14]．

このような中で，イギリスの貿易産業省が 2001 年から 2002 年にかけて検討した案は，これらの欠点を是正することを前提にした，オークションを原則とするものであった[15]．アメリカの FCC も，PCS オークションの成功を踏まえて，当初はオークションを原則とすることで(周波数管理改善の)検討を始めた．ところが，その検討過程で思わぬ「コペルニクス的転回」をすることになった．

従来の電波政策は，前述のとおり周波数の管理と同義だったが，デジタル(パケット)無線技術では，情報は時間・空間・コードなどによって多重化されるので，周波数はコントロール変数として唯一でも必須でもない[16]．この関係を前述の管理のパラメーターである，A. 周波数，B. 出力，C. 空間，D. 時間，を使って説明しよう．

アナログ時代の送信方式は，信号を乗せる搬送波の周波数帯域を，いわば土地のように排他的に確保し，その上に信号を振幅か周波数で変調（AM か FM）して重畳して送り，受信側で搬送波を除去して信号を取り出す，というものである（A と B による非弾力的規制）．これに対してデジタルのパケット無線では，搬送波は一般的には必要だが，これを低出力にして一定距離以上には到達しないような小さな区間(マイクロ・セル)に封じ込める（C を最大限に活用するため，B を規制する）．そしてこの区間内では特定の周波数帯を使うが，1 つおいた隣の区域でもまた同じ周波数帯が使えるようにして，効率化を図る（A の

---

14) しかも免許料は一般財源となって通信産業には還元されないので，結果的には戦略産業である電気通信に課税する「負の産業政策」になってしまう．またオークションすべき周波数が，使いやすい帯域（300 MHz～3 GHz）にほとんど残っていないという問題がある．
15) マーチン・ケーブ教授を主査とする委員会の提言の形を取っている（Cave [2002]）．
16) この点が電力事業と電気通信事業(あるいは強電と弱電)を分ける，最大のポイントになるかもしれない．

弾力的活用．これが携帯電話を可能にした方式である)．加えてパケット化された情報は時間・空間・コードのいずれかによって多重化されて[17]送信されるので，伝送効率はさらに高まる（CかDの最大限の活用）．コード多重（CDMA）の場合には，信号がマイクロ・セル内に広く拡散され，インテリジェント化された端末が，自分あてのパケットを見つけ出して受信し再構成する．

　視点を変えて，前述したアナログ時代の3つの暗黙の前提と対比すれば，①のセンター→エンド型の一方向性は制約ではなくなり，②も双方向通信可能なため失われ，③は全く逆転して受信側にインテリジェンスがあってネットワークの機能は単純化されている．言い換えれば，大出力一方向型の利用法（すなわち放送型)は，かつて当たり前のことであったが，今日では全く贅沢な利用法であることになり，パケット方式を利用すれば何百倍，何千倍といった効率の良い放送が可能になる．デジタル方式では，無線局の数が増えれば増えるほど(セルが小さければ小さいほど)また時間や空間のスロット（切り口)が小さければ小さいほど，コードの場合には受信側の識別能力が上がれば上がるほど伝送の効率が上がり，理論的には無制限に近い電波の利用が可能になる．つまり電波は誰もが利用できるコモンズに近づくのである（Reed [2002]）．

　こうしたドラスティックな変化は，インターネットの急展開でわれわれが経験したところと変わらない[18]．このような「フリーランチ」が存在するというのは信じがたいかもしれないが，「有体物」である土地の場合でも，もし垂直方向に無限に利用可能で何万階ものビルを建てることができるとしたら，土地を無償で開放しても資源の競合は起こらないだろう．つまり周波数が稀少であるように見えるのは，それを利用する無線技術の処理能力の制約であり，技術革新によって処理能力の上限が必要な通信量を超えれば，帯域の制約を意識することなく通信することは夢物語とはいえない．技術的にはそれは既に可能で

---

17)　時間分割多重（Time Division Multiple Access)とは，信号伝送の効率が上がったためにできる隙間を利用して，信号を多重的に送信する方法をいう．同じく空間分割多重とは，利用可能な空間を幾つかに分割し，空きの部分を利用して多重的に送信する方法をいう．コード分割多重（Code Division Multiple Access)とは，信号をコード化して空中に拡散させ，受信端末側で自分あての信号を取り出して受信することにより，多重化を図る方法をいう．

18)　もともとポール・バランがパケット方式を提案した際は，パケット無線を念頭においたものであった（Baran [1964]）．

あり，必要なのはむしろ規制改革の方である[19]．

このような時代の変化を敏感に察知した FCC は，当初は共和党政権下にふさわしくオークション志向のように見えたが，2002 年 11 月 7 日に発表されたタスクフォースの勧告案（FCC [2002]）では路線を変更して，コモンズ派に改宗しつつあるかのように見える．なぜならその骨子は，

① これまで電波は主として，周波数・出力・空間を制限することによって管理してきたが，今後は時間の要素をより重視すべきである．

② 周波数の空きをより効率的に利用するためには，混信を防ぐための「混信温度」とも呼ぶべき数値を設定して管理すべきである．

③ この温度以下の場合は，主たる目的のための利用（1 次利用）を妨げない範囲での「2 次的利用」を促進すべきである．具体的には，後述の「公共の安全」のための帯域にも「2 次的利用」を認める，免許不要帯域を増やす，Easement[20] の設定など．

④ これまでの周波数管理は「Command and Control」（以下，C & C）方式だが，今後 C & C 方式は例外的に適用するにとどめ，排他権の設定とコモンズ型の両方式の活用を進めるべきである．

とされているからである．コモンズ型は 3 方式鼎立の一要素に過ぎないように見えるが，ごく最近までは一顧だにされなかったことと対比すれば，実質的にはコモンズの優位性を認めたとさえ言えよう[21]．

このことは，① で当面想定されているのが「オーバーレイ」とか「アン

---

19) ソフトバンクの孫社長が，800 MHz 帯の電波の整理・統合と再配分をめぐって総務省を訴えた裁判は，現行法を前提とする限り勝訴の確率は低いものと思われる．しかし彼が「電波資源の配分が公正でないため，携帯の通信料が高どまっている」と訴えた点は，核心を突いている．

20) Easement「地役権」 ある土地の所有者が，別の土地(通常は隣の土地)をその所有権の行使と両立するような特定の目的で利用しうる権利．利用目的は，通行権，流水に関する権利，採光権等があり，単なる利用権で収益を伴わないところに特徴がある．地役権は，明示の合意による場合，黙示の設定と見られる場合，時効取得の場合等に成立する（鴻・北沢 [1998]）．

21) FCC の当面の大目標は，ブロードバンドで他の先進国に遅れを取った現状を改めることであり，有線では旧ベル系地域会社に義務付けられたアンバンドリング(次節参照)の撤廃が，無線では周波数を中心にした C & C 方式の見直しが中心になると見られる．

ダーレイ」と呼ばれる方式であり，仮に周波数が既に誰かに割り当てられていても，空き時間には割り込んで利用することを可能にする方法であること，②もまた従来混信を避けるために帯域の前後に設けていた回避帯域をなるべく僅少にして，利用効率を上げようとするものであること，③インターネット用に免許不要帯域を確保することが優先されていることを勘案すれば，より明白になるものと思われる．

　私の目標はFCCよりさらに進んで，最終的には現在の社会主義的な電波管理を廃止し，すべての帯域を無免許で開放することである．このためには，現在の免許を原則として更新せず，設備の償却が終り次第政府に返還し，それを無免許で開放するという長期的な目標を明示する必要がある．ただこれは結果として，既存の無線利用者の期待利益を侵害することになるから，政府が電波を買い上げる「逆オークション」を行なうことも一案だろう．現在の周波数オークションとは逆に，政府が民間に対して電波を買い取る競売を行ない，(連続する)周波数あたり最低の価格を出した利用者の帯域を買い取るのである[22]．

　全ての周波数帯が無免許で開放され，ソフトウェア無線などによって自由に空いた帯域を選んで通信できるようになれば，電波行政は異なる変調方式による混信を防ぐための基準認証や，違法電波の取締りなどの実務に限定される．また無線LANでは，ユーザーが通信事業者を兼ねることもできるので，コモン・キャリアを規制する業務としての通信規制(のうち無線に関する部分)そのものが意味を持たなくなる．

　ここでは通信端末は普通の電気製品なので，政府が標準化や品質管理を行なう必要はなく，無線機器業界の自主組織でやってもよいし，インターネットに関連する部分はNPOがやってもよい．電波利用の監視は，通常の違法行為と同様警察が一括して行なえばよい．こうして通信(とくに放送)が「フツーの

---

22) 公共用途についても一括して買い取り，その両側の周波数の応札価格の平均をつける．これは一種の政府調達なので，通常の競売手続きを準用すればよい．その資金は電波利用料を引き上げ，帯域単位で課金することによってまかなう．この場合の価格は，通常の周波数オークションとは逆に，最も非効率に電波を利用している業者の機会費用で決まるので，極めて低くなると考えられる．また，これで取引が成立しなかった場合には，事実上無償で免許を停止される可能性もあるので，少しでも値のつくうちに売り出そうとするだろう．

産業」となるためには(林 [2000d]),自動車の発達が公的な道路建設と表裏一体であったように,インフラの部分が安く容易に利用できることが不可欠なのである.

しかし,すべての帯域を直ちにコモンズ化することには,3つの面から困難が予想される.第1点は,国防・海難救助など「公共の安全」の目的でC&C (Command and Control) として留保される部分が(ごく限られた範囲にせよ)残らざるを得ないこと.第2点は,周波数の特性から見て,C&Cに向いている分野がありそうなことである.第3点は,仮にコモンズ化がすべての帯域で可能だとしても,既にC&Cやオークションによって,周波数の権利を取得した利用者がおり,これらの人々の権利を直ちに奪うことはできないことである.

FCCの案もこれらの点に配慮して,C&C,排他権の設定,コモンズの3方式の鼎立を認めるが,C&Cの範囲を現状以上に拡大しないことを提案している.現実的な案としては妥当なところだろう.わが国においても,① C&Cの適用領域を次第に縮小する,② コモンズ化の可能性を極限まで追求する,③ オークションの実施に当たっては,いずれコモンズ化するなどの変更が可能な留保を付ける,といった配慮が必要であろう.わが国総務省も「電波開放戦略」を掲げているが,あくまでも総務省が主導権を握ったままの開放策であり,市場を信頼していない点が気にかかる(炭田 [2004]).

5-5 資源配分上の規制 (2) 有線通行権

有線の通行権については各事業法(電気事業法その他)において,「契約自由の原則」による当事者間の交渉を原則としつつも,必要な限度で主務大臣が介入することを認めている.電気通信事業法においては,「土地の使用権」という名称で「地上権」であるか「借地権」であるかを問わず,次のような手順を定めている(同法128–133条.なお条文の中には土地以外にも公用水面,水底線路などの規定があるが,以下では土地についてのみ述べる).
① 認定電気通信事業者[23]は,線路を設置するため,他人の土地を利用(所有

---

23) 電気通信事業の登録(事業法9条)をした上,総務大臣から事業の認定(同117条)を受け

者の利用を著しく妨げない限度において)することが必要かつ適当であるときは，総務大臣の認可を受けて，土地所有者に使用権 (15年)の協議を求めることができる．
② 総務大臣は認可申請の際，必要があれば土地所有者の意見を聴く．
③ 認可したときは，土地所有者に通知するとともに，公告する．
④ 両当事者の協議が整った場合は，認定電気通信事業者はその内容を総務大臣に届け出，それによって使用権の効力が発生する．
⑤ 協議不調のときは，認定事業者が認可の日から3月以内に，総務大臣に裁定を申請することができる．
⑥ 総務大臣は，裁定の申請を受理したときは，3日以内にその申請書の写しを当該市町村長に送付するとともに，土地等の所有者に裁定の申請があった旨を通知する．
⑦ 市町村長は，前項の書類を受け取ったときは，3日以内にその旨を公告する．
⑧ 土地の所有者その他の利害関係人は，公告の日から10日以内に，総務大臣に意見書を出すことができる．
⑨ 総務大臣は，前項の期間が経過した後，速やかに裁定をしなければならない．
⑩ 上記のほか，認定事業者は，他人の土地等を利用することが必要であって，やむを得ないときは，その土地等の利用を著しく妨げない限度において，一時これを使用することができる．

以上は私有地についての手続きであるが，土地の所有者が政府(中央・地方)で，用途が道路である場合には，「道路占用許可」という形でその手続きが法定されている．道路法32条以下によれば，
① まず一般論として，道路に電柱等を設け，継続して道路を使用しようとする場合においては，道路管理者の許可を受けなければならない．
② 許可を受けようとする者は，道路の占用期間などを記載した申請書を，道路管理者に提出しなければならない．
③ 道路管理者は，道路の占用が道路の敷地外に余地がないためにやむを得ないものであり，政令で定める基準に適合する場合に限り，許可を与えること

たもの．2004年3月31日までは，第一種電気通信事業者のみがこのような特権を有していた．

ができる．

④ 水道，電気，ガス，電気通信事業等のための道路の占有については，その事業の用に供するものを道路に設けようとする場合は，工事を実施しようとする日の1月前までに，あらかじめ当該工事の計画書を道路管理者に提出しておかなければならない．

⑤ 道路管理者は，前項の計画書に基づく工事のための道路の占用の許可の申請があった場合において，政令で定める基準に適合するときは，許可を与えなければならない．

上記 ④ と ⑤ が，特定の公益事業に特別に認められた取扱いで，このような待遇を「公益事業特権」という．実は有線テレビジョン放送事業者には，この特権は与えられていないので，ケーブル敷設などで苦労しているという．

そのような特殊な事業者を別にすれば，現在は無線の技術革新が目覚しいため，そちらに目が行きがちである．しかし有線のネットワークにおいても，中継系の帯域は飛躍的に拡大したが，光ファイバーに多額の投資を行なった世界のキャリアは軒並み大きな損失を出し，アメリカの光ファイバーの利用率は 10% 未満といわれる[24]．この原因として最大の問題は，加入者線のボトルネック (いわゆる last one mile) が解消されていないことだろう．

アメリカでは 1996 年電気通信法で，加入者線のアンバンドリング(ネットワーク要素毎の切り売り)やコロケーション(競争会社の機材を電話局に併置することを義務づける)規制などによって，DSL への参入が政策的に促進されたが，結果的には多くの CLEC (競争的地域通信事業者)の経営は破綻した．このように物理的なインフラが過剰であるにもかかわらず，ブロードバンドの普及が止まっているという「供給過剰のなかの物不足」は，明らかに技術ではなく流通段階の問題である．この原因として，通信事業者への過剰な規制が，権利の重複による「アンチ・コモンズの悲劇[25]」をもたらしていることが考えられる．

[24) 日本でも NTT の光ファイバーの利用率は 10% 程度，それ以外の電力会社や国土交通省の持つ(総延長で NTT を上回る)光ファイバーに至っては，1% も利用されていない．

[25) 「コモンズの悲劇」とは，誰も管理しない共同利用牧場では，誰もが自由に羊に草を食べさせる事ができるので，やがて牧草が枯渇してしまうことをいう (Hardin [1968])．逆に「アンチ・コモンズの悲劇」とは，旧ソ連邦のような独裁体制を崩しても，複雑な権利関係を温存したままでは，結局マフィアによるエンフォースに頼らざるを得なくな

この問題を解決する方策としては，徹底した所有権方式に戻す方向（P方式）と，徹底したコモンズに移行する方法（C方式）の2つが考えられる．この中間解はアンチ・コモンズ状況となって，事態の解決にはならないように思われる[26]．ところがわが国では，その矛盾を解決するかに見えるきっかけが，無線 LAN の基地局を設置するために，他人の私有地を利用しようとした第一種事業者(当時)が，総務大臣の認可を求めることができるか否かをめぐる紛争によって生じた．

　事案の概要はこうである．無線 LAN を多くの地域に展開して，他の事業者の(固定)ネットワークと相互接続することにより全国展開を図ろうとする，モバイル・インターネット・サービス株式会社(当時の第一種事業者．以下 MIS)は，東日本旅客鉄道株式会社(以下 JR)の土地(東京都内6駅の構内)にアンテナを設置すべく交渉を進めたが不調になったため，事業法 72 条 1 項(当時，現在の 128 条 1 項)により，権利の設定に関する協議を求める認可を申請した（2002 年 3 月 19 日）．

　これについて審査した総務省は，次の 6 項目について，いずれも MIS の主張に合理性があるとして，同省に設置されている電気通信事業紛争処理委員会(以下，委員会)に対して，申請どおり認可したいとして諮問した(6 月 17 日)．

① 第一種電気通信事業(当時)の用に供する設備であること．
② 線路および空中線ならびにこれらの付属設備(広義の線路)であること．
③ 土地およびこれに定着する建物その他の工作物であること．
④ 他人の土地等を使用することが必要かつ適当であること．
⑤ 所有者の利用を妨げない限度において利用するものであること．
⑥ 線路を支持するために利用するものであること．

　ところが諮問を受けた委員会は，本制度は「一の土地等の内部に現在する利用者に対し電気通信役務を提供するために，当該土地等の内部に設置されるよ

　　ることをいう（Heller [1998]）．
26) 業法レベルで施設を特定した「オープン・アクセス」政策が導入されている．確かにここでは，所有権者が事後的に排他権を退けられるという弊害はないが，逆に業法による事前の規制と独禁法による事後の規制が，重複的に適用されるという欠点が生ずる．この点からすれば，依然としてアンチ・コモンズ状態をもたらしかねないという欠陥は是正されていない．

5-5 資源配分上の規制（2）有線通行権 195

制度の概要と本件事案 電気通信事業法第73条において，<u>第一種事業者</u>は，<u>第一種事業の用に供する『線路』</u>を設置するために<u>他人の土地等</u>を利用することが必要かつ適当であるときは，<u>総務大臣の認可</u>を受けて，その<u>所有者等</u>に対し，その土地等の使用権の設定に係る協議を求めることができることとされている．

			総務大臣の諮問	紛争処理委員会の答申	
中継系の線路			「線路」に該当	「線路」に該当	
端末系の線路	下記以外の場合		「線路」に該当	「線路」に該当	
	同一構内又は同一の建物内の通信のための線路の設置の場合	様々な最終目的地に向かう不特定多数の利用者が往来している公共的な空間（鉄道駅など）	「線路」に該当 認可することが適当 （理由：端末系の線路については，それが設置されなければ，そのエリアにおける利用者に電気通信役務を提供することが不可能となる（設備による被拘束性）．かつ，<u>不特定多数の利用者が往来する公共的な空間であり，公益上の必要性は相対的に高い．</u>）	「線路」に該当せず 認可することは不適当 （理由：設置する線路が，<u>その土地等に現在する人を専ら又は主として対象としている場合</u>には，その土地等に現在する人にすし通信の役務を提供するか否かは，原則として，土地等の権利者の判断に委ねるのが当然．）	本件
		上記以外（マンション，競技場など）	「線路」に該当 ただし，認可することは不適当 （理由：基本的にマンション管理組合とマンション住民との間等の私的関係において解決が図られるべきもの．）	「線路」に該当せず （理由：同上）	

出典：〈http://www.soumu.go.jp/s-news/2002/pdf/020808_4._01pdf〉

図 5.1 総務大臣の諮問および電気通信事業紛争処理委員会の答申について

うな態様のものを想定していない」から，「認可することは相当ではない」という答申を出した（7月30日）．受け取った総務省は再度検討した結果，答申の趣旨を尊重することとし，理由を再整理して認可しないことと決した（8月8日）．これを不服とする MIS は異議を申し立てたが，決定は覆らなかった[27]．

ここで意見が分かれた核心の部分は，図 5.1 において「線路」に該当するか否かである．細くて長いケーブルを連続して敷設しなければならないような場合（図 5.1 の上部 2 段）には，「線路」に該当するという点で両者に差がないが，「同一構内」「同一建物内」のような，権利者が比較的少数の 1 つの場所で通信を行なおうとする場合にも，アンテナ等を「広義の線路」として事業法を適用してよいか否かについて，両者の判断は分かれた．すなわち総務省諮問案が，JR の駅構内など「不特定多数の利用者が往来する公共的な空間で，公益上の必要性が高い」と思われるケース（したがって，いわゆるマンションの敷地内な

---

27) MIS 社は 12 月 27 日付で，同社の無線 LAN サービスを休止せざるを得ないこととなった．

どは除かれる)については，無線アンテナ等を「線路」とみなしてよいと考えるのに対して，委員会は「原則として，土地等の所有者の判断に委ねる」べきだとしたのである．

　本件は，現在の法律に照らして判断する限り，総務省の最終判断(=委員会の判断)に分があると言うしかない．しかし，無線の通行権と有線のそれとが微妙に交錯した，この事件の含意はより深いものがある．それを探ってみよう．

　まずは，法体系のあり方である．現在，電気通信設備を規律する法には，電波法・有線電気通信法・電気通信事業法の3法があるが，前2者は事業の用に供するか否かを問わず，およそ電気通信のために用いられる設備一般を律するのに対して，最後のものは事業用の設備について律するものである．つまり前2者が一般法，後者が特別法の関係になり，「特別法が一般法に優先する」という原則に従う．したがってこのケースでは，電気通信事業法に基づいて判断が下されることになり，文理解釈をすれば総務省の最終判断のようにならざるを得ない．

　しかし，かつて分離可能だった事業用の設備と私設設備とが，渾然一体になりつつある(法律的には電波法・有線電気通信法の一般法と，電気通信事業法という特別法の世界とが融合してきた)のも事実である[28]．また無線と有線が一体不可分な形で利用されるようになったことが，この事件の大きな特徴である．電波法と有線電気通信法を分けていることすら，時代遅れになったということかもしれない．

　それでは立法論として，どのように対応したら良いのだろうか？　まずは「道路の占用」を自由化し，事業者に限らず手続きを簡素化して可能にしようという案が考えられる．経団連が提案した「第一種電気通信事業者に限らず，電気通信サービスを提供する者には，届け出だけで広く道路占用許可を与える」という案は，私有地はさて措き道路という公有地について，その具体化の1例だと思われる(経団連 [2001])[29]．

---

28)　通信の自由化とともに市場に参入した第一種事業者は，ベンチャーのDDIを別にすれば，日本テレコム(旧国鉄との結びつき)，TWJ(同道路公団)，TT Net(同東京電力)など，全てが自営設備を持っていたことを想起せよ．

29)　私案として提起中の「電子公衆送信法」(7-5)の中では，前述の3法を一挙に廃止して私案に統合することを考えたが，電波法の周波数割当のところが残るので一挙に廃止

しかし，関連法の改正で解決可能な問題でない点にこそ，このケースの深刻さと意義がある．どのような改正を行なおうと，私有地について電気通信設備が設置可能なのは，その場所の排他的使用権（一般的には所有権）を持っている人（法人を含む）と，その人から権利を譲り受けた人に限られる．所有権は憲法でも保障されている近代法の基本的権利で，「公共の福祉」に合致するごく限られた場合のほか，これを強制的に収用することはできない．総務省の判断が，土地の所有者である JR 東日本に見かけ上有利になっているのは，このような背景に基づくものである[30]．

しかし，「土地の所有権は法令の制限内においてその上下に及ぶ」（民法 207 条）という原則の下でも，「大深度地下の公共的利用に関する特別措置法」ができたように，無線 LAN についても特別法を用意する案が考えられる．また民法の原則にかかわらず，上空を通過する飛行機には土地所有者の権利が及ばないように，無線 LAN の利用電波が所有地を通過しても，その程度は所有者は甘受せよ，というコンセンサスを作る余地はあるだろう（無線 LAN のアンテナが所有地または建物に設置されても，所有者は甘受せよ，とは言い過ぎのように思うが）．

なお，現在も独占禁止法上のテーマになっている「エッセンシャル・ファシリティ」論（5-10 参照）を使って，土地（または建物）の所有者は無線 LAN の設置上，代替可能性が少ない土地または建物を所有している場合は，何らかの基準でこれを相当な対価で使用させなければならない，という義務付け（つまりオープン・アクセスやアンバンドリングの義務付け）をする案も考えられる．

ADSL が急成長した背景としては，加入者回線のアンバンドリングが大きく寄与したものと考えられる．しかし，そもそも他人の財産を廉価で利用した上で事業が成長することが，社会全体の利得を増大させているとは言い難い．したがって無線の分野にアンバンドリングを拡張するよりも，逆に有線の分野のアンバンドリングを縮小して，有線・無線の公正な競争基盤（level playing field）を整えることが不可欠と思われる．加えて前節のような，新たな技術革

することはできず，とりあえず有線電気通信法だけを廃止する案になっている（7-7 参照）．

30) この指摘は意外かもしれないが，逆に読者が土地の所有者である場合を考えれば，国は確実に読者の権利を保護してくれていることになる．

新が見込まれる状況では，経済学的な見地からコモンズ論を深めた上で，特別立法を考えるのが筋かと思う．

5-6　参入・退出規制と外資規制

　公益事業を規制する場合に，参入・退出に係る規制と料金規制は，規制システムの2本の柱である．なぜこれらが必要かというと，公益事業に属する事業には規模の経済性があるため，競争に委ねておくと最終的にごく少数の企業が競争者を駆逐して，独占(寡占)的地位を獲得してしまう(自然独占)．ここで事業者が，自由に料率を設定して独占的利潤を得れば，消費者の利益が奪われてしまうので，政府が市場に介入し参入や価格の規制を通じて，独占企業の戦略行動に対抗することが望ましいと考えたわけである(いわゆる公益事業規制)．この参入・退出規制と料金規制について，本節と次節で説明しよう．まず参入・退出規制から．

　公益事業に関する説が妥当し，有効であった時代もあったが，情報メディア産業はハイテク産業でもあるので，自然独占を成立せしめていた技術条件は劇的に変化してきた(林 [1989b] [1998c])．技術革新の進んだ市場セグメント(例えば長距離通信分野，専用線分野，高度サービス分野等)では，もはや制度上，自然独占を語れなくなってしまった．そこで技術的には，より安く多様で高度なサービスの提供が可能である(これは事業者にとっては新たなビジネスチャンスを，ユーザーにとっては利便の向上を意味する)にもかかわらず，規制制度がそれを阻害しているとすれば，そのような規制は緩和・撤廃されるべきだという論理が出てきた(土佐 [1997])．

　わが国の場合，1985年の電電公社の民営化と競争導入で，公企業の民営化と電気通信全分野への競争導入というプロセスを一挙に実現したが(林 [1988b])，当時の参入規制には問題もあった．第一種電気通信事業者(電気通信回線設備を保有する)になるためには，当該事業による供給が需要に対し適切であること(需給調整・電気通信事業法旧10条1号)と過剰設備防止(同旧2号)が許可要件となっていた．

　だがどんなサービスが，どんな形で市場に受容されるかを予め予測することは不可能で，規制当局にだけ可能とは思われない．新規参入は事業者の判断と

危険負担・自己責任で行なわれ，ユーザーの選択という市場メカニズムを通じて，需要バランスが図られるべきであった[31]（林 [1984a]）．このように「需給調整」については，法的独占時代の過去を引きずったものだったので，1997年の事業法改正で廃止された．

また法律上の定めが無いにもかかわらず行なわれてきた，長距離通信と地域通信の区別，地域通信における地域限定，国際通信と国内通信の区別は，自由化の当初には新規事業者の育成や1県1POI（相互接続点）という技術的制約から，やむを得なかったかもしれない．しかしこれは，市場に人為的かつ恣意的な柵を設けることに他ならない．結局この区分は「初めから無かった」という当局の発言によって収拾されたが，透明性に欠ける「行政指導」の典型例として悪しき記録を残した[32]．

さらに前述の電気通信事業者を通信回線の保有を基準に，第一種事業者と第二種事業者に分け，また後者を一般第二種事業者と特別第二種事業者に区分し，各々参入規制に格差を設けていたことにも問題があった．一種は許可制（旧9条1項），特別第二種事業者は登録制（旧22条1項），一般第二種事業者は届出制（旧31条1項）である．確かに1985年当初は，ネットワークの信頼性確保やシステムダウンへの対応などを考慮した，この区分にも相応の根拠はあった．

しかし通信事業者が技術的・営業的に安定した後は，少なくともユーザーから見れば，第一種と第二種で提供サービスにはさほどの差は感じられず，かつ公専公接続[33]が実現されたため，一層両者に実質的差異は無くなった．また一般第二種と特別第二種もサービス内容そのものに違いはない．したがって，

---

31) 参入規制の正当化に持ち出される認定事業者(旧第一種事業者)に対する公益事業特権の付与は，必ずしも説得的でない．この特権の付与は，当該事業の性質に本来的，必然的に由来するものだからである．ちなみにアメリカでは，参入規制と公益事業特権の付与とはリンクしていない．

32) 旧郵政省は「従来から業務区分(地域／長距離，国内／国際等)による規制は行なっていない」と主張している(例えば，経済審議会行動委員会高度情報通信ワーキング・グループ報告書，1996年10月17日)が，このこと自体が行政指導という不透明な規制が通用している，わが国行政の問題点の1つを浮き彫りにしている(福家 [2000])．

33) 公衆回線—専用回線—公衆回線の間で接続を行ない，サービスを提供すること．これにより，第二種事業者も第一種事業者と実質的に同様のサービスを提供する事ができるようになる．

各々事業分野を超えての相互参入を促進し，競争圧力を高めることを志向する立場からは，区分ごとに格差を設けることの妥当性・合理性を疑われる状態となった(土佐 [1997])．そこで 2004 年には，こうした区分は廃止されることになった．

　参入規制はしばしば論議されるが，退出規制はそれに比べれば目につきにくい事項である．しかし第一種事業者については「事業の廃止」は総務大臣の許可を受けなければならず(事業法旧 18 条 1 項)，法人の解散も許可事項とされていた(同旧 18 条 3 項)．上述のように参入も許可制ではなく登録制になったことから，退出も原則は事業者の意思に委ねられることになった(同新 18 条)．

　なお，参入・退出規制は，電気通信事業に対するよりも，放送事業に対する方がより厳格である．しかしこの点を説明するためには，まず放送法の構造と電波法との関係に触れておかなければならない．この両法と電波監理委員会設置法とが，「電波 3 法」として一括処理されたことは既に述べた (2-6)．

　参入・退出については，電波法と「放送局開設の根本的基準」の定めるところとなるが，まず NHK については，そもそも退出は予定されていない．一般放送事業者についても，戦後何度か新規の開局はなされてきたが，廃業した放送局はないという．廃業があった方が良いとは思われないが，廃業がない状況が望ましいとも思われない．つまり放送業界は，社会主義的な国家管理の下にあって，「フツーの産業」になっていないと言わざるを得ない(林 [1999d])．これらを再整理して「放送事業法」を策定する努力が求められており，逆の面から見れば「1953 年体制」の打破が必要だということになろう[34]．

　しかもそこでは「民主的な NHK」をどうするかが主眼であったことから，放送法は NHK 法とも言うべき性格が強くなり，電波法が無線に関する基本法でありながら，同時に放送の参入・退出を律する法の性格をも，また設備・サービスの基本を律する性格をも，帯びることとなった．そして独立行政委員会規則から始まった「放送局開設の根本的基準」が，その具体的な手順を定めることになった．つまり放送関係の諸法は，その法が本来果たすべき機能のほ

---

34) これは放送業界をいじめているのではなく，励ましていることに留意されたい．なぜならインターネット・テレビなどが発展する中では，50 年前の法律に縛られていたのでは，柔軟な事業活動ができるはずもないからである．

表 5.5 放送関係諸法とその機能

法律名	基本法	資源配分規律法	設備・サービス規律法	事業主体法
電波法	本来の機能	左と一体という考え	無線については，この部分までが一体という考えか？	
放送局開設の根本的基準		(電波法と一体となって)本来の機能		
放送法			これが本来の機能のはずだが，条文数で全体の半分に満たない	NHK に関する部分が，条文数で全体の半分以上

かに，他の機能をも担っていることになり，外からは全く分かり難い構成になっている．これを表示すれば，表 5.5 のようになろう．

　外資規制のあり方についても，当初から問題があった．まず放送については，外国人・外国政府・外国法人に免許を与えないほか，外国人が代表者であるか，役員または議決権の 3 分の 1 以上を占める場合にも，欠格事由に当たるとしている(電波法 5 条 1 項)．この規定はアメリカをはじめ先進諸国にも一般的に見られ，放送局(より広くは無線局)が国家の安全と深く結びついていることを暗示している．

　一方電気通信事業者の場合，1985 年の時点では NTT および KDD については，外資の株式保有は認められなかった(NTT 法旧 4 条の 2, 旧 KDD 法 4 条)．またその他の一種事業者については，外資の参入は認められたものの上限は 3 分の 1 とされた(事業法旧 11 条)[35]．これは一種事業が国民生活・経済活動を支えるインフラストラクチャーであると同時に，重要通信の確保などの面で国家的な機能を果たすことに着目したものである．

　しかしこうした外資規制は，通信のグローバル化に伴い国際摩擦の火種にもなってきた．また国際的な企業提携は，株式の相互保有を含む事が多いため，日本企業の国際進出にとってもマイナス要因となったはずである．1997 年 2

---

[35] 法的により正確に言えば「3 分の 1 を超える時は，(外国株主の)氏名及び住所を株主名簿に記載し，また記録することができな」かった．なお，保有株式が 3 分の 1 を超えると，商法上会社の定款の変更や取締役・監査役の解任などの，重要事項の決定を拒む事ができる(商法 343 条など)．

月のWTOの電気通信合意によって，外資規制撤廃で合意したことから，この規定の見直しをせまられることになり，NTT，KDDの場合が5分の1まで，他の一種事業者の場合には規制はなくなった[36]．

こうした自由化については一方で歓迎する意見もある．例えば土佐[1997]は「もとよりWTO（世界貿易機関）等の場で諸外国の外資規制の状態との相互主義的議論が前提だ」としつつ，「資本の構成にこだわらず市場に受容される事業者」こそユーザーの利益を増進するのだという基本視角が大切で，「通信主権というそれ自体は無内容な一般抽象概念」によって，不合理な形で曲げられてはならないとする．

しかしアメリカで通信ビジネスに携わった経験からすれば，弱肉強食に慣れていないわが国企業にとっては，さしむき「相互主義」を貫いておく方が賢明ではないかと思われる．日本テレコムの無線部門（Jフォン）がボーダフォンの傘下に入り，続いて固定部門（狭義の日本テレコム）がリップルウッドを経由してソフトバンクに買収された経緯を見ても，相手国よりも参入障壁が低いことは相手にとって有利なだけで，日本企業には何のメリットももたらさないと言えないだろうか[37]．

5-7 料金規制

料金規制は参入規制と並んで，規制体系の上で最も重要な仕組みの1つである．自然独占を法的に許容する代償として，事業者の独占的な価格設定からユーザーを守るため，いわば市場に成り代わって，政府がいかなる料金水準がふさわしいかを判定するわけである．もちろんその具体的な態様には，幾つかの種類がある．国家自らが運営する場合は，議会による法定料金になる．法定独占の公企業の場合も，法定料金であったり，認可料金であったりする．しかし，こうした公益事業規制の延長上に，今日の課題を解決することはできない．なぜなら現在の仕組みは，複数の競争的事業者の存在を前提にした，市場

---

36) KDD法は1998年になくなったので，同時に外資規制もゼロになった．
37) アメリカでも無線局の開設には5分の1の外資規制があり（連邦通信法310条），無線局を1局も使わない電気通信事業者は稀なので，結果として通信の外資規制にもなっている．

原理に基づくものだからである.

　この点,最初から複数の民間会社が運営主体であり続けた,アメリカの例は参考になる.アメリカの料金規制方式にも何段階かの変遷があるが,1960年代中期以降は,公正報酬率規制が中心であった.これは一般的に次式で表される.

　　公益事業の料金水準＝適正な運営経費＋事業用資産 × 公正報酬率

　式の含意は,公益事業の運営に必要な経費を賄うだけでなく,ゴーイング・コンサーンとして適正な報酬率を確保すべきである.しかも公益事業は膨大な固定資産を擁し,それを適正に運転して利益を生むものであるから,事業用資産(rate base)に公正な報酬率(fair return)を乗じて算出するのが妥当である,という点にある.

　これは理念的には,仮に競争下であるとすれば達成されるであろうと考えられる妥当な利益水準を規制当局が設定し,これを事業者に遵守させるというものであり,少なくとも静学的には一定の合理性を持つというべきである.ただし,仮想的利益率に過ぎないものを現実に算出するためには,規制当局に膨大なコスト・データが必要となり,かつその収集は必ず時間的に遅れるという制約があるほか,次の欠陥が避けられない(土佐[1997]).

　第1に通常競争下にある企業なら利潤増加のためにコストを引き下げるが,公正報酬率規制では利益率が事前に設定されているので,投資総額を水増しするインセンティブが働く.しかもこの費用は一般に料金で賄われ,株主の利益に影響しないので,この水増しを抑制しようとする内部復元力は弱く,非効率が温存されやすい.事実「アバーチ・ジョンソン効果」として有名な実証では,事業体は過大な設備投資をする傾向があったという(Averch and Johnson [1962]).

　第2に,複数サービスを提供している事業者が各市場で競争に直面している場合,各市場へのコスト配分の報告内容を恣意的に算出することによって,競争過程を害することがある.規制当局は,サービスを提供するのに一体何が必要なコストなのか,どう配分されているのかを正確には知り得ない.逆に,事業者の方こそ正確な情報を占有している(情報の非対称性)からである.

　第3に,事業者のサービスが競争的市場と反競争的市場にまたがっている場合,反競争的な内部補助を防止するための料金審査の際に,コスト配分の妥当

性を厳しくチェックする事が求められるが，この複雑なコスト配分制度は同時に硬直的な料金構造を事業者に強い，結果として柔軟性を損いがちであるという欠点がある．

そこでAT＆T分割をはさんで，公正報酬率規制は使われなくなった．これに代わって導入されたプライス・キャップ規制は，料金変更の許容範囲ないし幅を事業者に対し直接に指示する（上限を price cap といい，下限を price floor という）ものである[38]．この方式は，競争が進んでくれば，有効性を増す．市場で有効な競争が行なわれれば，価格は需要と供給のバランスで事後的に決せられるのであり，政府という第三者が事前に付与する必要はない．しかし，AT＆TやLECsなど，なお市場支配力を持っている事業者に限って，何らかの料金規制を行なうとすれば，事業者にもインセンティブのあるプライス・キャップの方がベターだからである．

これによって限定的範囲ではあるが，価格設定の自主性を回復した事業者は，収益を増大しようとすればコストを引き下げ，技術・経営上の革新を達成しなければならない．これを怠れば，事業者は低い収益に甘んじるだけでなく，非効率の故に比較的に高い料金水準を設定する場合は，より効率的な他の事業者との料金競争に敗れることになる．要するに新規制は，静態理論から離れて動態的な実際の競争プロセスに，より接近する規制方式を目指したのである．なお，現在のアメリカでは，この規制の対象事業者を減らし，全く市場に委ねようとしている．

このようなアメリカ流の変遷に対して，わが国の当初の料金規制は，第一種に対し原則的に契約約款の認可制（旧3条1項），特別第二種に対し届出制（旧31条5項）となっており（一般第二種は非規制），ことに第一種に対する約款認可の際の規制方式は，いわゆる総括原価方式であり，原理的にアメリカでの公正報酬率規制と同じであった．

またアメリカと異なり規制の簡素化・差し替えを行なわないわが国では，市

---

[38] この移行の中間段階として規制の簡素化や差し控え（forbearance）も行なわれた．とくに後者は，現に存在する料金規制等が競争を阻害していると考える場合には，FCCが規制権限を行使しないというユニークな仕組みである．これは片方で行政の弾力性を増すが，他方で法に対する忠実義務違反の懸念も呼ぶ．1996年通信法に forbearance が法定化された（160条）ことによって，後者の懸念は解消された．

表 5.6　1998 年に導入された料金制度(一種事業者の場合)

事業者	区分	サービス	概要	備考
一般の一種事業者		全サービス	・事前届出(事業法旧31条1項) ・意見申出制度(同96条の2) ・料金変更命令(同31条2項，31条6項)	
指定電気通信事業者(NTT)	特定電気通信役務	電話・ISDN	上限価格方式(事業法旧31条3項，同4項1項)	基本料，施設設置負担金にはサブ・バスケット設定
		専用	上限価格方式(同上)	
	特定電気通信役務以外のサービス	全サービス	事前届出(一般の一種事業者と同じ)	

出典：福家 [2000]

場で必ずしも支配的な地位にない事業者にも，料金規制が及ぶことが問題であった．つまりユーザーが市場で，料金や品質の良さを選ぶ権利を奪い，行政の裁量をより拡大しているように見える点で，問題はより深刻であった．

　しかし，ようやく 1998 年に至って事業法が改正され，一種事業者の料金が原則として届出制に移行し，郵政省は事後的に変更命令を出せる仕組みとなった．唯一例外となったのは，競争が進展していない NTT の地域通信サービスであるが，これも上限価格方式(プライス・キャップ規制)に移行することとなった．わが国の通信業界においてもようやく事前規制から脱皮し，本格的事後規制の時代を迎えることとなった(表 5.6)．

　そして 2004 年の事業法改正では，事業者に契約約款(この重要な要素の 1 つが料金である)の届出を義務づけるという考え方自体を改めた[39]．すなわち，一般の市場経済の場合と同様に，売り手と買い手がどのような条件で契約するかは当事者の自由であるという原則をまず認める．その上で電気通信サービスが日常生活に不可欠であるという考え方から，いわゆるボトルネック設備を有する事業者にのみ「保障契約約款」(事業法 20 条)を義務づけると同時に，他の事業者にも「重要事項説明義務」(26 条)「苦情等の迅速処理義務」(27 条)を課し，サービスの中断や廃止などで不測の事態が生じることを避けようとする

---

39)　ただし，基礎的電気通信役務(事業法 19 条)，特定電気通信役務(同 20 条)の契約約款と，指定電気通信役務(同 21 条)の料金の基礎料金指数を超える部分は，届出または認可を要する．これらの運用如何によっては，行政の裁量幅はかなり広いとも言える．

ものである.

これによって相対契約が可能になるが，これは「公益事業」として扱われてきた産業にとって画期的なことである．なぜなら，公益事業においては一般に顧客を差別してはならず(利用の公平＝事業法7条)，料金についても例外ではないと考えられてきたからである(電気通信法制研究会(編著)[1987]).

どの産業でもそうであろうが，事業の売上の80%程度は上得意20%の顧客からのものである(通信の場合の上位集中率はもっと高い，林[1998a]).従来これらの顧客に報いるには，誰にでも適用可能な割引表(約款)を作って対応することしかなかった．事業法改正後は，顧客別割引が可能になるのだから，競争はさらに進展し，事業者のコスト削減のインセンティブが働くものと思われる．

ただし，同じコインの裏側として，過疎地や低利用者など企業収益に貢献していない人々には「切り捨てられるのでは」という懸念が生じよう．あまり使われない公衆電話が次々撤収されている状況を見れば，それが杞憂とは言い切れない．既に導入済みのユニバーサル・サービス基金(事業法上の用語は「基礎的電気通信役務支援機関」116条以下)は，事業者全体の拠出によって，全国あまねくサービスを提供できるようにしようという仕組みである．しかし実効上，それが機能を開始していないことが気にかかる．

以上前節と本節を通じた説明によって，5-2で述べた「1953年体制の変質」が，少なくとも狭義の電気通信については，3段階を経て完成に近づきつつある様子が，読み取れたであろう．今世紀前半は，放送が大変革を遂げる時期と思われるが，その詳細は6-4に譲ろう．

5-8 相互接続規制

まず相互接続問題の本質は何かを考えてみよう．製造業などと異なり電気通信産業においては，ネットワークに接続されて初めて利用者にとっての価値が実現されるのであり(ネットワークの外部性，林[1989a])，新規参入事業者のネットワークが端から端まで(end-to-endで)独立して，既存の事業者と競争するのは事実上不可能である．収益性の高い長距離通信分野に参入した新規参入者(NCCs＝New Common Carriers)は，NTTが事実上独占する市内通信設備と相互接続しない限り，サービス提供する事ができなかった．したがって

NTTの市内通信設備は，NCCsの長距離通信事業の展開に不可欠な「エッセンシャル・ファシリティ」と考える事ができた(福家 [2000]，なおこの概念については5-10参照).

これは接続上ボトルネックとなる施設(不可欠施設)を有する事業者に対し，接続を求める事業者との協議・調整を前提に，ネットワークないしサービスの構成要素を細かく分解して，必要とされるものだけを供給せしめる(アンバンドル[40])という規制方法である．この方式の規制は，相互接続によりネットワーク全体の効率性と柔軟性を高める面もあるが，特定の事業者(とくに支配的事業者 = Dominant Carrier) に対しては，ディスインセンティブとなる面もある．そこで，特定事業者に著しい阻害的効果を与えることなく，ビジネスとしても接続が社会的厚生の増大に繋がるよう，政府は中立的な規制枠組を整えることに専念する必要がある[41](土佐 [1997]).

ところでわが国での相互接続は，当初は事業者間の個別交渉を原則とし(旧38条．もっとも第二種とNTTとの間にだけ，その特殊性からオープンネットワーク協議会が設置されてきた)，これが不調の場合には公益判断からとくに必要度が高いと認められるときだけ，例外的に郵政大臣の裁定に基づく接続命令が下せる(旧39条)事となっていた[42]．しかし，加入者に対する足回り回線をほぼ独占してきたNTTとNCCsとの間では，その交渉上の力関係からして，どうしても接続交渉がNTTの優位に流れるきらいがあった．

そこで事業法の改正が1997年6月に行なわれ，実施細則については1997

---

40) ネットワークを要素 (Network Element) 別に分けて，切り売りすること．
41) EUではアメリカのONA (Open Network Architecture) と似通った制度としてONP (Open Network Provision) がある．EUでは，実際に接続が自由にでき料金上や技術情報の開示などの点でも統一されていないと，本当の意味で共通市場(コモン・マーケット)は達成されない．そこで，このための共通規制としてONPが提起された．ONPには規制対象とスケジュールを明確化したフレームワーク指令と，各サービスごとの指令がある．そして例えば専用線指令では，提供されるべきサービスのミニマム・セット，提供が促進されるべきサービス(市場の需要・標準化の進展などを勘案しつつ提供を促進)，公表されるべき技術的事項などに関して記述しており，各加盟国はこれに沿った国内制度の整備を行なう事が義務づけられている．
42) これらの条文は，1997年の改正を経て2004年の事業法改正で，条文の繰り上げなどが行なわれている．

年11月に省令が改正され，さらに12月に指定電気通信設備接続会計規則(以下「接続会計規則」と呼ぶ)と，指定電気通信設備の接続料に関する原価算定規則(以下「接続料金算定規則」と呼ぶ)が制定された(いずれも施行は1998年). 改正された事業法では，相互接続ルールは事業者全体に適用される一般ルールと，指定電気通信事業者(NTT)に適用される特別ルールの2つに，大きく分かれる. 前者は極めて一般的な規定であり，全ての事業者が原則として相互接続義務を負うこと(32条)などを定めている.

より重要性が高いのは，指定電気通信事業者に関する特別規定である. 指定電気通信事業者とは，都道府県の区域ごとに固定系加入者回線のシェアが2分の1以上の事業者が該当する. 設備ベースでの地域通信サービスの競争があまり進展していないわが国においては，当面NTTの東西の地域会社(以下「地域会社」)のみが該当する. また，指定電気通信設備とは，指定電気通信事業者が保有する県内電気通信設備である. したがってこの規定は，地域会社の県内電気通信設備を，他の指定電気通信事業者のサービス提供にとって不可欠なエッセンシャル・ファシリティと考えて，義務を課すものとなっている.

具体的には
① 接続料金，および接続条件についての接続約款を定め，郵政大臣の認可を得ること，
② 接続料金はネットワークの機能を加入者回線，市内交換機等に細分化して，個々の機能ごとに料金を設定(アンバンドル)し，接続個所を自由に選べるようにしたこと，
③ 指定電気通信設備管理部門とその他の部門の収支を分けて，把握した接続会計に基づいて相互接続料金を設定することとし，収支の把握に当たってはABC会計(活動基準原価計算)等の手法を活用して恣意性を排除すること，
④ 接続料は総括原価方式で算定すること，
などが，定められた．

これによって，公正競争上の問題が全て解決したわけではないが，少なくともその土台は整ったと言える. ただしその後の運用実態は，いささか方向感覚を失ったものと言わざるを得ない. なぜなら携帯電話の普及と，市場におけるNTTドコモの優位に反発するNCCsが，携帯事業にも同種の制度を導入すべくロビーイングを行ない，第二種指定電気通信設備という制度を導入したか

らである（2001 年改正による事業法 38 条の 3 ほか，現 34 条）．

この制度により，NTT ドコモ・グループと沖縄セルラーの設備が「業務区域内において 25% を超える加入者を収容する伝送路設備等を保有している」という理由で，第二種指定電気通信設備に指定された．しかし行政当局でさえ「第二種指定電気通信設備とは，第一種指定電気通信設備のようなボトルネック制は認められないものの，電波の有限性により物理的に更なる参入が困難となる移動体通信市場において，相対的に多数の加入者を収容している電気通信設備をいう」と苦しい説明をするほどだから，その根拠は薄弱である．また，25% の根拠に至っては，一応の目安という程度でしかない．

この経緯から読み取れる教訓は次の 2 点であろう（林 [2000f] [2000g]）．
① わが国で競争とは，お互いに顔見知りの間の「仲間競争」が当たり前と思っているが，それは世界の常識とは反対である．ここで弱者保護に走ると，トップ・ランナーの競争力を削いでしまう．ドコモが国際市場で競争しようとしていた矢先のこの決定が，その後のドコモの低迷に影響を与えたかどうか，真剣な反省が必要である．
② エッセンシャル・ファシリティという概念自体固まったものではない．これを拡大解釈すると，かつての公益事業規制に逆戻りしかねない（林 [1998c]．この点については 5–10 で引き続き論じよう）．

ところで，2004 年の事業法改正においては，エッセンシャル・ファシリティとされる設備に関する接続ルールを除き，事業者間取引に関する事前規制を廃止し，事業者間の紛争には，紛争処理スキームや改善命令等により対応することになった（第 4 章 = 144–162 条，および 35 条）．事前規制から事後規制への変更という，大きな流れに沿った改正と言うことができよう．

ただし，相互接続に関する最大の論点は，接続料金に関するものであるが，残念ながら「妥当な接続料」についての一義的な答えはない．アメリカ政府（とくに FCC）は，TELRIC（Total Element Long-Run Incremental Cost）という算定方式が妥当なものだとして，外国政府にも押しつけようとしてきたが，それが唯一のものであるはずもない（林 [1999c]）．しかしこの点については別の機会に 1 章を費やして詳細に述べたので，ここでは省略する（林 [1998a] 第 3 章）．

なお接続問題に関連して，番号ポータビリティ（加入者が通信事業者を変更し

ても元の番号をそのまま使い続ける事ができる制度)の問題がある．アメリカではこれが義務付けられたが，公正な競争基盤を形成するための策として，わが国でも導入されるべきとされる．だがコスト負担の問題，各事業者のデータベースにおける番号整順に伴う非効率などの問題も多い(とくに携帯の場合)．また公正競争という視点からは，本来は番号ポータビリティだけが問題ではなく，より公正かつ効率的な事業者ごとの番号の付与や整理といった，番号体系全体の改革の課題が伏在している点を忘れてはならない．

またインターネットに関した問題として，ドメイン・ネームの問題もある．これらは法体系の分類としては資源配分規律法に属するが，相互接続問題としての側面も持っている，と言うことになろうか．また相互接続問題の重要性は，裏返せばこの産業が「設備」を基本に規律されざるを得ない (5-3) ことを示している．

最後に，わが国の規制政策の弱点を露呈した事件として，優先接続制度(マイ・ライン)の導入について触れておかねばなるまい．これは利用者が，競争事業者のどれを選定するかについて予め登録しておく制度で，通話の度にキャリアを番号等で選択しなければならないことと比較すれば，効率的な方法である．また，キャリアを選択する電話番号が同じ条件ではない場合(例えば既存のキャリアは付加番号不要だが，新規参入者を選ぶ際は4桁入力しなければならない等)に比べれば，競争条件として公平である(ダイヤリング・パリティ)．

しかしこの方法を採用するか否かは，競争開始の際に決めておかねばならないはずである．事実アメリカでは，競争開始に先立って登録が実施された．ところがわが国では最初に競争が始まり，15年近く経った2001年にマイ・ラインが導入されたので，登録コストは何の収益も生まず，キャリアの財務を傷つけるだけに終わってしまった．競争政策の設定に当たっては，タイミングがいかに大切であるかを，この事件は教えてくれる．

5-9 コンピュータ関連法制

現在の電気通信法制の中では，コンピュータに関する部分が特別に扱われるケース(例えば4-10のプロバイダ責任(制限)法における「特定電気通信」)もある．しかしそれは例外で，一般的には電気通信事業法そのものが，コンピュータ通

信を含んだ「電気通信」を広く対象にしている，という建前を採っている[43]．

しかし電話を中心とした旧来の電気通信と違って，コンピュータ通信では伝送途上における情報の処理・加工が容易である．したがって情報の安全性の確保のためには，電話と違った高度な技術が必要とされると同時に，悪意を持って情報を窃取・改ざんしたり，ネットワークを攻撃しようとする者に対しては，特別の配慮が必要である．

ところで，データなどの改ざん・抹消を伴う不正アクセス行為は，電子計算機損壊等業務妨害罪(刑法234条の2)の対象となりうるが，改ざんなどを伴わない単純な不正アクセス行為は，処罰の対象外であった．しかしコンピュータ・ネットワークを活用した，いわゆるハイテク犯罪は増加の一途をたどり，その社会的影響力や未成年者による実行などが社会問題となった．そこで不正アクセス行為を一般的に禁止する法律として「不正アクセス禁止法」が制定・施行され(2000年)，上述の単純な不正アクセス行為や，パスワード屋のような不正アクセス助長行為も処罰対象となった結果，機密性がより強く保護されるようになった[44]．

この法律には，今後コンピュータ通信基本法とでも呼ぶべき役割が期待されよう．しかし，電気通信を所掌する総務省(旧郵政省)は，この法律が警察庁・経済産業省との共管であり，かつ主務官庁ではないことから，私の理解のような位置づけをしていないのが残念である(前出注43と同様)．

この法律の体系は，「不正アクセス行為の禁止・処罰」と「防御側の対策」の2部構成になっている．まず前者としては，
① 不正アクセス行為に関して禁止行為(3条)と罰則(8条)を定め，
② 他人の識別番号の無断提供の禁止行為(4条)と罰則(9条)
を規定している．後者としては，
③ アクセス管理者による防御措置として「識別符号等の漏洩禁止」「アクセ

---

[43] ただし，総務省的な見方は表2.3で示した(2-3)のように「IT社会構築」関連法として扱い「電気通信事業」法とはしていない．
[44] なお，改ざんなどを伴った不正アクセス行為や，サーバへの侵入を伴わないサービス妨害攻撃は，電子計算機損壊等業務妨害罪の対象となりうる．後者はサーバに過負荷をかけたり，ソフトウェアのバグを狙うなどの方法によって，標的となるサーバの運用を不能にする攻撃方法であり，「DoS攻撃 (Denial of Service attack)」とも呼ばれている．

ス制御機能の高度化」が義務づけられている (5条)ほか,
④ 都道府県の公安委員会による援助 (6条)や,
⑤ 国家公安委員会, 経済産業大臣, 総務大臣による, 情報提供等 (7条),
が規定されている.

しかし, ⑤ 項による情報提供は行なわれているものの, ここに報告される事例は「氷山の一角」との感は否めない. これは, もともと官に期待することに無理がある(下手をすれば検閲につながる惧れがある)ことに加えて, 民の側の隠蔽体質にも問題がある. 既にマス・メディア等によって事件が公になっている場合には, 自社の毅然とした態度を示すべくマスコミ対応したり, 刑事告訴に踏み切るケースもある. しかし, 事が公になっていない場合には, なるべく隠し通してしまおうという態度も見られるという(岡村 [2003]).

事案にもよるが, 事実をありのままに発表することが信頼を勝ち得ることが多いのは, 内部告発などと共通しており, これが「ネット告発」の場合には, 尚更である(ネットワーク・セキュリティ研究会 [2003]). また, 不正アクセスに関する情報を被害者間で共有し, 対策に生かすことが求められている. いわゆる ISAC (Information Sharing and Analysis Center) の動きなど, この分野ではアメリカに学ぶべき点が多い.

総じて言えば, これまでのわが国の法制度や慣行は「お上の指示待ち」の傾向が強かったが, 今後は民主導で自発的に対策を実施し, 官には最低限の法整備を期待する, といった態度が必要となろう(ここでの民には, NPO などが当然含まれる). ドッグ・イヤーで変化する情勢には新しい対応が必要で, 不正アクセス禁止法の主眼は, 上記 ① と ② にあると言えよう.

不正アクセス禁止法以外のコンピュータ法制として, 既に述べた1987年の刑法改正によって, 電磁的記録不正作出および供用罪(161条の2), 電子計算機損壊等業務妨害罪(234条の2), 電子計算機使用詐欺罪(146条の2)が新設され, 公正証書原本等不正作出罪(157条), 公用文書等毀棄(258条)および私用文書等毀棄(259条)の客体に, 電磁的記録が追加された. また 2001 年には, 「支払用カード電磁的記録に関する罪」の章 (18章の2)が追加された. なおその際, 支払用カード電磁的記録不正作出準備罪として, クレジット・カードその他の代金や料金支払用カードを不正に作出する目的で, これらの情報を取得する行為(提供や保管も)が処罰の対象になった. これで刑法典に, 情報を窃取

する罪が新設されたとの評価もある(佐伯 [2002]).

　同じく 2001 年にわが国は,「サイバー犯罪条約」にも署名したので,それに対応した国内法の整備が検討されている.後者の検討に当たっては,電子計算機損壊等業務妨害の罪に未遂罪も加えることや,不正指令電磁的記録等作成罪,さらには頒布罪の新設が検討されている.これは時宜に適ったことと考えられるが,その際 ISP 等が通信記録(いわゆるログ)を保存する義務が課せられる(現在案では 90 日間)ところまでは是認できるにせよ,司法当局が令状なしにログの提出を求めることができるという素案[45]は,「通信の秘密保持」の観点から大いに疑問である.

　なお 1990 年の不正競争防止法の改正によって,「営業秘密」が保護されるようになったことも,ネットワークの安全確保に間接的に寄与している.これによって,不正な営業秘密の持ち出し行為などに対して,差止の請求(停止・予防)とそれに必要な措置(設備の廃棄など)で対処可能となった.また 2004 年からは,漏洩行為に刑事罰も科されることになった(同法 14 条).保護対象は,コンピュータ情報だけでなく,マニュアル類にも及ぶ(岡村 [2003]).

　また 2000 年には,電子署名の民事訴訟上の効力(同法 228 条 4 項)等を定めた電子署名・電子認証法が制定された.また関連する商業登記法の改正で,法人代表者の電子署名が認証を受けられることになり,公証人法の改正で電子公証制度が創設され,民法施行法との関連で「確定日付の付与」(民法 364 条,467 条など関連)に関する電子公証も可能になった(同法 4 条, 5 条 1 項).

5–10　独禁法との重複と適用除外

　市場の独占は資源配分を歪め,消費者の利益を害するので,独占禁止法によって禁止されている.しかし公益事業のように「自然独占」にならざるを得ないものには,適用されない(独禁法 21 条).電気通信の自由化が進むと当然に「自然独占性」は薄れる訳だから,この適用除外が効かなくなってくる.その場合には,電気通信事業法と独占禁止法と,どちらの法が適用されるのだろうか.それとも両法とも適用されるのだろうか.

---

45)　『朝日新聞』2003 年 3 月 16 日(朝刊)の報道による.

従来わが国では，この法の適用の問題と官庁の所轄事務とが一致していたので，いわば「縄張り争い」のような事が続いてきた．すなわち法的には，白石[2002]が簡潔に示すように，
① 事業法で対処できる問題には，事業法が対処する．
② 事業法で対処できない問題には，独禁法が対処する．
という形で棲み分けてきたし，それには「競争政策」という発想の欠如という，歴史的な背景もあるというのである．

戦前はもとより戦後に至っても長くの間は，競争政策の重要性が日本の法体系全体において意識されることは少なく，他方戦争直後に独禁法が制定されたため，これを錦の御旗にして「競争」という価値をこの国に組み込もうとする活動が続けられてきた．それが「独禁法 vs 非独禁法」という「対決の構図」をとり，それによって独禁法派の士気を高めてきた(図 5.2 (a))．このことは，「競争」という新しい価値を，古い法体系や経済体制の中に根づかせるためには，やむを得ないことでもあったかもしれない．

しかしこのような対決の構図では，日本の競争政策法を把握することはできない．最近では競争政策が重要だという認識を多くの人々が共有するようになり，独禁法以外の法においても，競争政策の考え方を取り入れようとしている．

そこで「独禁法 vs 非独禁法」の対決の構図ではなく，競争政策というものを独禁法自体よりも一段高いところに持ち上げ，その政策が多くの法に反映されているのだと把握する枠組みを主張する向きが現れた．代表格である白石

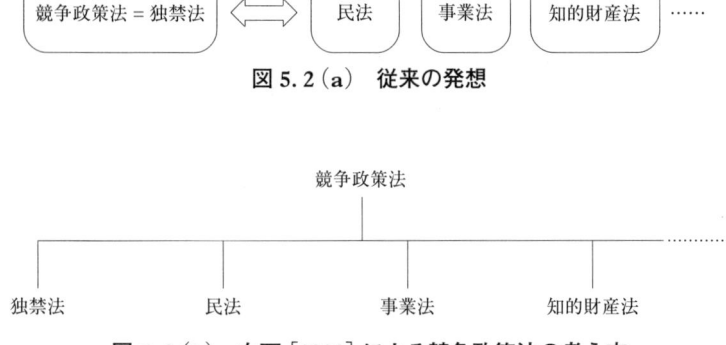

図 5.2 (a)　従来の発想

図 5.2 (b)　白石 [2002] による競争政策法の考え方

[2002]は，競争政策が反映される多くの法のうちの1つとして，民法や事業法や知的財産法等と対等に並ぶものとして，独禁法を位置づける方がゆがみが少なく，洗練された「競争政策法」の体系作りに役立つと主張する（図 5.2 (b)）．

このような考え方は，具体化を示してもいる．長らく地域独占であることを疑われなかった電気事業にも，発電と大口小売（2万V以上で受電し，2000 kW以上の消費をするもの）の自由化が実施され，独禁法との関係が問題になった．従来なら通産省（当時）が一義的に事業法での対処を考え，手に余る部分だけ公正取引委員会が所轄するという図式になるはずであった．しかし同省は，最初から共同歩調を提案し，連名で「適正な電力取引についての指針」（俗称電力ガイドライン）を策定した（1999 年，2002 年に改訂）．

この前例を踏まえて，電気通信の自由化後 15 年あまりを経過した 2001 年に「電気通信事業分野における競争の促進に関する指針」（俗称通信ガイドライン）が発表された．しかし両者を比較すると，特定の事実関係を前提とした記述がある点や「望ましい」条項を持つ点において両者は共通しているが，「通信ガイドライン」では「棲み分け」がなされず，ほぼ全分野において電気通信事業法の記述と，独禁法の記述との重複がみられる．

これを裏返せば，電力における経済産業省と公取委との関係と，通信における総務省と公取委との関係との間に顕著な相違がある，ということでもある．そこには法の構造に起因する要素もあるようだが[46]，通産省と公取委が自由化の当初から相互調整を行なう表舞台を設定したのに対して，通信については自由化後 15 年を経て突然ガイドライン問題が発生した，という事情があるからとも見られる（白石［2002］）．

独禁法のもう1つの問題に，いわゆるエッセンシャル・ファシリティ

---

46) 電気事業法は川上取引（接続供給）への規制だけにほぼ専念し，川下取引（大口小売）そのものを規制していないため，2つの法律（2つの官庁）の事実上の棲み分けが成立しやすかった．それに対して電気通信事業法は，川上取引（接続）への規制だけでなく，川下取引（対ユーザー取引）についても料金などを規制する種々の規定を置き，2001 年の改正では，さらに進んで特定の禁止行為をあげるなどの状況に至っている（例えば同法旧 37 条の 2，現 30 条）．これはまさに独禁法とほぼ全面的な重複であり，2つの法律（2つの官庁）の棲み分けの糸口を見つけるのは，容易でないものと推察される．

(Essential Facility = EF) の理論がある．この理論は「事業者が何らかのファシリティ(設備)を支配しており，その設備を利用する事が，ある市場での競争に不可欠(エッセンシャル)である場合には，競争者に対しても，その設備を合理的な条件で利用させなければならない．これを拒否することは，独禁法違反である」というものである．

このような考え方がアメリカで最初に裁判事例に登場したのは，1912 年の Terminal Railroad 判決まで遡るが，現代的な意味で注目されるようになったのは 1969 年の Otter Tail Company 事件以降である．当初，最高裁は事業者の共同行為に限ってこの考え方を適用してきたし，現在でも最高裁の考えは変わっていない(白石 [1994])．しかしその後の下級審の判決では，単独事業者による取引拒否に対しても，エッセンシャル・ファシリティの法理を適用する事例(1977 年の Hecht 判決，1983 年の MCI 対 AT & T 判決等)が見られる．

判例法の国で生まれたこの概念は，当然のことながら，これらの判決から一定のルールとして抽出されたものである．このうち MCI 判決では，事業者による取引拒否が違法であると認定されるためには，次の 4 条件を全て満たした場合であるとされる(丸山 [1997]，Kovacic [1992])．
① 独占者が EF を支配している．
② 競争者がそれと同じ施設を作ることは現実的 (practical) でもなく，合理的 (reasonable) でもない．
③ 競争者に対して，EF へのアクセスが拒否された．
④ 競争者がアクセスすることは，現実に可能であった．

EF の理論は意外に拡張性に富むものである．近年，電力・ガスなどこれまで事実上地域独占の形態にあった公益事業においても，競争促進のための検討が進められている．その場合電気通信と同様に，既存の支配的事業者と新規参入事業者との間の，公正競争を確保する仕組みが必要になり，EF の理論が 1 つの尺度になる(福家 [2000])．

しかし，この理論をハードウェアを超えてソフトウェアにまで適用することは可能だろうか．積極説の福家 [2000] は，これまでファシリティ (Facility) という言葉に引きずられて，ハード中心の議論が行なわれてきたが，この概念はソフトの世界にも当てはまると言う．「『デファクト・スタンダード』ということは，市場での競争を通じて事実上の独占が形成されているのと同義であ

る．(中略)マイクロソフトのウィンドウズ 98 の提供に際し，ブラウザーソフトのアンバンドリング問題が議論されている．ウィンドウズ 98 のような圧倒的な市場支配力を有するパソコンの OS を，アプリケーションソフトのエッセンシャル・ファシリティと考えるかどうかは，あながち荒唐無稽な議論として退ける訳にはいかない問題である」(同上書，p. 57).

しかし，ここでの含意としてより重要なのは，「電気通信事業者の場合に支配的な事業者の市内通信事業と長距離通信事業との間に範囲の経済が存在する限り，既存の支配的な事業者がこの双方を提供することを禁止する事が，利用者の利益を損なうということである．(中略)またエッセンシャル・ファシリティとしての取扱いをするのは，それが市場支配力を有する限りにおいてであるということでもある．電気通信事業において市内通信が競争的になれば，もはやそれがエッセンシャル・ファシリティでなくなるのと同様に，全く新しい概念の OS が開発されて(中略)ウィンドウズが市場支配力を失えば，それはエッセンシャル・ファシリティでなくなるということでもある．問題は市場支配力を有している間は，エッセンシャル・ファシリティとしての OS を，アプリケーションソフトの開発事業者が合理的な条件で利用できるようなルールを整備することである」(同上書，pp. 57-58).

現在の公正取引委員会の態度は，エッセンシャル・ファシリティの概念を拡張し，所管事項を増やしていこうというように見えるが(公正取引委員会独占禁止法研究会 [2003])，より慎重な検討が必要と言えそうだ．とくに，事業法と独禁法が重畳的に適用されることによって，企業活動を窒息させることのないよう，配慮することが望まれる．学界の大勢も，支持よりも批判の方が多いし(白石 [2004]，藤原 [2004] など)，EU よりもアメリカの方が適用に消極的であるという(滝川 [2003]).

さて，もう一度独禁法に戻ってみよう．その 23 条には「知的財産権の権利の行使」と認められる行為には，独禁法を適用しないと規定されている．従来の通説は，「権利の行使」を「侵害訴訟の提起によって担保される行為」と解してきた．しかしその後，上述したデ・ファクト標準のような事例が発生するようになると，それをも適用除外とすることは独禁法の存在意義を失うことになりかねないという議論が生まれてきた．また知的財産法の本来の解釈からしても，「権利濫用」(民法 1 条 3 項)の法理などで権利の行使を制約すべきではな

いかと思われる．

　ただし，無形の財貨の権利付与とその権限の行使の問題には，より深い含意があり，本書の検討範囲を超えるので，別の機会に議論することにしよう．なお，私の考え方の暫定的取りまとめは，林 [2001c] [2003b]，林(編著) [2004] で展開したところを参照されたい．

第6章

マス・メディアとコンデュィトの紐帯関係

"The notion that government may specify which communications entity is allowed to participate in particular parts of the information industry's vertical flow is hard to reconcile with the First Amendment. To research and write, to print or orate, to publish or distribute, is everyone's right. If government licensing of reporters, publishers, or printing presses is anathema, then so should be the licensing of broadcasters and telecommunications carriers." (Pool [1983] pp. 244-245)

「一つの考え方は,(中略)マス・メディアが持っている自由は,一般的な表現の自由より以上でも以下でもないとする(中略).これに対して,マス・メディアが持つ自由というのは,その重要な社会的役割から見て別途に構成する余地があるのではないかとする考え方も,当然に存在しうるはずである.」(浜田 [1990] はしがき)

「マスメディアの表現の自由を支えるものが,民主主義政治過程の維持,あるいは個人の自律を支える情報の提供という情報の受け手の利益に着目した議論であることから,いくつかの結論を導き出すことができる.まず,(中略)個人レベルの受け手には認められない特権をマスメディアに認める手掛かりが得られる.次に,(中略)その利益自体がマスメディアの表現の自由の制約を正当化する根拠となる場合も生ずる.さらに,このような考え方からすると,マスメディアが個人の自律を根拠とする個人の人権を侵害し得ないことも当然である.」(長谷部 [1992] p. 37)

6–1 マス・メディアの集中排除原則

　マス・メディアもメディアである以上，何らかのコンデュイトを用いてコンテンツを伝えるしかない．ここでコンテンツが特定のコンデュイトと結びつくことは，ビジネスの観点から，さらには言論の自由の観点からどのように評価されるべきだろうか．まず最初に，マス・メディアの集中排除原則から始めよう．

　放送法では，2条の2の「放送普及基本計画」において「放送をすることができる機会をできるだけ多くの者に対し確保することにより，放送による表現の自由ができるだけ多くの者によって享有されるようにするため」に，放送普及基本計画を立てるとし，この方針に基づき，マス・メディアの集中排除原則が定められている[1]．

　すなわち「放送をする無線局」の免許を受ける(電波法6条2項)には，「放送局の開設の根本的基準」(総務省令)[2] に合致することが求められ(同7条2項四号)，当該省令の9条において，「一の者が所有・支配できる放送局・委託放送業務は一に限定する」という原則に立って，その支配可能な放送局の数を制限している(同条1項)．ただしこの原則には，① テレビ局と中波放送局を同じ放送対象地域において兼営する場合，② 一般放送事業者がその放送対象地域において中継局を開設する場合，③ コミュニティ放送でとくに必要がある場合，④ 放送の普及などのためとくに必要があると認める場合，という4種類の例外が設けられている(同条2項)．

　ここで言う「支配」とは，一般の地上局の場合，① 5分の1以上の議決権を保有すること，ただし，放送対象エリアが重複する場合は10分の1を超え

---

1) マス・メディア全体のことを規律するのに放送法の規定によることとなるのは，既述の通りP型規律には法がない訳だから，結局のところ放送法によるしかないためである．ただし，新聞に関しては日刊新聞紙法第1条に「定款をもって，株式の譲受人を，その株式会社の事業に関係ある者に限ることができる」という規定があり，商法の特例となっていることにも注意を要する．

2) この省令が法律と同程度の効力を有していることについては，2–4参照．

る議決権を保有すること，② 5分の1を超える役員を兼務すること，③ 代表権を有する役員，常勤役員を兼務すること，とされる(同条6項)．また，俗に「3事業支配の禁止」と呼ばれている，ラジオ，テレビ，新聞の3事業を同一事業者が経営し，または支配することを禁じている(同条3項)．

他方，委託放送(BS，CS放送)に関しても同様に，マス・メディア集中排除原則に基づき，その支配可能な放送局の数を制限している(「放送法施行規則」17条の8で規定)．ただしその支配の基準は地上放送とは若干異なり，① 3分の1以上の議決権を保有すること，② 5分の1を超える役員を兼務すること，③ 代表権を有する役員，常勤役員を兼務することとされる．また，電気通信役務利用放送法において，認定される衛星系，有線系のサービスにおいても，「支配」の基準に関しては委託放送事業者と同様の扱いとしている[3]．

さて，この集中排除原則の目的と正当性は，一体何だろうか．放送局の開設の根本的基準9条1項は「放送をすることができる機会をできるだけ多くの者に対し確保することにより，放送による表現の自由ができるだけ多くの者によって享有されるようにする」という目的を掲げており(放送法2条の2に同じ)，同様の文言は委託放送事業者に関する放送法52条の13の1項三号にも見られる．つまり，この原則はコンデュイト規制ではなく，コンテンツ規制だという位置づけである．

そして，これは一見もっともな理想のように見える．しかし，憲法の言論の自由から，直ちにこのような要請が出てくるのだとすれば，NHKという巨大なネットワークが複数の系統チャンネルを全国的に保有している事態は，憲法上極めて怪しげだということになる(長谷部 [1992])．また，放送局がそれぞれ独立しているようでいながら，その実ニュース・ネットワークから始まった，在京キー局を中心とするネットワーク[4]に編入され，自社制作番組の比率が全国平均で14%程度しかない(林 [2002c])という事態は，これまた憲法違反

---

3) 多重放送(音声多重，文字多重，データ多重)，コミュニティ放送については，このマス・メディアの集中排除原則の適用除外としている．
4) 私はかつてネットワークに関する書物を書くに際し，この語を国語辞典で調べたことがあるが，大部分の辞典が「放送の全国ネットワーク」を代表例としていたことに驚いた(林 [1989b]．これは1980年代の終りのことで，その後はコンピュータ・ネットワークを念頭においた説明が増加した)．

の疑いを生ぜしめる．

　ここで，本章の扉に掲げた長谷部 [1992] のような機能的な考えを採れば，放送事業者の表現の自由とは，社会全体の利益をよりよく実現するための手段として，政策的に保障される自由である．放送による表現の自由ができるだけ多くの者によって享有されること自体は，憲法上の当然の要請ではない，と割り切れる．

　そして，視聴者にとっての基本的情報の平等な提供や番組内容の多様化，品質の向上など様々な点で社会全体の福祉に貢献するものであれば，それが仮に集中排除原則に反していても，憲法上の観点からも好ましい事態と言える．また，主として経済的な観点から，放送サービスが「価値財 (merit goods)」[5]であって，誰もが享有することが望ましいと考えれば，同様の結論を導くこともできる (菅谷・中村 [2000])．

　そこで改めて，果たして一般放送事業者および委託放送事業者について集中排除原則を設けることが，社会全体の利益，言い換えれば公共の福祉に貢献するのかどうかが問われることになる．しかし理論的に見ても実態的に見ても，マス・メディアの集中排除原則がこうした目的に合致しているとの証拠はない．

　まず，理論的な面から見ていこう．一部の論者は，マス・メディアが少数の資本家の手に握られると，その資本家の気にいる番組だけが提供され，ほかの番組は消滅してしまうと言う．しかし極端な例として，東京に1局しかテレビ局がないとしよう．経営者は世論の好みにお構いなく，自分好みの番組だけを流すだろうか．それでは金正日と何ら変わるところがないから，視聴者の猛反発を食らうし，スポンサーもつかないだろう．

　実際面で見ても，現在のキー局5局は資本構成も思想傾向も違うはずなのに，ごく一部の報道番組を除けば，内容的な差は殆どない．つまり，資本家が誰であれ，視聴者の意向に沿った(つまり市場の動向に敏感な)番組編成をしなけ

---

5) 価値財とは，「共同的欲求を生じさせる共同の利益および価値」に着目した概念であり，そのような「共同の利益および価値」は市場原理が前提とする「個人の利益および価値」の集合と一致するものではない，とされる(菅谷 [1997])．しかし私は，長谷部の「基本的情報」と同様，何が価値財であるかについての客観的指標がないことを危惧する．

れば，広告をベースにした市場競争に勝ち抜けないのであり，殊更集中排除原則を持ち出すまでもないのである．

しかし論者は言うだろう．東京のケースは，放っておいても多様な意見や番組が提供されるので問題はない．本当の問題は地方局にあるのだと．確かに1県2局しかない地域で，この2局が同一の資本家の手に属するとなれば，あるいは夫々の局がキー局の傘下に入れば，問題が起きそうにも見える[6]．

だが冷静に考えてみると，これも東京のケースと何ら変わらない事が分かる．実態論でいえば，ごく限られた地域を除けば[7]，テレビ東京を除く4大ネットワークが日本全国をほぼカバーしており，しかも前述のとおり，地方局の自社制作番組の比率は平均で14%程度に過ぎないので，地方発の多様な言論といったところで，観念論に過ぎないのではなかろうか．

もともと地方発の情報といっても，日本の国土はカリフォルニア州程度の広さだから，多様性にも自ずと限界がある．加えて日本語以外の言語を話す人はごく限られており，宗教的な面でも日本人は平均的だから，言語や宗教の多様性に価値を置くアメリカの考えを，わが国に適用するのは無理がある．

このように考えてくると，マス・メディアの集中排除原則は，一見 Ct 規制のように見えるが，そうではなく Cd 規制だ，つまり特定のマス・メディアが特定のコンデュイトを支配していることの是非を問うているのだ，と考える方が当たっている．だとすると，懸念材料は別のところにある事が分かる．

まず NHK という特殊な経営形態をどう考えるかである．世間では，その規模の大きさが問題であるとの指摘が多いが，経済学・経営学的に見れば，より根源的な問題は NHK が税金を払っていないことである．NHK の民営化を正面から論じた数少ない書物の1つである粟津［2000］によれば，受信料制度の不公平が最大の問題だと見ているようだが，NHK 全体をペイ・テレビに変えるべきだと主張する私の視点からは，それはさほどの問題ではない[8]．

---

6) 地方局の視点から見た地上波テレビのデジタル化への問題提起としては，市村［2003］が鋭い分析をしている．
7) 佐賀県と徳島県では県域テレビが1局しかなく，全国ネットの番組が全部は見られないなど．
8) NHK の民営化問題も現代のタブーの1つであるらしく，学界において公然と民営化を唱えるのは私だけのようである．ここでも誤解を解いておきたいのは，私の主張が

NTT民営化を自ら推進した一人である私の経験からすれば，法人としての権利能力を享受したいのであれば，当該組織はすべからく民営化して，法人税等を払う株式会社形態とすべきである．こう主張するには，積極的理由と消極的理由の両方がある．

　まず積極的理由としては，
① 世間に存在する法人には多様なものがあるが，資本主義社会では株式会社が最もポピュラーな法人形態である．
② 株式会社と別の法人組織が同一市場で競争しても，経営形態が違っていればイコール・フッティングにならない[9]．
③ この点がとくに際立つのが，法人税などの支払いである．民放は売上の5〜6%を税金で持っていかれるのに，NHKにはその義務がなく，事実上補助金の交付を受けているのと同じである．
④ 経営情報の開示などの際には，全ての法人が同じ会計基準で評価し得るようになっている事が望ましい．
⑤ 報道機関が世間とは違った経営形態を取っていると，取材する側に共通の尺度が欠け，世間の見方と乖離する惧れがある．
等が挙げられる．

　一方消極的理由としては，
① NHKの特殊な地位を公共的使命から合理化する主張があるが，現在問題になっている特殊法人は，殆ど同様の議論で経営の非効率を隠してきた[10]．NHKも，経営の効率化が可能な形態に変更すべきである．
② 税金を一人前に払うことでいかに経営が効率化されるかは，NTTやJR

　　NHKの能力にしばりをかけ，民放との平和的共存を図るためのものではなく，NHKという巨人を世界市場に飛躍させ，民放とも競り合わせたいという目的意識から出たものであるということである．この点に関する限り，私は粟津［2000］の立場を支持する．
　9) このことは，ローソンが郵政公社の「ゆうパック」を取り扱うこととした際，「公正な競争にならない」としてローソンとの取引を停止し，その旨を全国紙に全紙大の意見広告した，ヤマト運輸の主張に端的に表現されている（2004年8月26日付け『朝日新聞』ほか参照）．
　10) 代表例として，道路公団を提起せよ．道路公団の財務諸表の作成で，官庁会計がいかに世間の標準から離れているかが明らかになった．

の経験を見れば明らかである.
③ 経営形態が特殊なものであると,それに伴う「しがらみ」を打破できない.例えば,NHKがインターネットに進出することは,わが国の国際競争力を高めることになるが,「公共性」と「事業分野の限定」がセットにされて,自由な経営活動ができない(林 [2002d]).
④ NHKの民営化に反対しているのは,実はライバルの民放である.このことは民放の経営努力不足を示すものでしかない.

等を挙げることができよう.

NHKの問題と同時に,民放が形成してきた全国ネットワークにも,形式的には問題がある.なぜなら放送法52条の3には,「一般放送事業者は,特定の者からのみ放送番組の供給を受けることとなる条項を含む放送番組の供給に関する協定を締結してはならない」とする規定があるからである.民放の経営はこの規定に留意して,「本協定は,これに加盟し,相互に信頼する各民間放送会社が,それぞれの自主編成権と免許条件を互いに尊重することを前提として(以下略)」,あるいは「○○系列における基幹になる社としての認識に立ち,相互に協力してその媒体力の強化につとめ,互いに放送法第3条に定める放送番組編集の自由を尊重し法令及び免許条件の許す範囲において協力する」などという協定を結んでいる(日本民間放送連盟 [1997]).しかし,それが言い訳に過ぎないことは,繰り返し述べるように地方局の自社制作番組の低さが証明している.

このように現在のネットワークの形成は,集中排除原則からすれば問題がある.しかし私は一般の論者と違って,ネットワークを解体すべきだと言いたいのではない.私見は全く逆で,「放送は県域を基本に免許が与えられるべきもの」という50年前の考えに凝り固まった発想がおかしいのであり,ネットワーク化は自然の流れだと思う.

地上系の在来の民放の場合,
① 民放は,単一の事業体によって全国的な規模の放送を行なうものとはしないこと.
② 民放は存立基盤とする地域に密着したものであること.
③ 民放の存立基盤は原則として県単位とすること.
④ マス・メディアの集中排除のため,

ア．原則として(親局たる)放送局を2局以上所有(支配)しないこと．
　イ．原則としてラジオ，テレビ，新聞の3事業を支配しないこと．
を原則に免許が付与されてきた(日本民間放送連盟［1997］，左藤［1968］)．
　しかしこれについて，50年前ならいざ知らず，今日時点でも「地域住民の生活基盤が，現状では県域を中心として形成されていることから考えても，地域に密着すべき民放の存立基盤を原則県単位とすることは適切といえる」(片岡［2001］)とするのは，証拠のない思い込みでしかない．仮に生活圏がそうであったとしても，キー局からの番組が平均して85％以上の現状に照らせば，フィクションであると言うしかなかろう．
　地上波のデジタル化によって，地方局の経営がおかしくなることを懸念した総務省は，2004年に集中排除原則の一部を改めた．その概要は表6.1のとお

表6.1 マス・メディア集中排除原則の緩和の内容

論点	制度改正
1　異なる放送対象地域におけるローカル局相互間	◎隣接地域の連携の場合，7地域までの連携であれば，出資比率規制について，現行の「1/5以上の議決権保有禁止」から「1/3以上の議決権保有禁止」へ緩和 ・海域を挟んで最も近い放送対象地域は「隣接」とする．(例：福岡＝山口) ・関東広域圏局は緩和の対象外 ◎隣接地域が下記①又は②の場合，出資比率規制を撤廃(合併及び完全子会社化も可能) ① 連携の対象となる地域すべてがそのうちのいずれか一つの地域に隣接する場合 ② 地域的な関連性が密接であるものとして別に定める場合(例：東北6県，九州7県＋沖縄県) ・海域を挟む場合は上記と同様「隣接」 ・関東・近畿・中京広域圏局は緩和の対象外
2　経営困難時における特例的な取扱い	◎下記のいずれかの条件に該当する場合，出資比率制限及び役員兼務制限を適用しない． ① 会社更生法の更生手続開始の決定があったこと ② 民事再生法の再生手続開始の決定があったこと ③ 過去2年間連続債務超過であって，債務超過の年度を含めて過去3年連続経営損失が生じていたこと ◎特例の内容 ア　キー局[※1]からローカル局[※2]への出資も可能 イ　緩和は100％出資まで(合併は認めない) ウ　経営回復後には，出資比率について通常のマスメディア集中排除原則の適用

※1　キー局：関東広域圏を放送対象地域とする放送局
※2　ローカル局：原則県域を放送対象地域とする放送局

出典：総務省［2004］

りであるが，これまでタブー視されてきた会社の破綻にまで踏み込んだことが注目される．

しかし，このような小手先の改革で，放送のデジタル化という大問題が解決するはずもない．そもそも放送が産業だと認識するのであれば，独禁法の事後規制だけで十分なはずで，マス・メディアだけに事前規制が必要だという発想そのものを変えなければなるまい．この点では，独禁法の考え方を前提に集中排除原則を捉え直そうとする舟田［2000］［2002］のアプローチは評価できる．しかし，放送業界に深く関与してきたためか，「市場」を第一原理とするのではなく，従来の「放送秩序」からスタートして，徐々に規制緩和していこうとする漸進的アプローチでは限界がある．5-10で述べたように，「競争政策」という上位の概念の下で，業法と独禁法の擦り合わせをする時期になったと考えるべきだろう．

6-2　新聞・出版と再販売価格維持制度

再販(再販売価格維持)制度とは，製造業の例で言えばメーカーが卸売価格や末端の小売価格を決めて販売できる仕組みのことを指し，縦のカルテルとも呼ばれ，独占禁止法で原則違法な行為として禁止されている(独禁法19条)．再販行為が何故禁止されるかといえば，メーカーの価格拘束が流通業の競争を制限し，卸・小売業の営業の自由を奪い，消費者利益に反することになるからである．また慣行がメーカーにも波及し，正常な企業間競争が阻害されるからである．

企業の行なう再販行為は，原則的に独禁法違反となる——このような考え方は1953年の独占禁止法改正当時には，必ずしも確立していたわけではなかった．しかしその後の経済の発展過程で再販の弊害が現れ，第1次粉ミルク事件において最高裁判所が「再販行為は独占禁止法に原則として違反する行為」との判断を下した[11]ことにより，再販の違法性がよりはっきりした．

---

11) これは明治商事，森永商事，和光堂の3社が販売していた育児用粉ミルクに関する同種の審判決である．明治商事に関する審判決は公取委審決1968年10月11日審決集15巻67頁．最二小判1975年7月11日民集29巻6号951頁，審決集22巻198頁．

従来わが国では，一部の財・サービスに例外的に再販行為が認められていた．法定再販としての著作物(独禁法23条4項)と指定再販(同1項)としての一部の医薬品，化粧品である．しかし化粧品，医薬品については指定がなくなり，現在でも再販が認められているのは新聞・出版などの著作物だけである．すなわち「著作物を発行する事業者又はその発行する物を販売する事業者が，その物の販売の相手方たる事業者とその物の再販売価格を決定し，これを維持するためにする正当な行為」は，適用除外とされている(23条4項).

　日本における著作物再販制のモデルは西ドイツの制度で，具体的には出版物については文化政策の見地から，「① 販売しやすい売れ行きの早い出版物ばかりでなく，売れ行きの遅い専門的な出版物も消費者が購入し得る体制を維持すること．② このためサービスのよい多くの専門小売業者が全国的に広く存在すること．③ このようにして国民が出版物に容易に接する機会が広範に存在することが必要であり，このためには再販制が必要である」とされている(伊従 [1996] pp. 40-41．なおわが国における再販の歴史については木下 [2003] に詳しい)．

　これに対して公正取引委員会は，今や唯一の適用除外となった上記制度を廃止する方向での検討を行なった．その契機になったのは，1995年7月に公正取引委員会の「政府規制等と競争政策に関する研究会」(座長・鶴田俊正専修大学教授)の中の「再販問題検討小委員会」(座長・金子昇慶應義塾大学教授)が「再販適用除外が認められる著作物の取扱い」という中間報告を公表してからである．その後，再販廃止派(主として経済学者)と存続派(主としてマス・メディア)との間で激しい論議が展開されたが，最終的には「当面現状維持」で凍結となっている．

　しかしその間の論議は，言論を職業とする人々の論争であったにもかかわらず(あるいはそれ故にこそ)感情的な主張が多く，議論がかみ合っていたとは言えない．その根本原因は，ここでも精神的自由権と経済的自由権の区別をせず，混同したままであったことにあると思われる．

　再販を主として経済的自由権だと見れば，公平性の観点から見て極めていびつであり，グローバル・スタンダードの視点から見ても再販は許されないことになろう．この点を明確にした鶴田 [1997] は，次のように言う．「今日，再販制度を見直す観点は以下の3点にあろう．第一は再販制度が消費者利益の確

保という観点から見て問題がないのか否か，第二は，競争のルールを明確にするという今日的な課題から見て，産業間で競争のルールが異なることの問題点は何か，第三は，国際的に開かれた市場を創出するという日本経済の国際的な立場からみて，再販制度は排他的な制度となっていないか否か，などである」(p.194)．

しかし受けて立つ側の新聞社や出版社には，これが「経済的規制」だという自覚は全くないようで，専ら「社会的規制」(あるいは「社会的保護」)の観点から議論している．つまり新聞・書籍・雑誌などの各業界の主張に共通していることは，著作物が活字文化の担い手という点で，他の財・サービスとは異質であり，したがって再販が必要だという点に集約される．

先の伊従 [1996] が，ドイツのシステムを次のように表現しているのは，その典型である．「(著作物再販は)出版物取引をするための販売組織と代金決済組織を含む全組織，すなわち効率よく形成された販売業者の地位の維持に必要不可欠であり，著作者，出版業者及び販売業者の機能をなんら阻害しない」からである (p.40)．

しかし新聞が文化的性質を持っているが故に，市場原理(自由経済)になじまないとする議論は短絡であり，むしろ発想が逆ではないだろうか．鶴田 [1997] の指摘する通り「市場経済は統制経済と異なって，市場参加者の自由を尊重する仕組みである．市場参加者の創意工夫の累積こそが，今日の日本経済の発展の源泉であって，企業の多様で創造的な努力が消費者に受け入れられ経済は発展しているのである．文化もこのような市場システムと無関係ではない．市場システムを拒否した旧共産圏の国々がいかに文化を圧殺してきたことか．文化と市場システムの関係を軽々に論じる風潮を，私は恐れる[12]」(p.215)．

加えて出版業界には，委託販売制度という特殊な慣行がある．委託販売とは，商品の所有権を留保して，販売業者に商品の販売を委託する制度である．「委託者が商品の所有権を留保していることから，所有権に基く各種の権限を行使することができ」，したがって「委託者が販売業者に対し，委託商品の販

---

12) これが全くの杞憂だと思われる方は，三輪 [1997] をぜひお読みいただきたい．ここでは言論の自由を守るはずの大新聞などが，いかに「再販廃止論」という言論を圧迫してきたかが生々しく語られている．

売価格を指示し，またその販売先を指定することもできる[13]」(村上[1996] p.174)．これでは書店は取次ぎの手足に他ならず，営業の責任もない代わりに営業の自由(憲法22条1項)も奪われていることになろう．再販制度が委託販売制度と相俟って，硬直的な流通ルートを生み出し，返品率を高める結果となって，出版不況の原因にもなっているとの指摘があるのは肯ける．

「何故出版は不況なのか」をトコトン追求した佐野[2001]が，次のように言うのは問題の核心を突いている．「再販制と委託制によって強力にガードされてきた出版業界は，消費者のニーズに即して日々変化してきたわが国の流通状況の中で，最も立ち遅れた領域に属している．『いくらで売ろうと勝手』と呼号し，メーカーから価格決定権を奪取する流通革命に挑んできた中内ダイエーが，それでも消費者の支持を失い，現在いつ倒れてもおかしくない危険水域に入っている．そのことを思うとき，出版業界の現状は3周遅れのランナーが青息吐息で夕闇のグラウンドをトボトボ歩いている姿さえ想起させる」(pp. 9-10)．

結局「特権」は麻薬に他ならず，薬漬けになった産業は，やがて滅びるしかないということであろう．精神的自由権がどうのこうのと言っても，経済的自由権がなければ発言の基盤さえ失ってしまうことは，旧共産圏の消滅と同じことである．

なお再販制は新聞の場合，「戸別配達システム」と相俟って世界一の新聞発行部数を支え，いわば「ユニバーサル・サービス」となっている．しかし，他方で販売競争は激しく，勧誘や景品のあり方が，しばしば論議の的になっている．ここでも，特権が麻薬ではないかどうかの吟味が要請されよう．

6-3 取材の自由と記者クラブ

憲法21条1項の表現の自由には，報道の自由が含まれるが，報道するためには取材が不可欠であるので，自由の範囲は取材行為にも及ぶものと解さなけ

---

13) 高級絵画，宝石などの専門行商人による典型的委託販売の場合，委託者が販売価格を指示しても再販売価格維持の問題が生じる余地はない．しかし実質は売買であるにもかかわらず，再販売価格維持の禁止を免れるために委託販売の形式がとられることがある．そこで，真正の委託販売に該当するか否かを決定することが必要になる．

ればならない(松井 [1998]). 本節ではマス・メディアとメッセージ取材の自由の関係を, オールド・メディアの代表格である, P型規律の面から検討しよう(ただし, この節で検討する内容の大半は, そのまま放送ジャーナリズムにも当てはまる).

取材の自由が憲法21条によって保護されているといっても, やはり「公共の福祉」による制約は受ける. 取材の自由の制約が, どのような基準を満たせば許されるかという点では, 既に言論の自由に対する制約の一般論で述べた(3-2)ように, 制約が取材される情報内容に基づく場合と, 内容中立的な場合とを区別すべきであろう.

情報内容そのものに関する制約としては, 国家機密の保護が考えられる. すなわち国家の有する情報の中には, 最高機密として, 意思決定に携わる少数の者しか知り得ないし, 知るべきでもない情報があろう. こうした国家機密は, 言論の自由の対象ではないし, 取材の対象でもないと言えよう. ただし, わが国にはこれを明定した法律がないことが, 保護をする上でも, 保護の範囲を限定する意味でも, 問題になっている.

なお国家機密の概念は, 国民の知る権利を遮断することになるので, 時の経過や世論の動向などとの関連において, 決せられる部分があることにも留意しておこう. 例えば, ベトナム戦争継続の是非で国論が割れているような状況では, 政府にとって機密と考えられる情報も, 広く国民に知らしむべしという要請に, 劣後すると考えられるからである(ペンタゴン文書事件)[14].

国家公務員法100条の国家公務員の守秘義務違反(109条十二号)のそそのかしに対する同法111条による処罰も, 同様の問題を提起する. 記者が公務員に対して職務上知ることのできた秘密を漏洩するようそそのかした場合, その記者も刑罰を科せられる場合があるからである(外務省秘密電文漏洩事件[15]). 国家機密に至らないが外交機密と呼ばれているような情報が, ここでの対象と考えられるが, その範囲は情報公開とのバランスの上で決せられることになろう. そしてここでも, 取材対象となった情報が国益に資すると考えられる場合には, 上記のペンタゴン文書事件に準じて, 免責されるケースもあり得ると考

---

14) New York Times v. United States, 403 U.S. 713, 91 S.Ct. 2140.
15) 最一小決1978年5月31日刑集32巻3号457頁. なお, この判決に関するコメントは, 6-9に譲る.

えるべきだろう.

　報道内容が，他人の権利を侵害するような場合に，私人間の争いであれば対等な当事者として，どちらの側にも特権は無いとしなければならない(そうでないと，憲法14条1項の定める「平等原則」に違反することになってしまう). マス・メディアが報道の一環として公人の行為を報道するような場合にも，私人と同様「真実性の証明」などの免責が働くことが認められている. これは報道された記事等に関するものであるが，アウトプットとしての表現が保護されていれば，その取材もまた比例的に保護されていると言えよう. さらに，アメリカのように actual malice の法理まで認めれば，それこそ「マス・メディアの特権」が生ずることになるが，わが国の判例はそこまでは認めていない.

　報道内容あるいは取材内容に基づかない制約の代表例は，法律違反の教唆，煽動，そそのかし，である. 取材だからといって，違法な行為をそそのかしたり，煽動したりして良いことにはならない. 取材のため，やらせリンチをさせるような事例は，それに当たろう. また誘拐事件など，被害者の生命・財産などが危機に瀕しており，取材活動そのものが危機を高めかねない場合には，一定時間取材が制限されることも，内容そのものから来る制約というより時間的な制約なので，止むを得ないであろう[16].

　ここでマス・メディアの方は制約条件と考えていない事柄で，実際には取材を制約する場合があるのは，記者クラブ制度である[17]. 戦後，記者クラブに関する日本新聞協会の見解は，時代状況の変遷に伴って変化してきた. これらを標語的に表せば「親睦・社交」「相互啓発・親睦」から「取材拠点」への変化だった[18]. そこで，現在では「取材拠点」とされる記者クラブの役割は，次の

---

16) 以上のほか，著作権侵害情報や名誉毀損情報なども保護されないが，これらは表現されて初めて法的効果が生ずるので，取材の段階での制約は考えなくて良いだろう.

17) この制度は1890年(明治23年)に帝国議会が開会した際に，傍聴取材を要求する記者たちが「議会出入り記者団」(のちに「同盟記者倶楽部」)を結成したことに始まる. これをきっかけに情報を隠蔽する体質の根強い官庁に対して報道機関側が記者クラブを作り，公権力に対して情報公開を求める動きが広がった. しかし，記者クラブはその後，第2次大戦の戦時統制下で，残念ながら発表だけを報ずることを余儀なくされた(日本新聞協会編集委員会 [2002]).

18) 「記者クラブに関する新聞協会の方針」(1949年)では，占領軍の意向が強く反映されて「各公共機関に配属された記者の有志が相集まり，親睦社交を目的として組織するもの

諸点にあるとされる(日本新聞協会編集委員会 [2002]).
① 日本の報道界は,情報開示に消極的な公的機関に対して,記者クラブという形で結集して公開を迫ってきた.つまり記者クラブは,言論・報道の自由を求め日本の報道界が1世紀以上かけて培ってきた組織・制度で,国民の「知る権利」を代弁している.
② 公的機関の中には,ホームページで情報を直接発信しているケースもあり,情報が氾濫している.しかし,情報の選定が公的機関側の一方的判断に委ねられかねない時代だからこそ,取材に裏付けられた確かな情報がますます求められている.記者クラブは,公権力の行使を監視するとともに,公的機関に真の情報公開を求めていく重要な役割を担っている.
③ 公的機関などが保有する情報へのアクセスを容易にするという側面もあり,迅速・的確な報道が可能になり,それを手掛かりにして,より深い取材や報道を行なうことができる.
④ 誘拐事件での報道協定など,人命や人権にかかわる取材・報道上の調整機能も,役割の1つである.

しかし,電電公社・NTTを通じて,社内に記者クラブがある(さすがに現在では廃止されている)という環境でビジネス生活を送った私の経験から見れば,次のようなデメリットが隠されていることは明らかである(なお以下では,「記者クラブ」というバーチャルな組織と「記者室」というリアルな存在とは,密接・不可分であるとの認識で論ずる).
① クラブ員の間ではオープンな組織であるが,メンバー以外にとっては参入障壁となっているし,除名などの厳しい退出規制もある.
② プレス・リリース等を流す側に有利な仕組みであり,報道協定やオフレコ会見,一本釣り(特定の記者だけに情報を流す)がやり易い[19].また,クラブ員でない記者の取材を断る理由になる.

とし,取材上の問題には一切関与せぬこととする」と定められた.ところが,戦後30年余たった1978年の「記者クラブに関する日本新聞協会編集委員会の見解」では「日常の取材活動を通じて相互の啓発と親睦をはかること」へと性格付けが一部変わり,さらに1997年の編集委員会見解では「取材拠点」と位置づけた.
[19] 3年程度のローテーションで担当業種が変わる記者にとっては,圧倒的に情報量の多い官庁等の情報源に頼らなければ,よい記事を書いて業績をあげることができない.

③ 記者にとっても，情報が手に入りやすい仕組みであることから，足でかせぐ取材を敬遠しがちであり，ジャーナリストとして堕落する危険がある（とくに，発表されない情報は重要でないという錯覚に陥りがちである）．
④ （官庁内などに席を設けてもらうなどの）便宜供与[20]に慣れっこになってしまい，批判精神が失われがちである．

したがって本来なら，記者クラブは自らの取材能力を低下させる惧れがあるので，マス・メディアが自らの意思で廃止に踏み切るべきだろう．ここで注意していただきたいのは，私がこう言っているのはマス・メディアの力を削ぐためでなく，全く反対に「マス・メディアに強くなってもらいたい」からである．ジャーナリズム精神というのはおもしろいもので，逆境にある記者の方が強いのである．イラク取材で活躍した記者の多くはフリーランスであったし，記者クラブなどないアメリカの新聞の方が，おもしろいし影響力も強いではないか．日本のジャーナリズムは，記者クラブが一種の麻薬であることに早く目覚め，新しいタイプの取材活動を強化すべきであろう．

このような意味では，司法記者クラブの記者だけが法廷でメモを取ることを認めた「法廷メモ禁止事件」に関する最高裁の判決[21]は問題である．判旨は，憲法21条1項の精神に照らし，メモを取ることは尊重に値し，故なく妨げられてはならないとする．しかし憲法14条は合理的理由のない差別を禁止したものであって，「報道の公共性，ひいては報道のための取材の自由に対する配慮に基き，司法記者クラブ所属の記者に対してのみ，法廷においてメモを取ることを許可することも，合理性を欠く措置ということはできない」としたが，身内に関する事件だけに目が曇ったと言うしかあるまい．ここでは一般人との

---

20) 公有財産を記者室として無償貸与しても，目的外使用にはならないとするのが，判例（最三小判1996年9月3日，判例集未搭載）および税法の扱いである（日本新聞協会編集委員会［2002］）．法的にはそれで良いが，問題は倫理観である．労働組合に事務所を無償で貸しても「不当労働行為」にはならないが（労組法7条3号但し書き），このような便宜供与を当然とする組合は，自前の事務所を持ちたいという組合に比べれば，自立性に欠けると見られても致し方あるまい．

21) 最大判1989年3月8日民集43巻2号89頁．いわゆるレペタ事件（レペタ氏はアメリカワシントン州の弁護士で，日本法研究のため来日していた折，東京地裁で傍聴中メモを取ろうとして裁判長に阻止された）．この判決の前段を評価する意見が多い中で，後段を疑問視する見方は意外に少ない．

間に差別が生じているだけでなく，司法記者クラブ所属でない記者との間でも，差が生じている．

6-4　放送の垂直統合にまつわる神話

　次に B 型規律の問題を，再度取り上げよう．マス・メディアの特別な地位が議論される場合には，「放送の自由」というテーマが必ず付随している．それは，経済的規制と社会的規制を同時に受ける (1-5 参照) ことから見て当然とも言えるが，さらにその根本原因は，本来コンテンツをドメインとする産業が，コンデュイトを垂直統合していることの妥当性が問われている点にある．

　経済的規制と社会的規制という用語こそ使わないものの，有力な先学は，この点に気づいている．例えば石村 [1990] は，次のように言う (p. 245)．

> 「日本国憲法は『放送』について特別の条項も文言も持っていない．しかし『放送』が，表現活動の一つとして憲法 21 条の『表現の自由』に関連し，事業体およびその活動として，憲法 22 条および憲法 29 条とも関連を持つことは言うまでもない．『放送の独占と競争』は，これら『表現の自由』『営業の自由』『財産権の保障』と関連を持つが，それぞれに特殊なかかわり方をする．」

ここで石村が挙げる「特殊なかかわり方」とは，次の 5 点であるとされる．
① 表現が，電波メディアであるという特色がある．
② 「個人」としての表現だけでなく，放送事業体における「編集・編成過程」を経由する「集団的」表現の性格も持っている．
③ 番組 (= 情報) という「知的生産物」の流通を担い，単なる「商品 = 生産物」の流通とは異なる．
④ 放送「産業」の要素と，「言論機関」という要素を持つ．
⑤ 公営放送と私営放送では，産業的性格と言論機関的性格の「比率」が異なる．

　改めて述べるまでもなく，放送という事業は「公衆によって直接受信されることを目的とする無線通信の送信」(放送法 2 条 1 項) という規定からも読み取

れるように，極めて特殊な産業である．特殊性を列挙してみると，次のように
なる(①～⑤が経済的規制，⑥⑦が社会的規制)．
① 参入規制として，電波の免許(電波法4条)と放送局の免許(放送局の開設の
根本的基準3条ほか[22])という二重の規制が課されている．電波の免許は5年
ごとに更新される(電波法13条1項)が，過去に免許を取り消された例は無
く，実質的には「営業保障」を与えたに等しいことになっている[23]．
② 退出については，法は殆ど想定しておらず[24]，一時的な休止についての制
限(放送法43条，52条の15など)さえある．事実，戦後1局として廃業した
放送局はない．これが前出の参入規制と相俟って，事実上の寡占市場を形成
している．
③ 一般の民放には(有料放送を除き)料金規制は無いが，NHKは受信料とい
う特殊な収入源が認められている(放送法32条)．その値上げは，予算と共
に国会の承認を得なければならない(同37条4項)．また民放の有料放送の
料金は，総務大臣の認可を要する(同52条の4)．
④ 資本構成について，次項の集中排除原則以外に特段の規定はないが，県を
単位として放送事業の免許が付与されることから，当然の如く地元資本が中
心になっている．このことは片方で，地域密着というメリットをもたらす
が，他方で弱小資本になりかねず，競争力という点からみると弱点になって
いる．
⑤ 独禁法上の集中排除原則と別に，マス・メディアの集中排除原則が定めら
れている(放送局の開設の根本的基準9条)．しかし実態は，キー局は新聞社と
の資本的・人的関係を深め(林 [2002c])，地方局はキー局のネットワークに
組み込まれている(生田目 [2000])．
⑥ 提供する番組について，番組編集準則や調和原則などの規律が課せられて

---

22) 本来なら放送法で規定すべき事項だが，歴史的経緯から旧電波監理委員会規則で定め
られている．
23) 事情はアメリカでも同じで，免許更新率は99%であるという (Fowler and Brenner [1982])．
24) わが国には，免許事業を破綻させてはならないという暗黙の前提があるほか，電波の
免許そのものが法的には5年毎の更新なので，廃業について殊更規定する必要はないと
の考え方に立っているのであろうか．

いる(放送法3条の2).
⑦ 放送した番組について,著作権法上の権利(著作隣接権等)が発生することとなる(著作権法98条以下).

こうした特殊性は,国家が手取り足取り事業のやり方を教えているようなもので,民間的創意工夫の余地を狭めているように見える.他の産業セクターが次々民間志向を強める中で,これは唯一の社会主義領域ではないか,と思われる.「情報社会主義」(池田 [2003])という用語の是非は別にして,少なくとも「護送船団行政」の代表格であった金融セクターが市場経済に移行した現状にあっては,最後の護送船団であると言わざるを得ない.

そこで業界の中では,他の産業の常識では理解できない,多くの神話が生まれることになる.「放送とは何か」を巡る論点について,神話と私の見方を一覧にすれば,表6.2のようになろう(林 [1999d] [2000d] を全面的に修正したもの[25]).

この表について個々に説明していくには紙幅が足りないので,要点のみ簡記しよう.

① まず電波管理について.従来どおり(ほぼ)無償で電波の割当を受けられて,事業を行なうのが放送の特殊性だと理解する向きが多い.しかし今や周波数だけを管理の対象とする時代は終わりに近づき,出力制限だけ行なって自由利用としても混信が起こらない技術が開発されている.この点は放送業界に限らず,未だ日本では信ずる人が少ないが,やがて5-4で述べたように電波革命という時代が来るだろう(池田 [2003].Negroponte [1995] は,携帯革命が起きる前から,放送が有線に移行し,通信が無線に移行するという「ネグロポンテ的転回」を予言していた).

② 次に放送というシステムをどう考えるかについて.業界の方々は,現在のシステムに固執し過ぎるきらいがある.とくにTV受像機について,パソコンとの共用に抵抗があるようだが,時代は着実に変化しつつあり,携帯端末での受信も普及しよう.また家庭で見るのがテレビというのも固定観念

---

25) 表6.2は神話と現実を対比しているので,経営上の問題点が全てカバーされているわけではない.舟田 [2002] の挙げる「放送番組ソフトの多くを,番組プロダクションに下請け(制作委託)していること」「広告代理店の特殊かつ広範な機能」も,この産業の特色であることに変わりない.

表 6.2 「放送」概念に関する業界の神話と私の見方

区分		神話	私の見方
電波	無線による直接受信	空中波で番組を送り，受信者が直接受信する	有線でも受信できるし，衛星でも良い
	希少資源	電波は希少資源である	希少性ゼロではないが，次第に薄れている
	周波数管理	最良の電波監理方式である	周波数以外に電波をコントロールする手段はある
	割当	審査(美人投票)方式が最適である	オークション，ライセンス・フリーなど種々の方式がある
	使用料	監理手数料相当しか払っていない	市場価値に見合った使用料を払うべきである
システム	放送専用受信機	TV 受像機という専用機で見る	パソコンでも見られるし，共用ディスプレーも携帯端末も出現する．
	片方向性	受信するのみである	インタラクティブ性が出てくる
	アナログ	全てアナログ技術による	デジタル化の完了が 2010 年に期待されている
	視聴場所	家庭	家庭およびオフィス，また移動中も
公共性	放送の公共性	市場原理に馴染まない	市場の中でこそ公共性が発揮される
	ユニバーサル・サービス	いかなる放送も全国あまねく行き亘らねばならない	地上波テレビ以外はユニバーサル・サービスでなくとも良い
	言論の多様性	県毎に複数の局が必要	日本の国土は狭く，道州単位で多様性を考えればよい
	放送の自由	政府によって自由が守られる	政府に守ってもらう自由などは，本来の自由ではない
経営	ハードとソフト	垂直一体経営が最適である	統合するか分離するかはケースによる
	1回性	1回限りの放送が原点である	番組はコンテンツなのだから，どのようなチャネルで何回流すかは自由に選択すべきである
	NHK と民放	現在の併存体制が良い	NHK は民営化してイコール・フッティングにすべきである
	キー局と地方局	現在のネットワークが良い	地方局は独立か，合併か，下請け化かを選択すべきである
	BS への経営参加	多様なチャンネルを確保するのは事業者の使命	独立経営が成り立つか否かで判断すべき
著作権		放送した者に何らかの権利が生ずるのは当然	創作性を発揮しない者に権利が発生するのはおかしい
通信と放送の線引き		可能(現状のままでよい)	線引きは不可能で，新法の検討が必要
規制機関		不明確(心情的には独立行政委志向も)	総務省(旧郵政省)を独立行政委員会にすべきである

で，今後はオフィス需要も考えていくべきである[26]．

③ いわゆる公共性について．この概念ほど曖昧なものは無い．電電公社も「公共性と企業性」の両方を追求するものであった（旧電電公社法1条）が，結局「二兎を追うものは一兎をも得ず」の結果に終わってしまった．民営化を推進した私の経験からすれば，「企業性を通じた公共性（効率を通じた公正）」が，唯一の解であろう（林［1998a］）．この点にも関連して，ユニバーサル・サービスの概念は極めて限定的に考えるべきである．

④ 経営形態について．NHKと民放の棲み分けを理想とする意見が多いが，これこそ「護送船団の中での安住」に他ならない．利用者の立場からすれば，NHKを民営化して民放と同じ条件下におき，市場競争をさせる方が利得が多いはずである．具体例としてNHKの子会社活動やインターネットへの進出を規制しているのは，利用者の損でもあり，国の競争力を削いでもいる（林［2001d］）．また，ハードとソフトを分離するレイヤ別発想は，今や産業界では一般化した方法で，放送業界でも採否を自主的に決定すべきである[27]．一体化を是とする意見は，恐らく「電波は優良資産」だという上記①の神話に囚われたものであろう．

⑤ 通信と放送の融合について．現状で対処可能と考えるのは，これまた護送船団を壊したくないからであろう．

⑥ 規制機関については2-7で述べたところを参照されたい．

以上を要するに，放送はその特殊な位置づけから，民間企業が原則（NHKという特殊な存在もあるが）でありながら，「フツーの産業」にはなりきっていない．その良い例が地上波テレビのデジタル化への対応である．これは電話が，

---

[26] テレビの設置台数が約1億台というのは出荷ベースで把握したもので，実働台数ではない．またNHKの受信料徴収の必要性から，家庭における設置台数はかなり正確に把握できるが，オフィスのものについて統計は無い．CNNやブルムバーグ・テレビが，オフィスで視聴されることと対比せよ．

[27] 後述する(7-2) IT戦略本部の「水平分離」（放送業界ではハードとソフトの分離）案に，業界が一斉に反発したのは，特殊な産業内で生活しているため，世間の常識が欠けていると言わざるを得ない．規制の構造と企業経営は別物であり，規制を「水平分離」したからといって，会社組織を同じように分割する必要はない．法体系に企業組織を合わせなければならないのだとすれば，現在の法制下でも放送業は「電波法適用会社」と「放送法適用会社」に分離しなければならないことになる．

インターネット電話にそっくり入れ替わってしまうような大革命である．ところが業界の方々は，護送船団のまま入れ替えが可能と思っているところに誤解がある．具体的には，
① 日本に1億台以上あるTV受像機が，7年程度で全部買い換えられると思っている．
② ユニバーサル・サービスを維持するため，全国隈なくデジタル化をしなければならないと思っている．
③ 地上波以外の方法(例えば衛星，CATV，光ファイバー)による代替は考えた事がない[28]．
④ アナログとの同時放送期間も，必要だと考えている．

　これらに要する費用は総額で1兆円を越えると言われ，④を可能にするための，いわゆるアナ-アナ変換費用だけで，1800億円に上る事が明らかになった．またこれに伴って，広告収入などが増えるわけではないので，民放連の当初の試算では，東名阪の広域圏局を除く地方局はすべて赤字転落し，2010年まで回復できないとされた(日本民間放送連盟 [1998])．その後の日本経済の低迷を反映した見直しでは，3大広域圏社も含めて全ての局が赤字に転落し，一旦回復傾向になるが赤字幅はさらに拡大する，というものであった(同 [1999] 併せて日本民間放送連盟研究所 [2000] 参照)．「フツーの産業」であれば，こうした事情を知りながらデジタル化をするのは，自殺行為である．また株主代表訴訟に晒されるはずである．

　これに対して経営陣が一貫して「デジタル化は国策」と言っているのは，経営責任を放棄して国に補助金を求めていることである．事実アナ-アナ変換の費用については電波料の値上げで賄うことになった．電波料の大所は携帯端末の検査料などで，これでは携帯の利用者からテレビ視聴者に(あるいは携帯の事業者から放送事業者に)補助をしているに等しい(さすがに気が引けたのか，総務省もテレビ局の電波利用料を引き上げたが，補助の構造は変わらない)．

　「放送の自由」を主張する人々は「権力からの自由」ではなく「権力による

---

28) 総務省の情報通信審議会も，地方公共団体の既設資産である光ファイバーを利用する場合に限って，新しい道を開こうとしているようである．http://www.soumu.go.jp/s-news/2004/040728_2.html

自由の保障」を強調することが多い（浜田［1990］，鈴木［2000］）．しかし上記のような経営態度は，自由の保障どころか「自由の否定」につながるのではないかと懸念される．私のような市場主義者から見れば「権力による自由の保障」を求める人々の，「自由」という用語はオーウェルの「自由は屈従なり」という言葉と共鳴して聞こえる（Orwell［1948］，林［1983b］[29]）．

さて本節の冒頭で述べた「放送の特殊性」7点に戻れば，これが本当に必要なのかを改めて問い直さねばならないだろう．早急に結論を導くことは危険だとしても，とりあえず次の諸点は指摘できるだろう．

① 放送に対する特殊な規律は，「50年近く前の放送」に必要な条件であったかもしれないが「今日の放送」にそのまま当てはまるとの保証はない（「1953年体制」の見直し）．
② 仮に「1953年体制」に存在意義があるとしても，それはせいぜい地上波テレビに適用可能であるに過ぎない．
③ その地上波テレビも，デジタル化によって大化けする可能性を持っている．

さしむき採るべき施策は，3-9で述べたように，地上波テレビに関する規律を他に拡大適用しないように自制する事だろう．未来を予測することは殆ど不可能だし，放送に対する特殊な取扱いの根拠が「部分的規制説」でしか説明できないとすれば，「部分」を限定するのが当然だからである[30]．

6-5 ユニバーサル・サービス：義務か特権か

前節で述べた「神話」が生ずる精神的背景として，われわれが日常享受して

---

[29] オーウェルの描く「1984年」では，世界はオセアニア，ユーラシア，イースタシアの三超大国に分割され，いずれも全体主義的傾向を帯びた体制となっている．本作品の舞台はオセアニアで，ここでは偉大な兄弟（ビッグブラザー）という名の党最高指導者を中心とした超管理体制が敷かれている（この偉大な兄弟が実在しているかどうかは最後まで不明である）．党のスローガンは「戦争は平和」「自由は屈従なり」「無知は力なり」の3つである．また党には4つの省があり，平和省は戦争を，愛情省は法と秩序の維持を，豊富省は経済問題を，真理省は報道，娯楽，教育，美術を所管している．

[30] 本節で述べたことはあまりに過激な意見と思われるかもしれないが，民放テレビ局の経営者でもある平井卓也衆議院議員や，北川正泰前三重県知事なども，ほぼ同様の抜本的見直しを提言している（平井［2003］，北川（正）［2003］）．

いる特定のサービスが日常生活に不可欠なものであるため,「国民誰にでも,どこに住んでいるかにかかわらず提供されなければならない」という概念が結びついていることを指摘できる.この概念はアメリカの電話サービス発展の過程で生まれたものだが(林・田川 [1994]),わが国では次のようなものを含むものと(無意識的に)考えられている.

① 固定電話サービス(事業法 7 条,19 条,106 条以下の「基礎的電気通信役務」として)
② 地上波テレビ(放送法 44 条によって NHK に,また 2 条の 2 の放送普及計画を通じ民放についても)
③ 新聞の戸別配達(P 型なので法律はないが,慣習として)

　上記のうち法律論争を経て,国民の総意が明示的に形成されたと思われるのは ① だけである.この議論の過程で,片方で固定電話を対象にすることには反対が少なかったと同時に,他方で携帯電話を含めることは,議論の対象にはなったが最終的に否定された.加えて,アメリカではインターネットへのアクセスもユニバーサル・サービスと定義されているのに対して,わが国ではその考えは少なくとも当面は否定されている.

　加えて固定電話の場合には,1997 年までは NTT だけにユニバーサル・サービスの提供義務が課されていたが(NTT 法旧 2 条),これは産業全体で維持すべきものという考えに改められた(事業法旧 72 条の 6・現 106 条).ただし新規参入者の反対で,その運用が始まっていないことが気にかかる.

　ここで 2 つのことを明確にしておかねばならない.まず第 1 は,保障されるべき対象は「サービス」であって設備ではないという点であり,この点はコンテンツとコンデュイトの紐帯関係を考える本章ではとくに重要である.しかし実際には 100 年近い歴史を持つ電話においてさえ,設備とサービスは混同されている.上述の,携帯電話がユニバーサル・サービスか否かの論争が,その代表例である.

　「サービス」に固執する私の立場からすれば,「音声サービス」が全国どこでも提供され,所得の如何にかかわらず提供可能である事が,ユニバーサル・サービスである.この観点からは,固定電話であろうが携帯電話であろうが,その組み合わせであろうが,要はサービスの担保が対象であるはずだ.しかし携帯がユニバーサル・サービスかどうかで議論があったことは,私のようなレ

イヤ別分離の発想が定着していないことを示している.

　電話でさえ,このように論議が詰まっていないのだから,放送について前項の神話が生まれるのは当然のことであろう.もっとも法的に放送とは,「公衆によって直接受信されることを目的とする無線通信の送信」であるから(放送法2条1号),神話にはそれなりの根拠がある.

　しかしマルチメディアの本質が「メディアとメッセージのルース・カップリング」にある(1-2)にもかかわらず,地上波を通じて直接受信者に到達しなければならないのだという考えに固執することは,法的にも誤りであろう.なぜなら,直接衛星放送を通じて番組を送ったとしても「公衆によって直接受信される」訳だから,法律に触れるものではないからである.

　ところがわが国の放送業界は,BS (Broadcasting Satellite) という世界にも稀なシステムを生み出し[31],放送事業者のみの閉鎖的利用形態をとったため,放送業界全体のビジネス・プランを歪めてしまっている.つまり NHK という「客を呼べる」コンテンツでは BS の利用者が増え,「漁夫の利」を得た形の WOWOW は,何とか経営的に成り立っている.しかしキー局が個別に始めた BS テレビは惨憺たる状態で,いつ倒産してもおかしくない.またあおりを食った形の CS も規模の経済が生かせないため,前途が危ぶまれている.

　このような状態のまま地上波テレビをデジタル化し,しかもユニバーサル・サービスとして維持しなければならないと考えるのは,経営センスを全く欠いていると言わなければならない.仮にユニバーサル性を維持しなければならないのであれば,衛星を経由した直接配信にすれば経費は殆どかからないのに,それでは地方局がつぶれてしまうからと,自ら「禁じ手」にしてしまっている.

　しかし片方で,全国には1万5000ヵ所もあるというテレビ塔(殆どは中継塔)について,アナログと混信しないように,デジタル用を新設しようと考えるのは,どう見ても合理的判断とは思われない.この多額の投資(テレビ局内も含めて1兆円超と言われる)の資金をどこから捻出するつもりなのだろうか.

---

31) 発生史的には,衛星技術(とりわけ半導体素子)が未発達の段階では,トランスポンダの機能を軽くし,地上局の機能を重くした「通信衛星」(CS = Communications Satellite)と,その逆の BS とは別物であった.技術の発展と共にこの差はなくなったので,日本以外の国には BS という特殊なものはない.

金融改革の途上にある銀行団が，融資をしてくれることは期待できない．資本市場からは見向きもされないだろう．先に述べた「デジタル化は国策」という民放首脳の発言は，私には「補助金をくれ」という陳情と同じに聞こえるが，政府を批判するはずのマス・メディアが，政府に助けを求めるようでは終りである．

　これは結局「ユニバーサル・サービス」という呪文が，特権であるという誇りを生み出すよりも単純な義務感に変質し，「思考停止」をもたらしていると評するしかあるまい．しかも悪いことに，マス・メディア同士は(資本やニュース提供の関係もあって)このような実態を殆ど報じていない．ジャーナリズムの魂はどこへいったのかと心配するのは，私だけではあるまい．

　第2点は，ユニバーサル・サービスは税金で賄われるものではなく，特定の企業又は産業内の「内部相互補助（cross-subsidization＝CS）」で賄われてきたし，そのように理解されているということである．すなわち，電話事業には次の3種のCSが欠かせないものとされてきた．
① 　長距離サービスから地域サービスへ(サービス間CS)
② 　人口が密集して通話量(英語のtrafficをそのまま使ってトラフィックと言う)が多い区間から過疎地へ(地域間CS)
③ 　大口利用者(主として大企業)から低利用者へ(ユーザー間CS)

　この関係を図6.1によって説明してみよう(林［1998a］)．ここで縦軸は収益または費用を金額ベースで示したものであり，横軸は原点に近いところから① 顧客にあっては，より多く使う人(法人又は個人)から，より少ない人の順に，② ルートにあっては，よりトラフィックの多い区間から，より少ない区間の順に並んでいるものとする．

　電話事業は歴史的に独占で，公益事業の一種とされてきたから，その料金は認可制で，「顧客を差別してはならない」ものとされてきた．差別の中には取扱い拒否と言う直接的なものだけでなく，顧客間で料金に差をつけることも含まれる．したがって電話事業では，他の産業なら当然の「大口割引」や「長期継続割引」など，およそ割引という概念が存在せず，誰でも・どれだけ使うかにかかわりなく，一律の料率が適用されたのである．

　ここで収益のほうに着目すれば，より多く使う人が事業収益のかなりの部分を占め，使用量の少ない人の貢献は，通常の産業におけるより小さいことが想

6-5 ユニバーサル・サービス：義務か特権か

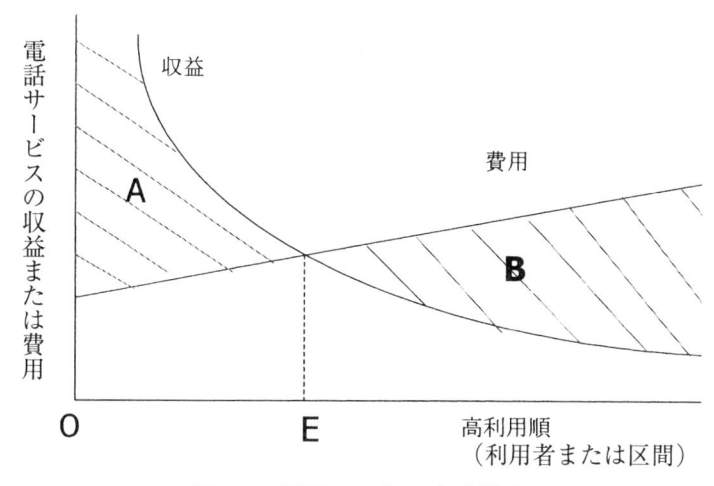

図6.1　電話サービスの収支構造

定される．なぜなら割引がないのだから，収益貢献度は使用量に連動するからである．

　収益構造が分かったとして，次に費用構造はどうなっているのだろうか．実はこちらの方は企業秘密にされているようだし，また独占時代には細かな分析を行なわなかったので，データもあまりないようである．したがって，これは私のビジネスマンとしての実感に頼るしかないが，コストは使用量に無関係にフラットか，使用量が少ない方がコスト高で右上がり，と見るのが妥当であろう．図6.1は，こうした想定に基づいている(林 [1989a][1989b])．

　そうすると両曲線が交わる点Eでは収支は均衡しているが，その左側では収益が費用を上回って黒字になり，右側では逆になって赤字が発生していることになる．この黒字又は赤字の部分を斜線A，Bで表示してある．実際の電話事業の経営ではA＞Bになり，事業全体としては一定率の利益が確保されるように料金(認可料金)が決められていた．このような方式で，AからBへの内部相互補助が担保されており，電話のネットワークは，加入者や通話ルート間での助け合いを前提にした相互扶助システムなのである．

　民放は広告収入で成り立っているので，このような収支構造は見えにくいが，横軸に広告主として大手の人から並んでいると考えれば同じ事である．新

聞の場合には，販売収入と広告収入がほぼ均衡しているとすれば，電話型・民放型の中間と考えることができる．NHK については地域別に受信料に差がないが，視聴者の密度の高い順に並べれば同じ事になる．

　ここで，この相互扶助クラブを成り立たせるには，4つの方法がある．
① 昔から営業している老舗だけに，ユニバーサル・サービスの提供義務を課す．
② 相互扶助の精神を生かし，共同基金によって支える．
③ 利用者の支援に期待する．
④ 国などから補助金をもらう．

　このうち ④ は，マス・メディアやコモン・キャリアのように，国からの独立性が強く要請される事業にあっては「禁じ手」である．電気通信については ① から ② への移行が明確に法定されているが[32]，放送にあっては，① と ② を併用しつつあるように見える．この仕組み自体を否定するものではないが，他の分野と同様，透明性が欠けている点が問題である．なぜなら，不透明な金が動いている限り，経営の自主性が損われ，最終的には利用者に迷惑がかかることになりかねないからである．

　現在私が知る限りでの懸念事項は，主として民放に関するもので，次のようなものである．放送(とくに地上波放送)をユニバーサル・サービスとして維持することの是非を論ずる前に，これらの論点を明確にし，経理の仕組みも公開しなければならないだろう．
① ネットワークを利用した場合に，キー局・ネットワーク加盟局(地方局)の間ではどのような金銭関係が生ずるのか．
② ネットワークを形成するための運用費は，どのように分担されているのか．
③ 電波利用料についてキー局とネット局とで著しい差があるが，その根拠は何か．

---

32) 旧 NTT の再編成に伴い，NTT 東西両会社の収益構造等の違いから，3会計年度に限り東会社から西会社への金銭の交付を行なうことができるとされ（NTT 等法付則 11条)，その分は非課税とされた(同12条)．この経過期間終了後は，このような内部相互補助は失効し，事業法106条以降による「基礎的電気通信役務支援機関」が機能する手はずとなっているが，実際には動き出していない．

6–6 マス・メディアと個人情報保護法

　前節までの議論は，マス・メディアとコンデュイトが密接に結びつくことに伴う諸問題であったが，本節以降はマス・メディアが他のメディアとは違った取扱いを受けるべきか否か，つまりその特権について論じていこう．まずは個人情報保護法における，マス・メディアの地位から始めよう．

　知らない業者からダイレクトメールが届いたり，セールスの電話がかかって来ることがある．しかもその内容は私たちの年齢，好み，家族構成などを知っているかのようなものも少なくない．私たちが何気なく書き込んだアンケートの結果が無断で多くの業者に出回ったり，悪質な名簿業者が多重債務者の詳細なリストを作って，これがいわゆる「ヤミ金」のカモとして利用されるなど，個人情報の法的無秩序状態は大きな社会問題ともなっている．

　現代ではこれら個人情報は，コンピュータによって容易に編集したりコピーしたりすることが可能である．またインターネットを通じて，電子商取引が日常的に行なわれるようになると，膨大な個人情報が瞬時に行き交うようになる．こうして便利な時代は同時に，私たちのプライバシーが危機に瀕している時代でもある．

　世界では1980年代に入って，次々に個人情報保護のための法制化が進められた．わが国においては行政機関が保有し，コンピュータ処理する個人情報についてのみ法律があった（1989年施行）が，この度ようやく「個人情報保護に関する法律（個人情報保護法）」という基本法が制定された[33]．この新法は，民間事業者が所持する個人情報をも対象にした初めての法律である．

　ここでまず，個人情報は「個人の人格尊重の理念の下に慎重に取り扱われるべきものであること」が，基本理念として明記された（3条前段）．またその適正な取扱いのためには，国・地方公共団体・政府が必要な施策を実施する責務

---

[33] より正確には個人情報保護関連5法，すなわち民間企業，行政機関，独立行政法人等の3者それぞれを対象とした個人情報保護法3法と，不服申し立て等に応じる個人情報保護審査会の設置法，行政機関関係法の整備法が成立したと記すべきであろう．ただしこれら5法のなかで民間部門対象とされる「個人情報保護法」は，基本法制としての位置づけにもあり，5法全体の基本法としての規定と，民間部門を対象とした一般法としての規定を含んでいる．

があることも明文化され (4〜6条), そのために政府は, 個人情報の保護についての基本方針を作成することになる (7条).

　これらの基本法の内容は, 交付の日である2003年5月30日から施行された. そして, 新法で初めて規制されることになった民間事業者についての規定は, 交付の日から2年以内の施行 (2005年4月1日)が予定されている. 因みに新法で言う個人情報とは, 「生存する個人に関する情報であって, 当該情報に含まれる氏名, 生年月日その他の記述等により特定の個人を識別することができるもの(他の情報と容易に照合することができ, それにより特定の個人を識別することができることとなるものを含む)」(2条1項)である.

　規制の対象となる民間事業者は, コンピュータで検索できるような個人情報の体系的なデータベースを, 事業のために利用する者である(個人情報取扱事業者, 2条2・3項). しかし取り扱う個人情報が少ない場合(過去6ヵ月以内のいずれの日においても5000件を超えない場合, 施行令2条)など, 個人の権利・利益への侵害がないと思われるものについては, 対象外とされる.

　これらの業者には, 以下のとおりの義務が課せられることになる. ただし, 民間事業者が個人情報を有効に利用することを阻害することがないよう, この義務は個人の権利・利益を保護するための, 必要最低限の規制に止められることになった.

① 利用目的の特定 (15条)
② 目的外の取扱いの禁止 (16条)
③ 取得の際は利用目的を通知 (18条)
④ 適正な取得の義務づけ (17条)
⑤ 内容の正確性の確保 (19条)
⑥ 安全管理義務(委託先を含む) (20〜22条)
⑦ 第三者への提供の制限 (23条)
⑧ データの本人への開示・訂正 (24条〜26条)
⑨ 利用停止等の請求権 (27条)
⑩ 苦情の処理 (31条)

　こうした業務を積極的に果たすために, 民間に自主的な支援組織を作り, 主務大臣(雇用管理に関しては厚生労働大臣など, 各事業を所轄する大臣)の認定を受けることができる(認定個人情報保護団体, 37条). この団体が中心になり, 苦

情の処理や個人情報保護のための指針を作成することが期待されている．さらに主務大臣は，必要な限度で業者から報告させたり助言することができると定めた（32・33 条）．

上記の各義務が守られず，個人の権利・利益を保護するために必要なときには主務大臣は「勧告」を出す．それでも是正されず，権利・利益の侵害が切迫しているときにはさらに「命令」を出す．とくに利用目的の範囲を超えた行為や不正な情報入手，または安全管理上の違反があって，重大な影響が出るときには，緊急に当該違反行為の中止や，必要な措置を命令することもできる（34 条）．これらの命令に応じない時には，6 ヵ月以下の懲役または 30 万円以下の罰金に処せられる（56 条）

しかし，国が不必要に個人情報に介入し，「管理」するようなことになっては大変である．表現の自由・学問の自由・信教の自由などは，民主主義の根幹とも言えるもので，これらの人権を侵害されることがないよう，十分に配慮することが必要だからである．

そこで主務大臣はこれらの自由を妨げないことが明記される（35 条 1 項）とともに，次の分野については，前述の ①〜⑩ の義務や主務大臣の関与の規定は適用しないことを定めた（50 条）
ⓐ　報道機関が報道の目的でする行為．
ⓑ　著述業が著述の目的でする行為．
ⓒ　学術研究機関・団体やその構成員が学術研究の目的でする行為．
ⓓ　宗教団体が宗教活動とそれに付随する活動の目的でする行為．
ⓔ　政治団体が政治活動とそれに付随する活動の目的でする行為．
ⓕ　さらに，上記 ⓐ〜ⓔ に対して個人情報を提供する場合にも，主務大臣の権限は及ばない（35 条 2 項）．

これらの分野では，自主的に安全管理や苦情処理などを確保するための措置をとり，かつ公表することが要請されている．一方逆に，とくに慎重な扱いを要するような特別な情報については（例えば医療情報・信用情報等），今後個別の法律を制定するなどさらに必要な措置が採られることとなる．

これらの説明を冷静に読めば，マス・メディアが「個人情報取扱事業者」になることは原則としてあり得ず，その限りでは「言論の自由」や「取材の自由」との相剋は生じないことは明白だろう．ところが，日本のマス・メディア

は当初自ら個人情報保護法の必要性を訴えていたのに，その内容が明らかになるや全く態度を変えて，それが「メディア規制3法」[34]の一環であるとして全力を挙げて反対運動を展開した．ここでは，次のような在来型の問題点を指摘することができよう．

① まずマス・メディアの側に，法案についての誤解があったこと．新法において，マス・メディアが行なう取材活動については適用除外であることは当初から表明されていたし，実際そのような法律になっている[35]．

② 同じくマス・メディアの側に「住民基本台帳ネットワーク」との混同があったこと．この法案を策定するきっかけになったのが，住民基本台帳法の改正と全国ネットワークの構築であったことは確かである．このネットワークは，インターネットの分散型処理が一般的になっている中で，全国規模のデータ・ベースを専用線で構成しようという時代錯誤のものであった．この点を鋭く突くことは，マス・メディアの役割であったのに[36]，そちらを突かず，別のところを突いてしまった．

③ いわゆる「メディア規制3法」なるものは，フィクションに過ぎないこと．他の法律はいざ知らず，少なくとも個人情報保護法は，上記で詳しく見たように，当然のことを当然のように規定しているだけである．これがメディアを狙い撃ちにした規制法だというのは，どう考えてもフィクションで

---

[34] 個人情報保護法のほか，人権擁護法(案)，青少年有害社会対策基本法(案)の3つをまとめて「メディア規制3法」というレッテルを貼り，2002年には「反対キャンペーン」に近い報道がなされた．因みに朝日新聞の記事検索システムで「メディア規制法(案)」を調べると，2000年まで0件，2001年2件，2002年168件，2003年6件となっている（2003年10月19日現在）．

[35] さらに言えば，この法案の策定初期は，基本原則だけを述べたガイドライン法(又は理念法)を作るつもりでスタートした．ところが，②項の住基ネットを巡って，マス・メディアがプライバシー保護を主張したため，義務規定を入れざるを得なくなった．そこでその線に沿って法案を作り直したら，今後は報道機関適用除外の要請が出るとともに，別の事情から，基本原則が削除されてしまったので，当初の目的からは著しく乖離した姿になっている．

[36] 個人情報保護法反対の論陣は，桜井よし子に代表され，反対論が無意味だという主張は池田信夫に代表されよう．ところが意外にも，住基ネット反対という点では，両者は完全に一致したのである(桜井[2003]，池田[2003])．

あろう．
　ところが上記の問題点(とくに ③)には，次のような新種の問題点が隠れていたと言わなければなるまい．
ⓐ　プライバシーと個人情報は同一視すべきではない(この点は，既に 3-7 で述べたので，繰り返さない)．
ⓑ　個人情報取扱事業者を特定するのは容易ではない．法の運用上は，個人情報の量で一定の線引きをするようだが，これは便法であって根本的解決にならない．例えば Google という検索エンジンは，5000 人以上の個人情報を集めているので，この概念に入る．この種の検索エンジンは規模の経済が働くため，大企業しか開業できないと思われるかもしれないが，実は学生の下宿からでも開業できる(津田(編著) [2003] を見よ)．ここでは事業者と利用者，企業と個人の境目が曖昧になっている(この点は第 7 章で，私の法案を説明する際に再説する)．
ⓒ　同じ事はジャーナリズムの定義についても言える．法 50 条 2 項によれば，「報道」とは，「不特定かつ多数の者に対して客観的事実を事実として知らせること(これに基づいて意見又は見解を述べることを含む)をいう」とされている．これに組織化されたマス・メディアが含まれることは当然だが，フリーランスの記者も，さらには一介のウェブ・サイトの運営者も含まれ得るので，その線引きは困難である．
ⓓ　マス・メディアが騒ぎ立てる中で立法がなされたので，適用除外の中に「出版」が明示的には入らないことになってしまった．法 50 条 1 項一号は，次のように規定しているからである．「放送機関，新聞社，通信社その他の報道機関(報道を生業として行う個人を含む．)」．
ⓔ　今回適用除外が，フリーランスの記者にも及ぶか否かが議論になったので，「著述業」は適用除外とされた．この概念には，上記 ⓑ の検索エンジンが直ちに該当するとは思われないが，自らウェブ・サイトで情報発信を続けているサーバ管理者が，同時に検索エンジンを提供していたらどうなるのだろうか．
　以上で指摘した問題点は，法的には次の一般命題に集約することができよう．すなわち「権利を守るために立法をすると，概念の定義や適用除外の書き方如何で取扱いに差が生じ，不公平を生み出すことがある．この危険を侵して

まで立法で解決を図るのが良いのか」と．この疑問は「電子公衆送信法(案)」の提案というリスクを侵している私に対して，松井［2002］が投げかけた疑問であるが(私なりの回答は7–6で行なう)，今回の騒動がマス・メディアに与えた教訓は，この点をこそ突いて欲しかった，ということになろう．

　残念ながら，われわれに残った印象は「マス・メディアは自分ことしか考えないし，同じマス・メディアでも新聞は，出版やインターネットのことには無関心である」という哀しいものだった．

6–7　いわゆるマス・メディアの特権

　日本の憲法は「言論，出版その他一切の表現の自由」を保障しており(21条1項後段)，これにはプレスや放送などの「マス・メディアの自由」も含まれると解されている．判例も，これらを「報道の自由」(「取材の自由」もその中に含まれる)という概念の下で承認し，場合によってはその重要な意義を確認している．

　しかしマス・メディアの自由は，「言論の自由」を持つ個々人が「結社の自由」(同じ21条1項前段)を通じて報道機関という法人を設立したので，当該法人に付与される自由なのか，それとも近年に至って重視されるようになった「知る権利」に奉仕するものとして，特別の地位を占めるのかが問題になる．前者であれば，主として「法人の発信の自由」の面が，後者であれば主として「一般国民の受信の自由」の面が強調されることになろう．また前者であれば，単純に個人の自由の集合体と考えれば良いのに対して，後者ではマス・メディアに固有の権利が検討されることになる．

　こうした見方については，議論が分かれる．アメリカではマス・メディアの自由を，政府の干渉を受けない個人的な言論の自由と捉える，古典的な解釈が有力である(冒頭に引用したプール説は，その典型例かと思われる)．これに対してヨーロッパでは，市民の言論の自由と異なりマス・メディアのそれは，多様で豊富な言論の流通や自由・活発な公衆の討議の場である「フォーラム」の提供などの，より基本的な価値と権利に従属し，奉仕するための「手段・制度」として捉える立場がある(わが国でも，冒頭に引用した浜田［1990］の見解は，これに近いと思われる)．

この両説の違いは，自由とは「国家権力からの自由」で，政府の介入は極力限定的である方が良いとする自由放任の考えと，自由はそれを維持・発展させる仕組みが無ければ確保できないのだから，「政府による自由」も方向性さえ誤らなければ良いとする考え方に対応している．このような考え方の差は，1-8 で試みた，コンサーバティブとリベラルの差に，大筋では対応しているとも言えよう．

　このような中で長谷部 [1992] は，独特の理論を展開している．すなわちマス・メディアの果たすべき役割は，これまた冒頭で引用したように「民主的政治過程の維持と，自律的な生を可能にする情報の提供にある」と考えるとき，「いかなる構造的・制度的特徴を備えた」メディアがこの役割を効果的に実現し得るか，という制度設計の問題になる．

　そこで「すべてのマス・メディアを国家的に管理し，諸集団に紙面および放送時間を比例配分すべきか，あるいはマス・メディアのジャーナリズム精神を信頼し，個々の発行者，編集者にいかなる情報を送るかの決定を自由委任すべきか，あるいは市場において利潤最大化を求める企業の論理に即してマス・メディア事業を運営させるべきか，そのとき，多様な視聴者の選好がメディアに直接反映する市場の枠組みを意図的に作り出すか」(p. 59) など，様々な選択肢と組合わせを考えることができるとする[37]．

　このような考え方は，従来の論争が規範や理念の争いからイデオロギー論争に終始しかねなかった点を改め，機能的な解釈により議論を客観的なものにしていこう，という点では優れたものである[38]．しかし，なおこれらの議論は憲法学者が交わしているためか，次のような偏りが避けられないように見える．

① 精神的自由権か，経済的自由権かの区分をしないで論議がなされ，実際の議論は，ほとんど精神的自由権をめぐって展開されている．
② 「経済的自由権が精神的自由権を支えることがある」ことを軽視している．
③ 論点が網羅的ではなく，論者の関心があるものに絞られている．

---

37) 原文の表記は「マスメディア」であるが，本書全体の表記法である「マス・メディア」に変更させていただいた．
38) おそらくは，知的財産制度を「機能的」に見直そうとする田村 [1999a] や，独占禁止法を日本の現行法の枠組みを越えた，基本的な少数の概念で再整理しようとする白石 [2000] などの発想と，相通ずるものがあると思われる．

④ 個々の具体例に基づく現場的発想ではなく,観念的な議論が多い.
⑤ 技術変化が激しい分野であるのに,それに対する評価が欠けている.

要は,このような概念論を展開するよりも,6-4で放送の垂直統合にまつわる神話を分析したように,個別具体的な事例を取り上げ,その妥当性を検証していく方が実り多いのではなかろうか[39].

一例として,新聞・出版などのビジネスを展開しようとすれば,第三種郵便物の認可を受け,低額の料金[40]で郵送できることが必須の条件となっている.これについては,マス・メディアに一般的に厳しい私も,存在意義は大いにあるし今後も存続すべきものと思う.なぜなら,この制度は一定の要件さえ充たせば,定期刊行物発行者に広く適用が可能なもので,マス・メディアにのみ適用されるものではないからである(例えばNPOなどにとっても,有効に機能し得る).

しかし,もしこの受給条件に資格審査が導入され,主務官庁が定められて事前の審査がなされるとするなら,これほど「言論の自由」にとって危険なことはない.それこそ「検閲」の入口だからである.前述の地上波テレビのデジタル化に対する政府支出などは,電波利用財源からの支出であり,かつNHKと民放を含めた受け入れ機関への支出であるので,補助金そのものとはいえな

---

39) 山田[2004]によれば,「プレスの法的社会的特権」には,次のようなものがあるとする(順序は引用者がつけたもの). ① 記者クラブ制度,② 優先取材権の確保(裁判所の傍聴席の優先割当など),③ 公告の手段(商法166条により,会社の公告が官報か日刊新聞に限られているなど),④ 民事裁判における証言拒否(この点については次節参照),⑤ 個人情報保護法における適用除外,⑥ 公益通報者保護法における通報先としての指定,⑦ 選挙報道に関する自由の保障(公職選挙法148条など),⑧ 報道目的のための引用の自由(著作権法39条),⑨ 第三種郵便物の扱い(次の注を参照),⑩ 株式の譲渡の制限(日刊新聞紙の発行を目的とする株式会社及び有限会社の株式及び株分の譲渡の制限等に関する法律).また私流には,⑪ 政府の審議会委員等への優先的就任,⑫ アメリカ等のビザ取得の際の特殊なステータス,を加えることができよう.

40) 第三種郵便物(承認を受けた定期刊行物・開封)=毎月3回以上発行する新聞紙1部又は1日分を内容とし,発行人又は売りさばき人から差し出されるもの

50gまで	40円
50gを超える1kgまで,50gまでごとに	6円増

(注)一般の定型郵便物は,25gまで80円,50gまで90円.

いが，一歩誤れば同じ効果を発揮することを恐れる[41]．

また仮に郵便事業が民営化され，コスト削減の観点から第三種郵便物が打ち切りになるとすれば，どう対処すべきだろうか．その場合には，税金を投入して郵便会社(仮称)の赤字補填をすることは許されるが，税金で定期刊行物発行者に直接補助金を交付することは許されない，と解すべきであろう．

このようなことをくどくど述べたのは，他でもないマス・メディアの方々が一般の企業とは違った待遇を受ければ受けるほど，世間の常識とは遊離していく傾向があるからである．私のように官業の一種に勤めたと思っていたら，計らずも民営化を経験した身からすれば，次の教訓は現在のマス・メディアに強く認識してもらいたいところである．

① われわれは資本主義市場経済の中で生きており，社会主義体制の崩壊を見ても，これは「よりましなシステム」である[42]．
② 資本主義社会での企業形態は，株式会社が一般型である．
③ グローバルな市場では，あらゆる法人を同一尺度で評価できる仕組みが求められる．
④ この一般原則から外れた組織にいると，世間一般のことが分からなくなる．
⑤ 世間一般と違う扱いを受けることは，一見特権のように見えるが，その実麻薬であって，ますます世間一般のことが分からなくなる．

6-8 取材源の秘匿と公正な裁判

いわゆるマス・メディアの特権が，実定法上問題になる代表的なケースは，マス・メディアがその取材源について，裁判上の証言を拒否できるか否かである．まず刑法上の証言拒否権については，刑事訴訟法149条が「医師，歯科

---

[41] 先に述べた民放経営者の「地上波テレビのデジタル化は国策である」という発言や，NHKに政治記者が異常に多く，主要政治家に張り付いている他，理事の半数以上が政治記者出身である状況は，私には異様に映る．

[42] こんな当たり前のことをなぜ書くのか，と疑問に思われるかもしれない．しかし，大新聞の経営者でプロ野球チームのオーナーでもある人物が，オリックスと近鉄球団の合併をめぐる騒動の中でした発言の大部分は，資本主義的経営論とは程遠いものであったことを想起して欲しい．

医師，助産師，看護師，弁護士(外国法事務弁護士を含む)，弁理士，公証人，宗教の職に在る者又はこれらの職に在った者は，業務上委託を受けたため知り得た事実で他人の秘密に関するものについては，証言を拒むことができる(但し書き省略)」と定めている[43]．

以上の文言に照らせば，マス・メディアに従事するジャーナリストに，刑法上の一般的な証言拒否権があるとは言えないことは自明であろう．最高裁判所は石井記者事件[44]において，刑事訴訟法の証言拒否権は制限列挙であって，医師等の特権を類推適用することはできないとした．

そして憲法21条は，「一般人に対し平等に表現の自由を保障したものであり，新聞記者に特殊の保障を与えたものではない」とした上で，しかもそれは「公の福祉に反しない限り，いいたいことはいわせなければならないということ」で，「未だ言いたいことの内容も定まらず，これからその内容を作り出すための取材に関しその取材源について，公の福祉のため最も重大な司法権の公正な発動につき必要欠くべからざる証言の義務をも犠牲にして，証言拒絶の権利までも保障したものとは到底解することができない」と判断した．

これは，税務署員に対する収賄被疑事件についての新聞報道に関して，裁判所あるいは検察庁の職員の誰かが，職務上知りえた事実をもらしたのではないかとして国家公務員法違反の捜査が開始され，新聞記者が刑事所訴訟法226条によって裁判所に召喚され証言を求められたが，取材源を明らかにせず罰金に処された事例であった．

一方民事上の証言拒否権の場合はどうだろうか．民事訴訟法197条1項二号は，次のように規定する．「次に掲げる場合には，証人は，証言を拒むことができる．(中略)医師，歯科医師，薬剤師，医薬品販売業者，助産師，弁護士

---

43) 刑法134条の秘密漏示罪においては「医師，薬剤師，医薬品販売業者，助産師，弁護士，弁護人，公証人又はこれらの職にあった者が，正当な理由がないのに，その業務上取り扱ったことについて知り得た人の秘密を漏らしたときは，六月以下の懲役又は十万円以下の罰金に処する．2 宗教，祈禱若しくは祭祀の職にある者又はこれらの職にあった者が，正当な理由がないのに，その業務上取り扱ったことについて知り得た人の秘密を漏らしたときも，前項と同様とする．」と規定されており，対象となる職業は一部重複している．しかし，いずれの場合にもマス・メディアに従事する者(ジャーナリスト)は含まれていない．

44) 最大判1952年8月6日刑集6巻8号974頁．

(外国法事務弁護士を含む), 弁理士, 弁護人, 公証人, 宗教, 祈禱若しくは祭祀の職にある者又はこれらの職にあった者が職務上知り得た事実で黙秘すべきものについて尋問を受ける場合」. 刑法 134 条や刑事訴訟法 149 条と一部重複しながら, 微妙な差を見せているが, ここでもジャーナリストは含まれていない.

しかし 197 条 1 項三号では,「技術又は職業の秘密に関する事項について尋問を受ける場合」として広く「職業の秘密」について証言拒絶権を認めている. そのため, 新聞記者と情報提供者の間に「取材源を絶対に公表しないという信頼関係があって, 初めて正確な情報が提供される」ものであり,「自由な言論が維持されるべき新聞において, もし記者が取材源を公表しなければならないとすると, 情報提供者を信頼させ安んじて正確な情報を提供させることが不可能ないし著しく困難になることは当然推測されるところであるから, 新聞記者の取材源は右『職業ノ秘密』に該ると解するのが相当である」と判断した判例がある.

ただ裁判所は, この証言拒絶権も「民事訴訟における公正な裁判の実現の要請」のため制限を受けることを認め, 結局利益考量によって証言拒否権の限界を決定すべきものとし, 取材源についての証言強制は「他の証拠方法の取調がなされたにもかかわらず, なお取材源に関する証言が, 公正な裁判の実現のためにほとんど必須のものであると裁判所が判断する場合において, はじめて肯定されるべきである」と宣言した[45]. そして最高裁判所は, この判断に対する特別抗告を却下している[46].

マス・メディアによる報道を裁判の証拠として用いる場合にも, 同様の問題が生ずる. この種の事例では博多駅テレビ・フィルム提供命令事件[47]が有名である. これはデモの警備に当たっていた機動隊が暴行を働いたとして, 公務員職権濫用罪(刑法 193 条), 特別公務員暴行陵辱罪(同 195 条)に問われた事件で, 事実の有無を調べるため, デモの模様を映した放送済みテレビ・フィルムを証拠として提出するよう, 裁判所がテレビ会社に命じた事例である.

最高裁判所は, 取材されたフィルムが, 他の目的, すなわち刑事裁判の証拠のために使用されるような場合には, 報道機関の将来における取材活動の自由

---

45) 札幌高決 1979 年 8 月 31 日判例時報 937 号 16 頁.
46) 最三小決 1980 年 3 月 6 日判例時報 956 号 32 頁.
47) 最大判 1969 年 11 月 26 日刑集 23 巻 11 号 1490 頁.

を妨げることになる恐れがないわけではないと認めつつ，取材の自由といっても，「公正な裁判の実現というような憲法上の要請があるときは，ある程度の制約を受けることのあることも否定することができない」として，次のような比較考量の基準を打ち出した.

すなわち，「一面において，審判の対象とされている犯罪の性質，態様，軽重及び取材したものの証拠としての価値，ひいては，公正な刑事裁判を実現するにあたって必要性の有無を考慮するとともに，他面において取材したものを証拠として提出させられることによって報道機関の取材の自由が妨げられる程度およびこれが報道の自由に及ぼす影響の度合その他諸般の事情を比較衡量して決せられるべきであり」，証拠として用いることがやむを得ない場合でも，「それによって受ける報道機関の不利益が必要な限度をこえないように配慮」しなければならないというのである．そして本件の場合，被疑者および被害者の特定すら困難で，事件発生後 2 年近く経ち，第三者の新たな証言は期待できず，フィルムの証拠としての価値は重要でほとんど必須であるのに対し，当該フィルムは既に放映済みであり，「将来の取材の自由が妨げられる恐れがあるというにとどまる」から，本件命令はやむを得ないとしてこれを支持した．

その後最高裁は，マス・メディアが直接捜査を受け，そして様々な文書が押収される場合にも，同様の基準を適用している．日本テレビは，リクルート事件に絡んで，同社社長室長が国会での質問に手心を加えてもらおうとして，野党国会議員に対して行なった賄賂工作の現場をビデオに収めることに成功し，その一部をスクープとしてテレビで放映した．そして東京地検は，社長室長を贈賄容疑で逮捕するとともに，容疑を固めるために，日本テレビの収録した未放映・未編集のマザー・テープを押収したのである．最高裁判所は，この事件でも博多駅テレビ・フィルム提出命令事件の利益考量の基準を適用した[48]．

さらに TBS 事件[49] では，警察官の請求に基づいて裁判官が発した差押許可状によって行なわれたビデオテープの差押えが問題とされた．そして，最高裁判所は，ここでも博多駅テレビ・フィルム提出命令事件決定の利益考量の基準を適用し，日本テレビ事件決定と同じような理由で差押えを支持した．この

---

48) 最二小決 1989 年 1 月 30 日．判例集未搭載．
49) 最二小決 1990 年 7 月 9 日刑集 44 巻 5 号 421 頁．前注の事案も含め，未放映の部分も含めたマザー・テープの押収には批判が強い．

事件では，債権回収のため暴力団組長が組事務所で組員らと一緒になって債務者に暴行を加えて逮捕されたが，TBS のカメラマンがその現場にいて一部始終をフィルムにとり，番組の中でその一部を放映した．そこで警察官が，このマザー・テープを差し押さえたのであった．

　ここで，この問題にこれ以上深入りすることは避け，私にとって奇異に感じられる一点だけを述べておきたい．それは，こうした事案は主としてマス・メディアに関係したり，マス・メディア法を専門としている学者によって検討されることが多いため，「憲法上の権利である取材の自由」対「手続き法による訴訟上の要請」という図式が提示され，ここでは取材や報道をめぐる「規制」として論じられることが多いことである (松井 [1998], 山田 [2004] など).

　しかし果たしてそうだろうか．後者は一見手続き上の問題のように見えるが，その実「裁判を受ける権利」(憲法 32 条)に直結する重要な要請に応えるためのものではないだろうか．だとすると，前記の図式は誤解を生じやすい．アメリカではこの種のテーマを Free Press versus Fair Trial と端的に捉えているが (Carter, Dee and Zuckman [2000])，そちらの方が客観的な視座を提供してくれるように思われる．

6–9　ジャーナリズムとは何か：プリンシパル・エージェント論

　現代の民主主義社会で，マス・メディアが持つ影響力と社会的地位は，インターネットのような新しいメディアの登場によって，次第に比率を下げつつある．しかしなお，各種メディアの中では，最も有力なものであることに変わりはない．こうした事実上の影響力は，その法的地位，とりわけマス・メディアが享受する自由の法的評価に，どのように反映されるべきだろうか？　本章のまとめとして，この点に触れておこう．

　世間ではこれを肯定する説が多く，マス・メディアが持つ自由はその役割から見て特別に構成される余地があるとする考え方が，少なくともマスコミ研究者の間では大勢のようである．

　その代表格とも言うべき浜田 [1993] はまず，日本の裁判所の判例においても，一般的な表現の自由の保障とは別に，マス・メディアの活動に関して(憲法に明文で規定されていないが)「報道の自由」という権利が設けられ，1950 年

代の後半から発展させられてきたと言う．「報道の自由」という用語は，当初は表現の自由が「意見」を保護するのに対して，「事実」を保護するという程度の役割を与えられたに過ぎなかった(例えば，前述の博多駅テレビ・フィルム提出命令事件)．

しかし，1978年の外務省秘密電文漏洩事件に関する決定[50]では，国民の「知る権利」に奉仕するという観点から，「報道の自由は，憲法21条が保障する表現の自由の内でも特に重要なもの」という位置づけが与えられた．そこで国家公務員法で禁止されている秘密漏示の「そそのかし」(111条)の構成要件に形式的には該当する場合であっても，報道機関の取材活動については「正当な業務行為」として違法性が阻却される余地が認められ，その意味では「一般人以上の権利が報道機関に認められている」と言っても良いとする(浜田[1993])．

しかし「特に重要なもの」という表現にあまりこだわることは，最高裁の意図に沿うものではないと思われる．かつて取材源の秘匿が問題となった前述の1952年の石井記者事件判決[51]において最高裁は，憲法21条は「一般人に対し平等に表現の自由を保障したものであり，新聞記者に特殊の保障を与えたものではない」と述べており，それ以後同種の裁判例はないからである．

確かに1989年に出された法廷メモ禁止事件に関する最高裁判決は，法廷におけるメモ採取を一般に禁止しながら，司法記者クラブ所属の報道機関の記者に対してはメモ採取を許可していた状況に関し「裁判の報道の重要性に照らせば当然である，報道の公共性，ひいては報道のための取材の自由に対する配慮」から合理的な措置であるとしたので，一見マス・メディアの優越的立場を支持したように見受けられる．しかし，これによれば，一般人はマス・メディアを通じてしか正確な情報を受けられないことになってしまい，例えば被害者の家族などの権利の範囲が，逆に狭められてしまうことになりかねないから，記者(それも当該記者クラブの記者)のメモのみを解禁することの，妥当性が改めて検証されなければならないだろう．

マス・メディアに特別の権利を認め，これを概念化ないしは理論化しようとする試みは，諸外国に幾つかの例がある．例えば，アメリカにおいてプレスの

---

50) 前出注15に同じ．
51) 前出注44に同じ．

特権が論じられる場合は，1972年のブランズバーグ対ヘイズ事件判決[52]が，しばしば引用される．これはハーシュッシュの製造やブラック・パンサーの活動についての犯罪捜査に関連して，報道記者に対して大陪審への出頭，証言要求がなされたことを巡る3つの事件に関するもので，記者の取材源秘匿という争点について正面から判断を行なった，唯一の最高裁判決である．しかしこの判決の法廷意見は，取材源に関する記者の証言拒否権の主張を否定した．条件付で特権を承認するスチュアート裁判官の反対意見（ほか2裁判官同調），絶対的特権を主張するダグラス裁判官の反対意見が付されて，5対4の僅差であるが，最高裁としての態度は記者の取材源秘匿に否定的であるように見える（松井［1998］）[53]．

一方ドイツの場合には，旧西ドイツの基本法の時代から「意見表明の自由，情報の自由（知る権利），プレスの自由，放送の自由，映画の自由」という5つの基本権が含まれており，これらを総称して「意見の自由（Meinungsfreiheit）」と呼ばれてきた（鈴木［2000］）．ここで言う「プレスの自由」や「放送の自由」は，何らかの法的な保障を受ける「制度的自由」（institutionelle Freiheit）であるとされている．放送については，資源の有限性仮説以来，どの先進国においても「自由が制度的に保障される」という形態を取っているが，「プレスの自由」が「制度的自由」であるとは，どのような状態を言うのだろうか？

これは，プレスがコミュニケーションの過程で果たす役割を「公的責務」であると捉え，証言拒否権や押収・捜索の制限，官庁に対する情報開示請求権などの「プレスの特権」を認める立場である．プレスへの助成などの国家による積極的措置も，この法理によって裏付けられる（鈴木［2000］）．わが国でも，このドイツの例を参考に，プレスや放送の「制度的権利」すなわち特権を是認する意見がある（浜田［1990］［1993］など）．

しかし，マス・メディアに対して，「特権」を認めようとする考え方に対しては，次のような批判をすることができる．まず浜田［1993］自身が挙げる

---

52) Branzburg v. Hayes, 408 U.S. 665.
53) しかもアメリカ憲法修正1条には freedom of speech のほかに freedom of the press という文言があることにも留意しなければならない．この両者が同義であるか否かは議論のあるところだが，後者は前者に包摂されているが，為念的に規定されていると言うべきだろう．

批判は，次の4点である．
① 素朴な平等主義からする批判：ブランズバーグ判決の法廷意見は，記者に対して証言拒否特権を認めるのは，「プレスの自由が，最新の写植の方法を用いる大都市の大出版社と同じく，カーボン紙や謄写版を使うたった一人のパンフレティアの権利でもあるという伝統的な理論に照らせば，問題のある手続き」であると述べている．同様の考え方は既に1946年の判決の中で，フランクファーター裁判官によって示されている[54]．
② 特別の法的地位を認めることで，プレスを一般市民から遊離した存在にしてしまうという批判：特権意識はプレスを傲慢にし，プレスに対する国民の信頼と支持を失わせ，ジャーナリズムが国民の「知る権利」との結びつきを失っていくという懸念．
③ 特権と引き換えに，プレスに義務或いは特別の責任が課せられるという危惧：ドイツにおけるプレスの自由の制度理解は，その裏側として，プレスの「公的任務」の観念と結びついている．アメリカでは，制度というものは通常外部からのチェックに服することになっているが，プレスはこれまでシステムの外部にある自由な存在（freebooter）として機能してきた．プレスに特権を認めれば，同時に公式の責任を負うべきだ，という要求も強まってくる．
④ 「プレス」の定義の問題：特権を与えられるものと与えられないものの区別は，表現内容，表現の頻度や情熱，伝達技術手段の所有などの変数によって行なわざるを得ないので，その困難さについては改めて言うまでもない（個人情報保護法の適用除外をめぐる動きが，1つの例証である）．

しかし，これらの論点には，次の諸点をも加えなければならないであろう．
⑤ プレスに特権を与えることが，本来の目的である「批判精神に富んだ強力なプレス」を作ることに役立っているのかどうか．事実は全く逆のように思われる．日本の会社の現地法人社長として，ニューヨークやワシントンで働く日系新聞記者たちと付き合ってみると，多くの記者の視野の狭さと（英語を含めた）実力の無さに，暗澹たる思いに陥ったのは私だけではあるまい．

---

[54] 「憲法の目的は，プレスを特権的な制度へと昇格させるものではなく，すべての人々について，その印刷する権利を保護することであった．（中略）プレスの自由は，共和国の各市民の自由より以上でも以下でもない」とされた（訳はいずれも浜田 [1993] による）．

逆境に強いプレスこそ真のプレスだとすれば，特権などない方が効果的だと思われる．
⑥ 特権を与えるのだとすれば，特権をチェックする機能がなければならない．しかし，わが国では「メディア批評」が有効に機能しているとは思えない．
⑦ 加えて，インターネットの登場という環境変化がある．1-2で述べたインターネットの特徴を，一番理解していないのが，実はマス・メディアである（理解したくないのかもしれない）．しかし今や弱小のメディアが[55]クリントン・スキャンダルを報じたところ，テレビ・新聞がこぞって引用せざるを得ない事態を生み出し，内部告発がネット上で行なわれた際に，会社としてどう対処したらよいかというセミナーが開催される時代である（ネットワーク・セキュリティ研究会[2003]）．

このように考えてくると，自由の主体は，ジャーナリスト一般か，組織に属するジャーナリストだけか，それとも国民誰でもか，という論点が浮かび上がってくる．理想としては，国民誰にも取材の自由があることが望ましいが，それが物理的にも時間的にも不可能な場合が多いので，マス・メディアは国民の代弁をしている，すなわちエージェントであると考えるのが妥当なところだろう．

つまり，アクセスの方法について記者クラブなどを設置して資格を制限したり，原則として取材源を秘匿することはできるが，それは国民の「知る権利」との関係では，あくまでもエージェントに対して与えられた権利に過ぎないことを自覚しておく必要があろう[56]．確かにかつてマス・メディアが優位でマス・メディアに頼らなければ「言論の自由」を最大限に享受することができない時代があった（1-1の「マス・メディア中心の時代」）．そのような時代にはマス・メディアにある種の特権を付与することも，妥当であったかもしれない．しかしそのときにも国民が主役（プリンシパル）で，マス・メディアが代弁者（エージェント）であったはずである．

---

55) 1-7の判決で紹介したDrudge Reportという，ほんの2，3人でやっているゴシップ専門のメディア．
56) 例えば，イベント等の主催者が「プレス」用の特別席を用意することは自由だが，それは入場可能者数に制限があるので，希望があっても入れない人々を含めて，正確な情報を伝えるための便宜供与に過ぎない．

インターネットが登場し，主役が(時間とお金さえあれば)自ら権限を行使することが可能になりつつある時代には，この主従関係はますます明白になりつつある，と言うべきだろう．

第7章

解釈論から立法論へ

"To say that the information society is a myth is not to disparage or dismiss it. Policymakers should instead feel empowered to formulate a vision for the kind of information society they want to create. Copyright is one of a number of information policies that they can employ to construct that information society." (サムエルソン [1998] p. 42)

「公衆送信」とは「公衆によって直接受信されることを目的として無線通信又は有線電気通信の送信(括弧内省略)を行うことをいう.」(著作権法2条1項七号の二). なお, この法律にいう「公衆」には, 「特定かつ多数のものを含むものとする.」(同2条5項).

「特定電気通信」とは「不特定の者によって受信されることを目的とする電気通信(括弧内省略)の送信(公衆によって直接受信されることを目的とする電気通信の送信を除く)をいう.」(プロバイダ責任(制限)法2条一号).

「インターネットの特性に応じて, インターネットを対象とする包括的な法律を制定すべきかどうかという問題がある. (中略)日本では, なおそのような包括的なインターネット規制法は存在せず, (中略)一見するとインターネット上の自由を尊重しているかのようであるが, 現実にはインターネットの特性を十分考慮することなく個々の法律がパッチワーク的にインターネットを規制することで, 望ましくない結果を生んでいるともいえる. その結果インターネットの自由な発展が逆に阻害されているかもしれない.」(松井 [2002] p. 66).

7–1　「包括メディア産業法」の検討

　「通信」と「放送」が融合する新しい時代を迎え，これらを調整あるいは統合する法体系が必要だという見方はかねてから多かった(例えば菅谷 [1994]，坂部 [1997]，清家 [1997] など)が，現行法を補完するための法律は幾つか制定されても，抜本的見直し案を提起する試みはなされなかった．このような状況の中で私は，1996年秋という比較的早い時期から，数人の有志と組んで，この問題について基礎的検討を続けてきた．そして99年春頃には，「レイヤ別分離」[1]を基本としたアイディアに行きついた(鬼木 [1996]，林 [1998a] 参照)ので，99年秋に新しい法体系の骨子をまとめ，「包括メディア産業法の構想」として発表した(林 [2000a])．

　分析の基本となる考え方は，これまで繰り返し述べてきたPBC分類である．第1章にある (p.18) 表1.3のマトリクスとレイヤ別分離を念頭に置きつつ，メディアの融合に即応して包括的な立法をしようとする場合に考えられる案は，A～D案の4つである(図7.1)．

　ここで，A案：インターネット型通信包摂型とは，非規制のインターネットが，旧来の通信および広義の通信の一部である放送を飲み込んでいく．法的にはこれを追認するのみで，積極的なアクションは取らない(取れない)とする考え方である．ここで，わが国の現行法において「放送」とは「公衆によって直接受信されることを目的とする無線通信の送信」である(放送法2条1号)から，「有線，無線その他の電磁的方式により，符号，音響，又は影像を送り，伝え，又は受けることをいう」(電気通信事業法2条1号)通信の一部であるこ

---

1)　当初は「水平分離」という用語を使っていたが，その後「レイヤ別分離」に改称したことについては，第1章注26参照．アメリカのインターネット政策として，従来の産業分類に囚われない分類を提案した Werbach [2000] は，コンピュータ・ソフトになぞらえたレイヤ・モデルを「垂直型モデル」と命名した．これに対して日本では，「タテ割り行政」として従来型の個別産業モデルが批判されてきたので，新しい方法を「ヨコ割り」あるいは「水平分離」と命名したのが始まりであった．

7-1 「包括メディア産業法」の検討

```
┌─────────────────────────────────────────────────────────────────────┐
│  A案：インターネット型通信包摂型              C案：総則的法律抽出型             │
│                                                                     │
│   ((( インターネット )))    非規制のインターネット      ┌─┐┌─┐┌─┐┌─┐  個別メディア法  │
│     ( 旧来の通信 )         が、旧来の通信及び広      │通││放││ ││ │  に含まれている │
│     ( 旧来の放送 )         義の通信の一部である      │信││送││ ││ │  総則的（共通的） │
│                           放送（注）を飲み込んで     │法││法││ ││ │  部分を抽出し、 │
│                           いく。法的にはこれを      └─┘└─┘└─┘└─┘  共通法として制  │
│                           追認するのみで、積極                     定する。         │
│                           的なアクションは取らな    ┌──────────┐                   │
│                           い（取れない）。          │ 総則的（共通的）部分 │                   │
│                           （注）「公衆によって直    └──────────┘                   │
│                           接受信されることを目                                      │
│                           的とする無線通信の送                                      │
│                           信」（放送法2条1号、                                      │
│                           電波法5条4項）                                           │
│                                                                     │
│  B案：マルチメディア法付加型                D案：レイヤ別分離                    │
│                                              （メッセージ・メディア・通行権の三分法）│
│   ┌─┐┌─┐┌マ┐   ゴア副大統領          ┌────────┐                       │
│   │通││放││ル│   が目指した「通        │ デジタル・コンテンツ法 │  マルチメディア型通信が  │
│   │信││送││チ│   信法第7編」案        └────────┘   大宗を占めるであろうこ │
│   │法││法││メ│   や、ドイツのマ                        とから、それにふさわし │
│   │  ││  ││デ│   ルチメディア法        ┌────────┐   い体系を、最近の産業組 │
│   │  ││  ││ィ│   など、新しい分        │ コンデュイット共通法 │  織論の傾向であるレイヤ │
│   │  ││  ││ア│   野に適用される        └────────┘   別分離を基本に、新たに │
│   │  ││  ││法│   新法を既存法                        構想する。          │
│   └─┘└─┘└─┘   はそのままにし        ┌────────┐                       │
│                    て付加する。         │ 通行権（right of way）法 │                       │
│                                         └────────┘                       │
└─────────────────────────────────────────────────────────────────────┘
```

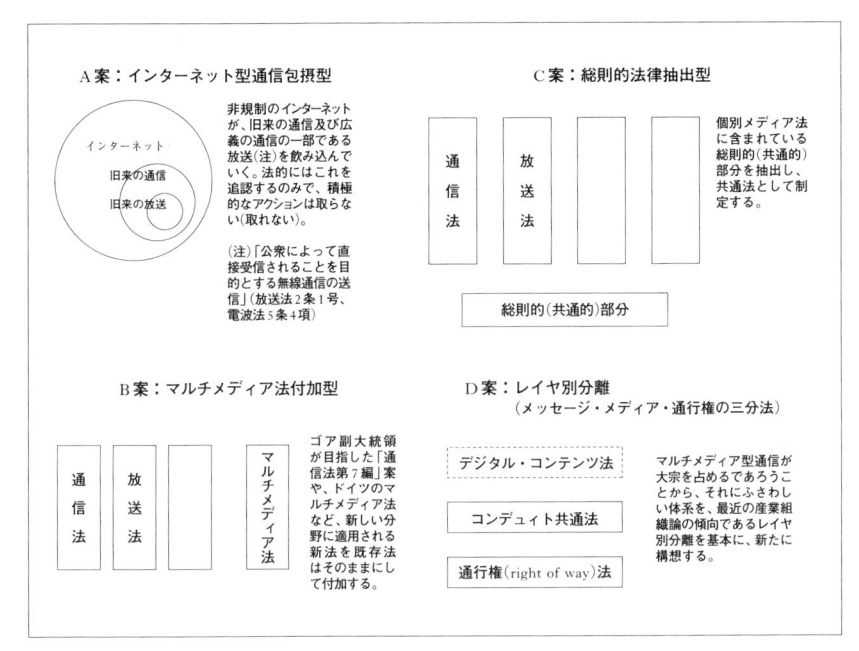

図7.1 融合法の作り方（4案）

とが，重要なポイントである[2]．

B案のマルチメディア法付加型とは，1993年にゴア副大統領（当時）が目指した「通信法第7編」案に端を発しており，既存法はそのままにして新しい分野に適用される新法を付加するというものである．すなわち1934年通信法の第7編（雑則）を第8編に送り，新しい第7編として「マルチメディア」というような編を作ろうという提案であった．そしてこの新第7編を最も規制の少ないTelecom Havenにしておけば，ベンチャー企業をはじめとした意欲的な会社がここに集まり，やがてはその他の編は廃れていくであろう，というものであった．

この考え方は，1996年通信法では積極的に活用されなかったが，結果としては「インターネットのUnregulation政策」[3] という形で実現した．ところ

---

2) このようにわが国の「放送」概念は極めて狭く定義されたものであるため，以後広義に用いる場合は，「放送型サービス」という語を用いる．

3) Deregulationが一旦規制が行なわれている状況を脱すること（規制撤廃ないし緩和）を言

がその市場成果は，ゴアの全く予期しなかった結果になっているような気がする．なぜなら，確かにインターネットのベンチャー企業はたくさん生まれたが，従来のいわゆる「5車線」（固定式電話網・移動体電話網・地上波放送・CATV・衛星）の既得権益は絶大なものがあり，規制撤廃の力はそれより弱かったというのが実態であろう．

C案：総則的法律抽出型とは，個別メディア法に含まれている総則的（共通的）部分を抽出し，共通法として制定するというものである．メディアが融合した場合に，融合領域への対応に困るのは，原則が不分明なことである．もし原則を明確にすることができれば，個別対応はずっと容易になろう．ただし，原則は結局ケース・スタディの上に組み立てられるものなので，技術や市場の変化が激しいと原則自体が揺れ動くことになる．またこの方法は，総則抽出の過程で関連業界のコンセンサス作りを要するが，それは一方で利害関係を調整しきれないと，新法ができないことを意味する．

D案：レイヤ別分離とは，デジタル・コンテンツ，コンデュイト，通行権の3分法により，それぞれの規律を定めようとするものである．なお，ここで林［2000a］を修正して「デジタル」の文字を挿入したのは，デジタル時代の法体系はアナログ時代のものとは異ならざるを得ないという主旨を明確にするためである（後述の7–8参照）．

図7.1において，実線は実定法が定められるであろうことを示し，点線は今後の検討にもよるが，実定法は不要つまり完全に規制撤廃されるであろうことを示している．この案は，マルチメディア型通信が大宗を占めるであろうことから，それにふさわしい体系を，最近の産業組織論の傾向であるレイヤ別分離を基本に，新たに構想するものである．

以上の4案の利害得失を比較してみると表7.1のようになり，A案が一番楽だが，これでは法政策論も何も存在しないので，不測の事態には対処できま

うのに対して，Unregulationは「これまで一度も規制は課されなかったし，今後も課されるべきではない」という状態又は主張を示すFCCの造語（Oxman［1999］）である．アメリカではコンピュータ・サービスはUnregulationということが出来るが，わが国ではスタンド・アローン状態はともかく，通信回線に接続された途端に規制下に置かれてきたので，この概念は当てはまらない（林［2002c］）．なおこの概念については3節でも紹介するが，併せてコンピュータ調査に関する2–8および5–3の記述を参照されたい．

表 7.1　4 案の比較

案	プラス	マイナス	総合評価
A 案 インターネット型 通信包摂型	特別のアクションをとらなくてよい.	政策としての志向がなく,流れに飲み込まれて,思わぬ弊害が出るおそれがある.	×
B 案 マルチメディア法 付加型	新法をつくる場合のオーソドックスな方法である. 立法が比較的容易.	アメリカの例では,既得権益を弱めることなしに,付加するだけでは効果が少ない.	△
C 案 総則的法律抽出型	関連業界のコンセンサスを得るプロセスとして適している.	電波法と放送法ですら 50 年近く整理できなかったので,実現性が危ぶまれる.利害関係を調整しきれないと法案にならない.	×
D 案 レイヤ別分離型	マルチメディア時代にふさわしい方法論である. 他の先進国をも上回る新しい体系により,メディア産業の活性化が期待できる.	オーソドックスな方法とは言えない. 各界の知恵を結集する必要がある.	○

い．B 案が最もオーソドックスな方法で，法学者の中には賛同者が多いかと思われるが，欠点は既に述べた通りである．C 案は実現性に乏しく，結局本論の文脈では，たとえ苦しくても D 案を持って進むしかない，というのが当面の結論であった．

7-2　いわゆる「水平分離論」について[4]

　通信，放送産業は専門家の世界と見られがちであるが，本来は IT という広い概念で経済全般や他の産業にも関係する大きなテーマである．この分野はこれまで，総務省(旧郵政省)所管の産業分野と考えられてきたが，ライバルとも言うべき経済産業省(旧通産省)はもちろんのこと，公正取引委員会，経団連，IT 戦略本部等がそれぞれの立場から検討を始め，2001 年末にはこのテーマに関して各種審議会が次々と答申等を出し，大ブームともいうべき状態になった(表 7.2)．

　これらと若干趣を異にするが重要な意味を持つものとして表 7.3 のような報告書等もある[5]．こうした一連の答申等をみると，IT に関する分野がいか

---

4)　本節の記述は，林 [2002e] に拠っている．
5)　放送という産業はコンテンツに関わりを持つため，著作権の処理が大きな意味を持つ

表 7.2 2001 年末における各種審議会の答申等

1) 「ネットワークの創造的再構築（第 3 次提言）」経済産業省産業構造審議会・情報経済分科会（2001 年 11 月 8 日）
   http://www.meti.go.jp/feedback/data/i11108.html
2) 「IT 分野の規制改革の方向性」IT 戦略本部 IT 関連規制改革専門調査会（2001 年 12 月 5 日）
   http://www.kantei.go.jp/jp/it/network/dai8/8siryou1.html
3) 「IT 革命を推進するための電気通信事業における競争政策の在り方について（草案）」総務省情報通信審議会特別部会（2001 年 12 月 11 日）
   http://www.soumu.go.jp/s-news/2001/011211_3.html
4) 「IT 分野の競争政策と新通信法（競争促進法）の骨子」経済団体連合会（2001 年 12 月 18 日）
   http://www.keidanren.or.jp/japanese/policy/2001/061/index.html
5) 「通信と放送の融合分野における競争政策上の課題（中間報告）」公正取引委員会・政府規制と競争政策に関する研究会（2001 年 12 月 25 日）
   http://www.jftc.go.jp/pressrelease/01.december/01122502.pdf

表 7.3 若干趣を異にするが重要な意味を持つ報告書等

1) 「文化審議会・著作権分科会報告」文部科学省（2001 年 12 月 10 日）
   http://www.mext.go.jp/a_menu/bunka/shingi/index.htm
2) 「放送政策研究会・第 1 次報告」総務省（2001 年 12 月 21 日）
   http://www.soumu.go.jp/joho_tsusin/policyreports/chousa/housou_index.html

に大きな広がりを持ってきたかが理解できるのではなかろうか．上記の答申等に共通的に見られる大きな特徴として，以下の 5 点を挙げることができる．

　まず第 1 に「経営形態論議から，IT 産業全体の産業論へ」とシフトしつつあること．従来の議論においては，NTT をどうするのかという問題がかなりのウェイトを占めていた．1985 年に電気通信事業法ができ NTT が民営化された際に，経営形態論としての分割論が優先し，産業論が背景に押しやられたことは既に述べた (5–3)．その後も旧郵政省が分割論に固執し，NTT が断固反対ということで，NTT が持株社制に移行した後もなお，未結着のままである．もう 20 年近くも経つので，そろそろ何がしかの結論を出した方がよいと思っていたところ，経営形態論は止めて産業全体をどうしたらよいかという論議が出てきた．

　てくる．放送事業者には，著作隣接権が付与されているが，Web 上の放送番組をチェックし掲載行為を差し止める権利（送信可能化権）は，著作隣接権者としての放送事業者にはなかった．前者の報告書では，「送信可能化権を与えるべきだ」とされ，実際に法改正が行なわれた．後者は総務省における，放送だけに関する政策研究会の第 1 次報告書である．

7-2 いわゆる「水平分離論」について

　第2の特徴としては，産業組織を従来の「タテ割り」から「水平分離」してみる視点の導入である．ただし，ここで「水平分離」という言葉を使ったことが，その後の大論争につながったのであるが，ここでは「いわゆる水平分離」と表記することで説明を続けよう．図7.2はIT戦略本部の報告書からの抜粋であるが，「日本経済再生の牽引車とするため，政府は以下の規制改革を大至急実施すべき」としている．

① 通信，放送の制度を，事業毎の縦割りの規制体系から機能毎の横割りの競争促進体系に世界に先駆けて抜本的に転換し，競争の促進と通信・放送の融合の促進を図るべき．
② 情報通信インフラについて，加入者網での構造分離（卸・小売分離）等を通じた(a)公正競争の一層の促進，(b)各家庭を結ぶ光ファイバー網の構築，(c)電波の効率的利用等を通じて，ブロードバンドインターネット網を整備すべき．

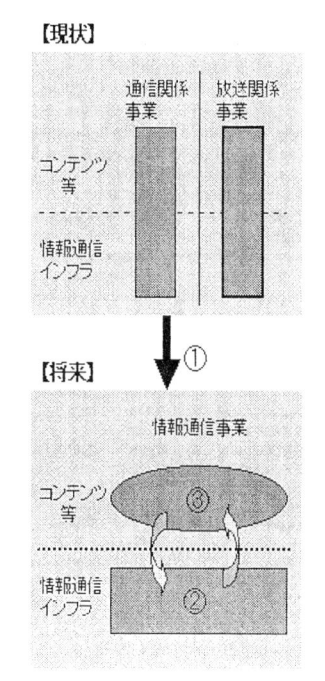

出典：表7.2の2

図7.2　縦割りから横割りへ

③ インターネットを通じて提供されるサービスの多様化とコンテンツの充実を図るべき．

しかし IT 戦略本部の議論では，NTT の宮津社長や NHK の海老沢会長（いずれも当時）はかなり強い異論を唱えたようで，その後民放連は公式に反対を主張した[6]．しかし，放送を所管する情報通信審議会(表7.2の3)は，一見水平分離を否定しているようだが，NTT 東西を卸売と小売に分けてはどうかといっているので，これも変形水平分離論だとすれば，この概念はすべての答申で共有されたことになる．これまではこういう議論をしようにも出来なかったが，初めてオープンな議論が出てきたという感じがする．しかも，その論理の大筋が私の「包括メディア産業法」の構想と一致していたので，我が意を得たりと感じた．

第3の特徴としては，電波の有効利用という，従来は専門家に任せておいた分野について触れた答申がかなり出てきた．例えば ETC (Electronic Traffic Control) という，道路公団その他の有料道路の電子的支払いシステムに，必要以上に電波を割り振ってしまったが，免許の要らない無線 LAN という仕組みに割り当てれば，もっと有効に使える．このように，電波利用についてはどこかが余り，どこかが足りないというアンバランスが著しい状況になっている．携帯電話用の電波帯域は非常に足りないが，放送はゆとりのある使い方をしており，さらに余っているのはタクシー無線である．まだら模様がはっきりしてきたので，これを放置していたらブロードバンドインターネットは実現できないのではないか，という議論がかなり見られるようになった(その後，総務省自身が見直しの旗振り役になっている．総務省 [2003b], 炭田 [2004])．

第4に，「事後規制」を重視した一般競争法への期待が増大している．一般的にビジネス遂行にあたって事前に官庁に届けたり，許認可に関わるハンコを貰わないと料金が決められない，という事前規制ではドッグ・イヤーに対応できない．営業はある程度までやり，不都合が生じたら，独占禁止法や業法で何らかの是正をしたらよいのではないかという，事後規制を重視した考え方が強くなっている．その際に，独占禁止法のような一般競争法による同じルールが望ましい．何故ならば，産業が融合し，他の産業にも相互参入していけるよう

---

6) http://www.nab.or.jp/htm/press/press20020118.html

になると，片方はきつい規制，片方は弱い規制という訳にはいかないからである (Hayashi [1993]).

例えば，東京電力が本体で通信ビジネスに参入する際に，電力事業の方が通信事業の規制よりもかなり強く，そこで守られた料金で利潤をあげて，規制の緩やかな通信ビジネスに参入しようとする．実はNTTも子会社を通じ，電力事業に参入しており，お互いの相互参入がどの程度レシプロカルになっているかが重要な問題になってくる．そうすると地ならしをして，一般競争法を作った方がよいという見方になる．

第5に，規制機関としての「独立行政委員会」の検討が見られる．独立行政委員会というのはアメリカのような大統領制にはなじむが，日本のような議院内閣制では，内閣から独立した機関は憲法に違反するのではないかという議論があった．しかし競争がグローバルになると，規制のやり方もある程度グローバル・スタンダードにならざるを得ない．とくに総務省の中にある旧郵政省の部分を，アメリカのFCCのように独立した機関にしたらどうかという意見が出始めている(この点については，電波監理委員会について述べた2-7参照)．

また，共通的な特徴というには不適切かもしれないが，どのレポートにも「インターネットは規制するな」という提言が見られない．私はかねてからNTT問題について「長距離と地域とか，地域を何分割といった議論はナンセンスであり，分割するなら電話とインターネットだ」と言い続けてきたが，この認識は残念ながら共通のものにはなっていない(林[2000f] [2000g]，なお池田・林[2001]を併せて参照されたい)．

私は1984年に発表した『インフォミュニケーションの時代』のなかで，「放送，通信，データ処理の融合のディメンション」を図7.3のように示した．これは，まとまった本として通信と放送が今後融合していくだろうということを述べ，それへの対策を提言した恐らく初めての書物ではないかと思う．

図7.3の縦軸において，最下部にハードウェアがあり，その上にソフトウェア的機能があり，最上部の情報を伝えようとしている．横軸は右から，ブロードキャスティング(B)，コモン・キャリア(C)，データ処理(D)である．この3つの産業分野をハード，ソフト，情報に分けるとどうなるのか．恐らくハードは今後ますます共用化されていく．ソフトとしての運ぶ機能もほとんど差がなくなり，特にコンピュータと通信は，当時から差がなくなっていた．

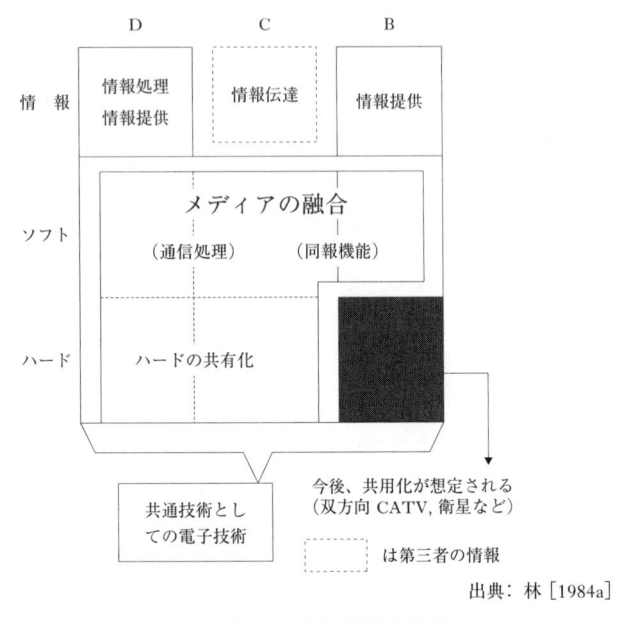

274　第7章　解釈論から立法論へ

```
　　　　　　　　D　　　　C　　　　B
　　　　　┌─────────┬─────────┬─────────┐
　　　　　│ 情報処理 │ 情報伝達 │         │
　情　報 │ 情報提供 │         │ 情報提供 │
　　　　　├─────────┴─────────┤         │
　　　　　│   メディアの融合    │         │
　ソフト │ （通信処理） （同報機能）│
　　　　　├─────────────────┬─┴───────┐
　　　　　│                 │         │
　ハード │   ハードの共有化    │         │
　　　　　└─────────────────┴─────────┘
                │                  │
         共通技術とし      今後，共用化が想定される
         ての電子技術      （双方向CATV，衛星など）

                          ┌┈┈┈┐は第三者の情報
                          └┈┈┈┘
                                    出典：林［1984a］
```

図 7.3　いわゆる水平分離の発端

　後は提供する情報が自分のものか，他人のものかということで，コモン・キャリアは他人の情報を運んでいるが，ブロードキャスティングは自分で情報を作って提供しているので，このあたりをどう捌くかということになる．このようにコンテンツ層では融合しないが，他の2つの層では融合するから，これをタテ割りにする意味はない．むしろヨコ割りにしてレベル・プレイイング・フィールドを作るほうが望ましいということを言った訳である．恐らくこれは，今日のいわゆる「水平分離論」の発端ではないかと思う．

7-3　構想実現の契機

7-3-1　「著作権法」における「公衆送信」概念の導入

　さて「いわゆる水平分離」論騒動の渦中で「包括メディア産業法の構想」をまとめたものの，次のステップが見つからないでいた私に，最初の示唆を与えてくれたのは，一見縁が薄いかに見える著作権法の改正であった．もっとも縁が薄いと考えるのは，われわれが物財の世界の法体系を所与のものとしている

ことに，由来するかもしれない．「情報権」（公文 [1986]）や「情報基本権」(Firestone and Schement [1995]）を考えている人々は，著作権とりわけ著作者人格権を，メディアを利用する権利などとともに，「基本的人権」の一部を構成するものと捉えているからである(4-3 参照)．

いずれにせよ著作権の世界では，インターネットによる著作物の流通が違法コピーの蔓延を招くことが心配されていた．立法者も事態を直視せざるを得ず，これを「インタラクティブ送信」という名で，法体系の中に適切に位置付ける試みがなされた．

その結果，従来からあった「放送」「有線放送」や，明示的ではないが存在した「人手を介する送信」なども含めて，「公衆送信」という新概念により全体を包摂することになった(著作権法 2 条 1 項七号の二)．これにより「インタラクティブ送信」は「自動公衆送信」という新しい名称を付与され(同九号の四)，その前段階である「送信可能化」（俗っぽくいえば「サーバへのアップ・ロード」，同九号の五)も規制の対象に加えて，著作権法の基本概念である「複製禁止」を守ろうとしたのである(図 7.4，同法 23 条など)．

しかもここで「公衆」概念に工夫が加えられ，一般的な用法である「一般人，すなわち特定の法律関係における当事者以外の，不特定多数の者」(高辻ほか [1996])という範囲に加えて，「特定かつ多数の者を含む」という規定(著作権法 2 条 5 項)が追加された．この点が，私の注意を引き付けた．これを延長

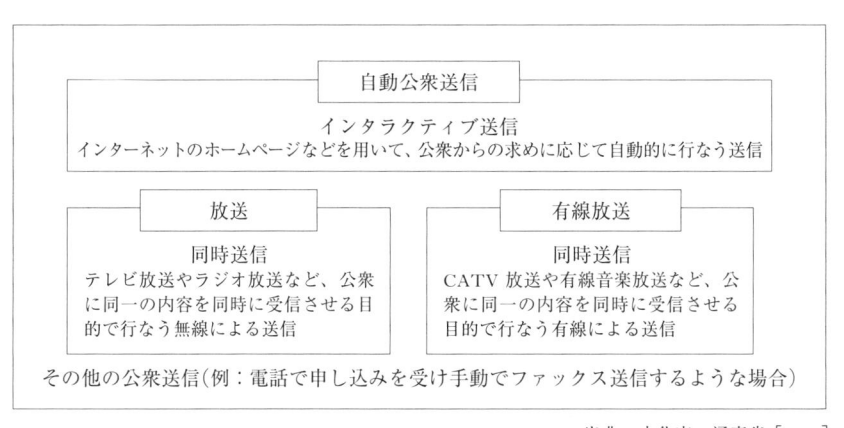

自動公衆送信	
インタラクティブ送信 インターネットのホームページなどを用いて、公衆からの求めに応じて自動的に行なう送信	
放送	有線放送
同時送信 テレビ放送やラジオ放送など、公衆に同一の内容を同時に受信させる目的で行なう無線による送信	同時送信 CATV 放送や有線音楽放送など、公衆に同一の内容を同時に受信させる目的で行なう有線による送信
その他の公衆送信(例：電話で申し込みを受け手動でファックス送信するような場合)	

出典：文化庁・通産省 [1999]

図 7.4 「公衆送信」の概念

すれば，両極端に位置すると思われた「通信」と「放送」を同一の概念でまとめることが可能になるからである（林 [2000b]）．

7-3-2　アメリカにおけるインターネットの経済的側面に関する **Unregulation** 政策
　インターネットの発達史を規制政策の面から跡付けてみると，60 年代末から始まったコンピュータ調査以来の歴史を振り返る結果となり，この過程で私は「Unregulation 政策」というアメリカに特有の政策を評価することになった．その要点は，次のとおりである（詳細は，林 [2000a] [2002d] 参照）．
① アメリカ政府とりわけ FCC（連邦通信委員会）は，コンピュータ通信の登場以来ほぼ一貫して，サービスをもとに規制の有無を考え，設備規制は放棄ないし縮小した．
② FCC が取り続けてきたインターネットの経済的側面に関する Unregulation 政策は，電話サービスにおける「規制の差し控え」（Forbearance）政策と相俟って，この分野への参入や料金設定を自由にするという，プラスの効果をもたらした．
③ とりわけ ISP（Internet Service Provider）を，相互接続義務とユニバーサル・サービス基金への貢献義務から免除したことは大きかった．これによって，ISP はコンピュータ・ビジネスと同様，FCC の規制が及ばない自由市場で競争することができた．

　以上に対して日本の制度は，サービスではなく設備を主体に規制するものであったため[7]，従来の方法ではインターネットに的を絞った制度設計は難しいと考えられてきた．しかし，情報技術の活用における日米格差を踏まえ，また今後インターネット・トラフィックが電話のそれを上回る事態を想定すれば，次のような手段を早急に講ずることが適切と思われる（林 [2000f]）．
① IT 戦略本部などで規制撤廃の最大のターゲットとして，「インターネットに関する規制を撤廃ないし差し控える」ことを宣言し，関連法規の整備を

---

7) 2004 年施行の電気通信事業法の改正において，従来の「第一種」「第二種」という設備保有の有無（あるいは強弱）による事業区分は廃止されたので，今後は設備区分よりサービス区分の方が，重要になるかもしれない．しかし「道路占用」に関する公益事業特権がある限り，新しく規定された「認定電気通信事業者」（法 113 条）が旧「第一種」に相当し，それ以外の事業者との差は実行上残るであろうとの見方もあり得る．

急ぐ.
② 第二種事業者(新概念では認定事業者以外の事業者)に関する規制を,即時撤廃する.
③ NTT等法の規制対象には,インターネットは含まれないことを明確化する.
④ 支配的事業者規制においても,上記と矛盾する部分は,まず撤廃する.例えばNTTドコモのiモードやNTT東西のLモードなど,インターネット系サービスはUnregulationとする.

以上の指摘が示唆するものは,通信の世界を「電話の発想」から解き放ち,「インターネットを中心」に考え,「インターネットは非規制で」を主眼にすることである.

7-3-3 アメリカ通信法第7編検討の経緯

図7.1におけるB案とは,ゴア副大統領(当時)が主導して作業を進めた「通信法第7編として,ブロードバンドに対応した新しい規制体系を作る」というアイディアに他ならない.頓挫したとはいえ,この案は当時としては斬新なものであったので,その内容を精査し活用できるものか否か検討した.素材にしたのは,1995年11月15日のNational Computer Boardが著作権を有する版(National Computer Board [1995])である.その結果,次の諸点が判明した.

① 第7編を設け,広帯域・双方向サービスについてのみ,規制(第2編の「コモン・キャリア規制」と第6編の「CATV規制」に分かれている)を統一し,かつ緩やかにしようという意図は,良く理解できる.
② しかし,連邦と州の規制権限などの問題があるアメリカでは,結局規制を残さざるを得ないことになっている.
③ 規制手段としては,やはり事業者規制(すなわち「第7編会社」に対する規制)になっている.[8]
④ これでは「コンピュータ調査」以来一貫して採られてきた,Unregulation政策との整合性に欠けると言わざるを得ない.

---

8)「第7編サービス」も規制することになっているが,それは原則として「第7編会社」が提供する広帯域・双方向サービスのことである.

⑤ 第7編の規定の多くは,第2編を参考にして作られた,コモン・キャリアとしての規制(私流の分類ではC型)である.

以上を要約すれば,われわれにとっての教訓は,① B案のみによって融合法を作ることは難しい,② 連邦と州という権限問題がないわが国では,Unregulationをもっと徹底することが可能と思われる,③ C型のコモン・キャリアとしての規制を中心に法体系を作るしかない,の3点であろう.

7-4 「包括産業法」の必要性

ここで改めて「通信・放送融合法」の必要性を考えてみると,次の4点にまとめることができよう.

7-4-1 パッチワークの限界

融合現象に対して総務(旧郵政)省は,「公然性を有する通信」と「特定性を有する放送」の概念を導入することにより,両者の線引きは可能だし,現行法の体系を前提とする限り,線引き自体が不可避だとしている (2-8).しかし,アメリカの第1次コンピュータ調査で導入された「混合通信」と「混合処理」の分類が直ちに機能停止に陥ったように,この2分法を維持することは早晩行き詰まる惧れが強い(林 [1998a]).裁判例でも,線引きに曖昧さが残っている(牧野 [2000]).

具体的には,次のような例が考えられる.
① 通信と放送を組み合わせた「パッケージ型サービス」の提供は,それぞれの縦割りの法律の適用下にあり,円滑な提供の阻害要因になっている.
② テレビ用とインターネット用に分かれている端末が統合され,ネットワークもブロードバンドになれば,情報の発信のところで区分しようとしても区分できず,実際には融合が不可避である(例えば,地上波デジタル・テレビ放送を,携帯端末で受信するようなケース).
③ とりわけ放送に固有のコンテンツ規制については,地上波については継続するにしても,衛星,CATV,ブロードバンド・インターネットなど,大容量の伝送が可能な部分については,適用除外とするなどの措置が必要になっている.

④ 同じく放送に固有の「マス・メディアの集中排除原則」や「外資規制」についても，地上波以外の新分野については，グローバルな事業展開の観点からは，緩和ないし撤廃が必要になっている．

　もちろん，パッチワークが全く意味をなさない訳ではない．既に制定された「電気通信役務利用放送法」は，通信衛星や光ファイバーなど，元来は電気通信の用に供するために設置された設備を使って，放送業務を行なう際の規律を定めたもので，その限りにおいて「通信と放送の融合」に応えたものではある．しかし，かつての「委託放送」「受託放送」の概念と同様，一方で当面の目的に資するものが，長期的には足枷となる危険も内包している(2-8 参照)．つまり「放送法」と「電気通信事業法」の区分が意味をなさないほどになっているのに，それらの存続を前提にしたパッチワークがどれほどの意義を有するか，という問題なのである．

7-4-2　線引きによる制度の歪み

　融合現象がいち早く出現した「衛星サービス」の分野では，「通信衛星」を用いた番組の送信と，「放送衛星」によるそれとが実態的には同種のものであるのに，2分法を維持している．そのため，前者については「委託放送事業者」「受託放送事業者」という新たな分類を導入し，「委託放送事業者」の「認定」という概念を入れている．この主たる目的は，「放送法」第3条の2のいわゆる「番組編集準則」などを「委託放送事業者」にも課そうとする意図と思われる．

　「通信衛星」を用いた番組の送信が，「放送法」の定める「放送」に当るか否かが争われた事例として，3-4 で述べた「スターデジオ」事件がある．この問題は，放送事業者に与えられている「著作隣接権」が，コンテンツの流通に関してどのようなインパクトを持つかという点と係わってくる．「著作隣接権」は，2つの面からデジタル財の流通にとって重要な契機を孕んでいる．1つは，著作物の創作者に与えられる著作権そのものと違い，「創作性」を要件とはされない「流通業者」に「隣接権」が発生するのはなぜかという「そもそも論」[9]．他の1つは，この「隣接権」の中に，インターネット配信を前提とし

---

9)　「著作隣接権」のなかには「実演家」に与えられるものも含んでいるが，ここでは「放送事業者」についてのみ論ずる．

たサーバへのアップロード行為(「著作権法」の概念では「送信可能化権」)が含まれるべきか，という政策論である[10]．

　私の考えでは「放送事業者」に「著作隣接権」が付与されたのは，当時のニューメディアであった「放送」の機能を過大評価した結果であるに過ぎず，その一方的拡大を図ることは，融合現象を法的に阻止する行為に等しく，採るべきではあるまい[11] (4-7参照)．「送信可能化権」を付与したことで放送に関する特別扱いは止め，放送に与えられたと同程度の扱いをインターネットにも拡張していくことこそ，「デジタル情報の円滑な流通」に資することになろう．これによって放送業界も利益を受けるはずであり，現在のような放送事業者だけの特権的地位は，廃止されるべきものと思う．

7-4-3　情報媒介者のコンテンツ責任

　情報媒介者のコンテンツ責任については，幾つかの論点がある．論議は主として，① わいせつな素材がウェブ上に掲出された場合(事例はさらに，媒介者が事情を知っていた場合と，そうでない場合に分かれる)，② 著作権侵害の素材がウェブ上に掲出された場合(事例はさらに，媒介者が事情を知っていた場合と，そうでない場合に分かれる)，③ 名誉毀損に該当する素材がウェブ上に掲出された場合，などをめぐって交わされている．

　これらを参考に，コンテンツ責任(あるいは免責)について，「プロバイダ責任(制限)法」が制定された．しかし，この点は第4章でかなり立ち入って分析したので，ここでは細部は省略する．

7-4-4　「横並び」の「護送船団方式」からの脱却

　上記の諸点とも関連して，規制体系が不透明・複雑なことによって，ビジネ

---

[10]　2002年の改正までは，実演家・レコード製作者には「送信可能化(禁止)権」が付与されていたが，放送事業者にはなかった(99条の2で追加)．

[11]　例えば同じ著作物であっても，ISPは全ての権利処理を契約で規定しなければならず，単に利用許諾契約を結んだだけでは，侵害行為に対して自ら差止請求することはできない(著作権法112条)．これに対して，放送事業者は，放送の許諾を取れば同じ物をインターネットで配信することもでき(もちろん契約で除外することは出来るが)，その侵害に対しても自ら差止，損害賠償請求できる．

ス活動への不確実性が増し，経済を不活発にしている惧れ（chilling effect）が強い．例えば，NTT 東西会社が開発した L モードというインターネット・サービスや，NHK の番組を子会社を通じてインターネットに提供することついて，他の事業者とのバランス論で規制を課しているのが現状である．

これは「強いものの力を殺ぎ，業界の平和を重視する」という「悪平等主義」であり，業界内調整をしているだけで，利用者の利益になるとの保証はない(林 [2001d])．また結果として，NTT 等法なり放送法(これは NHK 法でもある)を温存させるベクトルが働くことになる．「横並び」の「護送船団」で事業展開していれば，全員がそこそこにハッピーで利用者にも還元があった時代には，この弊害はさほど強く意識されなかったが，「自己責任」によるニュービジネスの展開が期待されるドッグ・イヤーの昨今では，この弊害は顕著になりつつある．

7–5　電子公衆送信法(案)の概要

以上を踏まえて，添付資料のような「電子公衆送信業務の自由を保障し必要最低限の規律を定める法律(略称，電子公衆送信法)(案)」を「叩き台」として準備してみた．その冒頭に注意書きしてあるように，これは 2 つの目的を持っている．1 つは，本論で展開した「あるべき法制度」を論ずるためには，具体的な条文を示すことが理解を深め，論点を際立たせる効果を持つことである．そして第 2 は，この仮想立法化過程を通じて私の論点を整理し，本論そのものを推敲・修正するための，チェック機能を果たしてくれることである．このフィードバック過程を通じて，法案が reference model として役立つことを期待している．

さて条文を読む前に，この法案の前提となる考え方を摘記し確認しておこう．
① この法案は，図 7.1 における D 案を出発点にした「電子メディア共通法」である．したがって C_d と C_t は分離されるものと仮定しており，「放送型サービス」も例外ではない．
② 電子メディアであっても，C_d と C_t がともに規制なしで運営できる P 型(表 1.3) が成り立ち得るなら，それに越したことはない．
③ しかし残念なことに，紙メディアにおける完全非規制政策を，電子メディ

アにそのまま適用できないことは，ISP の責任問題などが示すとおりである．
④ そこで，電子メディアについて最少限の規制を制限列挙するとともに，免責条項をも規定し，言論の自由や取引の安全性を確保しようというのが，本法案の狙いである．

法案の詳細は別添資料をお読みいただくことにし，ここでは章立てから読み取れる，全体の構成にだけ触れておこう．

第1章の「総則」は，目的(第1条)と用語の定義(第2条)から成り，短いがこの法案の目的と主要概念を網羅している．第2章「電子公衆送信役務の規律」は，言論の自由と検閲の禁止(第3条)，秘密の保護(第4条)，受信の自由(第5条)，不正アクセス行為および関連行為の禁止(第6-8条)など，誰もが守らなければならない規律について述べている．

このうち「受信の自由」は耳慣れない用語であろうが，全体が「送信」を規律している中で，「受信」について述べた唯一の規定である．なお先駆的な研究者の間では，第2次大戦後に制定された人権保障規定(ボン基本法，世界人権宣言など)には「受信(選択)の自由」が規定されている，との見方もあること(木村 [1999])にも触れておこう (4-2)．

第3章「電子公衆送信業者および電子公衆送信事業者の義務」は，「業として」または「業務として」電子公衆送信を行なう者すべてが守らなければならない重要通信の確保(第9条)，必需サービスの確保(第10条)と，「事業として」これを営む者が守らなければならない個人情報の保護(第11条)，さらには事業者のうち一定規模を超える者だけが守らなければならない，オープン・アクセスの保障義務(第12条)，相互接続義務(第13条)の3層構造の規定が置かれている．

第4章「電子公衆送信管理委員会」は，総務省の旧郵政省関連部局に代わる独立行政委員会としての権限や組織を定める3条(第14-16条)から成っているが，後述するように原案では主として有線系を対象にした「片肺飛行」であるので，電波管理を取りこんだ形で再構築されねばなるまい．

第5章「免責と罰則」は，サービス・プロバイダなどの免責を定めた2条(第17条，18条)と，主として第2章違反の行為に対する罰則を定める3条(第19-21条)から成っている．この分野では未だ確立された責任分界点が定まっていないので，大いに議論のあるところであろうし，また議論を沸き起すことが

私の狙いでもある．

最後の第6章「雑則」は，適用除外(第22条)，関連法規の廃止(第23条)，関連法規の読み替え(第24条)を定めている．

7–6　2つのパラダイム・シフト

　法案起草の過程で，私は当初予想もしなかった経験をすることになった．それは「通信と放送の融合法」として検討してきたものが，結局は「インターネットの自由と規律法」的なものに変身してしまったことである．しかし冷静に考えてみると，これはしごく当然のこととも言える．なぜなら，インターネットは「第3のネットワーク」として，「通信」と「放送型サービス」の枠外にあるのではなく，その両者と個別に融合するだけでなく，この両者を包摂するものとして，独自の存在感を示しつつあるからである．

　しかし，その過程には若干の時間差があることにも，気づかざるを得なかった．つまり，コンピュータと通信の融合が始まってから既に30年以上になり，通信とインターネットは今や同義語とも言えるほど融合しつつある．それに対して，放送型サービスすなわちブロードバンド送信がインターネットで可能になったのは，ごく数年前からのことであり，産業的な発展は今後の課題とされている．

　とすれば，インターネットを介して通信と放送の融合現象を，統一的に把握し得る法体系を作るにあたっても，「通信とインターネット」の部分はすぐにも提示可能だが，「放送型サービスとインターネット」の部分は，今後の検討に待たねばならない要素が強いことを意味している．結局私の案は，前者については条文レベルまで具体化し得たが，後者については継続検討とせざるを得なかった．具体的には，有線電気通信法や電気通信事業法，NTT等法などは統一的に再構築したが，電波法・放送法については，第2段階の統一法を待つしかないことになった．

　しかし，インターネットを検討の中心に据えたことで，その革新性を法制度にも生かす工夫をすることになったことは，貴重な体験であった．私の案は荒削りではあるが，2つの点で「パラダイム・シフト」とも呼ぶべき革新を内包しているのではないかと思う．1つは，通信サービスと放送型サービスを，ど

ちらかと言えば放送型を主体にして再構成していること，2点目は，事業者と非事業者の区別を無くし，業務として当該役務を提供していれば，どのような提供者にも原則として同一の規律を課そうとしていることである．

① マス・メディアの一部がパーソナル・メディア

まず第1点から，敷衍してみよう．通信サービスと放送型サービスは，①双方向と一方向，② パーソナル・メディアとマス・メディア，という従来は全く相反する概念であった．私の試案は，これをどちらかと言えば「放送型寄り」に再定義したことになる．なぜなら「電子公衆送信」は，なによりもまず「送信」であり，また「公衆」を相手にした送信だからである．これは「プロバイダ責任(制限)法」における「特定電気通信」とは逆の発想である(本章の扉に引用した同法2条一号参照)．

しかし「送信」が無ければ「受信」は理論的にあり得ないし，「公衆」の概念規定如何では，一人もまた公衆ということもできるであろう．著作権法自体が「この法律にいう公衆には，特定かつ多数の者を含むものとする」(2条5項)という先鞭をつけたので，これを延長すれば上記のような規定も可能と思われる．また私案では，「アクセスを許容する」ことも「受信」の中に入っている(第2条)ので，受信の一形態を内包しているとも言えよう．要は，結果として受信相手が一人になっても，コミュニケーション・メディアがオープンになっていて，誰にでも使えるもので，誰に対しても発信できるものであれば，「公衆送信」のための手段だという発想が大切だと思う．

そして面白いことに，この定義によって，従来わが国においては「放送が通信の一部」であったのが，今後は有線を含めて「パーソナル・メディアはマス・メディアの一部」(「特定送信」は「電子公衆送信」の一部)になるという，法的な逆転現象が生ずる．これは1-2で検討した，インターネットの特性に合致する．

もっとも，このような定義自体が妥当か否かについては，別の観点から検証されなければならない．例えばフランスでは，通信や放送型サービスを産業的に規律するだけでなく，「オーディオ・ビジュアル」として文化的に考え，コンテンツに主眼を置いた施策を遂行していこうという姿勢が強い(林 [2000c])．しかし私の基本路線は C_d と C_t を峻別するところから出発しているので，当

面は路線変更をしないで進めていくことにしよう．

　ところで，賢明な読者は既にお気づきだろうが，実は上記の廃止法の対象に，電波法や放送法，有線テレビジョン放送法が入っていない．これは電波の割当という業務をどのように改革していくべきかについて未だ十分な合意が得られないため，今後の最大の検討課題として，残さざるを得なかったからである（通信と放送の研究会［2001］参照）．

　しかし，全ての課題が置き去りにされた，という訳ではない．例えば「放送型サービス」についても Cd と Ct を分離しさえすれば，Cd 部分はこの緩やかな規制法の下で事業を行なうことができる．残った部分は，それこそ「コンテンツ・ビジネス」として，これまた完全非規制の環境下に置かれることになる．イギリスが 2000 年に行なった，放送事業に関する規制改革がまさにこれであった．

　ところで「通信サービス」の一部であった「放送型サービス」を主役に昇格させるとすれば，その大転換に伴って，従来は気が付かなかった種々の問題点が，浮かび上がってくる．例えば，新しい「電子公衆送信法」が施行され，同時に「放送法」が廃止されたとすれば，放送事業者に対する「コンテンツ規制」（番組編集準則など）や，放送事業者の「著作隣接権」はどうなるのだろうか？

　Cd と Ct を峻別する私の立場からすれば，「放送」という事業運営形態はやがて「電子公衆送信」に吸収され，「著作隣接権」も自然消滅するように思われる．しかし，現に「放送」という事業形態は存在するし，今後少なくとも数年単位で消滅するとは考えられない．とすれば，この経過措置をどうするかは，それだけで相当慎重な検討を必要とするであろう．

② 「事業者」「業者」「利用者」の 3 区分

　次に第 2 点の，「事業者」概念を規律の中心的手段としては，用いなかった点に触れよう．従来，通信にせよ放送にせよ役務を規律する際には必ず「事業者」を特定し，当該「事業者」に一定の規律を課すことを通じて，役務の確実性・安全性・廉価性などが担保されてきた．「電気通信事業法」は名の通り事業と事業者を規律するものであるし，「放送法」は「放送事業法」とは書いてないが，実質は事業法である．

しかしインターネットの時代に，このような「事業者規制」が引き続き有効であろうか？　有効であるためには，役務なりその基礎になっている設備なりに何らかの稀少性があって，事業者でなければ成し得ない要素を包含していなければなるまい．しかしインターネットの世界では，おどろくべき価格破壊とインターフェイス技術の進歩によって，誰でもがネットワークを構築・運用できるようになっている(私はこれを比喩的に「光ファイバーは秋葉原で買う」と表現している)．LANの隆盛がその証拠であるし，今後は無線LANが飛躍的に伸びると期待されている．

　とすると，今や事業者と利用者の区分は限りなく薄れ，むしろネットワークの規模で重要度が決まるようになった，と考えるべきではなかろうか．法的に言い換えれば，電気通信事業法より有線電気通信法や電波法の重要度が増している，とも言えよう(ただし，これらの法案は50年以上を経過しており，部分見直しによって現状に合わせることはできず，結局全面改訂せざるを得ないだろう)．またビジネス的な観点からは，専門分野であったネットワークの構築と運用が，DIY (Do It Yourself)でできるようになった，と表現しても良い (1–2)．

　いずれにせよ今後のネットワークは，事業者のものと利用者のもの，有料のものと無料のもの，専用型のものと公衆型のもの，自己所有のものと借り入れたもの，などが渾然一体となった，ネットワークのネットワーク(それこそインターネットの語源である)へと変化していくであろう(林 [1998a])．試案は，このような変化を若干先取りしたものと自負している．

　しかし，このことは新たな難題をも提起している．添付資料では，電子公衆送信業者(業としてまたは業務として電子公衆送信役務の提供を行なう者)，電子公衆送信事業者(電子公衆送信業者のうち事業としてこれを行なう者)，利用者の3者を区別しているが，その差はますます曖昧になっている．もっとも「事業として」「業として」「業務として」の3区分そのものも，必ずしも明確ではないし[12]，実は「電子計算機」や「アクセス」といった最も基本的な概念は，法律

---

12)　刑法211条前段の「業務上過失致死罪」における「業務」には，娯楽のための自動車運転も含まれるなど，法律用語の「業務」は一般的な用法とは若干異なる．なお，高辻ほか [1996] には「事業」と「業務」の項があり，田島 [2002] には「事業」「営業」「業務」の3項が，さらに佐藤ほか [2003] には，「事業」「営業」「業」「業務」の4項が掲載されている．

用語としては全く定義されていないのである(「不正アクセス禁止法」2条)[13].

しかし法的には，このいずれに分類されるかで権利・義務関係に差が出るとすれば，明確な定義が要請される．このジレンマをどう解決したら良いか，なお思案中である．

以上のような私案について，2001年11月19日に国際大学グローバル・コミュニケーション・センターの主催するフォーラムで，議論する機会が与えられた．コメンテータを務めて下さった牧野二郎，松井茂記の両氏からは，包括的基本法を作ろうという意欲は買うが，「理念法に止めておかないと，権力に介入の口実を与えることにならないか」(牧野)，「意図とは逆に，規制強化のきっかけになりかねない」(松井)との批判をいただいた (Glocom [2002])．その後松井 [2002] においては，本章扉に挙げたような問題意識を共有した上で，論点は次のように整理されている．

> 「林紘一郎教授は，このような状況を懸念し，『電子公衆送信法』というインターネットに固有の法律を制定し，その限りで従来の個々の法律によるインターネットの規制を排除することを提唱する．(中略)大変注目に値する試みであり，その意図には敬服する．だが，インターネットを包括的に規律する法律を制定しようとすると，インターネットの自由を保障するというより，インターネットに包括的な監督権を持つ行政機関を創出し，その行政機関による包括的な監督権をインターネットに認める結果になる危険性が高いように思われる．(中略)インターネットを包括的に規律する法律を制定する場合には，林教授の構想されるような法律とは異なり，放送法をモデルにしてインターネットに関わる事業者やその提供するコンテンツに，包括的な政府の規制権限が認められる可能性が強いことを意味する．これはきわめて危険である．このような危険性は，たとえ行政機関が独立行政機関であっても，また正規の法的規制権限が付与されていなくても変らない．独立行政機関であっても全く政治の影響や官僚の恣意から自由なわけではないし，法的規制権限がなくても『行政指導』という形で不

---

13) 当然かもしれないが，前注で紹介した3つの辞典とも，これらの語の解説は載せていない．

透明な介入が可能だからである．
　またインターネットの自由を確保するためには，インターネットを規律する包括的な法律を制定する必要はない．憲法に照らして正当化しえない規制法律を，憲法違反として無効とすればよいだけである．法律がない限り政府の規制を排除することに著しく消極的な日本の裁判所の現状を見ると，林教授の試みにも一理あると思うが，やはりインターネットを規律する個々の法律を裁判所が憲法に照らして審査し，正当化しえない規制を排除してゆくのが筋というべきではなかろうか」(pp. 66-68)．

　私のように立法措置を講ずることが「自由を保障」することになるのか，あるいは全く逆のことが起こるのかは，依然として「オープン・クエスチョン」のままである，ということになろうか．

7-7　通行権の設定方法と評価基準

　このようにして「電子メディア共通法」の案は曲りなりにも出来たが，残る「通行権法」の方はなお難渋している．ここで「通行権」とは，他人あるいは公共の財産を「通行」あるいは「通信」のために利用する場合一般を指すものと考えよう[14]．メディアを事業として行なう場合にも，この「通行権」が最も基本的な権利の1つとなる[15]．
　私は 2-3 において，メディア産業に関する種々の法を 8 つに分類することを提案したが，その第 2 に揚げた「資源配分規律法」は，前述するように周波数をコモンズ化する可能性が開けた現在では，「通行権法」と言い替えること

---

14)　このように広く考えると，自分の家に到達するために他人の敷地を横切らねばならない場合(民法 209-213 条)や，有体物を占有しないが，周波数の割当を受けて初めて無線通信が出来る場合など，幅広く「通行権」を考えることが出来る．なお，次の注を参照．
15)　こうした認識は，公的機関や厳しい規制下の私企業が，通信・放送サービスを提供していた時代には，生ずる余地がなかった．「通信法」と名のつく法領域は行政法の一分野と考えられ，以下に述べる通行権法の部分は，有線については全く無視され，無線については当然の前提とされていたようである(園部・植村 [1984])．

表 7.4 通行権における所有権とコモンズ

方式	例	概要	メリット	デメリット
所有権	鉄道の軌道	通行権の確保のために必要な資源を所有する	排他性に優れているので，事業者が意のままに使用できる	コストが高く事務処理が膨大になる
用益権	電柱設置，電線の地上通過，道路の掘削と下部の使用，周波数の割当	通行権の確保に必要な限度で，他人の所有物を利用する権利を獲得する	必要な限度で物権的な排他権を持つことが出来る	私有財産については上記と同様．公有財産については客観的な手続きに基づく必要がある
コモンズ	ライセンス・フリーの電波，時分割多重など	権利の設定は行なわず，誰でも自由に利用できる	取引コストがゼロとなり，参入による市場の活性化が期待できる	混雑回避のための手段を工夫する必要がある

が妥当だろう．なお，通行権にはドメイン・ネームや電話番号など，有線・無線の通行権に限定されない広がりがあるが，本章ではさしむき後2者に限定して，論を進めることにしたい．

通行権を獲得するには種々の方法があるが，権利の強いものから順に，代表的なパターンを考えてみよう(表7.4)．まず最も強い権利は，所有権である．鉄道を敷設する場合には，列車を走らせる軌道上に排他権を設定するのが普通だから，当時の「通行権」は所有権と同じだったかもしれない．しかし，電力線や通信線を敷設するのに，全区間にわたって所有権を得なければならないとすれば，その費用と事務処理は膨大で，事業を不可能にしかねない．

そこで，これらの事業については，「用益物権」の一種である「地上権」(民法265条以下)を設定したり，債権としての「借地権」を設定するため「賃貸借契約」を結ぶ方法(民法601条以下)がとられている．しかし，これらの事業を遂行するためには，細くて長いケーブルを連続して敷設しなければならないため，交渉しなければならない土地所有者の数は膨大になり，一人でも了解が得られないとケーブルの敷設を延期せざるを得なかったり，場合によっては事業が不可能になったりする．

以上はまず，土地という有体物と切り離し難い有線系の通行権について述べたが，無線における通行権，すなわち周波数割当については，その権利の性格が本格的に論議されたことはない．混信を避けるためには，これまでの技術では「周波数」に着目した管理しかできなかったため，これを政府が割り当てる

のは理にかなったこととされてきた．しかしこれを私法上の権利だと考えると，「所有権は国が持ち，用益権の一部がライセンスを得た者に期限付きで与えられている」と考えるしかないから，上記の土地の場合とほぼ同種の扱いと考えられる．

このように何らかの形で権利を設定する方法の対極にあるのが，これを共同利用地(コモンズ)として開放し，誰にも利用可能にする方法である．近代法においては，そのようなことは不可能と思われるかもしれないが，実は無線LANに現に使われている 2.4 GHz 帯の一部は免許不要のコモンズであり，電子レンジなどにも自由に使われている．

ところでコモンズについては，いわゆる「コモンズの悲劇」が有名である(Hardin [1968])．牧草地が入会地として共同利用可能だと，羊の飼い主はなるべく多くの羊を飼って草を食べさせようとするから，牧草が全て食い荒らされて牧草地はだめになってしまうとされる．その対策として経済学者が勧めるのが，所有権を設定して所有者に土地の管理を任せることである(林(編著)[2004])．

ところが所有権さえ設定すれば，全てがうまく行くというわけでもない．旧ソ連邦の崩壊で，かつての共産主義国家は全て私有財産制を認めることになったが，少なくとも当初は，ことごとくうまく行かなかった．この状態を観察したヘラーは，一方で不動産が不足して路上に多くの露天商が並んでいるにもかかわらず，ビルがほとんど空き室状態になっている状況を「アンチ・コモンズの悲劇」と呼んだ (Heller [1998])．原因は，公式の所有者以外にマフィアが縄張りを持ち，「みかじめ料」を払わないと実際に使うことは出来ないからである．

このような「コモンズの悲劇」も「アンチ・コモンズの悲劇」も起きないためにはどうしたら良いか．唯一の解とは言えないかもしれないが，コモンズの中でも核となるべきコモンズ(Benkler [2001]は，これをコア・コモンズと名づけた)を特定し，それ以外は所有権とそれに準じた何らかの用益権を設定することではないか，と思われる．20世紀の間に社会主義が興隆しかつ崩壊したことは，大きな流れとして見れば，所有権を前提にした市場主義＝資本主義の優位が証明されたことに他ならないからである．

何がコア・コモンズであるかは，時代環境や技術変化に伴って流動的だが，

20世紀の間中周波数によって管理することが当然とされてきた電波が，当面の最大の候補になり得るものと思われる[16] (5-4).

以上のように，有線と無線の通行権を並列的に検討してきた背景には，有線と無線の公正な技術競争こそ革新の源動力である，との信念がある．日本では1990年のNTTによる「VI & P」構想以来，光ファイバーこそブロードバンドの主役だという神話が定着してしまったが，長期的に見れば有線と無線は良好な「システム間競争」を展開してきた．政府にせよ企業にせよ，どれかの技術を選択することは思考停止(自己決定によるlock-in)に他ならず，予断を持つべきではない．技術発展の可能性は市場競争によって事後的に発見されるに過ぎず，事前に先入観によって決定するのでは，社会主義になってしまう．

この意味では，私の法案の第3章において提案中の「電子公衆送信管理委員会」が，この両者の通行権を管理することが，レベル・プレイング・フィールドを担保する有効な手段であるとも考えられる．しかし，この案には次のような欠点がある．

① 有線の通行権は，通信関係以外にも，電気・ガス・水道・下水道などといった公益事業に広く利用されるので，これを同委員会の専管とすることには理解が得られまい．

② 有線の通行権は土地に付着しており，私有地の場合には私的自治を原則とし，公有地の場合には，国・都道府県・市町村などが分散管理することが望ましい．

③ 無線の通行権は，広く空中に拡散するので，(仮に管理が必要だとすれば)全国一元的に行なうことが望ましい．

④ 無線の通行権も，放送や通信以外の用途でも利用される．しかし主たる用

---

[16] コア・コモンズに近い概念として，essential facility の理論がある (5-10)．しかし，この概念は，① 字義どおり競争事業者が使いたいと考える「物理的施設」を対象にし，② 独禁法を前提にする「事後調整」であり，③ 事前に所有権を与えつつも，事後にその排他性を否定するという矛盾を孕んでいる．これに対してコア・コモンズは，ⓐ 物理的施設のみならず，周波数や著作権など無体物も対象にし，ⓑ 事前にコア・コモンズであるか否かが特定されている，という点に特徴がある．したがって essential facility の理論がアンチ・コモンズ状態をもたらしかねないのに対して，コア・コモンズにはその危険がない．

途が通信関係であることから，これを「電子公衆送信管理委員会」が所管することには理解が得られよう．

このように，有線と無線の通行権を一元的に管理することができないとすれば，それらが効率的に使われることを保証するには，どうしたら良いだろうか？　本来なら，それぞれの利用効率を何らかの数値で捉えて公表し，改善につなげたり，非効率な使い方をしていることが明白であれば，より効率的な使い方をする人に転用することを促したりするのが望ましい．

例えば無線の例では，UHF帯の放送用周波数やタクシー無線の帯域が非効率な使われ方である一方，携帯電話用の帯域は非常に効率的に使われていて，なお逼迫しているというアンバランスが問題になっている．また道路占用許可を得て，道路を掘削して管路を埋設したり電柱を建てた後で，これらの通信路がどの程度活用されているか，といったデータが公表されることは稀である．これらは結果として，既得権益を有する者に有利に働いており，新規参入を阻害していると言わざるを得ない．

しかし，仮に公表を義務付けたとしても，実効性が担保される訳ではない．既得権を得た事業者は，利用度が低ければ実態を隠そうとするだろうし，数値化そのものに困難が伴うからである．通信量（トラフィック）は時々刻々変化するので，どの時点で，どの区間を取るかで，大きな差が出る．またインターネットのように，一時的にトラフィックが集中しやすく，かつ迂回が容易なメディアについては，時間や区間をどう設定するかという困難もある．

したがって，さしむきの評価基準としては，有線と無線という2大システム間の競争に期待し，「効率性は市場で事後的に評価される」と考えるしかあるまい．デジタル時代になってからの，有線（主として光ファイバー）と無線の競争は熾烈であり，仮にどちらかの通行権がコスト高だとすれば，技術間競争の優劣にも，少なからぬ影響を与えるからである．この方法は迂遠のようでもあり，また無為・無策との批判もあろうが，事情を知らぬ官僚が独断で判断するよりは，「よりましな」手段だと言うしかあるまい．

前述のとおり技術の動向と世界の大勢は，限定的なコモンズ（コア・コモンズ）を発見しそれを共同利用化する方向に動いており，その流れに乗ることが得策である．有線・無線を問わずコモンズたり得るのは具体的な特定の道路掘削権や周波数帯域（ハード）ではなく，それを用いた通信目的の利用権（ソフト）

である．この利用権 (right of way)[17] をハードから切り離し(アンバンドル)，自由利用できる制度を設計すべきである[18]．

ところが有体物を中心とした現在の法体系では，無形の「通行権」は何らかの形で有体物に体化したものとして扱われている．前述 (5-5) の MIS 事件で「線路」というハードが問題になったのは，そのためである．今後はハードを扱うのではなく，「通行権」そのものを扱う立法が必要であろう．

この両者を混同し，利用権を得て設備投資をした者にその設備を競業者に安価で賃貸せよと命ずるのは，経済学的にはディスインセンティブであり，法学的には所有権の不当な収用 (taking) である．つまるところ(少なくとも日本の)道路占用許可や周波数の割当が，既存の事業者に著しく有利に働き(前者における「公益事業特権」，後者における「Command & Control 方式」)，参入障壁となっている点(日本貿易振興会 [1998])を抜本的に改善することが，コモンズ化への第一歩となろう．ここで「官営経済」の日本では，次の2つの点に留意が必要であろう．

1つはまず，コモンズとなるべき部分を管理している者には，それを利用した設備を自ら設置することを禁ずるという「アンバンドル」規制である．旧建設省による光ファイバーの建設は，順調にいったが利用率は極めて低い．これは需要との接点と責任が無い官庁が，公共事業的感覚でビジネスを行なうと，無駄が生ずるばかりという証左である．旧郵政省が MCA 無線を推進しようとして，財団を作っても機能しなかったことも同様である．管理者は権利の管理のみを行ない，権利を活かしたビジネスは民に任せるべきである．

第2のより重要な論点は，コモンズ化が可能であるとの前提の下で，できるだけ透明な利用手順(完全自由利用，先着順，オークションなど)を定めるべきこ

---

17) Right of way「通行権」(イ) 他人の土地の一部を通行しうる権利．地役権 (easement) の一種である．発生原因には，明示の設定行為による場合，土地所有者の黙示の承認による場合，慣習もしくは法律の規定による場合等がある．(ロ) 鉄道については，他人の土地の一部を通行しうる権利のほか，道床が構築されている他人の土地そのものを指すことがある．(ハ) 道路交通または海上交通における優先通行権を意味することもある (鴻・北沢 [1998])．

18)「上下分離」に早くから注目され，数々の貴重な提言をされている鬼木教授でさえ，ハードとソフトが密接不可分との誤解から脱却できないかに見える(鬼木 [2002])．

とである．無線系については，第5章で論じたように完全自由利用が可能なはずであるから，国際協調上必要な帯域の割当（allocation）は必要最小限にし，なるべく多くの帯域を直ちに自由利用とすべきである（ただし自由利用を妨げる行為については，従来以上の厳罰を以って対処することと対である）．つまり assignment 不要とすべきである．

一方有線系の right of way は，公益事業者に限らず通信に利用しようとする者には広く認めるべきであるが，無線系の場合ほど自由に利用できない地域などがあれば，先着順・オークションなど要は透明な方法によることとし，権利を管理している者の裁量は最小限にすべきである．また「通行権」を証券化して，転々流通を可能にすれば，ハードとソフトが別物であることを明確にできるだけでなく，参入や撤退を容易にする効果もあろう．

しかし現状では，right of way の付与方式が官僚の手に握られていてコストが不明であるため，公平か否かを判断することすらできない．この壁を突き崩すことが，コモンズ化へ進む第一歩となろう．このような意味では，できるだけ早期に電波のコモンズ化を行ない，その成果をベースに有線系の通行権の改革に進むことが現実的と思われる．したがって先に提案した「電子公衆送信法(案)」には，さしむき電気通信事業法の第3章第2節(128条—143条)を加えることにし，公益事業全体に適用可能な共通法の可能性について，引き続き検討することにしたい．

7-8　アナログ法制とデジタル法制

かくして曲りなりにも法案の骨組みはできたが，問題は山積している．とりわけ私が提示したのは，先の D 案における「電子メディア共通法」と「通行権法」のごく一部で，「電子メッセージ」については憲法の言論の自由などに任せておけば十分なのか否か，については未提案のままである．憲法学者から「最低限の規律」を求めてモデル法を作る意図は分かるが，それが「より多くの規律」を導入するきっかけになるのではないか，という懸念が表明されるのは，当然のことと言えよう(前述の松井 [2002])．

しかし法案の骨子を提示して，各方面との議論を深めるにつれ(とりわけアメリカの友人達との対話によって)，おぼろげながらも次の検討課題が浮かび上

7-8 アナログ法制とデジタル法制

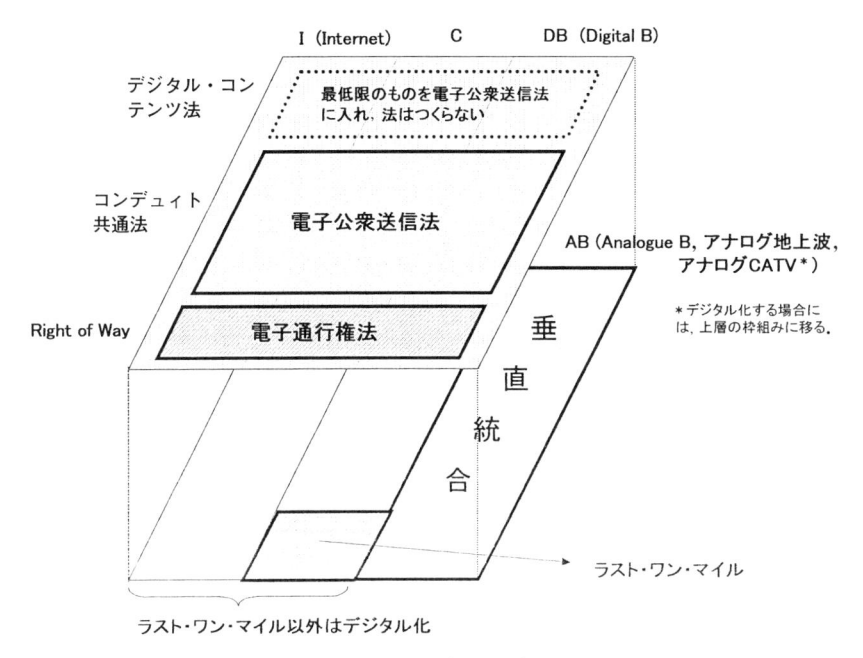

図7.5 3次元 D 案

（図中ラベル）
- I (Internet)　C　DB (Digital B)
- デジタル・コンテンツ法
- 最低限のものを電子公衆送信法に入れ，法はつくらない
- コンデュィト共通法
- 電子公衆送信法
- AB (Analogue B, アナログ地上波, アナログCATV＊)
- ＊デジタル化する場合には，上層の枠組みに移る．
- Right of Way
- 電子通行権法
- 垂直統合
- ラスト・ワン・マイル
- ラスト・ワン・マイル以外はデジタル化

がってきた．それを図7.5によって説明しよう．

① まず本図には，端末（Customer Premises Equipment = CPE）が描かれていない．この部分はまったく「非規制」であり，今後も「非規制」を維持すべきである．

② 「電子公衆送信法」は，設備やコンテンツがデジタル化された状態にのみ適用し，アナログ設備については，従来どおりの法体系を適用する．つまり法体系が2階建てとなり，デジタル化に伴って1階から2階に上がってくる形を取る．このことはデジタル化のテンポが遅い放送事業にとって，とくに重大な意味がある．

③ 「電子通行権法」とは，電磁波(無線の場合)や道路や電柱・管路(有線の場合)などの何らかの媒体を前提とするが，それらとは法律的には切り離された，バーチャルな利用権を設定するための新たな法律である．したがって図の外部に，民法における物権や債権の規定，あるいは道路法における「道路占用」などの規定が前提とされている．

④　無線系の「通行権」は周波数の割当と同一視されてきたが，従来は不可能と思われていたライセンス・フリーな利用や，オーバーレイ方式など新たな技術開発の成果を積極的に採り入れ，出力規制など全く別の観点からの規制に模様替えすべきである．

⑤　有線系の通行権のうち道路占用許可については，電子公衆送信管理委員会に「相互接続義務を無差別に負う」旨届け出た者は，自動的に「公益事業特権」を得ることとすれば，一歩前進である(経済団体連合会 [2002])．なおこの点については，2004 年の事業法改正で，総務大臣による「認定」という要件があるものの(事業法 117 条)，ほぼ同じような主旨の立法化がなされた．私有地の扱いについては，立法措置により「通行権」を法定するとともに，有体物に対する所有権などと分離して債権化(証券化)する方法を考案すべきである．

⑥　「メッセージ共通法」は，言論の自由を最大限守るとの立場から，(必要としても)最小限のものに限定すべきである．検討すべきは，番組編集準則を適用すべき「放送」とはどの範囲のものか．CATV において「must carry」と「may carry」の原則をどのように適用するか，の 2 点に絞られよう．

　私の案は基本的に設備規制であって，サービス規制は「重要通信の確保」と「必需サービス」(旧来のユニバーサル・サービスのこと．ただし放送も含む)しか考えていない．しかし，EU・アメリカともに，サービス層に何らかの規制が必要だという考え方に立っているかに見える．とくに「プロトコルあるいは技術標準」「CAS あるいはプラットフォーム・ビジネス」「電子商取引のための認証」などの機能について，市場原理に任せるのか，何らかの公的関与が必要なのか，は議論が不十分である．しかし通信業界がワールド・コム・ショックから立ち直れず，放送業界も地上波テレビのデジタル化の前で逡巡している現状では，なおしばらくは市場の立ち直りを待つしかないように思われる．

添付資料

　本資料は，2つの目的で作成されたものである．まず第1は，本論で展開した「電子メディア共通法」を論ずるためには，具体的な条文を示すことが理解を深め，論点を際立たせる効果を持つことである．そして第2は，この仮想立法化過程を通じて私の論点を整理し，本論そのものを推敲・修正するための，チェック機能を果たしてくれることである．

　添付資料は，このように参照モデル（reference model）であることを前提に作成されたものであるため，発表時（2002年3月）以降見直しをしていない．既に本文中に述べたように「土地の使用」（事業法117条以下）や「迷惑メールの禁止」（有線法13条の2）など，追加すべき条文は自覚しているがあえて元のままにしてある．

　本資料は上記の目的から，法律制定の知識も経験もない私が，あくまで議論の促進のために用意したものである．したがって，立法の専門家から見れば，素朴な誤解や不用意な用語法などで満ち溢れ，引き続き検討を要する点が多いであろう．こうした技術的欠陥についても，ぜひご教示を得たいが，そのことのみによって，本論で展開した「あるべき制度論」の価値を減ずるものと評価されたのでは，未熟を知りつつ敢えて条文化を試みた私の立場がなくなってしまう．読者におかれては，この両者を切り分け，主として「あるべき制度論」の素材としての，理解と批判をお願いしたい．

電子公衆送信業務の自由を保障し必要最低限の規律を定める法律（略称，電子公衆送信法）（案）

第1章　総則

第1条（目的）　この法律は，電子公衆送信における営業の自由および送信内容の自由を保障するとともに，その役務の公共性にかんがみ円滑な提供を確保し，不正アクセス行為を禁止するなどの環境を整備することにより，利用者の利益を保護し公共の福祉を増進することを目的とする．

＊　現行「電気通信事業法」（以下，単に「事業法」）第1条および「不正アクセス禁止法」第1条を参照しつつ筆者作文．

第2条(定義)　この法律において，次の各号に掲げる用語の意義は，当該各号に定めるところによる．
一　電子公衆送信　公衆によって受信されることを目的として，有線，無線その他の電磁的方法により，符号，音声，もしくは影像を送り，または伝えることをいう．
　　　＊　「著作権法」第2条と「事業法」第2条に準拠．ただし「電子」を追加したほか，「直接受信」を「受信」に変更し，「送り，伝え，または受ける」のうち「受ける」を削除．
二　自動公衆送信　電子公衆送信のうち，公衆からの求めに応じ，自動的に行なうものをいう．
　　　＊　「著作権法」第2条に準拠．ただし「電子」を追加．
三　特定送信　電子公衆送信のうち，送信前に指定された特定少数者に向けたものをいう．なお，この特定少数者には1を含む．
　　　＊　私独自の定義．これにより1:1の通信にも，本法が適用される．
四　重要送信　天災，事変その他の非常事態が発生し，または発生するおそれがあるとき，災害の予防もしくは救援，交通，通信もしくは電力の供給の確保，または秩序の維持のために，必要な事項を内容とする電子公衆送信をいう．
　　　＊　「事業法」第8条に準拠．「放送法」第6条の2における「災害放送」との異同について，検討を要す．
五　公衆　本法における「公衆」には，特定かつ多数の者を含む．また，特定送信にあっては，特定の個人または法人の場合を含む．
　　　＊　一般的には「当事者以外の不特定かつ多数の者」をいうが，ここでは「著作権法」第2条5項の概念を拡大．
六　電子公衆送信設備　電子公衆送信を行なうための機械，器具，線路その他の電子的設備をいう．
　　　＊　「事業法」第2条に準拠．ただし，字句を修正．
七　電子公衆送信役務　電子公衆送信に該当するサービスの長期・継続的提供．
八　電子公衆送信業者　業として，または業務として電子公衆送信役務の提供を行なう者．
九　電子公衆送信事業者　電子公衆送信業者のうち事業としてこれを行なう者
　　　＊　七，八，九は，私個人の発案．なお「業として」「業務として」「事業として」の差については，高辻ほか [1996] 参照．

十　アクセス管理者　電子公衆送信設備に接続している電子計算機(以下「特定電子計算機」という)の利用(当該電子公衆送信設備を通じて行なうものに限る．以下「特定利用」という)につき，当該電子計算機の動作を管理する者をいう．

　　　＊　「不正アクセス禁止法」第2条に準拠．

十一　識別符号　特定電子計算機の特定利用をすることについて，当該特定利用に係るアクセス管理者の許諾を得た者(以下「利用権者」という)，および当該アクセス管理者(以下「利用権者等」という)に，当該アクセス管理者において当該利用権者を他の利用権者と区別して識別することができるように付される符号であって，次のいずれかに該当するもの，または次のいずれかに該当する符号とその他の符号を組み合わせたものをいう．

ア　当該アクセス管理者によって，その内容をみだりに第三者に知らせてはならないものとされている符号

イ　当該利用権者等の身体の全部もしくは一部の影像または音声を用いて，当該アクセス管理者が定める方法により作成される符号

ウ　当該利用権者等の署名を用いて，当該アクセス管理者が定める方法により作成される符号

　　　＊　「不正アクセス禁止法」第2条に準拠．生体認証技術の進展に伴い，さらなる検討を要す．

十二　アクセス制御機能　特定電子計算機の特定利用を自動的に制御するために，当該特定利用に係るアクセス管理者によって，当該特定電子計算機または当該特定電子計算機に電子公衆送信設備を介して接続された他の特定電子計算機に付加されている機能であって，当該特定利用をしようとする者により当該機能を有する特定電子計算機に入力された符号が，当該特定利用に係る識別符号(識別符号を用いて当該アクセス管理者の定める方法により作成される符号と，当該識別符号の一部を組み合わせた符号を含む．第6条第2項第1号および第2号において同じ)であることを確認して，当該特定利用の制限の全部または一部を解除するものをいう．

　　　＊　「不正アクセス禁止法」第2条に準拠．

第2章　電子公衆送信役務の規律

第3条(言論の自由と検閲の禁止)

1　電子公衆送信の内容は，法律に定める権限に基づく場合でなければ，何人からも干渉され，または規律されることがない．

2　電子公衆送信の内容は，検閲してはならない．

＊　「放送法」第3条と「事業法」第3条に準拠．

第4条（特定送信における秘密の保護）
1　特定送信の内容に係る秘密は，侵してはならない．
2　組織的かつ重大な犯罪を捜査するため，特定送信の傍受を行なわなければ，事案の真相の解明が著しく困難な場合においても，法律に基づきその要件，手続きその他必要な事項を定めなければならない．
3　電子公衆送信業者として特定送信に携わる者は，その取扱い中に係る電子公衆送信の内容に関して，知り得た他人の秘密を守らなければならない．その業務を退いた後，10年を経過しない間も，同様とする．
　　　＊　1, 3項は，「事業法」第4条に準拠．ただし3項について，10年に限定．
　　　　　2項は「犯罪捜査のための通信傍受に関する法律（「傍受法」）」第1条に準拠．

第5条（受信の自由）
1　何人も意に反して，電子公衆送信（ただし，重要送信を除く）を受信することを強要されない．
2　電子公衆送信業者は，受信者の受信の自由を確保するため，必要な措置を講じなければならない．
　　　＊　私個人の発案．迷惑メール対策などを想定．法人にはこの権利はない．

第6条（不正アクセス行為の禁止）
1　何人も，不正アクセス行為をしてはならない．
2　前項に規定する不正アクセス行為とは，次の各号の一に該当する行為をいう．
一　アクセス制御機能を有する特定電子計算機に，電子公衆送信設備を通じて当該アクセス制御機能に係る他人の識別符号を入力して当該特定電子計算機を作動させ，当該アクセス制御機能により制限されている特定利用をし得る状態にさせる行為（当該アクセス制御機能を付加したアクセス管理者がするもの，および当該アクセス管理者または当該識別符号に係る利用権者の承認を得てするものを除く）．
二　アクセス制御機能を有する特定電子計算機に，電子公衆送信設備を通じて当該アクセス制御機能による特定利用の制限を免れることができる情報（識別符号であるものを除く）または指令を入力して当該特定電子計算機を作動させ，その制限されている特定利用をし得る状態にさせる行為（当該アクセス制御機能を付加したアクセス管理者がするもの，および当該アクセス管理者の承諾を得てするものを除く．次号において同じ）．
三　電子公衆送信設備を介して接続された他の特定電子計算機が有するアクセス制

御機能により，その特定利用を制限されている特定電子計算機に，電子公衆送信設備を通じてその制限を免れることができる情報または指令を入力して，当該特定電子計算機を作動させ，その制限されている特定利用をし得る状態にさせる行為．
　　＊　「不正アクセス禁止法」第3条に準拠．

第7条（不正アクセス行為を助長する行為の禁止）
何人も，アクセス制御機能に係る他人の識別符号を，その識別符号がどの特定電子計算機の特定利用に係るものであるかを明かにして，またはこれを知っている者の求めに応じて，当該アクセス制御機能に係るアクセス管理者および当該識別符号に係る利用者以外の者に，提供してはならない．ただし，当該アクセス管理者がする場合，または当該アクセス管理者もしくは当該利用権者の承諾を得てする場合は，この限りでない．
　　＊　「不正アクセス禁止法」第4条に準拠．ただし「電気通信回線」を「電子公衆送信設備」と読み替えている．

第8条（アクセス管理者による防御措置）
アクセス制御機能を特定電子計算機に付加したアクセス管理者は，当該アクセス制御機能に係る識別符号またはこれを当該アクセス制御機能により確認するために用いる符号の適切な管理に努めるとともに，常に当該アクセス制御機能の有効性を検証し，必要があると認めるときは速やかにその機能の高度化その他，当該特定電子計算機を不正アクセス行為から防御するため必要な措置を講ずるよう努めるものとする．
　　＊　「不正アクセス禁止法」第5条に準拠．

第3章　電子公衆送信業者および電子公衆送信事業者の義務

第9条（重要送信の確保）
1　電子公衆送信業者は，重要送信を優先的に取り扱わなくてはならない．
2　この場合において必要があるときは，電子公衆送信業者は，その業務の一部を停止することができる．
3　第14条において定める電子公衆送信管理委員会は，重要送信を確保するため必要があると認めるときは，電子公衆送信業者に対して送信を行ない，または当該電子公衆送信業者の電子公衆送信設備を他の者に使用させ，若しくはこれを他の電子公衆送信設備に接続すべきことを命ずることができる．

4 前項の命令を発したときは，国はその送信または接続に要した実費を弁償しなければならない．

＊ 「事業法」第8条および「有線法」第8条に準拠．ただし「通信」を「送信」と修正し，「行政不服審査法(昭和37年法律第160号)による不服申立てをすることができない」とする部分を削除．

第10条(必需サービスの確保)
1 電子公衆送信業者は，国民生活に不可欠であるため，あまねく日本全国における提供が確保されるべきものとして，別に定めるサービス(以下「必需サービス」)について，これを確保するよう努めなばならない．
2 電子公衆送信業者は，必需サービスの提供について，不当な差別的取扱いをしてはならない．
3 第14条において定める電子公衆送信管理委員会は，必需サービスの提供を全国的にあまねく維持するため，第5条に反しない限りにおいて，必要な措置を講ずることができる．

＊ 事業法19条および106条以降を参考にした，私個人の発案．第3項は，事業者の拠出により基金を設置するとか，マスト・キャリー義務を課すなどのケースを想定．

第11条(個人情報の保護)
1 電子公衆送信事業者は，個人情報データベース等の保有の有無にかかわらず，「個人情報の保護に関する法律」第2条第3項における「個人情報取扱事業者」とみなす．
2 「個人情報の保護に関する法律」第36条における「主務大臣」は，電子公衆送信事業者に関しては，本法第14条に定める電子公衆送信管理委員会とする．

＊ 「個人情報保護法」をベースにした，私個人の発案．前2条と異なり，電子公衆送信業者一般ではなく，電子公衆送信事業者にのみ適用．

第12条(オープン・アクセスの保障義務)
1 電子公衆送信業者のうち別に定める規模を超える者は，電子公衆送信の利用者から，現に市場において広く利用されている技術基準に基づき，当該電子公衆送信業者の設備を利用したい(以下オープン・アクセスという)との申し出を受けたときは，次に掲げる場合を除き，これに応じなばならない．(例外規定省略)
2 オープン・アクセスの保障に関する手続きその他細部の事項は，第14条におい

て設置する「電子公衆送信管理委員会」が規則において定める．
　　＊　次条を参考にした，私個人の発案．ただしアメリカの，通信法第 7 編の検討案にもある．

第 13 条（相互接続義務）
1　電子公衆送信業者のうち別に定める規模を超える者は，他の電子公衆送信業者から，当該他の電子公衆送信業者の電子公衆送信設備を，現に市場において広く利用されている技術基準に基づき，自己の電子公衆送信設備に接続すべき旨の請求を受けたときは，次に掲げる場合を除き，これに応じなけばならない．（例外規定省略）
2　相互接続に関する手続きその他細部の事項は，第 14 条において設置する「電子公衆送信管理委員会」が規則において定める．
　　＊　「事業法」第 32 条に準拠．「現に市場において広く利用されている技術基準に基づき」を追加．

第 4 章　電子公衆送信管理委員会

第 14 条（電子公衆送信管理委員会の設置）
1　次の各業務を担当するため，国家行政組織法（昭和 27 年法律第 120 号）第 3 条第 3 項の規定に基づき，電子公衆送信管理委員会を置く．
一　第 10 条第 3 項に基づく指定，および第 4 項に基づく弁償
二　第 11 条に基づく必需サービスと必要な措置の指定
三　第 12 条に基づく「別に定める規模を超える者」の指定，詳細な規則の制定
四　第 13 条に基づく「別に定める規模を超える者」の指定，詳細な規則の制定
五　第 12 条および第 13 条に伴う，紛争の処理
2　電子公衆送信管理委員会は，総務大臣の所轄に属する．
　　＊　「独占禁止法」における「公正取引委員会」の規定に準拠．

第 15 条（職権行為の独立性）
電子公衆送信管理委員会の委員長および委員は，独立してその職務を行なう．
　　＊　「独占禁止法」における「公正取引委員会」の規定に準拠．

第 16 条（組織，委員長・委員の任命）
1　電子公衆送信管理委員会は，委員長および委員 4 人を以って，これを組織する．
2　委員長および委員は，年齢が 35 年以上で，電子公衆送信に関する法律・経済・技

術などの学識経験のある者のうちから，内閣総理大臣が両議院の同意を得て，これを任命する．
3　委員長および委員は，これを官吏とする．
　　＊　「独占禁止法」における「公正取引委員会」の規定に準拠．ただし，委員長の天皇による認証は，電波監理審議会などとの統合後に，検討する．
(以下，委員会の組織に関して数ヵ条が必要と思われるが，電波監理審議会などとの統合を前提に，別途検討する)．

第5章　免責と罰則

第17条(著作権侵害からの免責)
1　電子公衆送信業者は，利用者が蓄積した素材によって著作権の侵害を生じたとしても，著作権侵害に当たることを現実に知らないか，または侵害を認識した後速やかに素材を除去し若しくはアクセスを解除するための方策を講じた場合には，その責めに問われることはない．
2　前項の除去またはアクセスの解除は，次の手順によらなければならない．
一　侵害を主張する者は，対象とされる素材と侵害の態様を明示し，電子公衆送信業者に通知する．
二　電子公衆送信業者は，前号の通知を受けた場合または侵害の事実を自ら認識した場合には，信義誠実の原則により速やかに当該素材を除去し，またはアクセスを解除するための方策を講ずる．
三　前号の措置を取った場合には，電子公衆送信業者は，当該素材を蓄積した顧客に対して，速やかに削除またはアクセス解除の事実を通知する．
四　通知を受けた利用者が削除またはアクセス解除に反対の場合には，その旨を電子公衆送信業者に通知する．
五　前四号の反対通知を受けた場合には，電子公衆送信業者は，侵害を主張する顧客にその写しを送付し，10営業日内に蓄積しなおすかアクセスを回復することを通知する．
六　前五号の通知に対して侵害を主張する利用者から，裁判所に当該素材の蓄積を差し止める命令を求めたとの連絡がない限り，電子公衆送信業者は，反対通知を受けてから10営業日以上14営業日以内に，当該素材を蓄積しなおすかアクセスを回復する．
　　＊　アメリカのDMCA = Digital Millennium Copyright Act 第512条に準拠．「特定電気通信役務提供者の損害賠償責任の制限及び発信者情報の開示に

関する法律案」(「プロバイダ責任(制限)法」)より詳細に規定.

第18条(名誉毀損等からの免責)
電子公衆送信業者は，その行為によって直ちに，他のコンテンツ提供者が提供する情報の，編集者または発行者とみなされることはない.
　　＊　アメリカの96年通信法第230条(c)(1)に準拠．こちらは「プロバイダ責任(制限)法」より簡素．

第19条(電子公衆送信の妨害行為に対する罰則)
電子公衆送信設備を損壊し，これに物品を接触し，その他機能に障害を与えて電子公衆送信を妨害した者は，5年以下の懲役または250万円以下の罰金に処する．
　　＊　「有線電気通信法」第13条に準拠．なお「電波法」第108条の2には，やや構成要件が違うが同種の規定があり，「5年以下の懲役または250万円以下の罰金」となっており，未遂罪も規定されている．未遂罪を廃止することについて，検討を要する．

第20条(特定送信の秘密侵犯に対する罰則)
1　第4条第1項の規定に違反した者は，2年以下の懲役または50万円以下の罰金に処する．
2　第4条第2項の規定に違反した者は，3年以下の懲役または100万円以下の罰金に処する．業務を退いた後10年を経ない間も，同様とする．
　　＊　「事業法」第104条に準拠．なお「電波法」第109条との異同につき，検討を要する．未遂罪を廃止することについても，検討を要す．

第21条(不正アクセス行為等に対する罰則)
1　第6条第1項の規定に違反した者は，1年以下の懲役または50万円以下の罰金に処する．
2　第7条の規定に違反した者は，30万円以下の罰金に処する．
　　＊　「不正アクセス禁止法」第8条および第9条に準拠．

第6章　雑則

第22条(適用除外)
1　この法律は，次に掲げる電子公衆送信役務には適用しない．

一　専ら一の者に提供する電子公衆送信役務
二　その一の部分の設置の場所が，他の部分の設置の場所と同一の構内(これに準ずる区域内を含む)または同一の建物内である電子公衆送信役務
2　前項の規定にかかわらず，第3条ないし第5条の規定は，それぞれの取扱いに係る電子公衆送信役務について適用する．
　　　＊　「事業法」第90条に準拠．

第23条(関連法規の廃止等)
1　本法の施行に伴い，下記の法律はすべて廃止する．
一　有線電気通信法(昭和28年法律第96号)
二　電気通信事業法(昭和59年法律第86号)
三　日本電信電話株式会社等法(昭和59年法律第85号)
四　不正アクセス禁止法(平成11年法律第128号)
2　本法の施行に伴い，下記の法律の該当部分は廃止する．
一　放送法(昭和25年法律第132号)第3章の2(受託放送事業者)および第3章の3(委託放送事業者)
二　電波法(昭和25年法律第131号)第108条，第108条の2および第109条

第24条(関連法規の読み替え)
(本法の制定と，上記各法律の廃止に伴い，関連法規の読み替えが必要となるので，それらを一括規定する)

(注1)　本法の検討に当たっては，有線テレビジョン放送法における「施設者」と「事業者」の一体化原則(同法第3条および第12条)は，廃止されることを前提にしている(ハードとソフトの分離)．
(注2)　「プロバイダ責任(制限)法」における「発信者情報の開示」については，法案(第4条)による効果(開示した場合，しない場合の両方についての，侵害情報提供者と発信者との間の利益の比較考量)が明確でないため，今後の検討課題とした．

参考文献

和書・洋書別に，著者のあいうえお順(和書)，ABC 順(洋書)に掲載．

和書は，著者[出版年(西暦)]『著作名』出版社(「論文名」『雑誌名』発行月または巻)の順．同一年に同一著者による著作が複数ある場合は，abc- の添字により識別．

洋書は，著作の場合: author(s)［published year］"title," publisher の順．和訳がある場合は，和書の例により追記．Published year の添字は，和書に同じ．

論文の場合: author(s)［published year］'title', name of journal, vol. no. の順．Published year の添字は，和書に同じ．

青井浩也［1984］『VAN とは何か』日本経済新聞社
青柳武彦［1999］「情報文明論から見たマルチメディア」『情報通信学会誌』Vol. 16, No. 3
アクセシビリティ研究会［2003］『情報アクセシビリティとユニバーサルデザイン』アスキー
芦部信喜［1987］『憲法判例を読む』岩波書店
芦部信喜［2002］『憲法』岩波書店
アッパーム，フランク(寺尾美子訳)［1995］「日本的行政規制スタイルの試論的モデル」石井紫郎・樋口範雄(編)『外から見た日本法』東京大学出版会
阿部浩二［1996］「知的所有権と知的財産権」北川善太郎(編)『知的財産法制』東京布井出版
粟津孝幸［2000］『NHK 民営化論』日刊工業新聞社
飯田耕一郎(編著)［2002］『プロバイダ責任制限法解説』三省堂
五十嵐清［2003］『人格権法概説』有斐閣
池田信夫［2003］『ネットワーク社会の神話と現実』東洋経済新報社
池田信夫・林紘一郎［2001］「NTT は固定電話部門を切り離しインターネットに対応した抜本改革を」『週刊東洋経済』東洋経済新報社

池田信夫・林紘一郎 [2002]「通信政策: ネットワークにおける所有権とコモンズ」奥野正寛・竹村彰道・新宅純二郎(編)『電子社会と市場経済: 情報化と経済システムの変容』新世社

石岡克俊 [2001]『著作物流通と独占禁止法』慶應義塾大学出版会

石村善治 [1990]「放送事業における独占と競争」根岸哲・舟田正之・石村善治・稗貫俊文(編)『現代経済法講座9 通信・放送・情報と法』三省堂

石村善治(編) [1998]『新版・現代マスコミ法入門』法律文化社

石村善治・堀部政男(編) [1999]『情報法入門』法律文化社

市村元 [2003]「テレビの未来—地方局の視点から」『マスコミュニケーション研究』No. 63 日本マスコミュニケーション学会

井上正仁 [1997]『捜査手段としての通信・会話の傍受』有斐閣

井上由里子 [1994]「カラオケによる歌唱: クラブ・キャッツアイ事件」斎藤博・半田正夫(編)『著作権判例百選(第2版)』有斐閣

猪瀬直樹 [1989] [1990] [1994]『欲望のメディア』週刊ポスト連載89・8・25〜90・8・3．単行本化＝小学館．文庫化＝新潮文庫

伊従寛 [1996]『出版再販』講談社

岩村正彦ほか(編集) [1997]『岩波講座: 現代の法10 情報と法』岩波書店

植草益(編) [1997]『社会的規制の経済学』NTT出版

上野達弘 [2001]「プロバイダーの責任」『著作権研究』No. 28 著作権法学会

内川芳美 [1989]『マス・メディア法政策史研究』有斐閣

大谷和子 [2001]「電子商取引の法律問題」高橋和之・松井茂記(編)『インターネットと法(第2版)』有斐閣

鴻常夫・北沢正啓(編) [1998]『英米商事法辞典』商事法務研究会

大野幸夫 [2004]「ヤフー眼科医療法人事件」『判例時報』1843号

岡邦俊 [1997]「パブリシティの権利」斎藤博・牧野利秋(編)『裁判実務体系27 知的財産関係訴訟法』青林書院

岡邦俊 [2000]『マルチメディア時代の著作権の法廷』ぎょうせい

岡村久道 [2001]「ゲームソフトの改変のみを目的とするメモリーカードを輸入，販売した者の責任」村松古稀記念『判例著作権法』東京布井出版

岡村久道 [2003]「情報セキュリティ・マネジメントと法」(財)関西情報・産業活性化センター情報セキュリティマネジメント研究会『企業活動と情報セキュリティ』経済産業調査会

岡村久道・近藤剛史 [1997]『インターネットの法律実務』新日本法規出版

岡村久道・新保史生 [2002]『電子ネットワークと個人情報保護』経済産業調査会

奥平康弘［1997］『ジャーナリズムと法』新世社
鬼木甫［1996］『情報ハイウェイ建設のエコノミクス』日本評論社
鬼木甫［2002］『電波資源のエコノミクス―米国の周波数オークション』現代図書
加戸守行［2003］『著作権法逐次講義(四訂新版)』著作権情報センター
片岡俊夫［2001］『新・放送概論』日本放送出版協会
加藤寛・山同陽一［1983］『国鉄・電電・専売再生の構図』東洋経済新報社
柄谷行人［1994］『〈戦前〉の思考』文藝春秋
北久一［1974］『公益事業論(全訂新版)』東洋経済新報社
北川善太郎・斎藤博(監修)［2001］『知的財産権辞典』三省堂
北川正恭［2003］「放送業界も『マニフェスト』を出すべきだ」『New Media』2003年12月号
城所岩生［2001］『米国通信改革法解説』木鐸社
城所岩生［2002］「アメリカにおける最新の著作権法事情」デジタル著作権を考える会『デジタル著作権』ソフトバンク・パブリッシング
城所岩生［2002–2003］「テロで様変わりの米国通信傍受法」『国際商事法務』Vol. 30, No. 11 から Vol. 31, No. 7 まで6回連載
城所岩生［2004］「権利保護期間延長の経済分析：エルドレッド事件を素材にして」林(編著)［2004］所収
木下修［2003］「日本の『著作物再販制度』と『再販年表』」『法学研究』76巻1号 慶應義塾大学法学部
木村順吾［1999］『情報政策法』東洋経済新報社
清野正哉［2001］『解説・著作権管理事業法』中央経済社
久保田裕・葛山博志［2003］「ファイル交換ソフトを利用した著作権侵害の実態と著作権の執行における若干の問題について」半田古稀記念『著作権法と民法の現代的課題』法学書院
公文俊平［1986］「ネットワーキング：第3の社会システムへ」『日本経済新聞』「経済教室」欄，12月27日
経済団体連合会(経団連，現在の日本経団連)［2002］「情報通信審議会IT競争政策特別部会最終答申(草案)に関する意見」
　　http://www.keidanren.or.jp/japanese/policy/2002/039.html
向後英紀［1995］「GHQの占領期放送政策：電波監理委員会の成立経緯」『NHK放送文化調査研究年報』No. 40
公正取引委員会デジタルコンテンツと競争政策に関する研究会［2003］『デジタルコンテンツ市場における公正かつ自由な競争環境の整備のために』

http://www.jftc.go.jp/pressrelease/03.march/03033103.pdf
公正取引委員会独占禁止法研究会［2003］『独占禁止法研究会報告書について』
　　http://www2.jftc.go.jp/pressrelease/03.october/03102801.pdf
国際大学グローバル・コミュニケーション・センター［2002］「創立10周年記念フォーラム特集」『智場（特別号）』
　　http://www.glocom.ac.jp/project/chijo/2002SP/index.html
国際通信経済研究所［1997］『米国通信法対訳』同研究所発行
駒村圭吾［1993］「表現の自由の経済学的分析：いわゆる『法と経済学』的手法の憲法学的領域への応用可能性」『新聞研究所年報』No. 40, 慶應義塾大学新聞研究所
駒村圭吾［2001］『ジャーナリズムの法理』嵯峨野書院
小向太郎［2000］「デジタルネットワークと法」情報通信総合研究所『情報通信アウトルック2000』NTT出版
斎藤博［2000］『著作権法』有斐閣
佐伯仁志［2002］「刑法における情報の保護」宇賀克也・長谷部恭男(編著)『法システムIII 情報法』放送大学教育振興会
坂部望［1997］「融合化における法的諸問題」菅谷実・清原慶子(編)『通信・放送の融合：その理念と制度変容』日本評論社
作花文雄［2002］『詳解著作権法(第2版)』ぎょうせい
桜井俊［1991］「電気通信事業の法的枠組みと現状」舟田正之・黒川和美(編)『通信新時代の法と経済』有斐閣
桜井よし子［2003］国民共通番号制に反対する会ホームページ
　　http://kokuminbango.hantai.jp/
佐々木秀智［1996］「アメリカの電気通信プライバシー保護法」堀部政男(編)『情報公開・プライバシーの比較法』日本評論社
左藤恵［1968］『放送局開設と運営の手引き』電波タイムス社
佐藤幸治・藤田宙靖・長尾龍一・淡路剛久・奥島孝康・村井敏邦・寺田逸郎(編)［2003］『コンサイス法律学用語辞典』三省堂
佐野眞一［2001］『だれが「本」を殺すのか』プレジデント社
サムエルソン，パメラ(知的財産研究所訳)［1998］『情報化社会の未来と著作権の役割』信山社
塩野宏［1972］「有線テレビ放送をめぐる法技術：有線テレビジョン放送法の問題点」『新聞研究』No. 254
塩野宏［1997］「法概念としての放送」ジュリスト増刊『変革期のメディア』有斐閣
柴田秀利［1995］『戦後マスコミ回遊記(上)(下)』中央公論社

情報通信法制研究会(監修)［2003］『情報通信法令集(2003年版)』電気通信振興会
荘宏［1963］『放送制度論のために』日本放送出版協会
白石忠志［1994］『技術と競争の法的構造』有斐閣
白石忠志［2000］『独禁法講義(第2版)』有斐閣
白石忠志［2002］「電子社会と競争政策」中里実・石黒一憲『電子社会と法システム』新世社
白石忠志［2004］「独占寡占見直し報告書について」『NBL』1月1日号
白田秀彰［1998］『コピーライトの史的展開』信山社
新保史生［2000］『プライバシーの権利の生成と展開』成文堂
菅谷実［1994］「情報通信技術の融合化と構造規制の変容」東京大学社会情報研究所(編)『放送制度論のパラダイム』東京大学出版会
菅谷実・清原慶子(編)［1997］『通信・放送の融合：その理念と制度変容』日本評論社
菅谷実・中村清(編著)［2000］『放送メディアの経済学』中央経済社
杉村晃一［2003］「放送と放送コンテンツに関する著作権」新社会システム総合研究所主催・デジタル&ブロードキャスティング戦略特別セミナー『放送と放送コンテンツの流通』資料
椙山敬士［2001］「レコード製作者の複製権の及ぶ範囲」斎藤博・半田正夫(編)『著作権判例百選(第3版)』有斐閣
鈴木秀美［1998］「放送・通信制度」『ジュリスト』No. 1133
鈴木秀美［1999a］「インターネットと表現の自由：ドイツ・マルチメディア法制の現状と課題」『ジュリスト』4月1日号
鈴木秀美［1999b］「ドイツのメディア法」石村善治・堀部政男(編)［1999］『情報法入門』法律文化社
鈴木秀美［2000］『放送の自由』信山社
炭田寛祈［2004］『電波開放で情報通信ビジネスはこう変わる』東洋経済新報社
清家彩哉［1997］「主要国の情報通信産業の動向と融合化」菅谷実・清原慶子(編)『通信・放送の融合：その理念と制度変容』日本評論社
総務省［2003a］「マスメディア集中排除原則(地上放送関係)の見直しに関する基本的考え方についての意見募集」http://www.soumu.go.jp/s-news/2003/030516_5.html
総務省［2003b］「周波数の再編方針の公表」
　http://www.soumu.go.jp/s-news/2003/031010_4.html
総務省［2003c］「新規制定・改正法律」
　http://www.soumu.go.jp/kyoutsuu/syokan/new_hourei.html

総務省 [2004]『情報通信白書 2004 年版』財務省印刷局
総務省電気通信利用環境整備室・テレコムサービス協会(編著) [2002]『プロバイダー責任制限法: 逐条解説とガイドライン』第一法規出版
園部敏・植村栄治 [1984] (旧版は園部敏 [1970])『交通法・通信法(新版)』有斐閣 法律学全集 15-I
高辻正巳・吉国一郎・角田礼次郎・茂串俊・味村治・工藤淳夫・大出峻郎・大森政輔(共編) [1996]『法令用語辞典(第 7 次改定版)』学陽書房
高橋和之・松井茂記(編) [2001]『インターネットと法(新版)』有斐閣
多賀谷一照 [1997a]「情報セキュリティ」岩村正彦ほか(編集)『岩波講座: 現代の法 10 情報と法』岩波書店
多賀谷一照 [1997b]「著作権制度と基本的人権」斎藤博・牧野利秋(編)『裁判実務体系 27 知的財産関係訴訟法』青林書院
多賀谷一照・岡崎俊一 [1998]『マルチメディアと情報通信法制: 通信と放送の融合』第一法規出版
田川義博 [1999]「通信と放送の融合」『Info Com Review』No. 19 情報通信総合研究所
滝川敏明 [2003]『日米 EU の独禁法と競争政策(第 2 版)』青林書院
田島信威 [2002]『最新 法令用語の基礎知識 改訂版』ぎょうせい
田島泰彦・右崎正博・服部孝章 [1998]『現代メディアと法』三省堂
田島泰彦・服部孝章・松井茂記・長谷部恭男・浜田純一(座談会) [1995]「放送制度の将来と放送法」『法律時報』67 巻 8 号
立山紘毅 [1996]『現代メディア法研究』日本評論社
立山紘毅 [2002]「『表現することの著作権』をめぐるいくつかのスケッチ」デジタル著作権を考える会『デジタル著作権』ソフトバンク・パブリッシング
田中重弥 [1983]『有線電気通信設備法令解説』第一法規出版
田中正人 [1985]『解説電気通信事業法, 放送法』オーム社
田中英夫(編) [1991]『英米法辞典』東京大学出版会
棚瀬孝雄(編) [2000]『たばこ訴訟の法社会学』世界思想社
田村善之 [1999a]『競争法の思考形式』有斐閣
田村善之 [1999b]「インターネット上の著作権侵害行為の成否と責任主体」田村 (編)『情報・秩序・ネットワーク』北大図書刊行会所収
田村善之 [2001]『著作権法概説(第 2 版)』有斐閣
著作権情報センター [2000]「外国著作権法令集: アメリカ編」(山本隆司・増田雅子共訳)

http://www.cric.or.jp/gaikoku/america/america.html
通信と放送の研究会［2001］『提言：IT 革命を実現させる電波政策を』
　http://www.telecon.co.jp/ITME/page7.htm
辻正美［1997］「所有権と著作権」斎藤博・牧野利秋(編)『裁判実務体系 27 知的財産関係訴訟法』青林書院
津田大介(編著)［2003］『だから WinMX はやめられない』インプレス
土屋大洋［2001］『情報とグローバル・ガバナンス』慶應義塾大学出版会
鶴田俊正［1997］『規制緩和』筑摩書房
逓信外史刊行会［1962］『通信史話(下)』電気通信協会，とくに荘宏「電波三法の制定」，鈴木恭一「放送の国家管理」および綱島毅「放送の国家管理と閣議」
テレコム・サービス協会プロバイダ責任法ガイドライン等検討協議会［2002］『プロバイダ責任法名誉毀損・プライバシー関係ガイドライン』
　http://www.telesa.or.jp/019kyougikai/html/01provider/provider_020524_2.pdf
テレコム・サービス協会プロバイダ責任制限法ガイドライン等検討協議会著作権関係 WG［2003］『プロバイダ責任制限法著作権関係ガイドライン』
　http://www.telesa.or.jp/019kyougikai/html/01provider/provider_031111_1.pdf
電気通信における利用環境整備に関する研究会［1996］『インターネット上の情報流通について』
　http://www.soumu.go.jp/joho_tsusin/pressrelease/japanese/denki/index.html
電気通信法制研究会(編著)［1987］『逐条解説電気通信事業法』第一法規出版
堂本照樹［1999］「サイバースペースにおける表現の法的規制と私的コントロール」田村善之(編)『情報・秩序・ネットワーク』北大図書刊行会
土佐和生［1997］「電気通信と法」岩村正彦ほか(編集)『岩波講座：現代の法 10 情報と法』岩波書店
飛田茂雄［2002］『英米法律情報辞典』研究社
富田徹郎［1973］「電気通信法制の構造：通信する権利を中心として」ジュリスト No. 530
豊田彰［2000］『パブリシティの権利』日本評論社
内藤篤・田代貞之［1999］『パブリシティ権概説』木鐸社
中山信弘［1995］「情報の流通と著作権」中山信弘・小島武司(編)『知的財産権の現代的課題』信山社
生田目常義［2000］『新時代テレビビジネス：半世紀の歩みと展望』新潮社
名和小太郎［2000］『変わりゆく情報基盤』関西大学出版部
名和小太郎［2004］『ディジタル著作権』みすず書房

日本新聞協会編集委員会［2002］「記者クラブに関する日本新聞協会編集委員会の見解」
  http://www.pressnet.or.jp/
日本放送協会(編)［1977］『放送50年史』日本放送協会
日本貿易振興会［1998］『対日アクセス実態調査報告書：電気通信機器』日本貿易振興会
日本民間放送連盟(民放連)［1997］『放送ハンドブック(新版)』東洋経済新報社
日本民間放送連盟(民放連)［1998］『デジタル時代の民放経営』民放連報告書
日本民間放送連盟(民放連)［1999］『デジタル時代の民放経営(改訂版)』民放連報告書
日本民間放送連盟研究所［2000］『デジタル放送産業の将来』東洋経済新報社
根岸毅・堀部政男(編)［1994］『放送・通信時代の制度デザイン』日本評論社
根岸哲・舟田正之・石村善治・稗貫俊文(編)［1990］『現代経済法講座9 通信・放送・情報と法』三省堂
ネットワーク・セキュリティ研究会［2003］『ネット告発：企業対応マニュアル』毎日コミュニケーションズ
野口祐子［2004］「デジタル時代の著作権制度と表現の自由」『NBL』No. 777～778
野口悠紀雄［1995］『1940年体制 さらば「戦時経済」』東洋経済新報社
野田龍一［2001］『通信と近代契約法』九州大学出版会
野村義男［1964］『放送と著作権』日本放送出版協会
長谷部恭男［1992］『テレビの憲法理論』弘文堂
長谷部恭男［1999］「多チャンネル化と放送の自由」『憲法学のフロンティア』岩波書店．初出は，「放送の自由のために」日本民間放送連盟研究所(編)［1997］『放送の自由のために』日本評論社
浜田純一［1990］『メディアの法理』日本評論社
浜田純一［1993］『情報法』有斐閣
林いずみ［1995］「著作権と所有権，そしてパブリシティの権利について」中山信弘・小島武司(編)『知的財産権の現代的課題』信山社
林紘一郎［1983］「情報通信産業の『市場』と『計画』」『計画行政』第11号
林紘一郎［1984a］『インフォミュニケーションの時代』中央公論社
林紘一郎［1984b］「1984(ナインティーン・エイティフォー)と情報・通信」『情報通信学会年報』情報通信学会
林紘一郎［1985］「電気通信産業におけるNTTの経営条件」『組織科学』Vol. 19,

No. 2
林紘一郎［1986］「放送の自由化へ：2000年シミュレーションに寄せて」『宣伝会議』11月号
林紘一郎［1988a］「通信」見田宗介・栗原彬・田中義久(編)『社会学辞典』弘文堂
林紘一郎［1988b］「情報通信の新秩序と市場の拡大」経済政策学会(編)『経済政策学の発展』勁草書房
林紘一郎［1989a］『ネットワーキングの経済学』NTT出版
林紘一郎［1989b］「通信自由化とネットワーキングの経済性：公益事業論を越えて」公益事業学会(編)『公益事業の規制と競争』pp. 147–174 電力新報社
林紘一郎［1993］「『書いて考える』あるいは『考えて書く』」『アナリスト』8・9月号
林紘一郎［1994a］「ネットワーク産業の競争と規制」林敏彦(編)『講座・公的規制と産業 ③ 電気通信』NTT出版
林紘一郎［1994b］「"わかる"ということ，"理解する"ということ」『Glocom Newsletter』秋号
林紘一郎［1998a］『ネットワーキング：情報社会の経済学』NTT出版
林紘一郎［1998b］「電波監理委員会の悲劇と放送・通信分野における1952年体制」『電気通信産業における事業者網相互接続に関する研究』総合研究開発機構
林紘一郎［1998c］「公益事業の新展開」『日本経済新聞』「やさしい経済学」8月24日～9月4日
林紘一郎［1998d］「メディアとしてのインターネット」『Keio SFC Review』No. 3 慶應義塾大学藤沢学会
林紘一郎［1998e］「マルチメディア産業の市場構造：新しい枠組みを求めて」『情報通信ビッグバンへの期待』情報通信総合研究所
林紘一郎［1999a］「ディジタル創作権の構想・序説」『メディア・コミュニケーション』Vol. 49 慶應義塾大学メディア・コミュニケーション研究所
林紘一郎［1999b］「ⓓマークの提唱」『Glocom Review』国際大学グローバル・コミュニケーション・センター
林紘一郎［1999c］「長期増分費用モデル研究会報告書案に関する意見」
　　http://www.mpt.go.jp/policyreports/japanese/telecouncil/iken/990826_01.doc
林紘一郎［1999d］「放送人よ目を覚ませ：地上波テレビの全ディジタル化，7つの神話」情報通信総合研究所(編)『情報通信アウトルック '99』NTT出版
林紘一郎［2000a］「包括メディア産業法の構想」『メディア・コミュニケーション』Vol. 50 慶應義塾大学メディア・コミュニケーション研究所

林紘一郎［2000b］「著作権とメディア融合法と」『通産ジャーナル』11月号，通商産業調査会

林紘一郎［2000c］「独り勝ち現象とネットワーク外部性」新宅純二郎・許斐義信・柴田高(編著)『デファクト・スタンダードの本質』有斐閣

林紘一郎［2000d］「放送はフツーの産業になれ」情報通信総合研究所(編)『情報通信アウトルック2000』NTT出版

林紘一郎［2000e］「サイバー市場は現実の市場にどう影響するか」「マルチメディアに対応できるメディア法は可能か」牧野二郎・村井純(監修)『IT 2001 なにが問題か』岩波書店

林紘一郎［2000f］「IT革命を推進するための電気通信事業における競争政策のあり方に関する意見」(2000年9月14日付)
http://www.glocom.ac.jp/users/hayashi/comments.html

林紘一郎［2000g］「IT競争政策特別部会第1次答申(草案)に対する意見書」(2000年11月29日付) URLは上記参照

林紘一郎［2001a］「著作権法は禁酒法と同じ運命をたどるか？」『Economic Review』富士通総研 Vol. 5 No. 1

林紘一郎［2001b］「ナップスター，グヌーテラの潜在力」『Net Forum』, No. 5 第一法規出版

林紘一郎［2001c］「情報財の取引と権利保護」奥野正寛・池田信夫(編著)『情報化と経済システムの転換』東洋経済新報社

林紘一郎［2001d］「『NHKの子会社の在り方等』に関する論点整理に対する意見書」(2001年10月31日付)
http://www.glocom.ac.jp/users/hayashi/comments.html

林紘一郎［2002a］「自由なメディアの危機」『朝日新聞』「ねっとアゴラ」欄 (2002年2月1日付)

林紘一郎［2002b］「電子メディア共通法としての電子公衆送信法(案)」『メディア・コミュニケーション』Vol. 52 慶應義塾大学メディア・コミュニケーション研究所

林紘一郎［2002c］『電子情報通信産業』電子情報通信学会

林紘一郎［2002d］「インターネットと非規制政策」林紘一郎・池田信夫(編著)『ブロードバンド時代の制度設計』東洋経済新報社

林紘一郎［2002e］「通信・放送分野における競争政策上の諸問題」『法とコンピュータ学会』No. 20, 法とコンピュータ学会

林紘一郎［2002f］「通信・放送融合法からインターネット法へ」『オペレーションズ・リサーチ』Vol. 47, No. 11 日本オペレーションズ・リサーチ学会

林紘一郎［2002g］「ⓓマークの提唱：柔らかな著作権制度への一つの試み」デジタル著作権を考える会『デジタル著作権』ソフトバンク・パブリッシング
林紘一郎［2003a］「IT 革命の虚実」篠原三代平(編著)『経済の停滞と再生』東洋経済新報社
林紘一郎［2003b］「デジタル社会の法と経済」林敏彦(編)『情報経済システム』NTT 出版
林紘一郎［2003c］「法と経済学の方法論と著作権への応用」「第1回『法と経済学会』」学術研究報告
http://owholmes.juris.hokudai.ac.jp/~Zlea/
林紘一郎［2004］「ウェブ上の著作権管理」青弓社編集部(編)『情報は誰のものか?』青弓社
林紘一郎(編著)［2004］『著作権の法と経済学』勁草書房
林紘一郎・池田信夫(編著)［2002］『ブロードバンド時代の制度設計』東洋経済新報社
林紘一郎・田川義博［1994］『ユニバーサル・サービス』中公新書
林紘一郎・浜屋敏［2000］「行政・司法の情報公開カギ」『日本経済新聞』経済教室・IT と日本の戦略［2］11月3日号
林紘一郎・浜屋敏［2001］「情報公開と Empowerment がキーワード」『情報通信学会誌』Vol. 18, No. 3
林修三［1975］『法令用語の常識(第3版)』日本評論社
林敏彦［2003］「情報経済の展望」林敏彦(編)『情報経済システム』NTT 出版
半田正夫［1997］『著作権法概説(第8版)』一粒社
平井卓也［2003］「成功のために地上デジタル放送計画を大胆に見直せ」『New Media』2003年8月号
平田健治［2001］「電子商取引と決済」高橋和之・松井茂記(編)『インターネットと法(第2版)』有斐閣
平野晋［1999］『電子商取引とサイバー法』NTT 出版
福家秀紀［2000］『情報通信産業の構造と規制緩和』NTT 出版
藤井俊夫［2003］『情報社会と法』成文堂
藤倉皓一郎・木下毅・高橋一修・樋口範雄［1996］『英米判例百選(第三版)』有斐閣
藤原淳一郎［1989］『十九世紀米国における電気事業規制の展開』慶應義塾大学法学研究会
藤原淳一郎［2004］「徹底検証！ 電力・ガス市場から見た独禁法研究会報告の問題点」『エネルギーフォーラム』1月号
船越一幸［2001］『情報とプライバシーの権利：サイバースペース時代の人格権』北

樹出版
舟田正之［1990］「電気通信事業における独占と競争」根岸哲・舟田正之・石村善治・稗貫俊文『通信・放送・情報と法』三省堂
舟田正之［1995］『情報通信と法制度』有斐閣
舟田正之［2000］「放送産業と経済法」日本経済法学会『経済法の理論と展開』三省堂
舟田正之［2002］「マスメディア集中排除原則の見直し：一試案」『立教法学』No. 62
舟田正之・黒川和美(編)［1991］『通信新時代の法と経済』有斐閣
プロバイダー責任制限法研究会［2002］『プロバイダー責任制限法逐条解説』第一法規出版
文化庁長官官房著作権部門著作権法令研究会 通産省知的財産政策室［1999］『著作権法・不正取引防止法改正解説』有斐閣
放送法制立法過程研究会(編)［1980］『資料・占領下の放送立法』東京大学出版会
堀部政男［1977］『アクセス権』東京大学出版会
堀部政男［1989］「情報通信システムと法」堀部政男・永田真三郎(編著)『情報ネットワーク時代の法学入門』三省堂
堀部政男［1993］「ニューメディアと放送の自由」桑原昌宏・名和小太郎(編)『ニューメディアと通信・放送法』総合労働研究所
堀部政男［1994］「マルチメディア時代の放送の自由・通信の自由」根岸隆・堀部政男(編)『放送・通信新時代の制度デザイン』日本評論社
堀部政男［1997］「EU 個人情報保護指令と日本」ジュリスト増刊『変革期のメディア』
堀部政男［1999］「情報通信法」石村善治・堀部政男(編)『情報法入門』法律文化社
堀部政男(編著)［2003］『インターネット社会と法』新世社
牧野二郎［2000］「インターネット上のコンテンツ規制とリンク規制」林紘一郎・牧野二郎・村井純(監修)『IT 2001：なにが問題か』岩波書店
牧野二郎［2002］「ネット関連訴訟の現状について」『自由と正義』6月号
牧野利秋［2001］「ファイル・ローグ事件」『著作権研究』No. 28 著作権法学会
松井茂記［1994］『二重の基準論』有斐閣
松井茂記［1995］「放送の自由と放送の公正」『法律時報』67巻8号．後に改訂・増補されて，松井茂記［1997］「放送における公正と放送の自由：放送法における『公正原則』の再検討」石村先生古稀記念『法と情報』信山社
松井茂記［1998］『マス・メディア法入門(第2版)』日本評論社
松井茂記［1999］「インターネット上の表現行為と表現の自由」高橋和之・松井茂記

(編)『インターネットと法』有斐閣
松井茂記［2001］『情報公開法』有斐閣
松井茂記［2002］『インターネットと憲法』岩波書店
松下温［1985］『VAN-電気通信戦争の行方』培風館
松田浩［1980］『ドキュメント戦後放送史（1）（2）』双柿舎
松本恒雄［2002］「ネット上の権利侵害とプロバイダー責任制限法」『自由と正義』6月号
摩天楼住人［1999］「Unregulation：3つの見方」『New Media』11月号
丸橋透［2003］「発信者情報開示制度の課題」『法とコンピュータ』No. 21 法とコンピュータ学会
丸山真弘［1997］「ネットワークへの第三者アクセスに伴う法的問題の検討：エッセンシャル・ファシリティの法理を中心に」『公益事業研究』49巻1号
水田耕一［1963］『電話質権制度の解説』帝国判例法規出版社
美作太郎［1988］『編集と著作権』日本エディタースクール出版部
宮崎哲弥［2000］『人権を疑え!』洋泉社
宮澤健一［1988］『制度と情報の経済学』有斐閣
三輪芳朗［1997］『規制緩和は悪夢ですか：「規制緩和すればいいってもんじゃない」と言いたいあなたに』東洋経済新報社
http://www.e.u-tokyo.ac.jp/~miwa/MIWA_JIS.HTM
村上政博［1996］『独占禁止法』弘文堂
森亮二［2003］「パワードコム事件」『NBL』No. 971
森村進［2000］『自由はどこまで可能か：リバタリアニズム入門』講談社現代新書
山口いつ子［1993］「思想の自由市場理論の再構築」『マス・コミュニケーション研究』No. 43
山口いつ子［1997］「コンピュータ・ネットワーク上の表現の自由」ジュリスト増刊『変革期のメディア』有斐閣
山田健太［2004］『法とジャーナリズム』学陽書房
山田肇・池田信夫［2002］「次世代インターネットの基盤」林・池田(編著)［2002］所収
山本隆司［2004］『アメリカ著作権法の基礎知識』太田出版
郵政省電気通信監理官室(監修)［1973］『電気通信関係法詳解上，下』一二三書房
吉見俊哉［2002］「メディア論」北川高嗣・須藤修・西垣通・浜田純一・吉見俊哉・米本昌平(編)『情報学辞典』弘文堂
早稲田祐美子［2003］「著作権の保護とプロバイダ責任制限法」『法とコンピュー

タ』No. 21 法とコンピュータ学会

渡辺修 [2001]「ゲームソフト用メモリカードの輸入・販売と同一性保持権」『著作権研究』N0. 28

Averch, H. and L. L. Johnson [1962] "Behavior of the Firm under Regulatory Constraint," American Economic Review 52

Baran, Paul [1964] 'On Distributed Communications'
http://www.rand.org/publications/RM/RM3420/

Barron, Jerome A. [1967] 'Access to the Press: A New First Amendment Right' "Harvard Law Review" Vol. 80, No. 8

Baumol, William J., J.C. Panzer, and R. D. Willig [1982] "Contestable Markets and the Theory of Industry Structure," Harcourt, Brace and Jonanovich

Benkler, Yochai [2001] 'Property, Commons, and the First Amendment: Toward a Core Common Infrastructure'
http://www/law/nyu.edu/benklery/WhitePaper.pdf

Black, Sharon K. [2002] "Telecommunications Law in the Internet Age" Academic Press

Bollinger, Jr., Lee C. [1976] 'Freedom of the Press and Public Access: Toward a Theory of Partial Regulation of the Mass Media' "Michigan Law Review" Vol. 75, No. 1

Carter, T. Barton, Juliet Lushbough Dee and Harvey L. Zuckman [2000] "Mass Communication Law (Fifth Edition)" West Group

Cave, Martin [2002] "Review of Radio Spectrum Management" Department of Trade and Industry

Coase, Ronald H. [1959] 'The Federal Communications Commission' "Journal of Law and Economics" No. 2

Demsetz, Harold [1967] 'Toward a Theory of Property Rights' "American Economic Review" Vol. 57, No. 2

Federal Communications Commission (FCC) [2002] "Spectrum Policy Task Force Report" ET Docket No. 02-135

Firestone, Charles M. and Jorga Reina Schement [1995] "Toward an Information Bill of Rights and Responsibilities" The Aspen Institute

Fowler, Mark S. and Daniel L. Brenner [1982] 'A Marketplace Approach to Broadcast Regulation' "Texas Law Review" Vol. 60, No. 2

Garzaniti, Laurent [2000] "Telecommunications, Broadcasting and the Internet:

E.U. Competition Law and Regulation," Sweet and Maxwell

Gilder, George [2000] "Telecosm: How Infinite Bandwidth Will Revolutionize Our World," Free Press; 1st edition 葛西重夫(訳) [2001] 『テレコズム』ソフトバンクパブリッシング

Hardin, G. [1968] 'The Tragedy of Commons' "Science" 162

Hayashi, Koichiro [1993] 'Information Infrastructure: Who builds Broadband Networks?' "Information Economics and Policy", Vol. 5, No. 4

Hayashi, Koichiro [1997] 'Universal Service in Japan' in Eli Noam and A. J. Wolfson (eds.) "Globalism and Localism in Telecommunications," Elsevier

Hayashi, Koichiro and Hidenori Fuke [1998] 'Changes and Deregulation in the Japanese Telecommunications Market' IEEE Communications Magazine" Vol. 36, No. 11, Nov. 1998

Hayek, Friedrich A. von [1945] 'The Use of Knowledge in Society' "American Economic Review" Vol. 35, No. 4

Heller, M. A. [1998] "The Tragedy of the Anticommons", "Harvard Law Review", 111

Holsinger, Ralph and Jon Paul Dilts [1997] "Media Law" McGraw-Hill

Innis, Harold A. [1951] "The Bias of Communication" University of Tronto Press 久保秀幹(訳) [1987] 『メディアの文明史』新曜社

Kovacic, W. E. [1992] 'The Antitrust Law and Economics of Essential Facilities in Public Utility Regulation,' in Michael A. Crew (ed.) "Economic Innovations in Public Utility Regulation," Kluwer Academic Publishers

Lessig, Laurence [1999] "Code and other Laws of Cyberspace" Basic Books 山形浩生・柏木亮二(訳) [2001] 『CODE: インターネットの合法・違法・プライバシー』翔泳社

Lessig, Laurence [2001] "The Future of Ideas" Random House 山形浩生(訳) 『コモンズ』翔泳社

McLuhan, Marshal [1962] "The Gutenberg Galaxy" University of Toronto Press 森常治(訳) [1986] 『グーテンベルグの銀河系』みすず書房

McLuhan, Marshal [1964] "Understanding Media — The Extension of Man" McGraw-Hill, 後藤和彦・高儀進(訳) [1967] 『人間拡張の原理』竹内書店, 栗原裕・河本伸聖(訳) [1987] 『メディア論』みすず書房

National Computer Board [1995] "Title XII: Communications Act Reform" http://www.iitf.doc.gov (ただし、この文書は消去されている)

Negroponte, Nicolas [1995] "Being Digital," Alfred A, Knopf, Inc. 西和彦(監訳)[1995]『ビーイング・デジタル』アスキー

Ong, Walter J. [1982] "Orality and Literacy: The Technologizing of the Word" Methuen & Co. Ltd. 桜井直文・林正寛・糟谷啓介(訳)[1991]『声の文化と文字の文化』藤原書店

Orwell, Geroge [1948] "Nineteen Eighty-four: A Novel" 新庄哲夫(訳)『1984年』早川書房

Oxman, Jason [1999] "The FCC and the Unregulation of the Internet" OPP Working Paper No.31, Office of Plans and Policy, FCC http://www.fcc.gov/opp/workingp.html

Pool, Ithiel de Sola [1983] "Technology of Freedom", Harvard Univ. Press 堀部政男(監訳)[1988]『自由のためのテクノロジー』東京大学出版会

Posner, Richard [1986] 'Free Speech in an Economic Perspective' "Suffolk Law Review" Vol. 20

Prosser, William [1960] 'Privacy' "California Law Review" Vol. 48, No. 3

Reed, David P. [2002] 'How Wireless Network Scale: the Illusion of Spectrum Scarcity' presented to FCC Technological Advisory Council on April 26, 2002, http://www.reed.com/OpenSpectrum/Spectrum%20capacity%20myth%20FCC%20TAC.ppt または http://www.fcc.gov/oet/tac/april26_02-docs/Spectrum_capacity_myth_FCC_TAC.ppt

Smedinghoff, Thomas J. (ed.) [1996] "Online Law" Software Publishers Association

Sunstein, Cass [2001] "Republic.Com" Princeton Univ. Press 石川幸憲(訳)[2003]『インターネットは民主主義の敵か』毎日新聞社

Toffler, Alvin [1980] "The Third Wave" Random House Value Pub. 徳岡孝夫(訳)[1982]『第三の波』中央公論社

Warren, Samuel D. and Louis D. Brandeis [1890] 'The Right to Privacy' "Harvard Law Review" Vol. 4, No. 5

Werbach, Kevin [2000] "Layered Model for Internet Policy" Paper presented to TPRC (Telecom Policy Research Conference)

索 引

英数

1953年体制　　55, 60, 62, 63, 241
2ちゃんねる動物病院事件　　161
3事業支配の禁止　　221
actual malice　　101, 232
affirmative action　　121
CDA法　　24, 28
Command & Control　　189, 191
EU指令　　106
Fairness Doctrine　　17, 69, 72, 115, 118, 119, 120, 121, 152, 236, 279, 285, 296
First Amendment　　1
layers　　1, 74, 76, 82, 83, 85, 181, 266, 268
may carry　　183, 296
MIS　　194
――事件　　293
more speech　　102
must carry　　183, 296
opt-in　　111
opt-out　　111
PBC　　24
――分類　　18, 21, 151
TBS事件　　258
unregulation　　6, 71, 266, 267, 276–278, 295
V-Chip　　113
wiretapping　　138

あ行

アクセス　　286
――権　　10, 11
アナ-アナ変換　　240
アバーチ・ジョンソン効果　　203
アンダーレイ　　189
アンチ・コモンズ　　193, 194, 290
アンバンドリング　　193, 197
アンバンドル　　293
石井記者事件　　256, 260
萎縮効果（chilling effect）　　83, 113, 281
委嘱状不法発送事件　　99
委託制度　　229, 230
委託放送事業者　　72, 279
医療法人メディカル・ドラフト会議事件　　166
インセンティブ論　　89
『宴のあと』　　104
――事件　　133
営業秘密　　213
エージェント　　263
エッセンシャル・ファシリティ（Essential Facility）　　197, 207, 209, 215, 217, 291
エルドレッド　　91
オークション　　186, 187, 189, 191, 293
オーバーレイ　　189, 296
オルムステッド事件　　138

か行

外資規制　201, 202, 279
回線開放　178, 180
外務省秘密電文漏洩事件　231, 260
価値財　222
カッツ事件　140
カラオケリース・ヒットワン事件　156
カラオケリース・ビデオメイツ事件　155
カロリーン・プロダクツ社事件　31
記者クラブ　233, 234
――制度　232
規制の差し控え　276
基本的情報　222
基本4情報　108
行政指導　199, 287
寄与侵害(寄与責任)　27, 157
クラブ・キャッツアイ事件　153
経済的規制　17, 229, 235
経済的自由権　10, 19, 30, 32, 107, 133, 228, 253
検閲　135, 136, 144
現実の悪意（→ actual malice）
限定性を有する放送　70, 278
言論の自由　80-82, 130, 132, 136, 138, 148, 184, 220, 221, 249, 252, 254
コア・コモンズ　290
公益事業　16, 37, 181, 198, 202, 203, 294, 296
公益通報者　168
公衆　235, 243, 265, 284
――送信　150, 166, 252, 265, 274, 275, 281, 282, 284, 285, 287, 291, 292, 294
公正報酬率　203, 204
公専公接続　199
公然性を有する通信　70, 278
公平原則　17, 21, 116

ゴールドマン（Goldman）事件　140
国民総背番号　108
個人情報　9, 103, 107, 251
――取扱事業者　248, 251
――保護　247
――保護法　108
国家機密　231
戸別配達システム　230
コモンズ　188, 189, 191, 194, 290, 292, 293
コロケーション　193
コンピュータ調査　70, 181, 182

さ行

再販制度　229, 230
再販売価格維持　227
サンケイ新聞事件　118
シェンク事件　85
資源の有限性　2
資源配分　46, 60, 288
事後規制　272
自己情報コントロール権　105
思想の市場　6, 9, 33, 35, 44
指定電気通信設備　208
支配　220
社会的規制　17, 235
謝罪広告　102, 149
集中排除原則　17, 220-223, 225, 226, 236, 279
周波数　289, 296
――の有限性　4
住民基本台帳　108, 250
需給調整　198, 199
取材の自由　231, 249, 252
受信の自由　132, 133, 282
受信料　236
受託放送事業者　72, 279
証言拒否権　255, 256

索　引

情報アクセス権　7, 42, 133
情報基本権　42, 43, 132, 275
情報権　134
情報の非対称性　203
正力構想　66
知る権利　81
新規参入　206
真実性の証明　99, 102
水平分離　271, 272, 274
「スターデジオ」事件　95, 279
精神的自由権　10, 19, 30, 32, 44, 89, 91, 107, 133, 228, 253
セーブル・コミュニケーションズ事件　23
セーブル・コミュニケーションズ社　22
セキュリティ　73, 76, 77
設備被拘束性　16, 181
線路　194-196
相互主義　202
相互接続　75, 177, 206, 207, 209, 276, 282
相互接続性　75
ソフトウェア無線　190

た行

代位責任　26
ダイヤリング・パリティ　210
調和原則　17, 116, 236
著作権　81, 87, 90, 91, 93, 97, 98, 146-149, 151, 153, 157, 166, 184, 237, 269, 275
著作物再販制　228
著作隣接権　18, 92, 94, 184, 237, 270, 279, 280, 285
著述業　251
通行権　185, 288, 289, 291, 293, 294
通信の一元化　67, 174, 177, 178
通信の自由　130, 131, 135
通信の秘密　126, 130, 135, 137, 138, 143, 144, 148, 163, 169, 171
通信の傍受　138, 143, 145
電磁的記録　212, 213
電波監理委員会　47, 52, 61, 63-68, 200, 273
電波資源の希少性　116
電波の希少性　94, 122
道路占用許可　192, 196
時と場所と態様　19, 21, 84, 111, 114
ときめきメモリアル事件　109
特定電気通信　164, 168, 169
──設備　208
匿名性　5, 6
土地の使用権　191
ドッグ・イヤー　3
ドメイン・ネーム　210
囚われの聞き手　117, 122
都立大学事件　161

な行

ナードン (Nardone) 事件　139
二重の基準　79
──論　10, 19, 30-32
日本テレビ　258
ニフティ第1事件　158, 170
ニフティ第2事件　160
ニューヨーク・タイムズ対サリバン事件　100
認可料金　202
認証　8
ネットコム判決　27, 170

は行

バーガー事件　140
ハードとソフトの分離　72, 183, 184
博多駅テレビ・フィルム提供命令事件　257, 260
パシフィカ判決　21

発信者情報　147, 148, 165
――開示　168
パブリシティ　104
――権　79
パワードコム事件　169
番組編集準則（→ Fairness Doctrine）
番号ポータビリティ　209
反論権　10
非規制（→ unregulation）
表現中立的な規制　19
ファイルローグ事件　156
不正アクセス　211
部分(的)規制　117, 120
――仮説　116
プライス・キャップ　204, 205
プライバシー　81, 103-105, 107, 109, 110, 133, 141, 143, 251
ブランズバーグ対ヘイズ事件　261
ブランデンバーグ事件　87
ベスト・エフォート　5
ペンタゴン文書事件　231
放火犯誤信事件　99
傍受　144, 146
放送の自由　235
法廷メモ禁止事件　234, 260
法定料金　202
報道　251
――機関　249
――協定　233
――の自由　252, 259
ボトルネック　207
――設備　205

ま行

マイアミ・ヘラルド事件　10, 21
マクルーハン，マーシャル　12, 16, 43
ミレニアム著作権法　28, 170
ムーアの法則　4
明白かつ現在の危険　85, 86
名誉毀損　98, 100
メディア規制3法　250
免責条項　149

や行

夕刊和歌山時事事件　99
優先接続制度(マイ・ライン)　210
ユニバーサル・サービス　74, 134, 206, 242-244, 246

ら行

臨調　180
ルース・カプリング　5, 16
レイヤ（→ layers）
――構造　45, 48
レッシグ，ローレンス　14, 15
レッド・ライオン事件　21
レノ対アメリカ自由人権協会事件　10

著者略歴

林 紘一郎（はやし・こういちろう）

　情報セキュリティ大学院大学副学長・教授、慶応義塾大学客員教授。元 NTT アメリカ社長。経済学博士、博士(法学)。専門は、技術標準や知的財産、メディアのあり方などをめぐる法と経済学、インターネットの自由と規律、セキュリティ法など。著書に『インフォミュニケーションの時代』（中公新書）、『ネットワーキングの経済学』（NTT 出版）、『ユニバーサル・サービス』（共著; 中公新書）、『電子情報通信産業』（電子情報通信学会）、『著作権の法と経済学』（編著、勁草書房）、など。

情報メディア法

2005年4月5日　初版

[検印廃止]

著者　林紘一郎
発行所　財団法人　東京大学出版会
代表者　岡本和夫
113-8654 東京都文京区本郷7-3-1 東大構内
電話 03-3811-8814　FAX 03-3812-6958
http://www.utp.or.jp/
振替 00160-6-59964
印刷所　研究社印刷株式会社
製本所　牧製本印刷株式会社

© 2005　Koichiro Hayashi
ISBN4-13-031179-4
Printed in Japan

[R]〈日本複写権センター委託出版物〉
本書の全部または一部を無断で複写複製（コピー）することは，著作権法上での例外を除き，禁じられています．本書からの複写を希望される場合は，日本複写権センター（03-3401-2382）にご連絡ください．

学術情報と知的所有権	名和小太郎	46/3800 円
専門知と公共性	藤垣裕子	46/3400 円
原典メディア環境 1851–2000	月尾・浜野・武邑編	A5/10000 円
日本人の情報行動 2000	東大社会情報研究所編	A5/12000 円
英米法辞典	田中英夫編集代表	菊/15000 円
日本企業の研究開発システム	明石芳彦・植田浩史編	A5/4000 円
発明行為と技術構想	大河内暁男	A5/4000 円
日本の技術革新と産業組織	後藤晃	A5/3600 円
アメリカズカップのテクノロジー	宮田秀明	46/2800 円
工学は何をめざすのか	中島尚正編	46/2400 円
サイエンス・ウォーズ	金森修	46/3800 円

ここに表示された価格は本体価格です．ご購入の際には消費税が加算されますので御了承下さい．